Die Pädagogik der Neuen Linken

Wolfgang Brezinka

Die Pädagogik der Neuen Linken

Analyse und Kritik

Ernst Reinhardt Verlag München Basel

Wolfgang Brezinka, geb. 9. 6. 1928 in Berlin. Nach Lehrtätigkeit an den Universitäten Würzburg und Innsbruck derzeit Professor der Erziehungswissenschaft an der Universität Konstanz.

Wichtigste Buchveröffentlichungen: Erziehung als Lebenshilfe. Eine Einführung in die pädagogische Situation. 8. Auflage, Wien 1971 (Österreichischer Bundesverlag); Der Erzieher und seine Aufgaben. Stuttgart 1966 (Klett); Metatheorie der Erziehung. 4. Auflage, München 1978 (Reinhardt); Grundbegriffe der Erziehungswissenschaft. 4. Auflage, München 1981 (Reinhardt); Erziehungsziele – Erziehungsmittel – Erziehungserfolg. Beiträge zu einem System der Erziehungswissenschaft. 2. Auflage, München 1981 (Reinhardt).

CIP-Kurztitelaufnahme der Deutschen Bibliothek

Brezinka, Wolfgang:
Die Pädagogik der Neuen Linken : Analyse und Kritik /
6., verbesserte Aufl., 34.–40. Tsd. – München, Basel :
E. Reinhardt, 1981.
ISBN 3-497-00966-0

6., verbesserte Auflage 1981, 34.–40. Tausend.

Druck: Loibl, Neuburg a. d. Donau
Buchbinderei: Oldenbourg, München
Printed in Germany

Vorwort zur 5., neu bearbeiteten Auflage

Die erste Fassung dieses Buches ist im Sommer 1971 geschrieben worden. Damals stand die Neue Linke in der Bundesrepublik Deutschland auf dem Höhepunkt ihres Einflusses. Bis zur Mitte der siebziger Jahre hat sie »das kulturelle Milieu mit einer gewissen Selbstverständlichkeit prägen« können; doch »damit ist es nun vorbei«: so hat sich einer ihrer geistigen Väter, JÜRGEN HABERMAS, kürzlich zur »geistigen Situation der Zeit« geäußert[1].

In der veröffentlichten Meinung ist der Einfluß der Verfechter radikaler »Systemkritik« und sozialistischer Gesellschaftsutopien tatsächlich stark zurückgegangen. Auch die »parteipolitische Linke« befindet sich in einer Krise[2]. Sowohl die Linkssozialisten in der SPD und in den Gewerkschaften als auch die von SPD und DKP »unabhängige Linke« erleben gegenwärtig eine »Stagnationsphase«. Es ist ein »Identitätsverlust der undogmatischen Linken« eingetreten: sie ist zersplittert und es werden in ihrem Rahmen heute so entgegengesetzte Wege verfolgt wie einerseits der »lange Marsch durch die Institutionen« und andererseits der Rückzug in die »Alternativbewegung«[3].

Die mannigfaltigen Zeichen der Erschlaffung, der Resignation und der ideologischen wie der organisatorischen Zersplitterung berechtigen jedoch nicht dazu, die Neue Linke für überwunden zu halten. Verlust der kulturellen Vorherrschaft bedeutet nicht Verlust des Einflusses auf das Bewußtsein der Bevölkerung. Geschwunden ist nur das selbstsichere massenhafte Auftreten als Gesinnungsgemeinschaft, der die Zukunft gehört. Diese Einbuße an Macht und Siegesgewißheit hat natürlich zur Folge gehabt, daß sich die große Schar der opportunistischen Mitläufer verringert hat. Der harte Kern der Neuen Linken aber ist geblieben und arbeitet weiter. Diesem Personenkreis ist immer klar gewesen, daß die Ziele »Systemüberwindung« und »antikapitalistische Strukturreform« nicht rasch und direkt, sondern (wenn überhaupt, dann) nur langfristig und auf indirektem Wege erreichbar sind.

Dieser indirekte Weg führt über die »Bewußtseinsänderung« der Staatsbürger, insbesondere der Jugend, durch eine schleichende »Kulturrevolution«[4]. Die Strategie der Neuen Linken lautet: durch Kul-

[1] HABERMAS 1979, S. 8.
[2] Vgl. FLECHTHEIM 1979.
[3] Vgl. KRAUSHAAR 1978; DEUTZ u. a. 1979.
[4] Zu den verschiedenen Bedeutungen des Schlagwortes »Kulturrevolution« vgl. ERLER und KERNIG 1969; HUDEN 1973.

turrevolution zur Gesellschaftsrevolution![5] Die wichtigsten Mittel sind Propaganda und Erziehung. Die Neue Linke hat von Anfang an im Erziehungswesen ihr Hauptarbeitsfeld gesehen. Bei der Bewußtseinsänderung der »pädagogischen Intelligenz«, der Lehrer und Lehrerbildner, der Sozialarbeiter, Jugendhelfer, Erwachsenenbildner und kirchlichen Seelsorger sowie der Bildungspolitiker hat sie auch ihre größten Erfolge errungen.

Es ist kein Zufall, sondern ein Zeichen für die Lage, daß derzeit in der führenden deutschen Fachzeitschrift, der »Zeitschrift für Pädagogik«, die Namen Jürgen Habermas und Karl Marx weitaus am häufigsten (und fast ausschließlich unkritisch positiv) zitiert werden[6]. Obwohl Marx zur Erziehung nichts wesentliches geschrieben hat, propagieren ihn neuerdings sogar liberale Erziehungswissenschaftler als »Klassiker der Pädagogik«[7]. Auf dem 6. Kongreß der Deutschen Gesellschaft für Erziehungswissenschaft 1978 sind die sogenannten »reformorientierten Erziehungswissenschaftler« (d. h. die Anhänger der »progressiven Linken« unter den Erziehungswissenschaftlern) aufgefordert worden, »in engere Kooperationsbeziehungen« mit den Gewerkschaften »zu treten«, um über diesen Umweg Druck auf die politischen Parteien auszuüben[8]. Diese Empfehlung deckt sich mit der politischen »Zukunftsperspektive« der Kommunisten[9].

Diese Beispiele für die neomarxistische Unterwanderung der westdeutschen Pädagogik zeigen, daß die Neue Linke als kulturrevolutionäre Bewegung unter verschiedenen Tarnbezeichnungen weiterlebt. Sie verfolgt heutzutage international eine »gesamtsozialistische Strategie« der Zusammenarbeit »sozialdemokratoider Parteien« (zu denen auch die westlichen Kommunistischen Parteien gezählt werden) mit dem Ziel der »rosa Revolution«: »Reformen *zwecks* Revolution«! Dabei gilt die Erziehung nach wie vor als »die neulinke Schlüsselfrage«[10].

Die politische Pädagogik, die von Anhängern der Neuen Linken geschaffen worden ist, wird unter den Namen »Kritische Pädagogik«, »Emanzipatorische Pädagogik« und »Sozialistische Pädagogik« nach

---

[5] Vgl. Markovic 1971, S. 23 ff.; Gorz 1968, S. 99 ff.
[6] Vgl. die Register der Jahrgänge 1977 und 1978.
[7] Vgl. Scheuerl 1979.
[8] Klafki 1978, S. 246.
[9] Vgl. Kühnl 1978, S. 300.
[10] Nenning 1973, S. 380 ff. und S. 257.

wie vor intensiv propagiert. Sie wird sogar ungeachtet ihres weltanschaulichen Charakters unter dem täuschenden Namen »kritische Erziehungswissenschaft« als Wissenschaft ausgegeben. Es gibt noch immer viele Erzieher und Erziehungspolitiker, die nicht durchschauen, welchen politischen Zielen diese Lehren dienen und wie wenig sie mit Wissenschaft zu tun haben.

Mit diesem Buch möchte ich helfen, die Orientierung zu erleichtern. Ich habe versucht, die wichtigsten Äußerungen der Neuen Linken zu Erziehungsfragen in einen systematischen Zusammenhang zu bringen und kritisch zu analysieren. Dazu war es unerläßlich, auch den weltanschaulichen Rahmen und die politischen Hintergründe darzustellen, ohne die die Pädagogik der Neuen Linken nicht verstanden werden kann.

Die Beurteilung erfolgt in wissenschaftstheoretischer Hinsicht vom Standpunkt der empirisch-analytischen Erziehungswissenschaft[11], in politischer Hinsicht vom Standpunkt eines liberalen Konservatismus aus. Damit ist ohne jede parteipolitische Festlegung die Position derer gemeint, die »das Bestehende als ... Wertbestand deuten und es bewahren, schützen, pflegen und verstärken wollen«. Sie schließt »ständige und wachsame Reformtätigkeit« ein, denn der Wertbestand »kann sich, wenn überhaupt, nur mitten im kontinuierlichen Wandel behaupten«[12].

Um Mißverständnissen vorzubeugen, sei gleich hier betont, daß ich den Ausdruck »Neue Linke« in der Bedeutung verwende, die international üblich ist[13]. Sie schließt Linksliberale und Neomarxisten ein, orthodoxe Marxisten-Leninisten (oder Kommunisten) dagegen aus. Es gehören dazu also unter anderen auch die Sozialisten in der SPD (insbesondere die Jungsozialisten) und in der FDP sowie die Deutschen Jungdemokraten. Die Parteien der seit 1969 in der Bundesrepublik Deutschland bestehenden Koalitionsregierung haben von dieser Tatsache dadurch abzulenken versucht, daß sie den Namen »Neue Linke« willkürlich umdefiniert haben. Er wird von ihnen auf eine unbedeutende moskaufeindliche Teilströmung des »organisierten Kommunismus«[14], auf »linksextremistische Gruppen, die den orthodoxen Kommunismus ablehnen«[15], eingeschränkt. Diese

---

[11] Vgl. Brezinka 1978.

[12] Kolnai 1973, S. 104 f. Vgl. auch Kaltenbrunner 1973 und 1975; Oakeshott 1966; Levy 1975.

[13] Vgl. S. 26 ff.

[14] Vgl. Bilstein u. a. 1977, S. 75 ff.

[15] Verfassungsschutzbericht 1978 des Bundesministers des Innern, S. 98.

Sprachregelung ist sachlich irreführend und politisch gefährlich, weil sie die Bedeutung der »Neuen Linken« als einer breiten weltanschaulichen Bewegung, die in allen Parteien, Gewerkschaften, Kirchen usw. Anhänger hat, verharmlost. Von dieser einflußreichen weltanschaulich-politischen Bewegung (die auch als »intellektuelle Linke«, »progressive Linke«, »unabhängige Linke« oder »undogmatische und antiautoritäre Linke« bezeichnet wird) ist in diesem Buch die Rede und nicht von den kleinen »linksextremistischen Gruppen«, die in den Berichten des Verfassungsschutzes dargestellt werden.

Ich habe das Thema zum erstenmal in einem Gastvortrag an der Universität Amsterdam am 20. 10. 1971 behandelt. Dieser Text ist 1972 unter dem Titel »Die Pädagogik der Neuen Linken. Analyse und Kritik« im Seewald Verlag (Stuttgart) erschienen. 1973 ist die 2., erweiterte und verbesserte Auflage gefolgt. Für die 3. Auflage habe ich den Text vollständig neu bearbeitet und von 66 auf 267 Seiten erweitert. Sie ist 1974 unter dem Titel »Erziehung und Kulturrevolution. Die Pädagogik der Neuen Linken« im Ernst Reinhardt Verlag erschienen. Eine verbesserte Auflage dieser neu bearbeiteten Fassung ist 1976 veröffentlicht worden. Für die vorliegende 5. Auflage habe ich wiederum den ursprünglichen Titel verwendet, weil er den Inhalt genauer kennzeichnet als das außerhalb der Linken wenig geläufige Wort »Kulturrevolution«. Der Text ist neu bearbeitet, aber nicht wesentlich geändert worden. Ich habe vor allem die Angaben über Personen, Organisationen und Informationsmittel auf den neuesten Stand zu bringen versucht.

Eine italienische Ausgabe des Buches ist 1974 im Verlag Armando Armando in Rom erschienen (La pedagogia della Nuova Sinistra). Eine japanische Übersetzung ist 1975 im Verlag Fukumura Shuppan in Tokio veröffentlicht worden (Shinsayoku no Kyoikugaku). Eine norwegische Übersetzung hat 1977 der Luther Verlag in Oslo herausgebracht (Oppdragelse og Kulturrevolusjon).

Ich habe mich um eine leicht verständliche Sprache bemüht und hoffe, dadurch über die Berufsgruppe der Lehrer und der sonstigen Erzieher hinaus auch Menschen aus anderen Lebenskreisen ansprechen zu können, die die Sorge um die Zukunft der freiheitlich-demokratischen Gesellschaft mit mir teilen.

Telfes im Stubai (Tirol), am 18. Jänner 1980

Wolfgang Brezinka

Inhalt

1. Die Krise der individualistischen Demokratie 11

Das Aufkommen der Unzufriedenheit 11
Die Lebensbedingungen in der Industriegesellschaft 12
Rationalismus, kulturelle Zersetzung und Sinnverlust 14
Destruktive Gesellschaftskritik 17
Die Herausforderung durch den Kommunismus 20
Die Versuchung zur Selbstaufgabe 23

2. Protest und Utopie: der Vorstoß der Neuen Linken 26

Eine Bewegung von Intellektuellen 26
Die »Protestbewegung« in den USA 30
Die Neue Linke in Deutschland 35
Die Weltanschauung der Neuen Linken 44
Die Taktik der Neuen Linken 53
Neue Linke und Kommunismus 60

3. Die Pädagogik der Neuen Linken 66

Politisierung der Erziehung 67
Politisierung der Pädagogik 72
Vorläufer und Quellen 78
Hauptrichtungen: »Emanzipatorische Pädagogik« und »Sozialistische Pädagogik« 93
Verlage, Zeitschriften, Informationsmittel 97
Die Sprache der Pädagogik der Neuen Linken 101

4. Das Menschenbild 106

Die Güte der menschlichen Natur 106
Die Machbarkeit der Persönlichkeit 107
Die Fähigkeit zu unbeschränkter Selbstbestimmung 114
Die Angewiesenheit auf Heilsvermittler 115
Konflikte als Mittel zur Förderung der Vernünftigkeit .. 117

5. Die Deutung der Erziehungssituation 120

Konzentration auf Mißstände 120
Die familiäre Erziehungssituation 122
Die schulische Erziehungssituation 129
Die Erziehungssituation in den Betrieben 138

6. Die Ziele der Erziehung 145

Erziehungsziele im Dienst gesellschaftspolitischer Strategie 145
Mündigkeit, Vernünftigkeit, Kritikfähigkeit 147
Die emanzipierte Persönlichkeit 151
Selbstbestimmungsfähigkeit 153

Politische Kampfbereitschaft 158
Fähigkeit zum solidarischen Handeln 159
Die allseitig gebildete Persönlichkeit 160

7. Die Mittel zur Verwirklichung der Ziele 164

a) Die Formen des erzieherischen Handelns 165
Antiautoritäre Erziehung als individualistisch-anarchistisches Programm 166
Antiautoritäre Erziehung im Rahmen sozialistischer Strategie 170
Von der »antiautoritären« zur »sozialistischen Erziehung« 172
Kampf für die Freiheit zur ungehemmten sexuellen Triebbefriedigung 174
Antiautoritäre und autoritäre Erziehung als Doppelstrategie 181

b) Die Erziehungseinrichtungen 182
Zurückdrängung der Familie als Erziehungsinstitution 183
Schulen als »Freiräume« 187
Sekundarstufe I: Revolutionäre Chancen in der Gesamtschule 188
Sekundarstufe II: Auflösung der gymnasialen Oberstufe und der Berufsschule 194
»Demokratisierung« der Schulverwaltung 196
Politisierung der Lehrerbildung 198

c) Die Lehrinhalte 201
»Emanzipatorische« Lehrpläne 202
Abschaffung des Geschichtsunterrichts 203
Politischer Unterricht 203
Deutschunterricht 206

8. Die Pädagogik der Neuen Linken und die Pädagogik des Marxismus-Leninismus 212
Emanzipatorische Pädagogik und Kommunistische Pädagogik 212
Sozialistische Pädagogik und Kommunistische Pädagogik 218

9. Ausblick 220

Klärung der Fronten 220
Die wehrhafte Demokratie 222
Hinweise für die Auseinandersetzung 224

Literaturverzeichnis 230

Personenregister 261

Sachregister 268

1. Die Krise der individualistischen Demokratie

> Das Übermaß an Freiheit führt zu nichts anderem . . . als zum Umschlag in ein Übermaß von Knechtschaft. Die Tyrannis entwickelt sich aus . . . der Demokratie: aus der äußersten Freiheit die größte und erbarmungsloseste Knechtschaft.
>
> PLATON[1]

Das Aufkommen der Unzufriedenheit

In den liberalen Demokratien des Westens ist es in den letzten Jahren bei vielen Menschen, die sich für »fortschrittlich« halten, Mode geworden, die Gesellschaft, in der sie leben, abzulehnen. Es hat sich unter den Intellektuellen und in der studierenden Jugend eine Stimmung der Unzufriedenheit mit der eigenen Gesellschaftsordnung ausgebreitet, die zur Gefahr für ihren Fortbestand geworden ist. Es gilt neuerdings als Beweis für politische »Mündigkeit«, wenn man an seiner Gesellschaft unentwegt Kritik übt. Es wird geradezu als moralische Pflicht ausgegeben, die Gesellschaft zu »verändern«. Nicht Bejahung, sondern Verneinung gilt als angebracht; nicht Anhänglichkeit an die soziale Ordnung, sondern Feindseligkeit gegen sie wird genährt. Diese negative Einstellung reicht in manchen Fällen bis zum Haß auf die Gesellschaft; die Veränderungssucht bis zum Willen, sie zu zerstören. Es wird zur »Systemüberwindung« aufgerufen, und damit ist nichts anderes gemeint, als der Umsturz der vorhandenen Gesellschaftsordnung, die Revolution.

Dieser Geisteszustand ist in einer Gesellschaft aufgekommen, die wie keine zuvor ein Höchstmaß an Wohlstand, sozialer Sicherheit und Freiheit für alle gewährt hat. Es gibt weder wirtschaftliche Not noch politische Unterdrückung, mit denen sich die Abneigung gegen den liberalen Wohlfahrtsstaat rechtfertigen ließe. Diese Abneigung stammt im allgemeinen nicht aus persönlichen Erfahrungen mit irgendwelchen groben Mißständen. Sie ist eher eine Reaktion auf das geistige Klima der Sattheit, der Selbstzufriedenheit und der Banalität, das in der »Gesellschaft des Überflusses« entstanden ist. Sie ist eine fragwürdige Nebenwirkung des Wohlstandes und der Freihei-

---

[1] PLATON: Der Staat, VIII. Buch, 564.

ten, die die liberale Gesellschaft ihren Mitgliedern bietet. Letztlich ist sie Ausdruck einer Krise der »liberalen Demokratie«[2] oder – mit einem vielleicht noch treffenderen Wort – der »individualistischen Demokratie«[3].

Die Lebensbedingungen in der Industriegesellschaft

Die Krise der individualistischen Demokratie hängt mit den Lebensbedingungen zusammen, die in der modernen Industriegesellschaft entstanden sind. Die Bevölkerungszunahme, die Industrialisierung, die Bürokratisierung, die Entfremdung von der Natur, die extreme Spezialisierung der Berufsarbeit, die Mobilität, die Verstädterung, der Abfall von der Religion, die Vermehrung des Wissens, die Reizüberflutung und viele andere Faktoren haben dazu beigetragen, daß die Verhältnisse ungeheuer kompliziert und undurchsichtig geworden sind. Den meisten Menschen steht beruflich und privat nur ein sehr beschränktes Handlungsfeld offen. Die wenigen Erfahrungen, die sie dort machen, reichen nicht aus, um zum Verständnis der gesellschaftlich-kulturellen Zustände zu gelangen, von denen sie abhängig sind. Sie bleiben auf die Mitteilungen anderer Spezialisten angewiesen, um ein Weltbild gewinnen zu können, das es ermöglicht, sich im Wechsel der Ereignisse einigermaßen zurechtzufinden.

Die spezialisierte Berufstätigkeit und der begrenzte Erfahrungsraum begünstigen eine gewisse Weltfremdheit, einen *Mangel an Wirklichkeitssinn*[4]. Dieser wiederum macht anfällig für vereinfachte Deutungen der Welt, für Selbsttäuschungen und für die Übernahme von Schlagworten. »Die Verbindung mit der Außenwelt und mit dem eigenen Ich wird in zunehmendem Maße durch das Medium der Massenkommunikationsmittel hergestellt«[5]. Das heißt: der Mangel an selbst gewonnenen Erfahrungen wird durch Meinungen ausgeglichen, die weitgehend aus den Informationsbrocken stammen, die das Fernsehen, das Radio, die Presse und die modische Literatur liefern. Besonders der neue Mittelstand der Angestellten und Beamten verkörpert in seiner Mehrheit den Typ des »außengeleiteten

---

[2] Vgl. Mannheim 1967, S. 5.
[3] Schumpeter 1972, S. 207.
[4] Vgl. Gehlen 1957, S. 44 ff.
[5] Riesman 1958, S. 37.

Charakters«[6], des »Gruppenmenschen«[7], der sich in seinem Erleben und Verhalten vorwiegend von den jeweils gerade tonangebenden Zeitgenossen beeinflussen läßt. Mit der hochgradigen *Unsicherheit der Orientierung* geht die *Empfänglichkeit für eine glaubwürdige Weltanschauung* Hand in Hand.

Die Unsicherheit der Orientierung ist nur eine der vielen *Belastungen,* denen die Menschen in der modernen Großgesellschaft ausgesetzt sind. Dank Produktivitätssteigerung, hohen Löhnen und Sozialgesetzen ist zwar unter der Bevölkerung der Industriestaaten die materielle Not weitgehend verschwunden, aber seelische Not gibt es in Menge. Ich erinnere an die Abstumpfung durch eine eintönige Berufsarbeit, an die Erfahrung der hilflosen Abhängigkeit von unpersönlichen Großorganisationen, an die Enttäuschung über das Ausbleiben sozialer Anerkennung, an das Leiden unter Einsamkeit, an die Konflikte, die durch die Zusammenballung vieler Menschen auf engem Raum bedingt sind, an die Angst vor der Zukunft, an das Gefühl der Sinnlosigkeit des Lebens. Verschiedenste Umstände tragen dazu bei, daß viele Menschen emotional unbefriedigt bleiben und sich inmitten geordneter äußerer Verhältnisse unglücklich fühlen.

Was jemand als Belastung erlebt, hängt selbstverständlich nicht nur vom Druck der Außenwelt, sondern vor allem von seinen Ansprüchen und von seiner Fähigkeit zum Ertragen von Widerständen und Enttäuschungen ab. Mit dem wachsenden Wohlstand haben die *Ansprüche* auf Besitz, Bequemlichkeit, Unabhängigkeit, gesellschaftliches Ansehen und Glück zugenommen. Das Ideal des Wohllebens hat moralische Geltung erlangt. Die Entlastung von der Sorge um das Notwendigste für den Lebensunterhalt läßt Wünsche nach Gütern entstehen, die unter härteren Lebensbedingungen als überflüssig erschienen sind.

Von außen kommt der Begehrlichkeit eine wirkungsvolle Werbung für Konsumgüter aller Art entgegen. Es werden in den Menschen Bedurfnisse geweckt, die sich ohne Reklame schwerlich von selbst einstellen würden. Sobald sie aber da sind, werden sie als eigene erlebt und der Mensch beansprucht, daß sie befriedigt werden. Da die finanziellen Mittel zum Erwerb aller als begehrenswert ausgegebenen Dinge nie ganz ausreichen, erliegt er leicht der Versuchung, dauernd unzufrieden zu sein und vorwiegend an das zu den-

[6] Vgl. Riesman 1958, S. 35 ff. [7] Vgl. Whyte 1958.

ken, was er nicht hat. Das gilt nicht nur für erwünschte materielle Güter, sondern auch für seelische Zustände (zum Beispiel: »Glück«) und für gesellschaftliche Verhältnisse (zum Beispiel: die »herrschaftsfreie Gesellschaft«), die herbeigewünscht werden.

Die moderne Industriegesellschaft hat den Menschen also nicht nur Vorteile gebracht, sondern auch neue Bürden, Gefahren und Versuchungen. Das gilt für alle Industriestaaten unabhängig von ihrer Verfassung und von der nationalen Lebensform ihrer Bevölkerung. Je nach der politischen Ordnung ergeben sich aber noch besondere zusätzliche Probleme. Eine liberale Demokratie ist verletzbarer als ein totalitärer Staat. Ihr größter Vorzug liegt in den Freiheiten, die sie ihren Bürgern gewährt. Dieser Vorzug macht aber auch ihre Schwäche aus. Wird diese Schwäche nicht durch Bindungen an zusammenschließende Ideale und durch Treue gegenüber den gemeinsamen Institutionen ausgeglichen, dann ist es kaum vermeidbar, daß die liberale Gesellschaftsordnung zerfällt und durch eine autoritäre oder gar eine totalitäre ersetzt werden wird.

Rationalismus, kulturelle Zersetzung und Sinnverlust

Es gibt aus den letzten Jahrzehnten viele Bestätigungen dafür, daß der uneingeschränkte Liberalismus in der modernen Massengesellschaft einen kulturzersetzenden Einfluß ausübt[8]. Das scheint unter anderem mit der Zunahme der Intellektuellen, mit ihrer Zersplitterung und mit ihrem Kampf um Anerkennung und Einfluß zusammenzuhängen.

Die liberale Gesellschaftsordnung hat eine *Häufung der Elitegruppen,* die sich literarisch, künstlerisch und meinungsbildend betätigen, begünstigt. Die Vielgestaltigkeit dieser Gruppen wirkte zunächst fruchtbar. Über eine bestimmte Grenze hinaus wird sie jedoch von den nicht-intellektuellen Mitgliedern der Gesellschaft, die nach geistiger Orientierung suchen, als verwirrend erlebt. »Je mehr Eliten in einer Gesellschaft vorhanden sind, desto mehr verliert jede einzelne Elite ... ihren führenden Einfluß, da sich die einzelnen Gruppen gegenseitig neutralisieren. In der demokratischen Massengesellschaft, vor allem dort, wo eine große soziale Beweglichkeit möglich ist, kann sich keine Gruppe mehr so weit durchsetzen, daß sie die

---

[8] Vgl. Mannheim 1967, S. VIII und S. 92 ff.

gesamte Gesellschaft zu prägen vermöchte«. Es entsteht eine *»allgemeine Rat- und Führungslosigkeit«*, die »den diktatorischen Gruppen eine Chance gibt. Wenn es solchen Gruppen gelingt, eine politische Integration zustande zu bringen, so können sie sich ohne wesentlichen Widerstand der übrigen Gruppen im Gesamtbereich des gesellschaftlichen Lebens durchsetzen. Sie stoßen auf keinen wesentlichen Widerstand, weil alle willensbildenden, geschmacksbildenden und urteilsbildenden Elitezentren sich vorher schon gegenseitig aufgerieben haben«[9].

Die geistigen Ursachen der kulturellen Zersetzung liegen in einem einseitigen *Rationalismus*. Damit ist jene Einstellung gemeint, die nichts gelten läßt, als das, was durch Vernunft begründet werden kann. Das rationale Verhalten hat sich zunächst in der Arbeitswelt bei der Lösung technischer Probleme bewährt und ist zur Grundlage des Wirtschaftslebens geworden. Von dort hat es sich auf andere Gebiete ausgebreitet. Wir verdanken ihm den Aufschwung der Wissenschaften und der Technik und damit auch die Sicherung der materiellen Voraussetzungen unseres Lebens. Seine Problematik für das Selbstverständnis und für das soziale Zusammenleben der Menschen liegt darin, daß es zwangsläufig die naive Sicherheit der Orientierung an der Tradition zerstört hat.

Das rationale Denken ist kritisch, utilitaristisch und individualistisch. Es stellt die überlieferten Herrschaftsformen, die Religion, das Recht, die Moral, die Sitte und den Brauch in Frage. Es nimmt jeder nicht-rationalistischen Weltanschauung ihre Verbindlichkeit. Es löst die gefühlsmäßigen Bindungen an die herkömmliche Lebensordnung, deren Ideale und Autoritätsträger auf. Das wird einerseits als Befreiung erlebt, als Gewinn an Erkenntnis und an Handlungsspielraum, als geistiger und moralischer Fortschritt. Auf der anderen Seite aber läßt eine rationalistische Einstellung die Bedürfnisse der Menschen nach einem sicheren Weltbild, nach emotionaler Geborgenheit in der Gemeinschaft Gleichgesinnter, nach Heilsgewißheit und nach einem untrüglichen Lebenssinn unbefriedigt. Sie zerstört die Illusionen über das Leben, sie macht skeptisch und kann bis zur Verzweiflung führen.

In den sozialen Beziehungen der Menschen zieht der Rationalismus den *Utilitarismus* und den *Egoismus* nach sich. Dem rationalistischen Denken erscheinen Ideale als willkürliche Setzungen, mora-

---

[9] Mannheim 1967, S. 101 und S. 103.

lische Normen als nur bedingt gültig. Wo allein die Vernünftigkeit, die »Rationalität« als Maßstab anerkannt wird, läßt man als Norm nur gelten, was für jedermann als nützlich erwiesen werden kann. Das aber ist nicht mehr, als was mit der Einstellung eines »klugen Egoismus«[10] vereinbar ist. Diese Einstellung tritt als »kritische Geisteshaltung« auf, das heißt als eine »Haltung, die die Treuepflicht zu außerrationalen Werten verschmäht«[11]. Der Glaube an unbedingte Pflichten wird durch berechnende Anpassung an die Zufälligkeiten des Tages ersetzt. Die Liebe zu Idealen, die vom Menschen Selbstüberwindung fordern, kann in einer Gesellschaft, in der es als »fortschrittlich« gilt, alles zu bezweifeln, kaum mehr aufkommen. Mit dieser Liebe schwindet aber auch die Motivation, sich sittlich anzustrengen, die Kraft, sich uneigennützig in den Dienst großer Aufgaben zu stellen. Wir finden NIETZSCHES Feststellung tausendfach bestätigt: »Jedem, den man zwingt, nicht mehr unbedingt zu lieben, hat man die Wurzeln seiner Kraft abgeschnitten: er muß verdorren«[12]. In diesem geistigen Klima breiten sich mit der Selbstsucht auch der Pessimismus und die Ahnung des Unterganges aus. Man wird gleichgültig gegen das Wohl der anderen und ist nur mehr darauf bedacht, es sich selbst gut gehen zu lassen, solange das noch möglich ist.

Diese Zersetzung der Moral ist eine ungewollte Nebenwirkung der *Aufklärung*. Aufklärung ist nach KANT »der Ausgang des Menschen aus seiner selbstverschuldeten Unmündigkeit. Unmündigkeit ist das Unvermögen, sich seines Verstandes ohne Leitung eines andern zu bedienen ... Sapere aude! Habe Mut, dich deines *eigenen* Verstandes zu bedienen! ist also der Wahlspruch der Aufklärung«[13]. Man kann diesen Wahlspruch selbstkritisch, weise, im Bewußtsein der eigenen Grenzen zu befolgen versuchen. Er kann aber auch zu naiver Selbstüberschätzung verleiten, zu einer dummen Mißachtung unserer Abhängigkeit vom besseren Wissen und Können anderer Personen.

Wird die Forderung der Aufklärung naiv-radikal ausgelegt, dann verleitet sie dazu, daß sich jeder Mensch als obersten Richter über die Normen der Lebensführung und der Gesellschaftsordnung betrachtet. »Selbstbestimmung« erscheint als Ideal, »Fremdbestimmtheit« als

[10] NIETZSCHE 1945, S. 90.
[11] SCHUMPETER 1972, S. 233.
[12] NIETZSCHE 1945, S. 61.
[13] KANT 1974, S. 9.

Schande. Es wird die Illusion begünstigt, jedermann sei fähig, durch eigene geistige Anstrengung zur Erkenntnis dessen, was er tun soll, und zur freien Entscheidung für oder gegen das Gesollte zu gelangen. Die unreflektierte Anerkennung von Autoritäten und die Befolgung ihrer Gebote aus Gewohnheit oder auf Vertrauen hin werden als »Unmündigkeit« verächtlich gemacht. Dagegen gilt das Kritisieren als sicheres Mittel zum Erwerb der »Mündigkeit«. Nichts scheint für den Menschen wichtiger zu sein, als sich von fremder »Vormundschaft« zu befreien und sich »ohne Leitung eines andern« über alles selbst ein Urteil zu bilden. So wird dem Individuum mit seinen subjektiven Wünschen, seinen zufälligen Erfahrungen, seinem begrenzten Wissen und seinem beschränkten Verstand das Recht zugesprochen, sich selbst als Maß aller Dinge anzusehen.

Diese extrem individualistischen Ideen einer naiv-radikalen Aufklärung scheinen dem Anspruch auf »Freiheit« ebenso zu entsprechen wie dem auf »Gleichheit«. Sobald sie jedoch zur uneingeschränkten Überzeugung der tonangebenden Gruppen einer Gesellschaft werden, bedrohen sie deren Zusammenhalt bis zur Gefahr der Auflösung ihrer Ordnung und damit auch des Verlusts der Freiheiten, die diese Ordnung gewährt hat.

Destruktive Gesellschaftskritik

Eine liberale Gesellschaftsordnung kann auf die Dauer nur Bestand haben, wenn die Bevölkerung von ihrem Wert überzeugt, gefühlsmäßig an sie gebunden und zu ihrer Verteidigung bereit ist. Sie ist stärker als ein totalitärer Staat darauf angewiesen, daß die Bürger ihr gegenüber grundsätzlich bejahend eingestellt sind. Sie erlaubt zwar mehr Kritik als jede andere Gesellschaftsform und sie verträgt auch viel Kritik, aber doch nur so weit, wie die Übereinstimmung hinsichtlich ihrer moralischen Grundlagen nicht zerstört wird.

Gerade diese Voraussetzung aber schwindet, je mehr der Rationalismus und der Individualismus sich ausbreiten. Es liegt im Wesen des rationalistischen Denkens, daß es vor keinem Glaubensinhalt, vor keiner Norm, vor keiner Autorität, vor keiner Einrichtung Halt macht. Alles wird in Frage gestellt, alles wird diskutierbar. Man braucht sich nur Wunschbilder von einer besseren Welt ausdenken und als Maßstab anwenden, damit die wirkliche soziale Welt als schlecht und unerträglich erscheint. Auf diese Weise kann Unzufriedenheit erzeugt werden, wo Zufriedenheit herrschte, Mißtrauen, wo es Vertrauen gab, Auflehnung, wo Einverständnis bestand, Konflikt, wo Zusammenarbeit üblich war.

Dieses Geschäft wird teils bewußt, teils in Unkenntnis der Sprengkraft der eigenen Ideen von den kritischen Intellektuellen besorgt. Dazu gehören nach SCHUMPETER »Leute, die die Macht des gesprochenen und des geschriebenen Wortes handhaben«, denen jedoch direkte Verantwortlichkeit für praktische Dinge fehlt und die deshalb auch keine »Kenntnisse aus erster Hand« besitzen, »wie sie nur die tatsächliche Erfahrung geben kann«[14]. Dieser Typ findet sich vor allem unter Journalisten, Literaten und Künstlern, aber auch unter politisierenden Sozialwissenschaftlern, Lehrern und Theologen. Ihre Zahl und ihr Einfluß auf die veröffentlichte Meinung haben im 20. Jahrhundert durch die vermehrten Studien- und Erwerbsmöglichkeiten sowie durch die Ausbreitung der Massenmedien gewaltig zugenommen.

Die Intellektuellen leben von der Kritik. Sie sind versessen darauf, vorhandene oder eingebildete Mißstände aufzudecken, wirklich oder vermeintlich Schuldige anzuklagen, vermutete schlechte Absichten zu entlarven, Tabus zu brechen. Sie sind in einer liberalen Gesellschaft einerseits wichtige Verteidiger der bürgerlichen Freiheiten, unentbehrliche Warner vor dem Mißbrauch der Macht. Auf der anderen Seite sind sie aber zugleich darauf aus, für sich selbst Macht zu gewinnen. Deshalb nutzen sie die Pressefreiheit vor allem dazu, alle Autoritätsträger herabzusetzen und alle Institutionen auszuhöhlen, die der eigenen Machtergreifung im Wege stehen. Sie beanspruchen, die neue Elite zu sein, und darum bekämpfen sie jede Bindung an die alten Eliten und ihre Wertordnung[14a]. Das ist der wichtigste Grund für den Haß der kritischen Intellektuellen auf religiöse, politische und kulturelle Traditionen, die vom Menschen Ehrfurcht, Disziplin und Unterordnung fordern. Viele gehen in der Verhöhnung unentbehrlicher Tugenden und in der Lästerung unersetzbarer Institutionen bis zum äußersten. Ihr Erfolg zeigt, wie groß die Wertunsicherheit und wie gering die Widerstandskräfte zumal in den sogenannten »gebildeten« Schichten der Bevölkerung bereits sind. Es breitet sich die Meinung aus, Moral sei Privatsache und Freiheit bestehe darin, daß alles erlaubt ist.

Der Beitrag der Intellektuellen zur Auflösung der überlieferten

---

[14] SCHUMPETER 1972, S. 237.

[14a] Vgl. SCHELSKY 1975.

moralischen Normen ist besonders deutlich an jener radikal kulturkritischen Richtung der modernen *Literatur* zu erkennen, die als »fortschrittlich« ausgegeben wird[15]. Sie ist durchdrungen von der Verneinung der antik-christlichen Vorstellungen über die Würde und die sittlichen Aufgaben des Menschen. Mit dem Glauben an Gott ist auch die Hoffnung geschwunden, daß mehr auf den Menschen wartet als dieses kurze Leben zwischen Geburt und Tod. Die Aufgabe, Gott zu dienen, ist durch die Idee der »Selbstverwirklichung« ersetzt worden.

Was unter diesem Namen geschieht, hängt davon ab, wie die Menschen sich selbst sehen. Es ist grundsätzlich möglich, ein erhebendes oder ein niederdrückendes Bild vom Menschen zu entwerfen. Man kann betonen, daß in ihm die Möglichkeiten der Selbstvervollkommnung, der sittlichen Läuterung, der inneren Harmonie, der Güte und der Heiterkeit stecken; daß es die Tugenden sind, die ihm Halt geben; daß sogar so etwas wie »Glück« erfahrbar ist, wenn man im Einklang mit seinen Idealen und im Dienst für andere lebt. Man kann aber auch das düstere Bild eines Lebewesens zeichnen, das hilflos seinen Begierden ausgeliefert ist, ohne Selbstkontrolle, innerlich ruhelos und zerrissen, voller Verzweiflung und bereit zu jeder Brutalität, neidisch und gehässig, leidend und stets geneigt, anderen Leid zuzufügen.

In erheblichem Maße erlebt und verhält sich ein Mensch so, wie es den Bildern entspricht, die er von sich und seiner Gesellschaft hat. Diese Bilder werden heute weitgehend durch Literatur und Film bestimmt. Darin aber überwiegen Triebhaftigkeit, Egoismus, Primitivität und Gewalttätigkeit, arroganter Individualismus, sentimentales Mitleid mit sich selbst, Auflehnung gegen jede Autorität, Verhöhnung aller Tugenden, Feindseligkeit gegen Gesellschaft und Kultur. Die Erscheinungsformen des Bösen, des Krankhaften und des Häßlichen bilden ein zentrales Thema. Es ist die Welt des Wahnsinns, der Verbrechen, der sexuellen Perversitäten, der totalen Lieblosigkeit, der Grausamkeit, der Verzweiflung, des Selbstmordes. Es ist eine Welt ohne Schönheit, ohne Ordnung, ohne Würde und ohne Liebe. Die extrem negativen Erfahrungen von Außenseitern der Gesellschaft, die haßerfüllten Phantasiegebilde der Gescheiterten, die Wahnvorstellungen von Geisteskranken werden den Zeitgenossen als Zerrbilder zur Deutung des Menschen angeboten. Das Niedrigste

[15] Vgl. die kritische Analyse von WILLIAMS 1971.

wird zur Norm erhoben, das Edle geleugnet und das Streben danach lächerlich gemacht.

Wer durch die tonangebende kulturkritische Literatur, durch Philosophie, Theater, Film und bildende Künste fortwährend den Bekenntnissen zum Pessimismus und Nihilismus ausgesetzt wird, ohne eine Alternative kennen zu lernen, gerät schließlich selbst in diesen Geisteszustand. Er wird das Mißtrauen nicht mehr los. Er kann sich in der so einseitig negativ gedeuteten Wirklichkeit seiner Gesellschaft und Kultur nicht mehr wohlfühlen, er löst sich innerlich von ihr und wird empfänglich für utopische Wunschvorstellungen von einer »vollkommenen« Gesellschaft mit glücklicheren »neuen« Menschen.

Es sind also in den liberalen Wohlfahrtsstaaten des Westens weniger objektiv unerträgliche Verhältnisse, die mehr und mehr Menschen zum Leiden an sich selbst und zu feindseligen Gefühlen gegen »die« Gesellschaft veranlassen, als vor allem die unverantwortlich negativen *Deutungen* ihrer Situation, die ihnen »kritische« Intellektuelle geliefert haben. Das Unbehagen ist nur teilweise als spontane Reaktion auf schwierige Lebensumstände erklärlich. Es scheint vorwiegend die Wirkung eines geistigen Klimas zu sein, das durch hemmungslose destruktive Kritik bestimmt ist.

Die angeführten Tatsachen bestätigen, daß ein liberales Gesellschaftssystem mehr als jedes andere der Gefahr der Selbstzerstörung ausgesetzt ist. Es nährt und fördert seine eigenen Feinde. Ahnungslosigkeit und Nachgiebigkeit können so weit gehen, daß sich die liberalen Bürger von ihnen sogar umerziehen lassen. Aus Mangel an eigenen Idealen fallen sie auf ihre Schlagworte herein, übernehmen ihre aggressiv-kritische Deutung der eigenen Situation und bekehren sich zu einem Glauben, der mit den Freiheiten, die sie eigentlich erhalten möchten, unvereinbar ist[16].

Zu dieser inneren Gefährdung der liberalen Demokratie durch moralische Selbstzersetzung tritt die Bedrohung von außen.

Die Herausforderung durch den Kommunismus

Die freien Staaten Europas liegen auf engem Raum am Rande jenes Drittels der Erdoberfläche, in dem die mächtigsten Diktaturen,

---

[16] Vgl. Schumpeter 1972, S. 260.

die es je gegeben hat, ungefähr eine Milliarde Menschen beherrschen. Sie liegen im Vorfeld des Herrschaftsbereiches einer totalitären politischen Partei, die sich die Weltrevolution zum Ziel gesetzt hat. Sie haben im eigenen Land nationale Zweigorganisationen dieser Partei, deren Mitglieder sich als Berufsrevolutionäre verstehen und mit allen möglichen Mitteln auf die Machtergreifung hinarbeiten.

Der Kommunismus bekennt sich ausdrücklich zur »Diktatur des Proletariats«; das heißt in unverschlüsselter Sprache: zur totalitären Herrschaft einer kleinen Minderheit, der Kommunistischen Partei, über die Masse der Bevölkerung. Der Terror gilt als legales Mittel zur Eroberung und Ausübung der Macht[17]. Den liberalen Demokratien des Westens, die als »imperialistische Staaten« verleumdet werden, wird unversöhnlicher Kampf bis zum Sieg des »sozialistischen Weltsystems«, das heißt des Kommunismus angesagt. Wenn man die offiziellen kommunistischen Verlautbarungen kennt, ist nicht der geringste Zweifel daran möglich, daß dieser Kampf in den nächsten Jahren mit zunehmender Härte offensiv geführt werden wird. Die Kommunisten betrachten die Gegenwart als eine »Etappe des weiteren Wachsens des sozialistischen Weltsystems und der verschärften Auseinandersetzung mit dem imperialistischen System«[18].

Diese Auseinandersetzung soll nach Möglichkeit so geführt werden, daß die revolutionären Ziele ohne Anwendung militärischer Gewalt, die das Risiko eines atomaren Gegenschlages einschließt, erreicht werden. Die sogenannte »Entspannungspolitik« des Sowjetblocks bedeutet jedoch keineswegs, daß das Programm, in allen Ländern der Erde die Macht zu erobern, aufgegeben worden ist. Die kommunistische Moral verpflichtet ihre Anhänger nach wie vor dazu, der kommunistischen Partei überall in der Welt so schnell wie möglich zum Sieg zu verhelfen.

Das erfolgversprechendste Mittel dazu wird im *ideologischen Kampf* gesehen. Mit der von allen Seiten erhofften militärischen »Entspannung« wird sich der »ideologische Klassenkampf gegen die bürgerliche Ideologie« weiter verschärfen[19]. Es geht darum, in den freien Ländern des Westens möglichst viele meinungsbildende Persönlichkeiten zur Glaubenslehre des Marxismus-Leninismus zu bekehren und dann mit ihrer Hilfe durch Propaganda, Agitation und

[17] Vgl. Lenin 1974, S. 178; zur Praxis vgl. Andics 1967, S. 20; Lewytzkyj 1967; Solschenizyn 1974.
[18] Honecker 1972, S. 117. Weitere Belege bei Huyn 1975 und 1980.
[19] Vgl. Honecker 1972, S. 118.

Erziehung die übrige Bevölkerung für die Revolution reif zu machen[20]. Dazu ist es erforderlich, das komplizierte Geflecht der Ideale, Normen, Glaubensüberzeugungen, Vertrauensverhältnisse, Autoritätsbeziehungen und Institutionen, das unsere liberale Gesellschaft zusammenhält, möglichst weitgehend zu zersetzen. Es kommt darauf an, die Menschen in allen Lebensbereichen unsicher, unzufrieden und aufsässig zu machen. Sie müssen dazu gebracht werden, daß sie jedes Vertrauen in die vorhandenen Autoritäten verlieren, keine Pflichten fraglos anerkennen und zu keinem Opfer für das Gemeinwohl mehr fähig sind. Es geschieht also viel mehr als bloße Werbung für die kommunistische Weltanschauung. Es wird von einer Elite fanatischer Revolutionäre unter Ausnutzung aller Tarnungsmittel ein totaler psychologisch-politischer Krieg an allen möglichen Orten und mit Einsatz aller brauchbaren Verbündeten geführt[20a]. Das Nahziel ist dabei die *moralische Zersetzung* der freiheitlich-demokratisch regierten Völker als wichtigste Vorbedingung für das Gelingen der kommunistischen Revolution[21].

Bei dieser Sachlage, vor allem aber aus anthropologisch-historischen Gründen ist es töricht, anzunehmen, daß das Zeitalter der Ideologien zu Ende gehe und daß eine liberale Gesellschaft ohne Ideologie auskommen könne[22]. Unter »Ideologie« wird hier in der wissenschaftlich-beschreibenden, wertfreien und unpolemischen Bedeutung des Wortes folgendes verstanden: »ein System von die Welt deutenden Vorstellungen – Ideen – und von daraus entwickelten Werten und Normen, das den einzelnen, gesellschaftliche Gruppen oder die menschliche Gesellschaft schlechthin veranlaßt und befähigt, zu handeln und also zu leben«[23]. Kommunistische Politiker und Philosophen lassen keinen Zweifel daran, daß »die friedliche Koexistenz« die Bedeutung der Ideologien im Leben der Gesellschaften nicht vermindert, sondern erhöht. Da »die Technik der modernen Massenvernichtungsmittel den Weg zum Krieg als der Weiterführung der Politik versperrt«, wird der ideologische Kampf zu einem »Ersatz des Krieges im physischen Sinn«. Sein Ziel ist »die Eroberung der Köpfe und Herzen der Menschen«[24].

---

[20] Als leicht verständliche, kritische Einführung in den Marxismus-Leninismus vgl. Bochenski 1973 (mit weiterführender Literatur); ferner Wetter 1962; Leonhard 1962.

[20a] Zur kommunistischen Unterwanderung der Bundesrepublik Deutschland vgl. Bärwald 1976.

[21] Vgl. Bochenski 1973, S. 113 ff.

[22] Grundlegend hierzu Hölzle 1969; Rosenmayr 1969; Lemberg 1974.

[23] Lemberg 1974, S. 34.

[24] Schaff 1973, S. 72.

Die Versuchung zur Selbstaufgabe

> Manche Völker . . . werden im Schoße ihres Wohlstandes der Freiheit müde; sie lassen sie sich ohne Widerstand aus den Händen reißen, aus Furcht, durch eine Anstrengung dieses behagliche Leben zu gefährden, das sie ihr verdanken.
>
> ALEXIS DE TOCQUEVILLE[25]

Die liberalen Demokratien des westlichen Europas sind zusammengenommen militärisch erheblich schwächer als der Sowjetblock. Sie haben sich in den letzten Jahrzehnten darauf verlassen, daß die USA sie durch atomare Abschreckung gegen jeden kriegerischen Angriff aus dem Osten schützen werden. Sie haben es ihren Bürgern erspart, große Opfer für die Verteidigung bringen zu müssen. Die Bevölkerung konnte ungehindert dem Erwerb und dem Vergnügen nachgehen. Sie hat den höchsten Lebensstandard, den besten rechtlichen Schutz ihrer Freiheiten, die größte soziale Sicherheit, die meisten Bildungs- und Aufstiegschancen gewonnen, die es je gegeben hat. Sie lebt überaus privat, das heißt abgesondert vom Staat, frei von Verpflichtungen zum Dienst an öffentlichen Aufgaben, die über die Berufsarbeit, das Steuerzahlen und einen kurzen Wehrdienst hinausgehen. Das bisher Erreichte erscheint als selbstverständliche Ausgangsbasis für weitergehende Ansprüche. Wie gefährdet Wohlstand und Freiheit sind, ist den meisten nicht genügend klar. Es ist wenig Verständnis da für die politischen, weltanschaulichen und moralischen Bedingungen, von denen der Fortbestand der freiheitlich-demokratischen Gesellschaftsordnung abhängt.

Zu den politischen Bedingungen gehören Macht und Autorität des Staates. »Man muß Macht haben, um überhaupt handeln zu können, zumal in der moralischen Sphäre. Man hat gewaltig zu sein, um Gutes zu tun, und stark, um Schutz zu bieten«[26]. Das gilt gegenüber Bedrohungen von außen wie von innen.

Zu den weltanschaulichen oder ideologischen Bedingungen gehören gemeinsame Grundüberzeugungen von den Aufgaben, den Pflichten und Rechten der Staatsbürger, von den Zielen der Gesell-

---

[25] TOCQUEVILLE 1969, S. 147.
[26] THOMAS HOBBES, nach GEHLEN 1970, S. 118.

schaft, vom Wert der kulturellen Überlieferung. Es gehören dazu Geschichtsbewußtsein und das Bewußtsein der nationalen Zusammengehörigkeit. Eine Gesellschaft kann ihre bewährte Ordnung auf die Dauer nur erhalten, wenn gewisse Überzeugungen und Normen, auf denen ihr Selbstverständnis beruht, außer Zweifel bleiben[27].

Zu den moralischen Bedingungen gehören »Treue zum Land« und »zu den Strukturprinzipien der bestehenden Gesellschaft«[28], Patriotismus, Gemeinsinn, Verantwortungsbewußtsein, Bereitschaft zur Leistung, zur Selbstkontrolle und zur freiwilligen Unterordnung, Disziplin.

Um diese Voraussetzungen hat man sich in den individualistischen Demokratien des freien Europa seit Jahrzehnten zu wenig gekümmert. Die Politiker waren mehr damit beschäftigt, die Ansprüche der verschiedenen Interessengruppen an den Staat zu befriedigen und dadurch ihre eigene Wiederwahl zu sichern, als langfristig zu planen und entschlossen zu führen. So ist eine schwächliche »Gefälligkeitsdemokratie« entstanden[29], die die Autorität des Staates untergräbt. Die Konzentration auf das private Wohlleben und das unterschiedslose Geltenlassen widersprüchlichster Meinungen stehen der Ausbildung einer tragkräftigen gemeinsamen Ideologie im Wege. Ein naiver Glaube an das Recht auf individuelles Glück und ein blasser Antikommunismus, der hauptsächlich aus der Angst vor dem Verlust des Wohlstandes genährt wird, sind allzu eigensüchtige Ideale, um sozialen Zusammenhalt gewährleisten und zu Opfern für die gemeinsame Sache bewegen zu können. Eine Gesellschaft, deren Mitglieder in erster Linie mit der Verfolgung ihrer wirtschaftlichen Interessen beschäftigt sind, besitzt wenig moralische Reserven, um sich in Krisenzeiten politisch behaupten zu können. Sie gewöhnt sich daran, selbstzufrieden dahinzuleben, die Gefahr zu verharmlosen und darauf zu bauen, daß politisch auch in Zukunft das bloße Hindurchwursteln genügen wird.

Mehr als alle anderen Staaten des freien Europa war die Bundesrepublik Deutschland seit ihrer Gründung der Versuchung zur Schwäche bis zur Gefahr der Selbstaufgabe ausgesetzt. Der furchtbare Mißbrauch der Macht durch die Nazi-Diktatur wurde nach ihrem Untergang zum Anlaß genommen, um ein grundsätzliches

---

[27] Vgl. Mannheim 1950, S. 287; Lemberg 1971, S. 149 ff.
[28] Schumpeter 1972, S. 469.
[29] Vgl. hierzu Ortlieb 1971 und 1974; Schrenck-Notzing 1973.

Mißtrauen gegen alle institutionellen und ideellen Voraussetzungen nationaler Selbstbehauptung zu verbreiten. Die Suche nach den Schuldigen wurde auf die ganze deutsche Geschichte ausgedehnt. Unter dem Schlagwort »Bewältigung der Vergangenheit« wurde der Jugend ein einseitig negatives Geschichtsbild vermittelt, das ihr wenig Möglichkeiten ließ, nationales Selbstbewußtsein, Verständnis für die politische Wirklichkeit und Verteidigungsbereitschaft zu erwerben[30]. Als Quelle aller Übel wurde die Autorität verketzert. Weltanschauliche Bindungen galten als überholt. Das Ethos des Dienstes für die Gemeinschaft erschien als Bedrohung der Freiheit. Das Kritisieren wurde als wichtigstes Mittel zur Vermeidung neuer Knechtschaft ausgegeben.

So ist ein geistiges Klima entstanden, in dem die Tugenden, auf die jeder Staat im Ernstfall angewiesen ist, schlecht gedeihen konnten. Es hat die liberale Demokratie gegenüber äußeren und inneren Feinden politisch, ideologisch und moralisch ziemlich wehrlos gemacht. In dieser Situation hat die Neue Linke den Kampf um die Macht aufgenommen.

---

[30] Vgl. Schrenck-Notzing 1965, S. 208 ff.; Mohler 1967; Ortlieb 1971, S. 29 ff.

2. Protest und Utopie: der Vorstoß der Neuen Linken

> Alle utopischen Denker sind durch das gleiche Paradox gekennzeichnet: sie glauben an unbeschränkte menschliche Freiheit; gleichzeitig wollen sie die Freiheit so vollständig organisieren, daß sie sie in Sklaverei verkehren.
> THOMAS MOLNAR[1]

Eine Bewegung von Intellektuellen

Die Neue Linke ist aus dem Überdruß an der liberalen Wohlstandsgesellschaft entstanden. Sie ist eine internationale weltanschaulich-politische Bewegung, die aus kleinen sozialistischen Zirkeln hervorgegangen ist und im letzten Jahrzehnt großen Zulauf gewonnen hat. Ihre Gründer, Anhänger und Mitläufer sind Intellektuelle sowie Personen, die Intellektuelle sein oder werden möchten, also Studenten und Schüler der Oberstufe der höheren Schulen. Sie stammen fast ausnahmslos aus der gesellschaftlichen Mittel- und Oberschicht.

Die Bewegung der Neuen Linken ist sehr vielgestaltig und schwer auf einen gemeinsamen Nenner zu bringen. Sie ist keine politische Partei, keine Organisation, keine ideologisch geschlossene Gruppe. Es handelt sich um eine breite weltanschauliche Sammelbewegung, zu der Personen und Gruppen mit sehr verschiedenen Interessen und Zielen gehören. Sie läßt sich vielleicht am besten als eine lose Glaubensgemeinschaft kennzeichnen, deren Anhänger zwei Merkmale miteinander gemeinsam haben: *eine radikal-kritische Einstellung zur liberalen Wohlstandsgesellschaft und den Glauben an die Heilslehre des utopischen Sozialismus.* Die Neue Linke ist eine Protestbewegung gegen die moderne Industriegesellschaft, die aus dem romantischen Glauben an die Utopie »neuer Menschen« in einer vollkommenen »herrschaftsfreien Gesellschaft« lebt. Sie ist eine weltliche Erwekkungsbewegung, vergleichbar religiösen Sekten, die ihre eigene vermeintlich gute Gesinnung auch den Mitmenschen aufzudrängen versuchen[2].

---

[1] MOLNAR 1967, S. 8.

[2] Zur Entstehungsgeschichte u. Ideologie vgl. LUCE 1966; LONG 1969; WEISS 1969; zur kritischen Auseinandersetzung mit Teilaspekten vgl. SCHEUCH 1969; HOCHKEPPEL 1972. Im Unterschied zu diesem *weiten* Begriff der

Der *Name* der Bewegung hat folgenden Ursprung. Eine politische *»Linke«* gibt es seit der Französischen Revolution[3]. In der allgemeinsten Bedeutung des Wortes kann man die Linke kennzeichnen als »eine Bewegung der Negation gegenüber der vorgefundenen Welt«, das heißt als eine Bewegung, welche die gegenwärtige gesellschaftlich-kulturelle Wirklichkeit angreift und nach radikaler Veränderung strebt[4]. Der Gegensatz zur Linken ist die konservative Haltung, welche die bestehende Ordnung zu bewahren sucht. Die Linke versucht ihre Ablehnung der vorgefundenen Welt stets dadurch zu rechtfertigen, daß sie sich auf eine Utopie beruft, das heißt auf den Glauben an das erfundene »Modell einer Welt, wie sie *sein sollte*«. Die Linke hat viele Erscheinungsformen. Als extremen Flügel gibt es in jeder Linken eine *»revolutionäre Bewegung«*: sie vertritt »eine totale Negation des vorgefundenen Systems« und »ein totales Programm der Umwandlungen«[5].

Die *»Neue Linke«* gibt es dem Namen nach erst seit 1960. Die Bezeichnung ist in England aufgekommen, als sich zwei Zeitschriften sozialistischer Intellektueller an der Universität Oxford zur »New Left Review« zusammenschlossen. Viele der Mitarbeiter waren Mitglieder der Kommunistischen Partei oder standen ihr nahe[6]. Der einflußreichste geistige Vater der Neuen Linken im anglo-amerikanischen Raum war der amerikanische Soziologe C. WRIGHT MILLS (1916–1962). Dank der weiten Verbreitung, den sein 1960 veröffentlichter »Letter to the New Left« fand[7], setzte sich auch der Name »Neue Linke« rasch allgemein durch.

Neuen Linken, wie er in Übereinstimmung mit dem internationalen Sprachgebrauch (vgl. z. B. LÖWENSTEIN 1976, S. 218 ff.) auch in diesem Buch verwendet wird, gebraucht das Bonner Bundesamt für Verfassungsschutz einen irreführend *engen* Begriff, der die Mehrheit der Gruppen und Personen, die sich selbst als »Neue Linke« verstehen (wie z. B. die Jungsozialisten in der SPD) aus seinem Anwendungsbereich ausschließt. Es zählt zur Neuen Linken nur jene *»kommunistischen* (maoistischen, leninistischen, stalinistischen, trotzkistischen) sowie anarchistischen Gruppen ..., die nicht den Kommunismus sowjetischer Prägung vertreten«. Vgl. Bundesinnenministerium 1974, S. 40; ähnlich S. 72, wo behauptet wird, daß die Gruppen der Neuen Linken sich überwiegend zum Marxismus-Leninismus bekennen. Das trifft für die Mehrheit der Neuen Linken im hier gemeinten Sinne, die einem linksliberal-gesellschaftsutopischen Glauben anhängt, gerade nicht zu! Vgl. u. a. DOLLINGER 1968; für die USA vgl. WOOD 1975.

[3] Vgl. CAUTE 1966, S. 26 ff.

[4] KOLAKOWSKI 1967, S. 127. Vgl. zum »Prinzip Links« auch H. WEBER 1973.

[5] KOLAKOWSKI 1967, S. 129.

[6] JACOBS und LANDAU 1969, S. 13. Ein Vorläufer war der 1936 von VICTOR GOLLANCZ gegründete »Left Book Club«. Vgl. SAMUELS 1967.

[7] Abgedruckt bei JACOBS und LANDAU 1969, S. 115–130.

Das Eigenschaftswort »neu« in diesem Namen ist Ausdruck eines Widerspruches zur »Alten Linken«. Es wird ein dritter Weg zwischen dem sozialen Liberalismus, der zur Ideologie der Sozialdemokratie geworden ist, und dem dogmatischen Marxismus-Leninismus der Kommunistischen Partei gesucht. Man möchte eine Alternative finden sowohl zur Gesellschaftsordnung des Westens als auch zum »sozialistischen Realismus« der Sowjetunion. Der Name »*Neue* Linke« bezeichnet jene Kreise, »die zwar die sozialistische Tradition anerkennen, aber gleichzeitig eine ideologische und politische Abhängigkeit sowohl von der Sozialdemokratie wie vom sowjetischen Kommunismus zurückweisen«[8].

An der sowjetischen wie an der westlichen Gesellschaft wird von der Neuen Linken gerügt, daß man das sogenannte »System« (d. h. die vorhandene Gesellschaftsordnung) nicht »in Frage stellen« dürfe. Beide Gesellschaften stimmen nach MILLS darin überein, daß sie »einer radikalen Kritik ihrer jeweiligen Gesellschaftsordnung feindlich gegenüberstehen«[9]. Im Unterschied dazu sieht die Neue Linke ihre Aufgabe in der »Strukturkritik«. Was geändert werden muß, »ist nicht nur das eine oder andere Detail einer Institution oder politischen Maßnahme«, sondern »die *Grundlage* der Politik«. »Links zu stehen, heißt Kulturkritik mit politischer Kritik zu verbinden, und beide mit Forderungen und Programmen«. Dabei wird zugegeben, daß die Arbeit der Neuen Linken »in ihrer Kritik und ihren Vorschlägen ... im Augenblick utopisch« ist, weil sie nicht weniger als die »Struktur«, die »Grundlage« der vorhandenen Gesellschaft ändern möchte[10]. Die Neue Linke ist an stückweisen Reformen innerhalb der bestehenden Gesellschaftsordnung wenig interessiert, sondern sie möchte diese Gesellschaftsordnung als Ganzes überwinden.

Als Träger des angestrebten »Strukturwandels« sieht MILLS *die Intellektuellen* an. Von der Arbeiterschaft etwas zu erwarten, sei »heutzutage ganz unrealistisch«. Man müsse vielmehr beim *»kulturellen Apparat«*, das heißt bei den Intellektuellen als dem »sofort wirksamen, radikalen Agens des Wandels« ansetzen. »Wen ekelt dieser ganze ›alte Mist‹, um mit MARX zu sprechen, an? Wer denkt und handelt radikal? Auf der ganzen Welt ... ist die Antwort die gleiche: die junge Intelligenz«[11]. Wenn man die Neue Linke im Hin-

[8] KOLAKOWSKI 1977, S. 21. Vgl. auch NENNING 1973, S. 246 ff.
[9] MILLS 1960, S. 120.
[10] MILLS 1960, S. 123 ff.
[11] MILLS 1960, S. 127 f.

blick auf den Ausbildungsstand, den Tätigkeitsort und die Berufe ihrer Träger näher kennzeichnen möchte, empfiehlt sich deshalb der Ausdruck »Neue (akademische) Linke«[12]. Sie ist nicht in Elendsvierteln, sondern in Hochschulen und Redaktionen entstanden.

Die Neue Linke erhebt den Anspruch, zu wissen, was für die Gesellschaft gut und was schlecht für sie ist. Sie glaubt sich aufgrund dieses vermeintlichen »Wissens«, das sie allen anderen voraus hat, zur Führung berufen. Sie versteht sich als eine Elite von Menschen mit einem sogenannten »richtigen Bewußtsein«, der die Masse, die mit einem sogenannten »falschen Bewußtsein« ausgestattet ist, zu folgen hat. Wir haben es hier mit einer neuen Form der Anmaßung von »Gebildeten« (oder besser: »Halbgebildeten«) gegenüber »Ungebildeten«, von »Aufgeklärten« gegenüber »Unwissenden«, von »Studierten« gegenüber »Nicht-Studierten« zu tun. Die Revolte der Neuen Linken ist der Versuch einer Minderheit von Intellektuellen, die Mehrheit der Bevölkerung zu beherrschen.

Die tiefste Kluft, die durch die westlichen Industriegesellschaften geht, ist heutzutage nicht mehr die zwischen Reichen und Armen, sondern die zwischen den Intellektuellen und dem »gewöhnlichen« Volk[13]. Das »gewöhnliche« Volk denkt realistisch, praktisch, Nutzen und Schaden abwägend; die tonangebenden Intellektuellen denken utopisch, unpraktisch, doktrinär. Das »gewöhnliche« Volk spricht eine Sprache, die jedermann verstehen kann; die Intellektuellen dagegen gebrauchen einen pseudowissenschaftlichen Standesjargon, der allenfalls für Eingeweihte ungefähr verständlich ist. Sie bilden so etwas »wie eine Gegen-Aristokratie, die zu der amtierenden der Staatsverwaltung, der Militärs, der Geschäftsleute usw. in der Opposition des schlechthin unaufhörlichen Kritisierens steht«. Sie brauchen die Folgen ihrer Agitation nicht zu verantworten, »weil sie diese mangels Realkontakt gar nicht ermessen oder sich alles erlauben können«. Sie sind in der privilegierten Lage, »aus der fehlenden Verwicklung und Verstrickung in die praktische Politik und in die Tageskämpfe des Wirtschaftslebens heraus ihr Ethos luxurieren lassen zu können, es in eine Zumutung an alle Menschen zu verwandeln und aus vollem Herzen Anklage zu verstreuen«[14].

---

[12] Scheuch 1969, S. 7. Mohler 1967, S. 160 charakterisiert sie als »intellektuelle Linke«, die sich »nicht mehr nach marxistischen oder anderen Ordnungsvorstellungen richtet«, sondern sich einem diffusen »Konformismus der Negation« hingibt.
[13] Rand 1971, S. 61. [14] Gehlen 1970, S. 150 ff.

Intellektuelle dieses Typs haben die Gedankenwelt und die Agitationsformen der Neuen Linken vorbereitet. Der Weg vom dauernden Kritisieren zum radikalen Verwerfen war nur kurz. »Der Aufstand gegen das Bestehende«, »die anarchistische Grundtendenz«, »ein Radikalismus des Antiautoritären« ist zum Hauptkennzeichen aller Neuen Linken geworden[15].

Die »Protestbewegung« in den USA

Die Krise der liberalen Demokratie ist aus verschiedenen Gründen in den USA früher und schwerer aufgetreten als in Westeuropa. Das liegt vor allem daran, daß sich dort die für die moderne Massengesellschaft typischen Lebensbedingungen eher allgemein ausgebreitet haben als irgendwo anders in der Welt. Hoher Wohlstand, viel Freizeit, Überfluß an Konsumgütern, außen-geleitete Lebensweise, starker Druck zur Anpassung an die anderen, große Abhängigkeit von den Massenmedien, Unsicherheit der Wertorientierung, seelische Verarmung, Sinnverlust, Furcht vor der Einsamkeit: das sind einige der wichtigsten Faktoren, die die seelische Situation eines erheblichen Teiles der Angehörigen der amerikanischen Mittelschicht bestimmen[16].

Man hat mit Recht daran erinnert, daß es verhältnismäßig einfach ist, »das Leben für sinnvoll zu halten, wenn man den größten Teil seiner Kraft auf die positive Aufgabe verwendet, die notwendigsten Dinge für sich selbst und seine Familie zu beschaffen«. Heute dagegen, wo mehr Menschen als je zuvor die Möglichkeit haben, »das Leben zu genießen, sind wir unglücklich aus Enttäuschung darüber, daß Freiheit und Wohlstand unserem Leben keinen Inhalt und kein Ziel geben ... Mehr als je zuvor sehnen sich die meisten von uns vergeblich nach einer Lebenserfüllung; inmitten von Überfluß führen wir ein unerfülltes Leben«[17].

Zu diesen Kehrseiten jeder liberalen Wohlstandsgesellschaft kamen in den USA noch die besonderen nationalen Probleme des Rassenkonfliktes, des Vietnam-Krieges, der verwahrlosten Großstädte, der verhältnismäßig großen Zahl von Armen und Unterprivilegierten, der »übermäßigen Intellektualisierung der amerikanischen Gesellschaft«[18] (die sich auch in der beispiellosen Verschulung des Lebens

---

[15] Künzli 1969, S. 190; ähnlich Marković 1971, S. 14; Hindels 1970, S. 143 ff.
[16] Vgl. Riesman 1958.
[17] Bettelheim 1965, S. 65 und S. 7.
[18] Molnar 1966, S. 348.

der jungen Generation ausdrückt), des Mißverhältnisses zwischen »maßloser nationaler Selbstbeweihräucherung«[19] und politischem Unvermögen zur Reform. Es war ein ganzes Bündel verschiedenartiger Beweggründe, die ab 1960 zur »Revolte« der studentischen Neuen Linken geführt haben[20]. *Sie ist im Kern eine »Revolte« gegen die »überentwickelte Gesellschaft«* (overdeveloped society) der Nachkriegszeit »mit ihren ausgedehnten bürokratischen Apparaten in Regierung, privaten Institutionen, Gewerkschaften und Universitäten«[21]. Sie ist *ein Aufstand »gegen die liberale Demokratie«*, gegen den »Lebensstil der Liberalen«, gegen die »verwaltete«, »entmenschlichte« und angeblich nur den Worten nach liberale (»rhetorisch-liberale«) amerikanische »Überflußgesellschaft«. Einer ihrer Anhänger beschreibt sie folgendermaßen: »Die Protestbewegung ist der Haufen von Personen, Organisationen, Weltanschauungen und Bestrebungen, die auf der sogenannten Linken angesiedelt sind und aufgrund radikaler Urteile über die vorherrschenden politischen, wirtschaftlichen, sozialen und moralischen Erscheinungsformen des amerikanischen Lebens aktiv werden«[22].

Die Bewegung wurde von den Kindern der oberen Mittelschicht getragen, die der materiellen Vorzüge ihres Elternhauses überdrüssig waren. Das Streben ihrer Eltern nach Reichtum, Besitz und Sozialprestige erschien ihnen sinnlos. Das moderne Wirtschaftsleben, die Technik und die Bürokratie, von denen sie aus eigener Erfahrung kaum etwas wußten, erlebten sie als bedrohlich. Sie litten unter der Verödung der zwischenmenschlichen Beziehungen, unter Einsamkeit, »Entfremdung«, Isolierung, und sehnten sich nach Freundschaft und Lebensgemeinschaft. Sie mißtrauten jeder Obrigkeit und lehnten Entscheidungen, die »ohne die Zustimmung der Beherrschten« getroffen wurden, ab. Sie hatten den Eindruck, während ihrer Kindheit und Jugendzeit in einem goldenen Käfig gefangen gewesen zu sein. Nun wollten sie sich von diesen Fesseln des Wohlstands-Milieus befreien, wollten innerlich von der Persönlichkeitsstruktur loskommen, die sie dort erworben hatten. Die »Suche nach Identität«, das heißt nach Übereinstimmung mit sich selbst, nach einem neuen, befriedigenden Selbstverständnis wurde ihr wichtigstes Problem.

»Diese Suche umfaßt die Ablehnung all dessen, was mit ihrer alten

---

[19] Kennan 1968, S. 159. [20] Vgl. Draper 1965; Lipset und Wolin 1965; Cohen und Hale 1966; Luce 1966; Lipset 1971; Keniston 1971.
[21] Jacobs und Landau 1969, S. 9. Grundlegend hierzu Long 1969.
[22] Neuhaus 1971, S. 96.

Identität verbunden ist, und die Ablehnung all der technologischen und bürokratischen Werte, die das amerikanische Leben beherrschen«[23]. Sie hielten die amerikanische Gesellschaft für völlig verfault. Sie sahen ihre Ordnung als eine Quelle des Leidens und der Ungerechtigkeit an. Sie machten für alle wirklichen und vermeintlichen Mängel das »Establishment«, das heißt die derzeit Herrschenden verantwortlich. Ihren Hauptfeind sahen sie im »institutionalisierten Liberalismus«, in der breiten Schicht der »saturierten Liberalen«. Sie hielten die Freiheit, die ihnen die Gesellschaft bot, für bloßen Schein, das Lob der Demokratie für reine Heuchelei. Sie weigerten sich, in der vorhandenen Gesellschaft einen nützlichen Platz einzunehmen, weil sie glaubten, dieses System sei durch und durch schlecht. Sie litten unter der geistigen Leere ihres Lebens, unter dem weltanschaulichen Vakuum in ihrer Kultur, unter der relativistischen bis nihilistischen Mentalität ihrer Lehrer.

Dieser seelische Zustand der unzufriedenen Studenten ist durch die Lebensumstände bedingt, unter denen sie aufgewachsen sind. Er weist ganz offensichtlich auf Mängel der Gesellschaft, auf Fehler der Erwachsenengeneration, auf Versäumnisse der politischen Führungskräfte hin. Die Mängel, Fehler und Versäumnisse liegen allerdings überwiegend an anderen Stellen als dort, wo die Neue Linke sie sucht. Ihre Deutung der Lage der amerikanischen Gesellschaft ist ebenso unzulänglich wie ihr Menschenbild. Die Maßlosigkeit ihres Protestes stammt aus der Unfähigkeit, die gesellschaftliche Situation in ihrer Komplexität zu verstehen und gefühlsmäßig mit ihr fertig zu werden.

Die akademische Neue Linke hat sich immer mehr in die Überzeugung hineingeredet, daß es unmöglich sei, die amerikanische Gesellschaft zu reformieren. Reformen würden keinen grundsätzlichen Wandel schaffen, sondern seien nur dazu angetan, das bestehende »System« zu erhalten[24]. Deshalb erscheint ihr auf weite Sicht die »Zerstörung der modernen amerikanischen Werte, des sozialen Systems überhaupt«[25] als einziger Ausweg. Da in den USA jedoch derzeit keinerlei Aussicht auf eine politische Revolution besteht, bleiben als Aufgaben vorläufig nur die radikal negative Kritik, die Einrichtung von »Gegen-Organisationen« und die Verbreitung utopischer

---

[23] Jacobs und Landau 1969, S. 11.
[24] Vgl. Jacobs und Landau 1969, S. 85 ff.
[25] Jacobs und Landau 1969, S. 73; vgl. auch Neuhaus 1971, S. 135 ff.

Ideen zum Zweck »einer Radikalisierung der nachfolgenden Generation«, die angespornt werden soll, »um die politische Macht zu kämpfen«[26].

Es ist für das Verständnis der Neuen Linken wesentlich, daß sie die »radikale Umwandlung der Gesellschaftsordnung« nicht direkt anstrebt, sondern auf dem Umweg über den »kulturellen Apparat« (MILLS). Sie versucht den Inhalt der Ideen und Bilder zu beeinflussen, denen die Menschen im Unterricht, in den Sendungen der Massenmedien, in der Lektüre, in den verschiedensten öffentlichen und privaten Situationen ausgesetzt sind. Davon erwartet man sich jene »Bewußtseinsänderung«, die erst zum politischen Einsatz für die Revolution oder wenigstens zu ihrer Duldung bereit macht. Die Strategie lautet also: *durch Kulturrevolution zur Gesellschaftsrevolution!*

NEUHAUS hat die Erwartungen der Neuen Linken so formuliert: »Wir sind für Revolution. Zweifellos für eine Revolution des Bewußtseins. Jedenfalls für eine Kulturrevolution. Vielleicht für eine gewaltlose Revolution. Für einen bewaffneten Umsturz der bestehenden Ordnung, falls es nötig wird. Revolution aus Verzweiflung oder Revolution für eine neue Welt, aber Revolution«[27]. Der realistische Kern dieses Programms ist die Kulturrevolution. Die auffälligen Demonstrationen, Gewalttätigkeiten und Ordnungsstörungen wie Hausbesetzungen, »Sprengung« von Sitzungen und alle Formen des »bürgerlichen Ungehorsams« sind nicht die Hauptsache, sondern taktische Kniffe, um bei Autoritätsträgern Unsicherheit zu erzeugen, Widerstrebende einzuschüchtern und den Gesinnungsgenossen das Gefühl der Zusammengehörigkeit und die Befriedigung ihres Aktionsbedürfnisses zu gewähren. Auf alle diese herausfordernden Aktionen kann verzichtet werden, ohne daß die Neue Linke ihren Zielen untreu wird. Von zentraler Bedeutung ist nur eines: den Geist der Verneinung der vorhandenen Gesellschaft und den Glauben an die Utopie der idealen »Gegengesellschaft« auszubreiten. Es hat sich bei der sogenannten »Studentenrevolte« in den USA also nicht um eine Revolte im strengen Sinne, das heißt um einen Aufstand mit dem Ziel der Machtergreifung gehandelt, sondern um den Beginn eines ideologischen Kampfes, durch den zunächst die seelischen Voraussetzungen für eine künftige Machtergreifung geschaffen werden sollen.

---

[26] JACOBS und LANDAU 1969, S. 97.
[27] NEUHAUS 1971, S. 137.

Die Ideologie der Neuen Linken wird in diesem Kapitel noch systematisch dargestellt werden, aber schon hier sei betont, daß sie weitgehend unabhängig vom Marxismus-Leninismus entstanden ist. Die Neuen Linken in den USA sind keine Kommunisten, sondern *enttäuschte liberale, radikaldemokratische Romantiker.* Sie haben CAMUS und SARTRE gelesen, aber nicht MARX[28]. Gewiß ist auch Gedankengut der Sozialisten und Kommunisten in die Bewegung eingeflossen[29], und MILLS hat ihr nachdrücklich empfohlen: »lies wieder LENIN (Vorsicht!) und ROSA LUXEMBURG!«[30] Aber die amerikanische Neue Linke ist viel zu undiszipliniert, zu individualistisch, zu undogmatisch und zu egalitär-liberal gesinnt, um mit der Dogmatik oder gar mit der straffen Organisationsform der Kommunistischen Partei etwas anfangen zu können. Sie ist ohne jede Sympathie für die »Diktatur des Proletariats«, sondern träumt von der »partizipatorischen Demokratie«, das heißt vom Rätesystem, in dem jeder Mensch an allen Entscheidungen gleichberechtigt beteiligt ist[31]. Sie ist kompromißlos anti-autoritär eingestellt und möchte jede Herrschaft abschaffen. Sie fühlt sich sogar in der offenen, liberalen Wohlfahrtsgesellschaft »unterdrückt« und kämpft nicht für eine Beschränkung, sondern für eine Erweiterung der Freiheiten des Individuums.

Die amerikanische Neue Linke ist *der Gegenwart gegenüber nihilistisch-anarchistisch, der Zukunft gegenüber romantisch-utopisch eingestellt.* Sie möchte keineswegs in einem kommunistischen Staat, wie er wirklich ist, leben, aber sie ist verführbar durch die Utopie einer »vollkommenen« sozialistischen Gesellschaft, für die neben Gleichheit und Brüderlichkeit auch ein Mehr an Freiheit versprochen wird. Ihr Abstand zum Kommunismus beruht nicht darauf, daß sie ideologisch gegen ihn immun ist, sondern auf der räumlichen Entfernung des Sowjetblocks, auf der anti-kommunistischen Grundeinstellung der amerikanischen Bevölkerung und auf der Schwäche der Kommunistischen Partei in den USA. In Europa ist die Gefahr, daß die Neue Linke ungewollt oder gewollt den Kommunisten in die Hand arbeitet, sehr viel größer.

---

[28] RAND 1971, S. 21.

[29] Vgl. hierzu LUCE 1966, S. 21 ff.; JACOBS und LANDAU 1969, S. 34 ff. und S. 51 ff.; KENNAN 1968, S. 156.

[30] MILLS 1960, S. 130.

[31] JACOBS und LANDAU 1969, S. 42 und S. 151 ff. (Erklärung von Port Huron der »Students for a Democratic Society«, SDS).

Die Neue Linke in Deutschland

In der Bundesrepublik Deutschland ist die große Mehrheit der Bevölkerung erst durch die *Studentenunruhen,* die ab 1966 einsetzten[32], darauf aufmerksam geworden, daß es eine Neue Linke gibt. Man hat sich dann in der Öffentlichkeit noch jahrelang mit der irrigen Ansicht beruhigt, es handle sich um eine reine Studentenbewegung, der es vorwiegend um die Reform der Hochschulen geht. Die Massenmedien verschafften der radikalen studentischen Minderheit eine riesige Beachtung. Sie würdigten ihre hochschulpolitischen Forderungen fast ausnahmslos unkritisch-positiv. Durch den Wirbel aufgeschreckt, ließen sich die Regierungen und Landtage in den meisten Bundesländern zu unüberlegten Hochschulgesetzen hinreißen, um die Unruhestifter durch Nachgiebigkeit zu befriedigen und dadurch den vermeintlich nur kurzfristigen Spuk aus der Welt zu schaffen. Die Lage wurde damals von den Politikern völlig falsch eingeschätzt. Sie hatten keine Ahnung von den tieferen Ursachen, den ideologisch-politischen Hintergründen und dem ganzen Ausmaß der Krise. Nur so ist es erklärlich, daß sie durch untaugliche Hochschulgesetze, die auf Illusionen beruhten, der Neuen Linken überhaupt erst eine tragfähige Aktionsbasis innerhalb der Hochschulen gesichert haben[33].

Tatsächlich ist die Neue Linke in Deutschland sehr viel älter und umfassender als die studentische Protestbewegung der Sechzigerjahre. Sie hat sich mit dem Abebben der Studentenunruhen auch keineswegs aufgelöst, sondern sie besitzt im Gegenteil heute mehr Einfluß auf den »kulturellen Apparat« der Bundesrepublik Deutschland als je zuvor. Die radikalen Studenten und Schüler waren nur die jugendlichen Zöglinge älterer Glaubensboten, »Getriebene, die sich für Treiber hielten«[34]. Für die radikalen deutschen Studenten gilt ebenso, was KENNAN für die amerikanischen festgestellt hat: »daß die geistige Verwirrung der Studenten die Folge ihrer Beeinflussung durch Leute ist, die zwar älter, aber nicht weniger verwirrt sind als sie selbst«[35].

Die Anfänge der Neuen Linken gehen in Deutschland auf die Zeit der amerikanischen Besatzung ab 1945 zurück. Damals ging es den

---

[32] Vgl. LEIBFRIED 1967; MAGER und SPINNARKE 1967; BERGMANN, DUTSCHKE, LEFÈVRE, RABEHL 1968; HABERMAS 1969; KAASE 1971; AHLBERG 1972.
[33] Zur Kritik vgl. SCHELSKY 1969; HENNIS 1969; MAIER und ZÖLLER 1970; LÖWENTHAL 1971; LÜBBE 1972 und 1976, S. 34 ff.
[34] BURCKHARDT, S. 219.
[35] KENNAN 1968, S. 103.

Siegermächten darum, die Teilung Deutschlands und seine außenpolitische Entmachtung ideologisch abzusichern. Dazu dichtete man den Deutschen einen sogenannten »autoritären Charakter« an[36], behauptete, dieser sei »potentiell faschistisch«, und machte sich an ihre *»Umerziehung«*[37]. Diese wurde hauptsächlich von amerikanischen Intellektuellen und zurückgekehrten deutschen Emigranten betrieben, die eine linksliberale Weltanschauung verfochten, welche in den USA als »progressistisch«, das heißt als »fortschrittsgläubig« bezeichnet wurde. Damit ist eine auf die Aufklärung zurückgehende utopische Ideologie gemeint, die den Glauben an die gute Natur des Menschen, an das Heil durch Gebrauch der Vernunft und an den Fortschritt zu einer vollkommenen Gesellschaft zum Inhalt hat. Das Ideal ist die harmonische Zusammenarbeit aller Menschen in Gleichheit und Freiheit. Freiheit wird gleichgesetzt mit dem Fehlen von Macht. Es wird angenommen, daß Freiheit an sich moralisch gut sei, nur für edle Ziele genutzt und nie mißbraucht werde[38]. Es wird eine rational organisierte Gesellschaft angestrebt, in der alle Menschen durch Wohlwollen und Liebe in dauerhaftem Frieden miteinander verbunden sind. Diese Ideologie schließt die Überzeugung ein, daß Macht (jedenfalls die Macht der anderen) böse sei, Tradition ein Hindernis für den Fortschritt, Autorität Unterdrückung.

Das linksliberale oder »progressistische« Glaubensbekenntnis wurde den deutschen Intellektuellen unter dem täuschenden Namen »Demokratie« einzuprägen versucht. Es wurde ihnen suggeriert, daß »Demokratie« und linksliberale Ideologie zusammengehörten. »Demokratie« sei nicht bloß eine bestimmte Form der Staatsverfassung, die den Mißbrauch der Macht durch die Regierung verhindern soll, sondern vor allem »eine Art zu leben«, eine Weltanschauung, eine bestimmte moralische Gesinnung. Durch diese betrügerische Umdefinition des Wortes »Demokratie« wurde der Aberglaube verbreitet, nur wer linksliberal gesinnt sei, stehe voll auf dem Boden der Demo-

---

[36] Die Theorie von der »autoritären Persönlichkeit« geht auf eine Gruppe Frankfurter Emigranten unter der Leitung von THEODOR ADORNO und MAX HORKHEIMER zurück, also jener Professoren, die nach ihrer Rückkehr aus den USA in Frankfurt die kulturpessimistische Geschichtsphilosophie der sogenannten »Kritischen Theorie« gepflegt haben, die entscheidend zum Entstehen der deutschen Studentenrebellion beigetragen hat. Vgl. ADORNO u. a. 1950; eine Kurzfassung der Ergebnisse dieser fragwürdigen politischen Studie bei HORKHEIMER 1960, S. 161 ff.

[37] Vgl. hierzu SCHRENCK-NOTZING 1965, besonders S. 118 ff.

[38] Zur Charakterisierung des progressistischen Intellektuellen vgl. MOLNAR 1966, S. 150–201.

kratie. Hier haben wir bereits die Ansätze zum politischen Programm der Neuen Linken: zur Ersetzung des freiheitlich-demokratischen Rechtsstaates durch den Gesinnungsstaat.

Die »Umerziehung« wurde den Amerikanern schon bald von deutschen Intellektuellen abgenommen. Unter ihnen nahmen Angehörige der (zwischen Sozialdemokraten und Kommunisten stehenden) »heimatlosen Linken« aus der Weimarer Republik wie die Professoren MAX HORKHEIMER und THEODOR ADORNO, kommunistische Sektierer wie Professor WOLFGANG ABENDROTH, Linkskatholiken wie WALTER DIRKS und EUGEN KOGON, pazifistische Protestanten wie Pastor MARTIN NIEMÖLLER und Professor HELLMUT GOLLWITZER sowie die Schriftsteller der Gruppe 47 Schlüsselstellungen ein[39].

Diese Kreise waren von der Überzeugung durchdrungen, zu moralischen Anklägern des deutschen Volkes berufen zu sein. Sie steigerten sich in der Herabsetzung der eigenen Nation, die unter dem Schlagwort *»Bewältigung der Vergangenheit«* betrieben wurde, bis zum nationalen Selbsthaß. Sie rechneten Hitlers Untaten dem ganzen Volk als Schuld an, deuteten in die deutsche Geschichte unzählige Vorboten der Nazi-Diktatur hinein und malten in Übereinstimmung mit der kommunistischen Propaganda das Gespenst einer erneuten »Gefahr von rechts« an die Wand. Sie erfanden und propagierten einen Zusammenhang zwischen den Greueltaten des Dritten Reiches und den »Denk-, Lebens- und Charakterformen der bürgerlichen, konservativen oder aufklärungsfeindlichen Traditionen. Durch eben diesen behaupteten Zusammenhang seien diese Traditionen für immer disqualifiziert. Die Einführung unbürgerlicher, liberaler und aufklärender Denk-, Lebens- und Charakterformen soll die Wiederholung der Greuel verhindern«[40].

Ein Beispiel für dieses Vorgehen ist die Argumentationsweise des katholischen Theologen HALBFAS »gegen die Erziehung zum Gehorsam«. Er weist darauf hin, daß Gehorsam das Grundverhalten des Kommandanten des Konzentrationslagers Auschwitz wie auch anderer Kriegsverbrecher gewesen sei. Allen »entmündigenden Systemen« liege das »Autoritäts-Gehorsams-Modell« zugrunde. Daraus wird abgeleitet, daß der Christ, der an die Autorität Gottes glaubt, eine Gefahr für die Demokratie sei. »Mit seinen Gebeten übt das Kind einen Gottesglauben ein, der die komplette Verkörperung hierarchischer

[39] Zur Geschichte der Neuen Linken in Deutschland vgl. vor allem SCHRENCK-NOTZING 1968. [40] SCHRENCK-NOTZING 1965, S. 285.

Herrschaftsautorität darstellt. Beten selbst kann so die Verinnerlichung von Strukturen betreiben, die oft ein Leben lang unfreien Gehorsam und Autoritätsbindungen fördern, die den Christen zum geeigneten Untertan wie herrschsüchtigen Pascha machen, für demokratische Gesellschaften aber zur Enttäuschung und Gefahr werden lassen. Mit den kirchlichen Gottesdiensten erfolgt die gleiche Ausrichtung der Menschen auf Herrschaftsautorität«[41]. Dieser Text ist typisch für die eifernde Anmaßung und die Intoleranz, mit der die linksliberalen Neu-Aufklärer gegen religiöse und moralische Traditionen vorgehen, die ihrer eigenen Ideologie im Wege stehen.

Die Welle der Propaganda für nationale Kollektivschuld, für *Sühne durch Lossagung von der kulturellen Überlieferung* und für die Auflösung aller Autoritätsbeziehungen führte – zusammen mit den früher erwähnten Ursachen, die in den Lebensbedingungen der liberalen Wohlstandsgesellschaft liegen und deshalb nicht auf Deutschland beschränkt sind – zu einer ungeheuren *geistigen Verwirrung*. Da die westdeutschen Massenmedien weitgehend von linksliberalen Intellektuellen beherrscht wurden, konnten sich kritische Stimmen in der veröffentlichten Meinung kaum Gehör verschaffen. In diesem Klima moralisch maskierter Zersetzung mußte es insbesondere der *studierenden Jugend* geradezu als oberste Pflicht erscheinen, den anscheinend so verdorbenen Erwachsenen das Vertrauen zu entziehen, überall Machtmißbrauch zu wittern und sich von allen Bindungen an Traditionen, die für das Übel in der Welt verantwortlich zu sein schienen, zu befreien. Die entwicklungsbedingte Neigung der Jugend zu scharfer Kritik und zu radikalen Ansichten galt jetzt nicht mehr als Unreife, sondern als moralische Überlegenheit gegenüber der Generation ihrer Eltern. Daß die Erwachsenen auf alle Herausforderungen vorwiegend nachgiebig, ja mit Anbiederungsversuchen reagierten, wurde als Beweis ihres schlechten Gewissens und damit der Berechtigung des Protestes gedeutet. Der Boden für diese Nachgiebigkeit war schon lange zuvor durch den *Kult der Jugend* vorbereitet worden, der von der Konsum- und Vergnügungsindustrie ausgelöst worden ist und der durch die politische Verleumdung der gesamten Erwachsenengeneration als mitschuldig an der Nazi-Diktatur auch noch pseudo-moralische Unterstützung erhielt[42].

So kam es in den Sechzigerjahren durch das Zusammentreffen allgemeiner wohlstandsgesellschaftlicher und besonderer nationaler Be-

---

[41] Halbfas 1973, S. 59.
[42] Zum Jugendkult vgl. Opaschowski 1971.

dingungen in großen Teilen der deutschen studierenden Jugend zu einer außergewöhnlich tiefgehenden sozialen und geistigen Entwurzelung, die sie für radikale Heilslehren anfällig machte. Es lag mehr am geistigen Klima und an den herrschenden Machtverhältnissen im Kulturbetrieb der Bundesrepublik Deutschland als an sachlich begründeter Überzeugungskraft der linksradikalen Ideologie, daß sie bei der Suche nach neuer Orientierung auf die wirren kulturkritisch-utopischen Ideen der Neuen Linken hereinfiel. Jedenfalls ist es der Neuen Linken erst mittels der »antiautoritären« Studenten- und Schülerbewegung[43] gelungen, über kleine Intellektuellen-Zirkel hinauszukommen und Einfluß auf das Bewußtsein großer Bevölkerungsgruppen zu gewinnen.

Die links-liberalen wie die links-radikalen Intellektuellen-Zirkel haben diesen Durchbruch lange und sorgfältig vorbereitet. Ich kann hier die Gruppen, die daran beteiligt gewesen sind, und die Strategie, die sie verfolgt haben, nicht ausführlich darstellen[44]. Um eine Vorstellung von der *Vielfalt der Neuen Linken* zu geben, sei nur erwähnt, daß in ihr so verschiedene Strömungen zusammengefunden haben wie 1. die neutralistisch-pazifistischen Gegner einer Sicherung der Verteidigungsbereitschaft der Bundesrepublik Deutschland, 2. die Links-Marxisten zwischen Sozialdemokratie und Kommunisten (die parteipolitisch »heimatlose« Linke) sowie 3. die radikaldemokratischen Utopisten, die teils dem Linksliberalismus, teils dem Anarchismus zuzurechnen sind[45]. Zur Verbreitung der allen diesen Strömungen gemeinsamen radikalen Gesellschaftskritik trug vor allem die »linke Schickeria«, die »schicke Linke« (vom französischen »chic« — modisch) bei, die sich nach 1945 in Funk und Fernsehen, in Presse und Großverlagen ein Monopol zur »Umerziehung« der Deutschen gesichert hatte[46].

---

[43] Zur linken Schülerbewegung vgl. AMENDT 1968; HAUG und MAESSEN 1969; LIEBEL und WELLENDORF 1970. Eine reichhaltige Dokumentation mit *kritischer* Interpretation bietet BARTH 1969.

[44] Vgl. SCHRENCK-NOTZING 1968; RYSCHKOWSKY 1968; WILFERT 1968; ferner den Bericht des Hauptbeteiligten RÖHL 1974. Zum Neomarxismus vgl. WEISS 1970. Eine Auswahl repräsentativer Texte der geistigen Väter der Neuen Linken bietet FREYDORF 1968.

[45] Vgl. die materialreiche Darstellung aus linksliberaler Sicht von RICHERT 1969. Vgl. auch SZCZESNY 1971, worin der Gründer der linksliberalen »Humanistischen Union« und einer ihrer vernunft- und fortschrittsgläubigen Wegbereiter »Abschied« von der Neuen Linken nimmt. Zur Linken in der SPD vgl. HEIMANN 1971; zur radikalen kommunistischen Linken LANGGUTH 1971; zum Anarchismus BARTSCH 1972/73.

Was die Neue Linke vom linksliberalen bis zum neo-marxistischen Flügel eint, ist das Ziel der »Systemüberwindung«. Über die Form des *neuen* »Systems«, das an Stelle der vorhandenen freiheitlich-demokratischen Gesellschaftsordnung errichtet werden soll, ist man sich allerdings weder klar noch einig. Fest steht nur, daß es ein sozialistischer Gesinnungsstaat sein soll, der von der Neuen Linken beherrscht wird. Alles, was die Neue Linke tut, dient dazu, ihre Machtübernahme vorzubereiten. KARSTEN VOIGT hat 1969 als Vorsitzender der Jungsozialisten folgendes Ziel der Politik seines Verbandes genannt: »Eine sozialistische Bundesrepublik in einem sozialistischen Westeuropa, etwa nach jugoslawischem Vorbild«[46a].

Statt von »Systemüberwindung« spricht die Neue Linke auch häufig deutlicher von der *»Revolution«*. Ahnungslose Bürger, die dabei an Versuche denken, die Staatsgewalt durch einen bewaffneten Aufstand in die Hand zu bekommen, gehen völlig in die Irre. Da für jedermann offensichtlich ist, daß in der gegebenen innenpolitischen Lage eine sozialistische Revolution des klassischen Typs[47] keinerlei Aussicht auf Erfolg hat, sind sie geneigt, die »Revolutionäre« als Phantasten abzutun und die Gefahr, die von ihnen droht, zu unterschätzen. Die »Revolution« der Neuen Linken verläuft jedoch nicht altmodisch gewalttätig und dramatisch, sondern unauffällig, schleichend und unter der Maske einer höheren Moral. Sie erfolgt mit »systemimmanenten« Mitteln. Ihre Führer sind sich völlig klar darüber, daß es heute in den hochentwickelten Industriegesellschaften nur den Weg *»revolutionärer Reformen«* gibt. Damit sind »Strukturreformen« oder »nichtreformistische Reformen« gemeint, das heißt solche, die (im Unterschied zu »reformistischen Reformen«) nicht auf die Erhaltung des »Systems«, sondern »auf die radikale Umwandlung der Gesellschaft abzielen«[48]. Diese »Revolution« im Sinne »revolutionärer Reformen« oder »systemüberwindender Reformen« ist nicht eine bloße Möglichkeit der fernen Zukunft, sondern sie geht bereits hier und heute mit wachsendem Erfolg vor sich.

Um das erkennen zu können, muß man sich an die Strategie der Neuen Linken erinnern, die Staatsgewalt nicht direkt, sondern auf dem Umweg über den »kulturellen Apparat» (MILLS) zu erobern, also über das Erziehungssystem und über das Meinungsbildungs-

[46] Vgl. SCHRENCK-NOTZING 1968, S. 176 ff.; HOCHKEPPEL 1972.
[46a] MÜLLER 1972, S. 28. [47] Vgl. MALAPARTE 1932.
[48] Vgl. GORZ 1967, S. 11 ff. (einer der wichtigsten Texte zu dieser Strategie); ähnlich GANSEL 1971, S. 99.

System der Nachrichten- und Unterhaltungsmittel. Es kommt ihr darauf an, die weltanschaulichen, moralischen und politischen Grundüberzeugungen, auf denen die freiheitliche Gesellschaftsordnung beruht, zu zersetzen und möglichst viele Menschen für den Glauben an die Utopie der »emanzipierten«, der »herrschaftsfreien«, der »vollkommenen« Gesellschaft zu gewinnen.

Der *Kampf um die Macht* wird also schon seit langem *auf ideologischem Gebiet* geführt und er wird schließlich auch dort entschieden werden. Wenn die »Bewußtseinsänderung« der Bürger im Sinne der Neuen Linken gelingt, dann wird eines Tages die Ideologie der »Revolutionäre« wie selbstverständlich zur offiziellen Ideologie des Staates erklärt werden. Hinsichtlich des Ideologie-Bestandteiles »Demokratisierung« ist dieser Prozeß schon besonders weit fortgeschritten. Zahlreiche Schlüsselpositionen, von denen aus die »Bewußtseinsänderung« im Tarngewand der »Aufklärung«, der »Information«, der »gesellschaftsrelevanten wissenschaftlichen Ausbildung«, der »emanzipatorischen Erziehung« oder der »politischen Bildung« betrieben wird, sind bereits durch Anhänger und Mitläufer der Neuen Linken besetzt. Das Beweismaterial für den Mißbrauch der Presse zur Irreführung der Leser[49], für »die verfassungsfeindliche Bewußtseinsbildung durch öffentlich-rechtliche Rundfunkanstalten«[50], für die Revolutionierung der zur politischen Umerziehung wichtigsten Studiengänge an den Hochschulen (Lehrerbildung)[51] ist kaum mehr zu überblicken.

Wie sind diese Erfolge möglich gewesen? Ohne Zweifel ist die *Kerntruppe der Neuen Linken* relativ klein. Es gehören dazu der linke Flügel der SPD, insbesondere deren neo-marxistische Intellektuelle (z. B. Ludwig von Friedeburg, 1969–74 Kultusminister von Hessen, und Peter von Oertzen, 1970–74 Kultusminister von Niedersachsen) und die Jungsozialisten[52]. Dieser linke Flügel versteht

[49] Vgl. Schoeck 1972. [50] Vgl. Walther 1973.

[51] Vgl. z. B. Berndt u. a. 1972; Nitzschke u. a. 1972; Ivo und Merkelbach 1972; Beck u. a. 1973.

[52] Die Jungsozialisten sind eine Arbeitsgemeinschaft der Sozialdemokratischen Partei Deutschlands (SPD), die alle SPD-Mitglieder im Alter bis zu 35 Jahren umfaßt. Von den derzeit ungefähr 200 000 Jusos werden rund 35 000 zu den Aktivisten gerechnet. Seit ihrem Bundeskongreß in München 1969 verfechten die Jusos eine sozialistische Politik der »systemüberwindenden Reformen«. Das »System«, das überwunden werden soll, ist »die kapitalistische Gesellschaftsstruktur«. Vgl. Gansel 1971. Statt von »systemüberwindender Reform« (ein Ausdruck, der auf Gorz 1967 zurückgeht) wird neuerdings von »antikapitalistischer Strukturreform« gesprochen. Vgl. Müller 1972; Häse und Mülller 1973; Pulte 1975, S. 17 ff.

sich ausdrücklich als eine »linke Partei in der Partei«, die eine »sozialistische Strategie« mit dem Ziel »revolutionärer, systemüberwindender Reformen« verfolgt[53]. Weiterhin gehören zur Neuen Linken Teile der »Gewerkschaft Erziehung und Wissenschaft« (GEW) unter Erich Frister, in der 173 300 Lehrer organisiert sind (1979), insbesondere die »progressivste« Gruppe der GEW, der »Ausschuß junger Lehrer und Erzieher« (AjLE), dem ungefähr 80 000 Junglehrer angehören und dessen Vorsitzender derzeit Kurt Bunke[53a] ist. Weiterhin sind zu nennen die Jungdemokraten (»Judos«)[54] sowie zahlreiche kleinere sozialistische, linksliberale und anarchistische Organisationen. Die meisten davon waren 1967 an der Außerparlamentarischen Opposition (APO) beteiligt (»Kampagne für Demokratie und Abrüstung«, »Sozialistischer Bund«, »Humanistische Union«, »Sozialdemokratischer Hochschulbund«, »Liberaler Studentenbund Deutschlands« usw.[55]), andere wie der »Bund demokratischer Wissenschaftler« sind erst später gegründet worden. Eine Schlüsselstellung als Koordinationszentrum »linkssozialistischer Arbeit in der Bundesrepublik« nimmt seit 1969 das Sozialistische Büro in Offenbach ein[56]. Zu diesem organisatorisch gebundenen Kern kommen noch die nicht-organisierten Lesergemeinden der Zeitschriften der Neuen Linken von den theoretischen Zentralorganen »Kursbuch« (seit 1965) und »Das Argument« (seit 1959) bis zu den Magazinen »konkret« und »das da«[57].

Diese vielgestaltige politische Bewegung scheint vor allem des-

[53] Nevermann 1968, S. 226 und S. 211.

[53a] Er publiziert im kommunistischen Pahl-Rugenstein Verlag. Vgl. Bunke 1979.

[54] Die Deutschen Jungdemokraten (DJD) sind ein politischer Jugendverband, der der Freien Demokratischen Partei Deutschlands (FDP) nahesteht. Er hat rund 25 000 Mitglieder. Ursprünglich liberal-konservativ eingestellt, hat er sich nach 1968 den Ideen der Außerparlamentarischen Opposition (APO) und der antiautoritären Studentenbewegung geöffnet und vertritt seither linksliberale, radikaldemokratische und sozialistische Ideen. »Die Jungdemokraten haben einen wesentlichen Anteil an der Entwicklung eines neuen Konzepts für die auf gesamtgesellschaftliche Veränderung hin orientierte Arbeit linker Jugendverbände.« Vgl. Kunze 1973, S. 325. Sie kämpfen wie die Jungsozialisten für »systemüberwindende Reformen«. Vgl. Deutsche Jungdemokraten 1971; Pulte 1975, S. 294.

[55] Nähere Angaben bei Weigt 1968. [56] Vgl. Sozialistisches Büro 1973. Laut Verfassungsschutzbericht 1978 des Bundesministers des Innern, S. 107, hat das SB über 1200 Einzelmitglieder.

[57] Eine kommentierte Übersicht über die Zeitschriften der Neuen Linken findet sich bei Schrenck-Notzing 1968, S. 297–303. Eine neuere Übersicht deutschsprachiger Periodika der unabhängigen sozialistischen Linken bietet Spall 1973. Zu »konkret« vgl. Röhl 1974.

wegen Erfolg gehabt zu haben, weil es ihren Anhängern lange gelungen ist, ihre radikalen Absichten hinter einem Nebel von liberalen, demokratischen und humanitären Schlagworten zu verhüllen. Die Revolutionäre gaben sich als »Reformer« aus, die »System«-Gegner als die wahren »Demokraten«. Dank dieser Strategie haben sie im liberalen Bürgertum bis tief in die Reihen der CDU und der Kirchen hinein Sympathisanten und Mitläufer gefunden.

Diese überraschende Tatsache hängt mit dem geringen Wirklichkeitssinn, der Orientierungsunsicherheit und den gesteigerten privaten Ansprüchen zusammen, die für die Menschen in der liberalen Wohlstandsgesellschaft kennzeichnend sind. Sie haben sich an dauernde Verbesserungen im Bereich der Technik, der Wirtschaft und der Sozialversorgung gewöhnt und erwarten von der Politik, daß sie unentwegt weitere Fortschritte auf dem Weg zu einer vollkommenen Gesellschaft ermöglicht. Ihr Wunschdenken entwirft von allen Einrichtungen und Sozialbeziehungen »Modelle«, wie sie sein sollten, und wertet damit die Wirklichkeit fortgesetzt ab. Auf diese Weise ist eine Stimmung der Unzufriedenheit mit dem Vorhandenen und eine verworrene Reformungeduld entstanden, die sich beim Vergleich unserer mit anderen Gesellschaftsordnungen als weitgehend unberechtigt erweisen. Sie erhalten den Schein ihrer Berechtigung überwiegend aus dem Vergleich mit der Utopie. Als Ausdruck dieser Mentalität ist es anzusehen, daß die Phrase vom »Modernitätsrückstand« der westdeutschen Gesellschaft[58] oder das maßlos übertreibende Schlagwort von der deutschen »Bildungskatastrophe«[59] ernst genommen worden sind.

Die utopische Ideologie der fortschrittsgläubigen Liberalen ist zur vorherrschenden Weltanschauung geworden und hat zu einem *»Reformismus«* geführt, »der die schlechte Gegenwart überall ändern zu müssen vermeint und daher ein gebrochenes Loyalitätsverhältnis zu unserer gesellschaftlichen und staatlichen Ordnung aufweist«[60]. Ein Beispiel für den Reformismus im Erziehungswesen sind folgende Sätze: »Kritische Erziehungswissenschaft hat die Verbesserung der gesellschaftlichen Verhältnisse im Auge; diese Verbesserung hat kein Ende. Jede beabsichtigte Verbesserung hebt sich in ihrer Institutionalisierung bereits wieder auf, so daß diese Anlaß ist zu weiterer Verbesserung«[61].

Aus der utopischen Grundeinstellung, die Linksliberale und Mar-

---

58 Dahrendorf 1965, S. 76; 1968.
59 Picht 1965.
60 Tenbruck 1973, S. 26.
61 Schaller 1971, S. 62.

xisten miteinander gemeinsam haben, läßt sich auch erklären, warum sie trotz ideologischer Differenzen in der Praxis der schleichenden Kulturrevolution so verblüffend gut zusammenarbeiten[62]. »Die neomarxistischen Ideologien und Gruppen sind eingelagert in unspezifische und verbreiterte Ideologien, welche um Zentralbegriffe wie Selbstverwirklichung, Mündigkeit, Herrschaftsabbau, Demokratisierung und ähnliche kreisen. Gemeinsam ist ihnen der moralisierende, der utopische, der futuristische Zug und damit die Bereitschaft, die Wirklichkeit von Staat und Gesellschaft vor das Tribunal abstrakter und utopischer Konzepte zu zitieren und sie moralisch zu disqualifizieren«[63].

Nach diesem Überblick über die Entstehung, die Träger und die Bundesgenossen der Neuen Linken müssen wir uns nun ihrer Ideologie zuwenden.

Die Weltanschauung der Neuen Linken

Ebensowenig wie die Neue Linke eine einheitliche Organisation ist, verfügt sie über eine einheitliche Weltanschauung. Es finden sich neben naiv-fortschrittsgläubigen auch sehr pessimistische Aussagen über die Natur und die Zukunftsmöglichkeiten des Menschen. Die Deutung unserer gesellschaftlichen Situation reicht von einseitig übertriebenen Schilderungen tatsächlich vorhandener Schattenseiten, aus denen echte Sorge um wirkliche Menschen spricht, bis zur totalen Verneinung alles Vorhandenen, zur Verachtung der Menschen, wie sie sind, zum Haß auf jegliche Ordnung, zur Lust an der Zerstörung, zum Anarchismus. Die Vorstellungen über die ideale Gesellschaft der Zukunft kreisen hier mehr um »Herrschaftsfreiheit«, »Demokratisierung« und »Mitbestimmung« aller bei allem, dort mehr um das »Glück«, die »Selbstverwirklichung«, die Triebbefriedigung, die »Autonomie« des »emanzipierten« Individuums. Diese Unterschiede treten jedoch zurück gegenüber der Übereinstimmung in zwei zentralen Punkten: in der radikalen Kulturkritik und in der radikalen Gesellschaftsutopie.

Die Neue Linke vertritt in erster Linie eine *radikale Kritik der gegenwärtigen Gesellschaft*. Sie nennt sie mit einem marxistischen Schlagwort eine »spätkapitalistische Klassengesellschaft«[64]; sie pran-

[62] Über die Verführbarkeit liberal-progressistischer Intellektueller durch den Marxismus vgl. Aron 1957; Molnar 1966, S. 139 und S. 178 ff.
[63] Tenbruck 1973, S. 26.
[64] Zur Kritik dieses Schlagwortes vgl. Watrin 1970.

gert sie an als eine »repressive Gesellschaft«[65], das heißt als eine Gesellschaft, die die Menschen unterdrückt, als eine »autoritäre Leistungsgesellschaft«. Sie sieht überall die Tendenz einer »Rückbildung« der Demokratie »zu einem autoritären Staat rechtsstaatlichen Typus«[66].

Im einzelnen wird folgendes Bild von der modernen westlichen Industriegesellschaft entworfen. Die Menschen leben in ohnmächtiger Abhängigkeit von undurchschaubaren großen Organisationen; sie werden durch Autoritäten aller Art unterdrückt – von der Familie über die Schule bis zum Betrieb und zur Verwaltungsbürokratie; sie sind zur Arbeitsteilung gezwungen und leiden unter ihrer einseitigen beruflichen Tätigkeit; sie müssen sich Leistungsforderungen unterwerfen; im Beruf wie in der Freizeit werden sie sich selbst »entfremdet«; sie werden durch die Meinungsmacher der Massenmedien und der Werbeagenturen »bis in ihre Triebe hinein manipuliert«[67]: es werden ihnen Ansichten, Interessen und Bedürfnisse aufgedrängt, die sie von sich aus gar nicht haben; sie stehen unter »Konsumzwang«, das heißt: sie werden zur materiellen Begehrlichkeit und zum Kauf überflüssiger Güter verführt; sie sind von Egoismus besessen, statt von der Sorge um das Gemeinwohl erfüllt; sie sind sozial isoliert, vereinsamt, unfroh und zur Aggression geneigt; sie haben keinen Glauben, an den sie sich halten können, keine außer-privaten Ziele und Aufgaben, keine Zukunftsaussichten, die ihrem Leben Sinn geben.

Diese und noch viele andere negative Merkmale, die der Situation des Menschen in der »fortgeschrittenen Industriegesellschaft« zugeschrieben werden, sind zum Teil – wenn man von Übertreibungen und ungerechtfertigten Verallgemeinerungen absieht – richtig beobachtet. Die meisten der kritisierten Tatbestände sind aus dem kulturkritischen Schrifttum verschiedenster Richtungen seit Jahrzehnten bekannt[68]. Auch der Versuch, sie ausschließlich auf die gesellschaftlichen Lebensbedingungen zurückzuführen, ist keineswegs neu. Bei der Neuen Linken bleibt dieser Versuch jedoch in verschwommenen globalen Anklagen stecken und hat mit einer wissenschaftlichen Analyse der modernen Industriegesellschaft kaum etwas zu tun. Es werden

---

[65] Das Zentralthema bei MARCUSE. Eine systematische Übersicht gibt JANSOHN 1971.

[66] AGNOLI 1968, S. 10.

[67] MARCUSE 1970, S. 26.

[68] Vgl. z. B. RATHENAU 1918; ORTEGA Y GASSET 1931; JASPERS 1931; HUIZINGA 1936; SOROKIN 1950; MAN 1952.

einfach verschiedene negativ gewertete Erscheinungen unter Außerachtlassung aller übrigen Tatsachen so einseitig zusammengestellt und interpretiert, daß daraus ein Zerrbild der gesellschaftlichen Wirklichkeit entsteht[69].

Zu diesem Zerrbild kommt es, weil seine Urheber sich mit grundlegenden Gegebenheiten der modernen Gesellschaft wie Arbeitsteilung, Vermassung, Bürokratie, Rangordnung usw. nicht abzufinden vermögen[70]. Während der linksliberale Flügel der Neuen Linken fortschrittgläubig ist, ist ihr radikaler Flügel von einem tiefen *Kulturpessimismus* erfüllt, von einer romantischen Verzweiflung über die Lebensbedingungen in der Industriekultur, die viele ihrer Anhänger bis zum Haß gegen sie und zum Willen, sie zu zerstören, geführt hat. Dieser Kulturpessimismus der Neuen Linken unterscheidet sich eigentlich nur durch seine sprachliche Form – das heißt: durch den marxistisch-psychoanalytischen Jargon – vom Kulturpessimismus der alten Rechten[71]. Hier wie dort finden wir Mißtrauen gegenüber dem zweckrationalen Denken, Feindseligkeit gegen Wissenschaft und Technik, Abkehr von Liberalismus und Pluralismus, Verachtung der repräsentativen Demokratie, elitäre Abwertung der zufriedenen Massen der Bevölkerung, Sehnsucht nach einem neuen einigenden Glauben, Verheißung einer »vollkommenen« Gesellschaft für die Zukunft[72]. Die völlig pessimistische Bewertung unserer Gesellschaft durch die Neue Linke und ihr Glaube an eine Erneuerung durch »Revolution« entstammt der gleichen Geisteshaltung, die vor zwei bis drei Generationen zum Ruf nach der »konservativen Revolution« geführt hat: dem *Nihilismus*, das heißt: dem Bewußtsein, daß nichts Wert hat, daß keine Norm verbindlich ist, daß es keinen Sinn gibt, nichts, wofür sich zu leben oder zu sterben lohnt, daß alles umsonst ist.

Der Nihilismus ist offensichtlich jene Versuchung, welche die Intellektuellen seit dem Abfall vom christlichen Glauben am stärksten bedroht[73]. Viele von ihnen scheinen im Glauben an eine politische

---

[69] Als bedeutendste gesamtgesellschaftliche Analysen der Neuen Linken neben MARCUSE 1970 vgl. JAEGGI 1973 und BRÜCKNER 1972. Zur Kritik vgl. SCHEUCH 1969, S. 104–149; EBERLE und SCHLAFFKE 1973.

[70] Vgl. LÖWENTHAL ²1971, der von einem »romantischen Rückfall«, von einer »rückwärts gewendeten Revolution« spricht.

[71] Vgl. z. B. STERN 1963.

[72] Über weitere Gemeinsamkeiten zwischen der Neuen Linken und der alten Rechten vgl. RITTER 1970; SCHEUCH 1970.

[73] Zum Nihilismus als Folge des Atheismus bei NIETZSCHE vgl. ROHRMOSER 1970a, S. 245 ff.; zu den politischen Auswirkungen auf den Kommunismus vgl. auch MONNEROT 1952, S. 395 ff.

Utopie die einzige Möglichkeit zu sehen, ihrem sonst vermeintlich sinnlosen Leben einen Sinn zu geben. Welche Utopie aufgegriffen wird, hängt vorwiegend davon ab, was in der geistigen und politischen Situation gerade angeboten wird. Radikale kulturkritische Ansichten sind vermutlich in vielen Fällen nur Versuche, eine aus der Unerträglichkeit des Nihilismus heraus motivierte Hingabe an eine politische Heilslehre nachträglich zu rechtfertigen. Auch die maßlosen und pauschalen Anklagen der Neuen Linken gegen die moderne Industriegesellschaft sind aus bloßer Entrüstung über zweifellos vorhandene Mißstände selbst dann nicht hinreichend erklärbar, wenn man die gesteigerte Empfindlichkeit berücksichtigt, die sich in der Wohlstandsgesellschaft als Folge des Wucherns moralischer Ansprüche auf Glück ausgebreitet hat. Die radikale Kulturkritik der Neuen Linken ist nur als Ausfluß ihres Glaubens an *die Utopie vom »neuen Menschen« in der »vollkommenen Gesellschaft«* verständlich.

Wie sieht diese Utopie aus? Welche Alternative zur verachteten wirklichen Gesellschaft wird entworfen? Welches Gegenbild einer idealen Gesellschaft bietet die Neue Linke an? Darüber liegen nur sehr allgemeine und ungenaue Äußerungen vor. Es ist von einer »sozialistischen Gesellschaft« die Rede, von einer »klassenlosen Gesellschaft«, von einer »freien Gesellschaft«, die durch das »Ende der Herrschaft« gekennzeichnet sei. Es wird eine Gesellschaftsordnung gepriesen, die die »Herrschaft des Menschen über den Menschen«, die »Ausbeutung« des Menschen durch den Menschen aufhebt. Sie soll nach MARCUSE ein »befriedetes Dasein«[74], nach HABERMAS ein »gelungenes Leben«[75] ermöglichen. Es ist eine Gesellschaft ohne Mangel, in der die Arbeit abgeschafft ist, in der es keine Existenzsorgen mehr gibt, in der jeder frei ist »vom täglichen Kampf ums Dasein, davon, sich seinen Lebensunterhalt verdienen zu müssen«[76], in der »jede Art von Askese, die gesamte Arbeitsdisziplin« überholt ist, in der Arbeit und Spiel, Technik und Kunst zusammenfallen[77]. Sie soll Institutionen enthalten, »die der freien Entwicklung der menschlichen Bedürfnisse und Anlagen eine größere Chance bieten«[78]. Es wird ein höherer Grad von »Rationalität«, »Gerechtigkeit« und »Freiheit«, von »Schönheit« und »Glück«, eine höhere Stufe der

---

[74] MARCUSE 1970, S. 246. [75] HABERMAS 1970, S. 164.
[76] MARCUSE 1970, S. 24.
[77] MARCUSE 1969, S. 96/97. Über die Wurzel dieser Ideen im jüdischen Sexualmessianismus vgl. LANDMANN 1974, S. 161 ff.
[78] MARCUSE 1970, S. 232.

»Humanität« gefordert. Der Mensch soll zu »wahrhafter Selbstbestimmung«[79] gelangen können.

Das sind höchst verschwommene Angaben. Einige Züge der idealen »sozialistischen Gesellschaft«, wie die »Abschaffung der Arbeit« (MARCUSE), sind offensichtlich völlig wirklichkeitsfremd. Andere wie »Rationalität«, »Freiheit«, »Humanität« usw. sind nichts weiter als Verabsolutierungen allgemeinster Wertbegriffe. Sie sind in dieser abstrakten Form nahezu inhaltsleer. Was damit gemeint ist, mag möglicherweise durchaus wünschenswert sein, aber das kann man erst beurteilen, wenn gesagt worden ist, was sie im Zusammenleben der Menschen einer modernen Industriegesellschaft konkret bedeuten. Was soll man sich unter »Herrschaftsfreiheit«, »befriedetem Dasein«, »Glück« usw. vorstellen? Wenn darüber Klarheit besteht, ist weiter zu fragen, ob dieser ideale Gesellschaftszustand erreichbar ist und mit welchen Mitteln.

Die Frage nach der Erreichbarkeit ist unmöglich vernünftig zu beantworten, weil der ideale Zustand, der erreicht werden soll, von den Autoren der Neuen Linken nirgends hinreichend konkret beschrieben wird. Wir erfahren zum Beispiel von MARCUSE nicht mehr, als daß das ideale System die totale Verneinung des bestehenden Gesellschaftssystems, »also etwas völlig Neues ist«[80]. Die »sozialistische Gesellschaft« sei die »Negation« *aller* bestehenden Gesellschaften (einschließlich der kommunistischen des Ostblocks); es bestehe ein radikaler qualitativer Unterschied, ein »totaler Bruch zwischen der alten und der neuen Gesellschaft«. Andere Autoren machen es dem Leser weniger leicht, ihr Gesellschaftsideal als Utopie zu erkennen, aber sie beschreiben es auch nicht konkreter als MARCUSE. Jedenfalls ist aus den Äußerungen der Neuen Linken in keiner Weise zu erkennen, worin eigentlich die Vorzüge ihrer idealen »Gegengesellschaft« liegen.

Bei derart unzulänglichen Angaben über den erstrebten Soll-Zustand der Gesellschaft ist es selbstverständlich ausgeschlossen, eine wissenschaftlich begründete Empfehlung von Mitteln zu geben, durch welche dieser Zustand herbeigeführt werden könnte. Alles, was wir erfahren, ist, daß *der Weg zum Heil über den kulturellen »Oberbau«, über die »Bewußtseinsänderung«, über die Erziehung führt.* MARCUSE träumt von der »Erziehungsdiktatur«[81]. Die »neue« Gesell-

---

79 MARCUSE 1970, S. 262. 80 MARCUSE 1969, S. 91.

81 MARCUSE 1970, S. 61. Zur Analyse und Kritik von MARCUSES Gedanken über Erziehung vgl. DE VITIS 1974.

schaft kann nur entstehen, wenn es durch Erziehung gelingt, die Menschen völlig anders zu machen, als sie jetzt sind. Nach MARCUSE wäre die Gesellschaft »in dem Maße vernünftig und frei, wie sie von einem *wesentlich neuen geschichtlichen Subjekt* organisiert, aufrechterhalten und reproduziert wird«[82]. »Ein wesentlich neues geschichtliches Subjekt« heißt: eine Bevölkerung oder ein Staatsvolk von »wesentlich neuen Menschen«. Das bedeutet: die »vernünftige« und »freie« Gesellschaft, die die Neue Linke anstrebt, setzt voraus, daß die Menschen, wie sie jetzt sind, »wesentlich« verändert werden müssen.

MARCUSE strebt nicht weniger an als eine »Veränderung in der ›Natur‹ des Menschen«[83]. Von welcher Art diese Veränderung sein soll, wird daran erkennbar, daß er zwischen »wahren« und »falschen« Bedürfnissen unterscheidet und dann feststellt: »Die meisten der herrschenden Bedürfnisse, sich ... zu entspannen, zu vergnügen, zu benehmen und zu konsumieren, zu hassen und zu lieben, ... gehören in diese Kategorie falscher Bedürfnisse«[84]. »Ihre Befriedigung mag für das Individuum höchst erfreulich sein, aber dieses Glück ist kein Zustand, der aufrechterhalten und geschützt werden muß ...«. Vielmehr müssen die »falschen« Bedürfnisse durch »wahre« ersetzt werden, so paradox der Gedanke auch sei, »einer ganzen Gesellschaft Vernunft auferlegen zu wollen«[85].

»Die Neubestimmung der Bedürfnisse« ist nach MARCUSE die erste subjektive Vorbedingung »für eine qualitative Änderung« des Menschen. Um diese Änderung zu erreichen, muß man den mit »falschen« Bedürfnissen erfüllten Menschen die »Selbstbestimmung bei der Produktion und Verteilung lebenswichtiger Güter und Dienstleistungen« nehmen und eine »wirksame soziale Kontrolle« durch eine »zentralisierte Autorität« herstellen[86]. Das wird erst in einer »sozialistischen Gesellschaft« möglich sein. Diese als »frei« bezeichnete ideale Gesellschaft der Zukunft läßt sich aber nicht auf demokratischem Wege durch Mehrheitsbeschlüsse errichten. Sie kann nur durch den Kampf gegen die »etablierten Gesellschaften« herbeigeführt werden: durch Akte der »Befreiung«, durch die große »Weige-

---

82 MARCUSE 1970, S. 263 (Hervorhebung von mir).
83 MARCUSE 1969a, S. 17.
84 MARCUSE 1970, S. 25. Dieses Thema ist sehr alt. Schon PLATON (Der Staat, 8. Buch, 558) unterscheidet zwischen »notwendigen« und »nicht-notwendigen Begierden«. Vgl. auch NIETZSCHE über »echte Bedürfnisse« und »Schein-Bedürfnisse« (1873, S. 104).
85 MARCUSE 1970, S. 26.
86 MARCUSE 1970, S. 262.

rung, die auf eine radikale Umwertung der Werte abzielt«[87], durch Revolution.

Diese »Revolution« kann angesichts der Tatsache, daß der größte Teil der Bevölkerung mit der liberalen Wohlstandsgesellschaft zufrieden ist, nur eine *Kulturrevolution* sein, die von anti-autoritären Intellektuellen durchgeführt werden soll. Dabei wird von der richtigen Erkenntnis ausgegangen: »Alle Befreiung hängt vom Bewußtsein der Knechtschaft ab«[88]. Folglich muß zunächst einmal in die zufriedene Bevölkerung die Überzeugung hineingebracht werden, daß sie »geknechtet« wird, daß sie in einer »repressiven«, in einer »autoritären Gesellschaft« lebt. DUTSCHKE sprach von der »Notwendigkeit einer langandauernden Kulturrevolution gerade in den hochentwickelten kapitalistischen Ländern Mitteleuropas als der Bedingung für die Möglichkeit einer Revolutionierung der Gesamtgesellschaft«[89]. Es gehe in dieser langen »kulturrevolutionären Übergangsphase« um die »Bewußtmachung der Massen« durch »Emanzipationsarbeit«, die von radikalen Minderheiten, von der »radikalen Aktionseinheit der Antiautoritären« zu leisten ist[90].

Eine »westeuropäische Kulturrevolution« sei deswegen so dringend, weil die Arbeiterschaft die »bürgerliche Kultur« längst übernommen und verinnerlicht habe. Diese Tatsache wird als eine »tiefsitzende ideologische und kulturelle Erkrankung des Proletariats« gedeutet, die nur durch eine »antiautoritäre Kulturrevolution« »in sämtlichen Überbau-Bereichen« zu heilen sei[91]. Selbst Kommunisten, die den politischen Kampf in erster Linie im Bereich des ökonomischen Unterbaues (Betrieb, Arbeitsplatz) zu führen gewohnt sind, vertreten neuerdings die Überzeugung: »Der kulturelle Kampf für eine andere Auffassung vom Menschen, vom Leben, von der Erziehung, der Arbeit, der Zivilisation ist die Voraussetzung für den Erfolg aller anderen Kämpfe für den Sozialismus, da er deren Sinn begründet«[92].

Der Kern des Programmes besteht also in der »politischen Erziehung« und Umerziehung oder »Gegenerziehung« (MARCUSE[93]).

---

[87] MARCUSE 1969a, S. 19.
[88] MARCUSE 1970, S. 27.
[89] DUTSCHKE 1968, S. 45.
[90] DUTSCHKE 1968, S. 90 f.
[91] M. SCHNEIDER 1971, S. 94. Zu den Theorien über die Integration der Arbeiterklasse vgl. DEPPE 1971.
[92] GORZ 1967, S. 164.
[93] MARCUSE 1966, S. 123.

Sie soll schon bei den Kleinkindern beginnen. »Wenn diese Perversion im Geist des Individuums anfängt, in seinem Bewußtsein, seinen Bedürfnissen, wenn heteronome Interessen Besitz von ihm ergreifen, ehe es seine Knechtschaft erfahren kann, dann müssen die Anstrengungen, seiner Entmenschlichung entgegenzuwirken, am Eingang beginnen, dort, wo das falsche Bewußtsein Form annimmt (oder vielmehr: systematisch geformt wird) – sie müssen damit beginnen, *den Werten und Bildern ein Ende zu bereiten, die dieses Bewußtsein nähren.* Das ist allerdings Zensur . . .«[94]. Die »Werte und Bilder«, deren Einfluß die Kinder entzogen werden sollen, sind jene, die sie an ihre Eltern, ihre Familie, ihre soziale Schicht, ihre Heimat, ihre Religion, ihren Staat, kurz an die Lebensordnung ihrer Gesellschaft binden – einer Gesellschaft, in der angeblich »das falsche Bewußtsein zum allgemeinen Bewußtsein geworden« ist, »von der Regierung bis hinunter zu ihren letzten Objekten«[95]. Erziehung und Umerziehung sollen also vorwiegend dazu dienen, die Menschen ihrer Kultur zu entfremden, sie von den Bindungen an die Normen ihrer Gesellschaft zu »befreien«.

Diese »langandauernde Kulturrevolution« geht nicht auf den Straßen, sondern in den Institutionen der Gesellschaft vor sich. Sie kann überall unter den Tarnbezeichnungen »Reform«, »Demokratisierung« oder »Emanzipation« vorangetrieben werden. Immer geht es dabei um *»die Zersetzung des bestehenden Systems«* als »Vorbedingung jeder . . . qualitativen Veränderung« der Gesellschaft[96].

Man sieht aus den angeführten Texten, daß *die Weltanschauung der Neuen Linken durch und durch totalitär* ist. Ihre anti-autoritären Parolen sind ein wesentlicher Bestandteil dieses totalitären Gedankensystems. Sie werden mit unbedingtem Anspruch auf Wahrheit höchst aggressiv vertreten. Sie dienen vorwiegend als ideologisches Bindemittel für die Anhänger und als Waffe zur Bekämpfung der Gegner. Die Gegner werden unter dem Schlagwort der »rückschrittlichen Bewegungen« zusammengefaßt. Ihnen müsse »die Toleranz entzogen« werden. »Vor allem gegenüber den Konservativen und der politischen Rechten« müsse »Intoleranz auch gegenüber dem Denken, der Meinung und dem Wort geübt« werden, nicht nur gegenüber der Tat. »Eine derart extreme Aufhebung des Rechts der freien Rede und freien Versammlung« sei gerechtfertigt, weil sich die

---

[94] Marcuse 1966, S. 122 (Hervorhebung von mir).
[95] Marcuse 1966, S. 129.
[96] Marcuse 1969, S. 98 (Hervorhebung von mir).

Gesellschaft in einer »Notsituation« äußerster Gefahr befinde, die »zum Normalzustand geworden ist«[97].

Neu ist an dieser totalitären Weltanschauung kaum etwas. Sie ist eine späte Blüte des politischen Messianismus, der in der zweiten Hälfte des 18. Jahrhunderts entstanden ist. Damals sind aus denselben Quellen der Sozialphilosophie der Aufklärung die Ideengebäude der liberalen und der *totalitären Demokratie* hervorgegangen[98]. Der totalitäre Typ der Demokratie wurzelt in ROUSSEAUS Lehre vom »Allgemeinen Willen«, dem sich der Wille jedes einzelnen Bürgers unterordnen müsse. Falls er ihn nicht will, muß er dazu gebracht werden, ihn zu wollen. Er muß dazu gezwungen werden, tugendhaft zu sein[99]. Was bei der Neuen Linken wie eine neue politische Heilslehre erscheint, kann seit langem bei ROUSSEAU (1712–1778), SAINT JUST (1767–1794), BABEUF (1760–1797), ROBESPIERRE (1758–1794) und anderen Führern der Französischen Revolution nachgelesen werden. Schon dort finden sich die Vorstellungen von der Notwendigkeit einer Änderung der menschlichen Natur, von der Ausrottung der »falschen« Bedürfnisse und von der Führungsrolle einer politischen Minderheit, die die »wahren« Bedürfnisse der Gesellschaft erkennt und im Namen des Volkes, wie es sein soll, gegen den tatsächlichen Willen des Volkes, wie es ist, zu handeln berufen sei.

Die Anhänger der totalitären Demokratie versichern zwar, daß sie die Freiheit für das höchste Gut halten, aber sie glauben, daß Freiheit erst dann verwirklicht sei, wenn die Gesellschaft nach ihren Idealen eingerichtet worden ist. Deshalb unterwerfen sie die Menschen vollständig der Politik. »Alles menschliche Denken und Handeln wird für sie durch seinen sozialen Aspekt gekennzeichnet und deswegen dem politischen Wirkungsbereich zugerechnet«[100]. Nach MARCUSE macht das »politische Dasein« des Menschen »den Kern seines gesamten Daseins aus«[101]. Unter Hinweis auf die künftige Freiheit, die der Verwirklichung ihrer politischen Ziele angeblich folgen wird, sollen den Menschen die Freiheiten, die sie hier und jetzt zur individuellen Gestaltung ihres Lebens haben, genommen werden.

Mit welchen Mitteln versucht die Neue Linke, die Bürger unserer liberalen Demokratie für die Zustimmung zu ihrem totalitären Programm zu gewinnen?

---

[97] MARCUSE 1966, S. 120 f.
[98] Grundlegend hierzu TALMON 1961 und 1963.
[99] Vgl. TALMON 1961, S. 39 und S. 44.
[100] TALMON 1961, S. 2.
[101] MARCUSE 1966, S. 125.

Die Taktik der Neuen Linken

Es ist schwer abzuschätzen, wieweit die Anhänger der Neuen Linken von ihrer eigenen Ideologie ehrlich überzeugt sind und wieweit sie sie nur als Werkzeug zur Eroberung der Macht ansehen. Um den Machtkampf geht es jedenfalls und dafür ist diese Ideologie – wie der Erfolg zeigt – ein nützliches Instrument. Ich kann hier nicht alle Mittel erwähnen, deren sich die Neue Linke im Kampf um die Macht bedient[102], sondern möchte nur auf drei zentrale Methoden hinweisen: auf die Bewußtseinsverengung, die moralische Überbietung und die Inszenierung von Konflikten.

Die *Bewußtseinsverengung* (oder Reduktion) ist ein Verfahren, bei dem von der Tatsache Gebrauch gemacht wird, daß wir Menschen begrenzt sind und im Wahrnehmen, Denken und Handeln immer nur eine Auswahl aus vielen Möglichkeiten treffen können. Wir erkennen immer nur Ausschnitte der Wirklichkeit und wir nehmen zu etwas stets unter einem bestimmten Gesichtspunkt Stellung. Dazu sind wir auf Begriffe angewiesen, die selbst wieder mit anderen Begriffen zusammenhängen und Teil einer »Theorie«, eines Systems von Gedanken über die Welt sind. Die Begriffe und Gedanken (Urteile) werden durch sprachliche Zeichen, durch Worte und Sätze ausgedrückt[103].

Man kann nun die Menschen dadurch beeinflussen, daß man sie dazu verleitet, ein Begriffssystem zu verwenden, welches nur eine grobe und einseitige Deutung der Wirklichkeit erlaubt. Aus der ungeheueren Vielfalt der Erscheinungen werden dann vorwiegend jene wahrgenommen, die zum Begriffssystem zu passen scheinen. Die Fülle der Möglichkeiten des Erlebens und der Deutung des Erlebten wird eingeschränkt auf das, was mit Hilfe der verwendeten Begriffe zugänglich ist. Wer an die Wirklichkeit zum Beispiel mit einem Netz von Begriffen wie »Klassengesellschaft«, »Klassenkampf«, »Ausbeutung«, »Herrschaft«, »Fremdbestimmung«, »Privileg«, »Interesse« usw. herangeht, ist darauf eingestellt, hauptsächlich das in ihr wahrzunehmen oder in sie hineinzusehen, was der Theorie, der diese Begriffe entstammen, entspricht. Er deutet dann alle sozialen Beziehungen, in denen zwischen den Partnern nicht völlige Gleichheit besteht, als »Herrschaftsverhältnisse« und teilt seine Mitmenschen in »Herrschende« und »Beherrschte« ein. Die Eltern-Kind-Beziehung erscheint

[102] Vgl. hierzu Gorz 1967 (grundlegend), 1968 und 1970; Bussiek 1971.
[103] Vgl. Brezinka 1977, S. 24 ff.

dann ebenso als »Herrschaftsverhältnis« wie die Beziehung zwischen Lehrern und Schülern. Die Kinder werden zum »Objekt elterlicher Fremdbestimmung«, die Schule zu einer »Untertanenfabrik«. Andere Aspekte, die vielleicht viel wichtiger sind, werden übersehen; wesentliche Unterscheidungen, zum Beispiel die zwischen »Herrschaft« im liberal-demokratischen Rechtsstaat und im totalitären Staat, unterbleiben.

Die Neue Linke hat die Technik der »Bewußtseinsänderung« durch Bewußtseinsverengung von den Kommunisten übernommen und benutzt sie in vielen Variationen[104]. Dazu gehört *das Filtern aller Informationen durch das Sieb der Ideologie,* so daß nur ideologiekonforme, politisch nutzbare Informationen weitergegeben werden. So wird selbst dann, wenn die einzelnen Informationen wahr sind, ein Zerrbild der Wirklichkeit geschaffen. Auf diese Weise sind durch das Zusammentragen tatsächlich aufgetretener Mißstände im politischen Alltag, in Betrieben oder in Schulen die Fehldarstellungen vom durchgängigen Machtmißbrauch der »Herrschenden«, von der »Ausbeutung der Lehrlinge«[105] oder von der »Unterdrückung der Schüler« entstanden. Sie wirken nur deswegen überzeugend, weil der Blick von allen positiv zu wertenden Tatsachen abgeschirmt wird, weil alle günstigen Erfahrungen mit den Einrichtungen und den mit Führungsaufgaben betrauten Personen dieser Gesellschaft verschwiegen werden.

Eine besonders hinterlistige Technik ist die *Umdefinition wichtiger Worte der moralischen und politischen Sprache*[105a]. Die Neue Linke verbindet mit vielen Worten, deren Bedeutung jedermann zu kennen meint, einen neuen Inhalt. So bedeutet zum Beispiel das Wort »kritisch« in der Umgangssprache: scharf, genau urteilend, vorsichtig, abwägend, prüfend[106]. Die Neue Linke benutzt das Wort jedoch in der Bedeutung: »zur Gesellschaft in Opposition stehend«, »die vorhandene Kultur ablehnend«, »von der Ideologie der Neuen Linken (bzw. des Spät-Marxismus) aus urteilend«. Sie verkehrt also den von der Sprachgemeinschaft bisher gemeinten Sinn des Wortes ins Gegenteil: statt »scharf, genau urteilend, abwägend, prüfend« bedeutet das Wort jetzt »ungenau, einseitig, parteilich, voreingenommen, marxistisch urteilend« oder ganz einfach »systemüberwindend«. Da die

---

[104] Vgl. Eisert 1972. Die Formen der Verführung des Denkens durch Mißbrauch der Sprache behandelt grundlegend Kainz 1972.
[105] Vgl. Haug und Maessen 1971. [105a] Vgl. Hayek 1976, S. 164 ff.
[106] Ullstein-Lexikon 1969, S. 533.

Mehrheit der Sprachbenutzer das Wort jedoch auch weiterhin in der ursprünglichen Bedeutung gebraucht und diese positiv wertet, läßt sie sich leicht dazu verleiten, Programme und Aktionen der Neuen Linken, die unter dem Schlagwort »kritisch« laufen, zu bejahen. Andere Beispiele sind die Worte »Demokratie« und »Demokratisierung«, welche die Neue Linke gemäß ihrem Ideal der »Rätedemokratie« so umdefiniert hat, daß sie eine Gesellschaftsform meinen, die mit der freiheitlichen, repräsentativ-parlamentarischen Demokratie unvereinbar ist[107]. Als weitere Beispiele seien die Worte »Bürger« und »bürgerlich« erwähnt: sie bezeichnen im Sprachgebrauch der Neuen Linken – ähnlich wie bei den Kommunisten – alle Personen, die nicht an die linke Ideologie glauben, bzw. alle Einstellungen, die als für diese Ideologie gefährlich angesehen werden. Die nichtmarxistische Wissenschaft wird zum Beispiel »bürgerliche Wissenschaft« genannt.

Was hier geschieht, ist eine *ideologische Unterwanderung mittels sprachlicher Unterwanderung*[108]. Marcuse hat diese Politisierung der Sprache als »linguistische Therapie« (der seiner Ansicht nach »kranken« liberalen Wohlfahrtsgesellschaft) bezeichnet und gefordert, das soziologische und politische Vokabular systematisch umzuformen: »Es muß seiner falschen Neutralität entkleidet werden; es muß methodisch und provokatorisch im Sinne der Weigerung ›moralisiert‹ werden«[109].

Zur Methode der Bewußtseinsverengung gehört neben der Umdefinition von Wörtern auch *die Einführung neuer Wörter und die Ausscheidung unerwünschter Wörter*. Beispiele für neue Wörter sind »Establishment« für die politisch negativ bewertete Führungsschicht der Gesellschaft; »go in«[110], »sit in«[111], »teach in«[112] für For-

[107] Zur Kritik des Schlagwortes »Demokratisierung« vgl. Hennis 1973, S. 26 ff.; Schrenck-Notzing 1972; Szczesny 1974.

[108] Weitere Beispiele für die Benutzung der »Sprache als trojanisches Pferd« bei Schoeck 1973, S. 21 ff.

[109] Marcuse 1969a, S. 22.

[110] »Eine Demonstrationsform, bei der eine Gruppe sich mehr oder weniger gewaltsam Zugang zu einem Gebäude oder einzelnen Räumen verschafft, um dort in irgendeiner Form für ihre Rechte einzutreten oder ihre Forderungen vorzubringen.« Weigt 1968, S. 21.

[111] »Eine aus der amerikanischen Bürgerrechtsbewegung übernommene Form des Sitzstreiks, mit der gegen etwas protestiert wird«. Weigt 1968, S. 55.

[112] »Massenversammlung, bei der den Beteiligten ... ein bestimmter Tatbestand bekanntgegeben wird. Das teach in dient der Information und Bewußtseinsbildung.« Weigt 1968, S. 60.

men des Hausfriedensbruches oder der Nötigung, die verharmlost werden sollen; »umfunktionieren«[113] für die Zweckentfremdung von Einrichtungen oder Veranstaltungen; »verunsichern« für eine Technik der Einschüchterung politischer Gegner; »Technokrat« für Wissenschaftler, Techniker und Verwaltungsfachleute, die im Rahmen der gegebenen Gesetze zweckrational zu handeln bemüht sind, statt die Normen ihrer Gesellschaft abzulehnen und für den Umsturz zu arbeiten.

Beispiele für unerwünschte Wörter, die aus der Sprache der Neuen Linken verbannt werden[114], sind »Verantwortung«, »Vertrauen«, »Höflichkeit«, »Anstand«, »Ehrfurcht«, »Dankbarkeit«, »Bescheidenheit«, »Fleiß«, »Treue«, »Gehorsam«, »Zucht«, »Auslese«, »Selbstdisziplin«, »Sitte«, »Autorität«, »Pflicht«, »Ordnung«, »Gemüt«, »Heimat«, »Vaterland«, »Nation«[115], »Wehrbereitschaft« usw.

Alle diese Techniken zur sprachlichen Unterwerfung einer Gesellschaft durch Einführung einer »Neusprache« (»newspeak«) sind bereits von Orwell in seiner Zukunftsvision vom totalitären sozialistischen Staat »1984« geschildert worden. Der Zweck der »Neusprache« ist es, alle von der sozialistischen Ideologie abweichenden Denk- und Ausdrucksweisen unmöglich zu machen. Neben den erwähnten Techniken der Umdefinition vorhandener, der Einführung neuer und der Ausschaltung unerwünschter Wörter wird ganz allgemein die *Verminderung des Wortschatzes* als wesentlich angesehen. Indem die Möglichkeiten der Wortwahl auf ein Minimum beschränkt werden, hofft man auch das Denken auf jene Gegenstände einschränken zu können, die von der Ideologie zugelassen werden[116].

Eine ebenso hinterlistige Methode wie die Bewußtseinsverengung ist die *moralische Überbietung.* Hier wird die Moral als Waffe im Kampf um die Macht benutzt[117]. Jede Utopie stellt den bestehenden

---

113 »Veränderung des Charakters einer Einrichtung, Veranstaltung oder Institution durch Wandlung des Inhalts, während die Form u. U. erhalten bleiben kann. Wenn z. B. eine normale Vorlesung durch das go-in einer Gruppe von Studenten in eine Diskussion über den Vietnam-Krieg verwandelt wird, so ist die Veranstaltung innerlich ›umfunktioniert‹ worden, obwohl sich ihre äußere Form nicht allzusehr verändert haben mag«. Weigt 1968, S. 62.

114 Vgl. Neuhaus 1971, S. 158; Brückner 1968, S. 100.

115 Vgl. Mitscherlich und Kalow 1971.

116 Vgl. Orwell 1974, S. 273 ff.

117 Vgl. Marcuse 1969a, S. 22. Grundlegend hierzu Topitsch 1973; Schelsky 1973, S. 25 ff.

Verhältnissen das Bild besserer Menschen in einer besseren Gesellschaft gegenüber und verwendet es als Maßstab zur Kritik an den wirklichen Menschen und der vorhandenen Gesellschaft. Die Wirklichkeit, die im Vergleich mit Idealen immer unzulänglich erscheinen muß, wird durch Forderungen nach mehr »Menschlichkeit«, »Freiheit«, »Gerechtigkeit«, »Gleichheit«, »Glückschancen« usw. ständig in Frage gestellt. Wer ihren relativen Wert verteidigt und auf das hohe Ausmaß an Freiheit, Gerechtigkeit, Menschlichkeit usw. hinweist, das bereits vorhanden ist, wird moralisch überboten.

Aufgrund der völlig unrealistischen Maßlosigkeit ihrer Forderungen gibt sich die Neue Linke als moralisch besonders anspruchsvoll aus und stempelt ihre Gegner als moralisch minderwertig ab. Sie ist zwar unfähig, die »vollkommene« Gesellschaft näher zu beschreiben und überprüfbare Vorschläge zu ihrer Verwirklichung anzubieten, aber ihre pseudo-moralischen Schlagworte genügen, um das Vertrauen in die bestehende Gesellschaftsordnung zu erschüttern und den Angriffen auf sie den Anschein moralischer Berechtigung zu geben. Das ist die Taktik einer »Revolution der steigenden Erwartungen«: es werden Erwartungen geweckt, die stets über das, was zu erfüllen möglich ist, hinausgehen[118]. Auch diese Taktik geht auf MARX und ENGELS zurück, die schon 1850 gefordert haben, die Kommunisten sollten bei jeder Gelegenheit versuchen, das Programm der Demokraten zu überbieten: »Sie müssen die Vorschläge der Demokraten, die jedenfalls nicht revolutionär, sondern bloß reformierend auftreten werden, auf die Spitze treiben«[119]. Dabei wird geschickt an das Wunschdenken, an das Vollkommenheitsstreben und an die Glückssehnsucht der Menschen angeknüpft.

Die humanitäre Utopie erfüllt zwei Aufgaben zugleich: sie verleiht den Anhängern moralisches Selbstbewußtsein und sie dient der moralischen Entwaffnung der Widerstrebenden. Sie soll in ihnen ein schlechtes Gewissen erzeugen und sie »womöglich dahin bringen, ein demütiges Schuldbekenntnis abzulegen, daß es in diesem Staat viel zu wenig Freiheit, Humanität und Wohlfahrt gebe. Dieser psychologischen Kapitulation soll dann die politische folgen«[120].

Wie wirklichkeitsfremd und unverantwortlich der Moralismus der Neuen Linken ist, erweist sich unter anderem darin, daß die Wirk-

---

[118] Vgl. hierzu die hervorragende Analyse von WAELDER 1970, S. 251 ff.
[119] MARX und ENGELS 1850, S. 107. Vgl. hierzu auch TALMON 1963, S. 455.
[120] TOPITSCH 1973, S. 215.

lichkeit der bekämpften Ordnung immer nur mit dem Ideal der erstrebten Ordnung verglichen wird, aber nie mit den bekannten Versuchen, diese erstrebte Ordnung durchzuführen. So wird zum Beispiel an der liberalen, marktwirtschaftlich orientierten Gesellschaft der Mangel an Gleichheit gerügt, aber völlig außer acht gelassen, daß in den planwirtschaftlichen sozialistischen Gesellschaften, die das Ideal der Gleichheit zu verwirklichen vorgeben, den Menschen ganz wesentliche Freiheiten genommen worden sind, ohne daß die Ungleichheit zwischen ihnen aufgehoben worden ist[121].

Die Forderung nach »Gleichheit« und »Mitbestimmung« aller »Gleichen« ist für die Neue Linke wie für die Kommunisten[122] in erster Linie ein Mittel zur Erschütterung der bestehenden Ordnung und zur Eroberung eigener Machtpositionen. Ein Beispiel dafür ist die Forderung nach Einführung der »Drittelparität« (d. h. des gleichen Stimmrechts für Professoren, wissenschaftliche Mitarbeiter und Studenten in den Selbstverwaltungsgremien) an den westdeutschen Hochschulen. Daß Hochschulen, in denen diese Forderung verwirklicht worden ist, ihre Aufgaben schlechter erfüllen als vorher, daß verheerende Nebenwirkungen wie riesiges Anwachsen der Kosten und des Zeitaufwandes für die Selbstverwaltung, politische Ämterpatronage, Leistungsverfall usw. auftreten, hat ihre Verfechter gar nicht interessiert.

Die Taktik der »Systemüberwindung« durch Überforderung des »Systems« wird besonders erfolgreich im Erziehungswesen angewendet. Als einer von vielen Belegen sei erwähnt, was Peter Brandt den revolutionären Jugendorganisationen als Aufgabe gestellt hat: »Bei Konflikten der Jugend mit den Autoritäten Losungen aufzustellen, die zwar nicht ausdrücklich den Sozialismus zur Bedingung haben und von der großen Mehrheit als ihre Forderungen verstanden werden können, die das System jedoch faktisch nicht in der Lage ist zu verkraften: Fordert die Großindustrie zehn Pflichtschuljahre, um eine bessere Ausbildung zu gewährleisten, dann fordern wir zwölf Schuljahre für alle. Fordern Schulpolitiker und SMV (Schülermitverwaltung) ›Mitbestimmung auf der Grundlage des bürgerlichen Schulsystems‹, dann verlangen wir Schüler-Kontrolle über alle die Schüler betreffenden Angelegenheiten«[123].

---

[121] Vgl. z. B. Lane 1971.
[122] Vgl. z. B. für die Jungsozialisten Schröer 1971, S. 173; für die Kommunisten Gorz 1967, S. 51 ff.
[123] Brandt 1968, S. 125.

Im gleichen Sinne rät PREUSS-LAUSITZ den Schülern, »die durch Erlasse der Schulbehörden gesetzten Grenzen anzugreifen und so zu handeln, als seien die eigenen Vorstellungen von Mitbestimmung am schulischen Arbeitsplatz schon erfüllt. Im Unterricht hieße das zu versuchen, Inhalte und Formen des Unterrichts selbst zu bestimmen, indem man die Lehrer in eine dauernde Diskussion über die Ziele und die Formen der Fächer verwickelt und versucht, Gegenkonzepte durchzusetzen, die in den Schülerkollektiven erarbeitet worden sind«[124].

Die Methode der moralischen Überbietung ist vor allem deswegen so gefährlich, weil sich die Neue Linke dabei auf Ideale berufen kann, die seit langem unbestritten sind. Den Bemühungen um mehr »Freiheit«, »Humanität«, »Mündigkeit«, »Selbstbestimmung«, »Partizipation« usw. wird in einer liberal-demokratischen Gesellschaft kaum jemand die Zustimmung versagen. Es ist aber für den redlichen Durchschnittsbürger, der sich in seinem Beruf um andere Probleme als um Ideologien zu kümmern hat, sehr schwer durchschaubar, daß die lautstarke Berufung auf Ideale, die er achten gelernt hat, lediglich dazu dient, sich selbst und andere zu täuschen. Er übersieht zu leicht, »daß die Idealität politischer Ideale nichts über die ... Zustände besagt, die sich einstellen, wenn man das Ideal zu verwirklichen trachtet«[125]. Deshalb sind gerade liberal gesinnte Menschen der Strategie der Neuen Linken gegenüber besonders ahnungs- und wehrlos. Sie werden »fast zwangsläufig Helfershelfer einer moralistisch-sinnhaft sich maskierenden Revolution«[126].

Neben der Bewußtseinsverengung und der moralischen Überbietung nimmt in der Taktik der Neuen Linken die *Inszenierung von Konflikten* wie die Ausnützung bereits vorhandener Konflikte einen wesentlichen Platz ein. Schon in der anti-autoritären Studenten- und Schülerbewegung der Sechzigerjahre ging es darum, die sogenannten »Widersprüche« des bestehenden »Systems« aufzudecken, »Konfliktpotential« zu erschließen und bislang »latente Konflikte« zu »aktualisieren«[127]. Dabei wird von der richtigen Annahme ausgegangen, daß es überall, wo Menschen zusammenleben, Anlässe für Spannungen und zwischenmenschliche (interpersonale) Konflikte gibt. Viele von ihnen sind den Betroffenen jedoch kaum als solche bewußt. Die

---

124 PREUSS-LAUSITZ 1971, S. 224. 125 SZCZESNY 1971, S. 11.
126 SCHELSKY 1973, S. 26.
127 Vgl. LIEBEL und WELLENDORF 1970, S. 32 ff. und S. 124 ff.

Neue Linke versucht solche wirklichen oder vermeintlichen Anlässe aufzugreifen und *offene* Konflikte herbeizuführen.

Sie verfolgt damit in erster Linie den Zweck, Anhänger zu gewinnen. Der Konflikt wird den Beteiligten als Folge der bestehenden »Herrschaftsverhältnisse« gedeutet und sie werden aufgefordert, an ihrer »Veränderung« durch »systemüberwindende Reformen«[128] mitzuarbeiten. Ein zweiter Zweck der Schaffung oder der Ausweitung von Konflikten ist es, den Zusammenhalt der Anhänger durch die Auseinandersetzung mit einem konkreten »Feind« zu festigen. Drittens wird schließlich bezweckt, die Inhaber von Ämtern entweder einzuschüchtern oder zu sogenannten Unterdrückungsmaßnahmen (»repressiven Reaktionen«) herauszufordern, die dann wiederum als Bestätigung für die »Unmenschlichkeit« des »Systems« gedeutet werden können.

Neue Linke und Kommunismus

Zwischen der Neuen Linken und dem Kommunismus bestehen sehr verwickelte und widersprüchliche Beziehungen. Sie sind einerseits Feinde, in anderer Hinsicht aber auch Verbündete.

Soweit die Neue Linke radikale Kritik an der modernen Industriegesellschaft übt und von der Utopie einer »herrschaftsfreien« Gesellschaft träumt, steht sie der kommunistischen Gesellschaftsordnung, wie sie im Ostblock verwirklicht ist, ebenso ablehnend gegenüber wie der sogenannten »kapitalistischen« im Westen. So verneinen zum Beispiel MARCUSE und seine Anhänger »die fortgeschrittene Industriegesellschaft« schlechthin und betonen, daß sich »kapitalistische« und kommunistische Industriegesellschaften in ihren wesentlichen Merkmalen wenig voneinander unterscheiden. Beide unterwerfen ihre Bürger dem Leistungsprinzip, beide zeigen »totalitäre Züge«, beide bekämpfen »eine Lebensform, die die Grundlage der Herrschaft auflösen würde«[129]. MARCUSE hofft zwar auf den »Sozialismus«, aber er stellt sich darunter etwas »ganz anderes« vor als die »bürokratische Diktatur«, die im Herrschaftsbereich des Kommunismus besteht. Die Ideologie der Neuen Linken ist individualistisch, autori-

---

[128] Ein Schlagwort der Jungsozialisten. Vgl. GANSEL 1971, S. 85 ff.; ROTH 1971, S. 119. Zur Taktik der »Politisierung und Mobilisierung der Bevölkerung« durch Konflikte vgl. auch S. 24 ff.

[129] Vgl. MARCUSE 1970, S. 18, S. 75.

tätsfeindlich, anarchistisch und radikal-demokratisch; das heißt: es geht ihr um das »Glück« des Einzelmenschen, um die Beseitigung von »Herrschaft«, um »Demokratisierung«. In allen diesen Punkten steht sie im Widerspruch zum Marxismus-Leninismus.

Umgekehrt werden die Anhänger der Neuen Linken von den Vertretern des Marxismus-Leninismus scharf kritisiert. Es wird ihnen Anarchismus, »kleinbürgerlicher« Subjektivismus, Linksradikalismus, Utopismus, »Vulgär-Marxismus« und »Schein-Marxismus« vorgeworfen[130]. Ein Hauptangriffspunkt ist selbstverständlich die These, daß es eine »einheitliche Industriegesellschaft« gebe und daß folglich zwischen dem »Kapitalismus« und dem Kommunismus keine wesentlichen Unterschiede bestehen. Die Kritik an der Industriegesellschaft wird als »romantisch« zurückgewiesen. Die »totale Negation«, die MARCUSE lehrt, führe zu nichts anderem als zu Pessimismus, Verzweiflung, Destruktion oder »Flucht in ein utopisches Traumreich«[131].

Insbesondere wird »der anarchistische Herrschaftsbegriff« gerügt, der statt der Herrschaft der »besitzenden Klasse« die »totalitäre« Repression der ganzen Gesellschaft durch einen anonymen Apparat, durch ein »System« meine[132]. Ebenso abgelehnt wird der anarchistische Freiheitsbegriff, bei dem »Freiheit« Abwesenheit von Macht bedeutet. Die Ansicht, es gelte jegliche Herrschaft, jegliche Autorität zu beseitigen, schieße weit über das Ziel hinaus. Die Neue Linke schließe in ihre Kritik an den bürokratischen Institutionen alle Einrichtungen mit ein, »deren die Gesellschaft stets bedarf, um ihre Angelegenheiten zu regeln«. Ihre Idee, die Herrschafts- und Machtverhältnisse überhaupt abzuschaffen und durch eine gesellschaftliche Selbstverwaltung (Räte) zu ersetzen, beruhe auf falschen Auffassungen vom Wesen des Staates. Die Neue Linke begreife nicht, daß es bei der sozialistischen Revolution nicht um die Überwindung jeder Macht gehe, sondern um »die Eroberung der Macht, um mit deren Hilfe die sozialistische Gesellschaft zu errichten«[133]. Vom Aussehen und von den Gestaltungsprinzipien dieser »neuen Gesellschaft« habe die Neue

---

[130] Vgl. besonders die hervorragende Kritik von HELMS 1969 (Kurzfassung) und 1969a, S. 39–172; ferner STEIGERWALD 1969; BAUERMANN und RÖTSCHER 1970.
[131] GEISLER und SEIDEL 1969, S. 412.
[132] GEISLER und SEIDEL 1969, S. 411; HELMS 1969, S. 1180.
[133] BAUERMANN und RÖTSCHER 1970, S. 299 f.

Linke jedoch nur verworrene, unklare Vorstellungen. Ihre Ideale seien höchst verschwommen, unbestimmt und allgemein. Damit hänge der Anarchismus in der Bewegung zusammen[134].

Der Kern der Auseinandersetzung ist »die Frage nach dem Subjekt der Revolution«. Die Neue Linke sieht die Intellektuellen, die Studenten und Schüler als »die neue revolutionäre Klasse« an, die allein in der Lage sei, die gesellschaftlichen Verhältnisse zu durchschauen, ein revolutionäres Bewußtsein zu entwickeln und dieses in die Masse hineinzutragen. Das wird damit begründet, daß die Arbeiter längst unter den Einfluß »kapitalistischer Ideen« geraten seien und kein Interesse an einer sozialistischen Umgestaltung der Gesellschaft hätten. Die Masse der Bevölkerung habe ein »falsches Bewußtsein« und müsse durch die antiautoritäre »Intelligenz« über den »kulturellen Apparat« ein »richtiges« vermittelt bekommen.

Die Kommunisten kritisieren an dieser Revolutionsauffassung den »tiefen Unglauben an die Kraft der Arbeiterklasse«, d. h. an die Führungsrolle der »marxistisch-leninistischen *Partei* der Arbeiterklasse«[135]. Denn auch sie sind überzeugt, daß die »Arbeiterklasse« zwar historisch zur revolutionären Umwälzung des Kapitalismus berufen sei, »doch sie weiß zunächst von dieser Berufung nichts«. Sie kann aus eigener Kraft nur ein gewerkschaftliches Bewußtsein hervorbringen, »d. h. die Überzeugung, für eine Verbesserung ihrer Lage innerhalb der bestehenden Gesellschaft kämpfen zu müssen«. Deshalb ist die marxistisch-leninistische Partei erforderlich, um »den Volksmassen eine richtige Orientierung« zu geben; »ohne sie kann es keine sozialistische Revolution geben«[136]. Im Unterschied zur Neuen Linken halten es die Kommunisten für unmöglich, die Gesellschaft allein vom »kulturellen Oberbau« her zu verändern. Ihnen sind vor allem das arrogante Elitebewußtsein der neu-linken Intellektuellen, ihr »Antiautoritarismus«, ihr kleinbürgerliches Interesse an der »Befreiung« des Individuums statt der »Arbeiterklasse« und ihre Disziplinlosigkeit ein Ärgernis: »politische Organisation ist für sie bereits ›autoritäre Repression‹ ihrer Individualität; denn sie verlangt Ein- und Unterordnung, das Klasseninteresse steht über dem Individualinteresse«[137]. »Diese Schule der Disziplin und Organisation« sei je-

---

[134] Bauermann und Rötscher 1970, S. 297, S. 301; Samoschkin und Motroschilowa 1969, S. 138.
[135] Vgl. Bauermann und Rötscher 1970, S. 295 f.; Helms 1969, S. 1195 ff.
[136] Robbe 1969, S. 469.
[137] Helms 1969, S. 1207.

doch »für den kleinbürgerlichen Individualisten und Intellektuellen ein Greuel«[138].

Diese Gegenüberstellung zeigt, daß in den Vorstellungen von der idealen Gesellschaft, in der Einschätzung der politischen Lage und in der Strategie und Taktik ganz erhebliche Unterschiede zwischen der Neuen Linken und den Kommunisten bestehen. Auf der anderen Seite wollen beide zunächst einmal das gleiche: den Umsturz der sogenannten »kapitalistischen« Gesellschaftsordnung. Insofern sind sie ungeachtet aller Differenzen über das, was nachher geschehen soll, Kampfgefährten. Die Neue Linke dient – ob sie will oder nicht – dem Machtzuwachs des Kommunismus. Auch wenn sich die linksradikalen Gesellschaftskritiker subjektiv für politisch unabhängig halten, besteht doch ein ideologischer Wirkungszusammenhang zwischen ihnen und jener hervorragend disziplinierten Kaderpartei, die sich auf die Macht der Sowjetunion stützt. Durch ihre radikale Gesellschaftskritik und ihr utopisches Programm schürt die Neue Linke in Bevölkerungsgruppen, an die die Kommunistische Partei schwer herankommt, jene Unzufriedenheit und Erwartungseinstellung, die Voraussetzungen für die Errichtung einer »sozialistischen« Gesellschaftsordnung sind. Es wird von den Kommunisten ausdrücklich als Verdienst der »Kritischen Theorie« anerkannt, daß sie »kritische Einstellungen der kapitalistischen Herrschaft gegenüber zu erwecken und zu fördern« vermag[139].

Die Auseinandersetzung mit der Ideologie der Neuen Linken wird vor allem deswegen so scharf geführt, weil die Kommunisten überzeugt sind, daß deren Anhänger »aus potentiellen zu realen Bündnispartnern ... werden können«[140]. Sie stützen sich dabei auf die Annahme, daß die Neue Linke selbst mehr und mehr einsehen werde, wie unrealistisch es ist, darauf zu hoffen, die sozialistische Revolution sei unter Umgehung der Kommunistischen Partei herbeizuführen. Zumindest die politisch aktiven Gruppen werden den utopischen Sozialismus MARCUSES und seiner Gesinnungsgenossen »als bloßes Durchgangsstadium betrachten und die weitere Orientierung dort suchen, wo sie gefunden werden kann: im revolutionären Marxismus«[141], das heißt: im Marxismus-Leninismus. Wer diesen Weg nicht

[138] BAUERMANN und RÖTSCHER 1970, S. 302.
[139] GEISLER und SEIDEL 1969, S. 421.
[140] BAUERMANN und RÖTSCHER 1970, S. 288.
[141] GEISLER und SEIDEL 1969, S. 421.

zu gehen bereit ist, dürfte wenigstens für das sogenannte »Bündnis aller demokratischen Kräfte«, für »die Schaffung einer breiten antiimperialistischen Front« zur Verfügung stehen, die in den »entwickelten kapitalistischen Ländern ... dringend geboten« sei[142].

Diese Hoffnungen haben sich zumindest teilweise bereits erfüllt. Die antiautoritäre Protestbewegung der Studenten und Schüler ist ab 1969/70 mehr und mehr versandet[143]. Sie hat jedoch für die Neue wie für die »alte« Linke den ungeheuren Vorteil gehabt, daß sozialistisches und marxistisches Gedankengut in einem nie zuvor dagewesenen Ausmaß Verbreitung gefunden hat. Dieser Umstand hat das Vordringen der Kommunisten ganz erheblich begünstigt. Sie vor allem gehören zu den politischen Erben der antiautoritären Bewegung[144].

Es steht außer Zweifel, daß die Ideologie der Neuen Linken anfällig für den Kommunismus macht. Vor allem junge Menschen, die das Leben noch vor sich haben, halten es nicht lange in jenem Zustand des Unbehagens, ja der Verzweiflung über die Kultur ihrer Gesellschaft aus, in den »kritische« Intellektuelle sie hineingetrieben haben. Die meisten finden früher oder später einen bequemen Weg zurück, weil sie die Vorteile nicht missen wollen, die ihnen diese Gesellschaft gewährt. Andere jedoch geben das abstoßende Bild, das sie sich von ihr gemacht haben, nicht auf und halten es für unmoralisch, sich um persönlicher Vorteile willen mit einer Wirklichkeit abzufinden, die sie ursprünglich verneint haben und radikal verändern wollten. Für sie liegt es dann nahe, den Kommunismus als einzige Alternative oder zumindest als das geringste Übel anzusehen. Dabei spielt auch die Unkenntnis der Wirklichkeit des Lebens in einer kommunistischen Gesellschaftsordnung eine Rolle, ferner die Aussicht auf Sinn, auf Autorität, auf Zugehörigkeit zu einer Gruppe Gleichgesinnter, auf Taten, Aufgaben und Leistungen im Dienste einer großen Sache.

Auf der anderen Seite ist es sicher unzutreffend, die Neue Linke und die Kommunisten als eine »strategische Einheit«[145] in dem Sinne

---

[142] Robbe 1969, S. 466.
[143] Vgl. Langguth 1971.
[144] Das zeigt sich unter anderem am Aufschwung, den der Marxistische Studentenbund Spartakus (MSB-Spartakus), eine 1971 gegründete Unterorganisation der Deutschen Kommunistischen Partei (DKP), und die Sozialistische Deutsche Arbeiterjugend (SDAJ), die 1968 gegründete Jugendorganisation der DKP, genommen haben. Vgl. Weyer 1973 und Schönbohm 1972, S. 11 ff.; Bilstein u. a. 1977, S. 51 ff. und S. 41 ff.
[145] Schelsky 1973, S. 20.

anzusehen, daß die eine die Machtübernahme der anderen planmäßig vorzubereiten versucht. Die kritischen Intellektuellen als Wortführer und Nutznießer der Neuen Linken sind mehr an der eigenen Macht interessiert, und mit der wäre es unter dem Kommunismus zu Ende. Man würde auch der großen Mehrheit ihrer Anhänger und Mitläufer nicht gerecht, hielte man sie einfach für die »Vorhut« der Kommunisten[146].

Die Neue Linke ist im Kern eine utopische Bewegung, die die Realität der kommunistischen Gesellschaftsordnung nicht für die Erfüllung ihres Ideals von der »herrschaftsfreien« sozialistischen Gesellschaft hält. Ihre Gefährlichkeit liegt vor allem darin, daß sie eine große Gruppe von »Gebildeten« und »Halbgebildeten« den Werten und Normen, den Idealen und Lebensformen der freiheitlich-demokratischen Gesellschaft entfremdet. Sie erschwert insbesondere der Jugend die Liebe zu ihrem Land und das Vertrauen in seine Institutionen. Das hält kein Staat lange aus, ohne Schaden zu nehmen.

Die Neue Linke löst keines der im ersten Kapitel erwähnten Probleme der modernen Massengesellschaft, sondern verschärft sie nur. Sie ist selbst ein Alarmzeichen für die Krise der individualistischen Demokratie. Sie konnte nur aufkommen, weil ein weltanschaulich-moralisches Vakuum bereits vorhanden war. Die Neue Linke trägt durch ihren Kampf gegen Traditionen und Autoritäten dazu bei, dieses Vakuum weiter auszubreiten, aber sie ist sicher nicht imstande, es zu füllen. Vielmehr treibt sie die seelische Entwurzelung der Menschen unter der Parole der »Emanzipation« auf die Spitze und steigert damit ihre Verführbarkeit. Insofern kann sie allerdings indirekt zur Wegbereiterin des Kommunismus werden. Daß auf vielerlei Art und mit Erfolg versucht wird, sie dafür einzuspannen, ist ganz offensichtlich. Die Grenzen zwischen der Neuen Linken und den Kommunisten sind heute bereits viel verschwommener, als sie vor einigen Jahren gewesen sind.

---

[146] So LANGGUTH 1971.

3. Die Pädagogik der Neuen Linken

> Man gab das Interesse am wirklich Bestehenden auf, um an das bloß Mögliche zu denken, kurz, man lebte geistig in jenem idealen Staate, den die Schriftsteller gegründet hatten.
>
> ALEXIS DE TOCQUEVILLE[1]

Die Neue Linke will die radikale Umwandlung der freiheitlich-demokratischen Wohlfahrtsgesellschaft durch eine »langandauernde Kulturrevolution« bewirken. In diesem Plan nimmt die Erziehung eine Schlüsselstellung ein.

Unter *»Erziehung«* werden Handlungen verstanden, durch die Menschen versuchen, die Persönlichkeit anderer Menschen in irgendeiner Hinsicht zu fördern, das heißt: sie besser, tüchtiger, leistungsfähiger, vollkommener oder wertvoller zu machen. Welche Merkmale oder Eigenschaften der Persönlichkeit jeweils als gut oder wertvoll angesehen werden, hängt von Werturteilen der Personen ab, die erziehen, bzw. von der Weltanschauung und von den moralischen Normen der Gruppe, der die Erzieher angehören[2].

Von der Erziehung ist die *Pädagogik* zu unterscheiden. Unter »Pädagogik« wird ein mehr oder weniger systematisches Gefüge von Sätzen über Erziehung verstanden. »Pädagogik« ist die Bezeichnung für die Lehre von der Erziehung, für die *Theorie* der Erziehung im weitesten Sinne. Damit können wissenschaftliche wie nicht-wissenschaftliche Theorien gemeint sein. Wissenschaftliche Theorien der Erziehung werden als *»Erziehungswissenschaft«* bezeichnet; praktische, das heißt: zum Handeln anleitende, normgebende Theorien der Erziehung werden *»Praktische Pädagogik«* genannt[3].

Zum Ideengebäude der Neuen Linken gehören unter anderem auch Gedanken über Erziehung. Mit dem Begriff »Pädagogik der Neuen Linken« sind also jene Aussagen gemeint, welche Angehörige der Neuen Linken über Erziehung gemacht haben.

Ähnlich vielgestaltig wie die Bewegung der Neuen Linken selbst sind auch ihre Gedanken über Erziehung. Sie hat in wenigen Jahren

---

[1] TOCQUEVILLE 1969, S. 129.
[2] Vgl. BREZINKA 1977, S. 90 ff.
[3] Zu der wichtigen Unterscheidung zwischen Erziehungswissenschaft und Praktischer Pädagogik vgl. BREZINKA 1978.

eine Unmenge pädagogischer Literatur hervorgebracht, aber wissenschaftlich ernstzunehmende systematische Theorien der Erziehung aus ihrer Sicht fehlen derzeit noch. Es gibt nur Fragmente, programmatische Äußerungen, Skizzen und Ideenentwürfe, die voller Unklarheiten sind. Ich versuche in den folgenden vier Kapiteln einen Überblick zu geben, der nach den zentralen Fragen geordnet ist, die an jede Praktische Pädagogik zu richten sind: von welchem Menschenbild geht sie aus? (anthropologische Fragestellung); wie deutet sie die historische Situation? (situationsanalytische Fragestellung); was sagt sie über die Ziele der Erziehung? (teleologische Fragestellung); welche Mittel zur Verwirklichung dieser Ziele werden empfohlen? (technologische oder methodische Fragestellung)[4].

Zuvor sollen jedoch in diesem einführenden Kapitel die grundlegenden Vorentscheidungen, die wissenschaftstheoretische Eigenart, die ideengeschichtlichen Ursprünge, die Hauptrichtungen, die Publikationsmittel und die Sprache der Pädagogik der Neuen Linken dargestellt werden.

Politisierung der Erziehung

Alle Beiträge zur Pädagogik der Neuen Linken beruhen auf einer weltanschaulich-politischen Vorentscheidung: auf dem Glauben, daß es möglich und notwendig sei, eine »neue«, vollkommenere Gesellschaft zu schaffen, damit »neue«, vollkommenere Menschen hervorgebracht werden können. Die Erziehung wird als eines von mehreren Mitteln zur Herbeiführung dieser »neuen« Gesellschaft angesehen. Die Menschen, auf die sie sich richtet (die Zu-Erziehenden, die Educanden), sollen dazu benutzt werden, aus der Gesellschaft das zu machen, was den politischen Zielen der Neuen Linken entspricht. So stellt zum Beispiel GAMM der Schule die Aufgabe, »den Menschen so zu verändern, wie er für die Lösung der . . . kommenden gesellschaftlichen Aufgaben benötigt wird. Damit wird die Erziehung innerhalb marxistischer Anthropologie zu deren politischem Instrument«[5]. *Die Pädagogik der Neuen Linken ist die Theorie des Beitrages, der durch das Mittel der Erziehung zur Errichtung einer »vollkommenen« Gesellschaft geleistet werden soll.*

Da die vorhandene Gesellschaft als Hindernis für die Errichtung

---

[4] Vgl. BREZINKA 1978, S. 253 ff.
[5] GAMM 1973, S. 24.

der »vollkommenen« Gesellschaft betrachtet wird, steht die Erziehung zur »Emanzipation«, das heißt auf deutsch: zur »Befreiung« von dieser verdorbenen Gesellschaft im Zentrum dieser Pädagogik. Sie wird deshalb auch *»Emanzipatorische Pädagogik«* genannt. Ein anderer Name, durch den ihre gesellschaftskritische Tendenz betont werden soll, lautet: *»Kritische Pädagogik«*[5a]. Beide Namen sind kennzeichnend für die linksliberal-gesellschaftsutopische Richtung, während der linksradikale Flügel der Neuen Linken, der von den Kommunisten kaum mehr zu unterscheiden ist, seine Vorstellungen über Erziehung als *»Sozialistische Pädagogik«* bezeichnet. Man kann sich allerdings auf die Namen nicht verlassen. Auch Anhänger der »Sozialistischen Pädagogik« nennen ihr Gedankensystem häufig »Kritische Pädagogik«. Um Verwechslungen mit der linksliberalen »Kritischen Pädagogik« (von den Sozialisten auch »kritische bürgerliche Pädagogik« genannt[6]) auszuschließen, wird auch von »kritischer und marxistischer Pädagogik« gesprochen[7]. Neuerdings wird dafür auch der Ausdruck »materialistische Pädagogik« verwendet[8].

Um ihre politischen Ziele erreichen zu können, will die Neue Linke die Menschen so erziehen, daß sie vor allem folgende Persönlichkeitszüge erwerben: die Bereitschaft zur Gesellschaftskritik und die Fähigkeit zur Gesellschaftsveränderung, zur sogenannten »Systemüberwindung«, zu »systemüberwindenden Reformen«.

»Kritische Pädagogik« muß nach Klafki »notwendigerweise zur *permanenten Gesellschaftskritik* werden oder sich mit Gesellschaftskritik verbünden«[9]. Nach Schaller erblickt die »Kritische Erziehungswissenschaft« (von ihm auch »kommunikative Pädagogik« genannt) nicht das erste und einzige Ziel der Erziehung in der Förderung des Educanden, sondern sie ist »über das gesellschaftliche Handeln des Zöglings auf ... Besserung der Gesellschaft und ihrer Verhältnisse gerichtet«. Sie dürfe »sich nicht mit den Interessen der jeweiligen Gesellschaft verbünden«[10]. Schulz nennt als Erziehungsziel der »Kritischen Didaktik« (Unterrichtstheorie) unter anderem »die Befreiung der in der Gesellschaft konkret Benachteiligten gegenüber den jeweils konkret Herrschenden, in unserem Fall die der Kinder von der überflüssigen Autorität der Erwachsenen, der Lohn-

[5a] Als Übersicht und Nachweis ihres Zusammenhangs mit der »Kritischen Theorie« von Habermas vgl. D. Hoffmann 1978.
[6] Walter 1973, S. 19. [7] Beck 1974, S. 9.
[8] Gamm 1973a, S. 680. [9] Klafki 1971, S. 265 (Hervorhebung von mir).
[10] Schaller 1971, S. 9 und S. 13.

abhängigen vom Kapital, der Entwicklungsländer von der Vormundschaft der Industrienationen«. Diese Didaktik mache »die Ermutigung der auf die Veränderung der Gesellschaft angewiesenen politischen Kräfte zum Kriterium ihrer Arbeit«[11]. Bei BECK heißt es noch deutlicher: »*Emanzipatorische Erziehung ist* kein pädagogischer Grundbegriff, sondern die ... Theorie und *Praxis des politischen Kampfes*«[12].

Aus diesen und unzähligen anderen Texten geht zweifelsfrei hervor, daß die Erziehung in den Dienst politischer Zwecke gestellt werden soll. Am deutlichsten wird das von den Anhängern einer »sozialistischen Erziehung« ausgesprochen. »Ziele, Möglichkeiten und Aufgaben der sozialistischen Erziehung sind eingeordnet in den Klassenkampf. Sie kennt keine nur pädagogischen Zielsetzungen jenseits der allgemeinen gesellschaftlichen Auseinandersetzungen, sondern ist vielmehr deren Teil; *sie erzieht für den Kampf um Sozialismus* ...«. »Sozialistische Erziehung ist ... Teil der Bewegung, die die neue Gesellschaftsordnung erkämpft und errichtet. Sie deckt sich in der gegenwärtigen Etappe weitgehend mit der kommunistischen Erziehung«. Sie wird »verstanden als die unmittelbar gegen den Kapitalismus kämpfende und ihn mit der sozialistischen Revolution und der Errichtung des Sozialismus überwindende Pädagogik des Proletariats und seiner Verbündeten«[13].

Die Politisierung der Erziehung hängt mit der Neigung gesellschaftskritischer Intellektueller zusammen, alles im Leben zu politisieren, das heißt: unter dem Gesichtspunkt der Macht, der Machtverteilung und des Kampfes um die Macht zu sehen. In allen Situationen wird die Aufmerksamkeit vorwiegend auf die wirklichen wie die vermuteten »Interessen« der Beteiligten, auf ihre politisch-ideologische Parteinahme und auf Fragen der Kontrolle gerichtet (wer entscheidet was für wen?). Es erfolgt eine Verengung des Bewußtseins auf die kollektiven und politischen Aspekte des menschlichen Lebens und das hat zur Folge, daß die persönlichen, die privaten Neigungen, Aufgaben und Probleme der Menschen kaum mehr wahrgenommen werden[14].

Für eine derart reduzierte Betrachtungsweise erscheint dann zum Beispiel »die Schule im Kapitalismus« als eine Einrichtung, in der

---

[11] SCHULZ 1972, S. 22 und S. 26.
[12] BECK 1970, S. 149 (Hervorhebung von mir).
[13] VOETS 1972, S. 12 f. (Hervorhebung von mir).
[14] Vgl. hierzu RAYWID 1973.

»objektiv arbeitslose Schüler« »unbezahlte Zwangsarbeit« zu leisten haben[15]. Für ILLICH sind Schulen Werbeagenturen, die die Schüler glauben machen, sie brauchten die Gesellschaft, wie sie ist. Sie »versklaven« die Menschen mehr und systematischer als jede andere Institution[16]. FREIRE kann sich Erziehung nur so vorstellen, daß sie entweder der »Unterdrückung« (»Domestizierung«) der Menschen oder ihrer »Befreiung« dient. Als »unterdrückende« Erziehung gilt jene, welche dazu beiträgt, daß sich die Educanden der »kapitalistisch-bürgerlichen« Gesellschaftsordnung anpassen. »Befreiende« Erziehung wird dagegen jene genannt, die das »falsche Bewußtsein« der Educanden abbaut, ihnen zur Erkenntnis ihrer »Unterdrückung« verhilft und sie aus »politischen Analphabeten« zu Revolutionären macht[17]. Der ehemalige Berliner Schulsenator EVERS, der sich ausdrücklich zur »Tragfähigkeit marxistischer Gesellschaftsanalyse« bekennt, analysiert Erziehungsprobleme folgendermaßen: »Ich habe auch einmal gemeint, große Schulklassen könne eigentlich keiner wollen. Heute bin ich sicher: Das hat System. Denn zum Stillsitzen und Gehorchen erzogene Kinder verlernen schneller das Fragen, – auch das Fragen nach Tatsachen, Zusammenhängen und Interessen in der Gesellschaft. Hohe Klassenfrequenzen und wirklichkeitsferne Lerninhalte haben etwas mit der alten Herrschaftsweisheit zu tun: Laßt die Kinder nicht auf dumme Gedanken kommen – es könnten die richtigen sein«[18].

Diese Beispiele verdeutlichen, wie die Politisierung der Erziehung zu einer Beschränkung des Gesichtskreises führt. Es trifft zweifellos zu, daß Erziehungseinrichtungen wie Schulen usw. immer auch als Mittel zur Verwirklichung politischer Ziele dienen, insbesondere dazu, die Selbsterhaltung einer Gesellschaft, den Fortbestand ihrer Kultur, ihrer wirtschaftlich-technischen Leistungsfähigkeit und ihrer Wertordnung zu sichern. Über die Ordnung, die in einer Gesellschaft gelten soll, kann es verschiedene Meinungen geben. Politische Kämpfe haben unter anderem auch den Zweck, eine Entscheidung zwischen ihnen herbeizuführen. Diese Kämpfe sind jedoch in einer parlamentarischen Demokratie Sache der erwachsenen Staatsbürger und nicht der Kinder und Jugendlichen. Es hat verheerende Folgen für den Zusammenhalt der Gesellschaft wie für das Schicksal jedes einzelnen

---

[15] BECK 1973, S. 92 und S. 101.
[16] ILLICH 1973, S. 59.
[17] FREIRE 1973.
[18] EVERS 1973, S. 53; ähnlich in der Einführung zu ROLFF 1974, S. 15.

Schülers, wenn der politische Kampf in die Schulen hineingetragen wird. Politisches Denken ist zwangsläufig parteilich. Es begünstigt eine vereinfachende Sicht der Wirklichkeit nach dem Schema »entweder-oder«, »dafür-dagegen«. Es fordert Konflikte heraus und reißt Gräben zwischen den Menschen auf, die ohne Agitation von außen nie entstanden wären. Politisches Denken und Handeln ist zur Regelung der öffentlichen Angelegenheiten unerläßlich, aber in einem freiheitlichen Staat ist eben im Unterschied zu einem totalitären nicht alles, was die Menschen beschäftigt, eine öffentliche Angelegenheit.

Die Politisierung der Erziehung wird von der Neuen Linken mit dem Hinweis zu rechtfertigen versucht, daß Erziehung nie wertneutral erfolge. Wer die Jugend nicht schon frühzeitig *gegen* die vorhandene Gesellschaftsordnung erziehe, lasse zu, daß sie eine Persönlichkeitsverfassung erwirbt, die ihr entspricht und die sie unfähig mache, sich für eine »bessere« einzusetzen. Dahinter steckt erstens die diktatorische Forderung, alle müßten sich der Verurteilung ihrer Gesellschaft durch einige haßerfüllte Kulturkritiker anschließen; zweitens die völlig haltlose Anmaßung, die sogenannte »bessere« Gesellschaftsordnung zu kennen; drittens der totalitäre Anspruch, Kindern und Jugendlichen die eigene Ideologie einzuprägen, bevor sie urteilsfähig sind. So fordert zum Beispiel Gamm, daß den Schülern »Klassenbewußtsein« vermittelt und in ihnen »die Bereitschaft, am Klassenkampf teilzunehmen, gefördert« wird. Er will sie dazu »befähigen, sich von den bürgerlichen Lebens- und Herrschaftsformen kühn und endgültig zu distanzieren«[19].

Hier fehlt jede Rücksicht auf die Erfahrungen, Bedürfnisse und Wünsche, welche Kinder und Jugendliche wirklich haben, ebenso wie jede Rücksicht auf das durch die Verfassung (Grundgesetz, Artikel 6) garantierte Recht der Eltern zur Erziehung ihrer Kinder. Bei den wirklichen Kindern tritt »Klassenbewußtsein« gar nicht auf; man muß ihnen diese Wahnidee marxistischer Intellektueller also erst einreden. Wirkliche Kinder erleben die sogenannten »bürgerlichen Lebensformen« als selbstverständlich und in den meisten Fällen auch als befriedigend; man muß sie ihnen also erst planmäßig verekeln und sie dazu aufhetzen, sich von ihnen zu »distanzieren«. Das sind zwei Beispiele dafür, wie die Neue Linke wirkliches Bewußtsein als »falsches Bewußtsein«, wirkliche Bedürfnisse als »falsche Bedürf-

[19] Gamm 1972, S. 62 und S. 11.

nisse« bewertet, um schon die Kinder der Erziehung zum »wahren« Bewußtsein und zu den »wahren« Bedürfnissen zu unterwerfen, das heißt jener, die sie nach dem Willen ihrer ungerufenen sozialistischen Führer haben sollen.

Die Politisierung der Erziehung führt zwangsläufig dazu, daß die wirklichen Interessen der jungen Menschen und ihrer Eltern mißachtet werden[20]. Die Erziehung ist hier nichts anderes als ein Mittel zur Formung jenes Menschentyps, der von der Neuen Linken gebraucht wird, damit sie im Kampf um die Macht Erfolg haben kann.

Politisierung der Pädagogik

Der Politisierung der Erziehung entspricht die der Pädagogik. Die Pädagogik der Neuen Linken wird von ihren Anhängern gern als »wissenschaftlich« ausgegeben, aber tatsächlich ist sie keine wissenschaftliche, sondern eine *weltanschauliche Pädagogik*. Sie wird auch teilweise ganz offen als *»politische Pädagogik«* bezeichnet[21]. Sie entspringt nicht der theoretischen Absicht, zu erkennen, was ist, sondern der praktischen Absicht, festzusetzen, was sein soll, und dazu anzuleiten, es zu verwirklichen. Ihr liegen praktische Interessen an der Verbreitung und der Verwirklichung gewisser Ideale wie »Emanzipation«, »Selbstbestimmung«, »Demokratisierung«, »Recht auf individuelles Glück«, »Sozialismus« usw. zugrunde. In ihr gilt nicht wie in der Wissenschaft das Prinzip der Werturteilsfreiheit, sondern sie ist im Gegenteil ausdrücklich wertend, normgebend und parteinehmend aufgebaut. Wir haben es hier also nicht mit Erziehungswissenschaft zu tun, sondern mit einer politischen Spielart der *Praktischen Pädagogik*, die einen Beitrag zu »systemüberwindenden Reformen« beziehungsweise zur »Kulturrevolution« leisten soll.

Da nun aber die Wissenschaften in hohem Ansehen stehen und da Sätze, die als »wissenschaftlich« ausgegeben werden, von der Masse der Nicht-Wissenschaftler eher übernommen werden als offensichtlich weltanschauliche Bekenntnisse, legt auch die Neue Linke großen Wert darauf, ihre Pädagogik am Ansehen der Wissenschaft teilhaben zu lassen. Zu diesem Zweck bedient sie sich der im letzten Kapitel

---

[20] Vgl. Raywid 1973, S. 128.
[21] Z. B. von Gamm 1972, S. 15; Nyssen 1972, S. 340.

geschilderten Technik der Umdefinition wichtiger Wörter[22]. Sie gibt dem Wort »Wissenschaft« einfach folgende Bedeutung: »Satzsystem, in welchem die Wirklichkeit gemäß der eigenen Ideologie gedeutet wird und das der praktischen Durchsetzung der in dieser Ideologie festgelegten politischen Ziele dient«. Ein solches Satzsystem wird auch als *»kritische Wissenschaft«* bezeichnet und von der werturteilsfreien, empirisch-rationalen Wissenschaft, die als »positivistisch«, »bürgerlich« oder »spätbürgerlich« verketzert wird, abgehoben.

Das Wort »Wissenschaft« bezeichnet also bei der Neuen Linken einen anderen Gegenstand als den, welcher normalerweise damit gemeint ist. Die Verhältnisse werden auf den Kopf gestellt: was für die weltanschauungsfreie Wissenschaft, der die Menschheit Naturerkenntnis und Technik verdankt, als Norm gilt, wird als Mangel hingestellt; was als Mangel gilt, wird zur Pflicht erklärt. So wird Objektivität als »sterile Unparteilichkeit« gebrandmarkt[23]; »Parteinahme«, »praktisch-politisches Engagement« und die Aufhebung des Unterschiedes zwischen Erkennen und Handeln, Theorie und Praxis werden zur Norm erhoben[24]. Die Erziehungswissenschaft wird dem »Interesse an Emanzipation« unterworfen[25]; sie wird in den Dienst einer Erziehungspraxis gestellt, »deren leitende Absicht die Emanzipation aller Betroffenen aus fremdbestimmten Abhängigkeiten ist«[26]; sie wird auf das »Interesse der Unterprivilegierten« verpflichtet[27]; sie wird »als wesentlicher Promotor des gesamtgesellschaftlichen Emanzipationsprozesses« verstanden[28].

Diese Umdefinition der Wissenschaft ist für alle totalitären Bewegungen charakteristisch. Sie halten es nicht aus, daß ihre Glaubenssätze wissenschaftlicher Kritik unterworfen werden, sondern wollen sie umgekehrt als »wissenschaftliche« Erkenntnisse ausgeben. Die Neue Linke befindet sich bei ihrem Kampf gegen die Idee der wertfreien Wissenschaft im Bunde mit Lenin, Stalin und Hitler, mit Kommunisten und Nationalsozialisten[29]. Nur der Inhalt der Weltanschauungen, die jeweils als »Wissenschaft« verkleidet werden, ist verschieden.

---

[22] Vgl. in diesem Buch S. 54 ff.
[23] Vgl. Gamm 1972, S. 21.
[24] Vgl. Zenke 1972, S. 200 ff.
[25] Mollenhauer 1968, S. 10; Kunert 1974, S. 216.
[26] Zenke 1972, S. 204.
[27] Nyssen 1972, S. 340.
[28] Zenke 1972, S. 205.
[29] Vgl. Topitsch 1968, S. 11 ff.

Hinsichtlich ihrer wissenschaftstheoretischen Grundlagen unterscheiden sich die »Emanzipatorische« oder »Kritische« und die »Sozialistische Pädagogik« weder von der Pädagogik des Nationalsozialismus noch von der des Marxismus-Leninismus, für die das Prinzip der Parteilichkeit zum Wesen der »Wissenschaft« gehört[30]. Der Kommunismus läßt Wissenschaft nur zu »auf der Grundlage der marxistisch-leninistischen Weltanschauung«. Er lehrt den Vorrang der Praxis gegenüber der Theorie, der Politik gegenüber der Wissenschaft. Theorie und Praxis bilden für ihn eine unlösbare Einheit[31], das heißt: er »verwandelt« die Wissenschaft »in eine mächtige Waffe zur revolutionären Umgestaltung der Welt«. »Wissenschaft«, wie sie der Kommunismus versteht, ist untrennbar »von der Praxis des revolutionären Kampfes, von der Praxis des Aufbaus der neuen, sozialistischen Gesellschaft, ... von dem führenden und lenkenden Einfluß der Kommunistischen Partei«[32]. Bei BLOCH, dem Träger des Friedenspreises des (west)deutschen Buchhandels 1967, heißt es ebenso pathetisch wie dogmatisch: »Die Fahne des Verstandes ist rot. Die wieder lebendig gewordene Parteilichkeit in der Wissenschaft, die konkret gewordene Aufklärung heißt Marxismus ... Marxistische Richtung, objektive Wahrheit sind notwendig eins«[33].

Der Trick, Weltanschauung als Wissenschaft oder wenigstens als Philosophie auszugeben, hat eine lange Geschichte. In der Bundesrepublik Deutschland ist er vor allem durch die spätmarxistischen Philosophen der sogenannten Frankfurter Schule MAX HORKHEIMER, THEODOR ADORNO, HERBERT MARCUSE und JÜRGEN HABERMAS wieder salonfähig geworden. Diese Autoren haben für ihre spekulativen Gedankengebäude den Namen *»Kritische Theorie«* beansprucht, weil sie die gesellschaftliche Wirklichkeit nicht nur erkennen, sondern auch kritisch beurteilen und gemäß ihren dunklen geschichtsphilosophischen Wunschvorstellungen »verändern« wollten[34]. Nach welchen absurden nihilistischen Maßstäben die Kulturkritik der »Kritischen Theorie« erfolgt, zeigt folgender Text von ADORNO:

---

[30] Für den Nationalsozialismus vgl. KRIECK 1933, S. 1 ff.; KRIECK 1934, S. 5 ff.; LINGELBACH 1970, S. 164 ff.; SCHIESS 1973, S. 103 ff.; für den Kommunismus vgl. z. B. BLOCH 1971; KRAMER 1966; GEISLER 1969.

[31] Zur Kritik des marxistischen Postulats der Einheit von Theorie und Praxis vgl. BUBNER 1971.

[32] KAMMARI 1958, S. 702 ff.

[33] BLOCH 1971, S. 89.

[34] Zur Geschichte der »Frankfurter Schule« aus marxistischer Sicht vgl. SLATER 1977; zur Kritik der »Kritischen Theorie« vgl. BUBNER 1972; ROHRMOSER 1970; AHLBERG 1970, S. 51 ff.; KÜNZLI 1971; ALBERT 1971 und 1972.

»Alle Kultur nach Auschwitz samt der dringlichen Kritik daran, ist Müll ... Wer für die Erhaltung der radikal schuldigen und schäbigen Kultur plädiert, macht sich zum Helfershelfer, während, wer der Kultur sich verweigert, unmittelbar die Barbarei befördert, als welche die Kultur sich enthüllte«[35].

Auf der Grundlage dieser »Kritischen Theorie« hat HABERMAS das Programm einer sogenannten »kritischen Sozialwissenschaft« entworfen. Sie soll prüfen, welche gesellschaftlichen Abhängigkeitsverhältnisse »im Prinzip veränderlich« sind; sie soll die Menschen dann darüber aufklären und ihnen helfen, sich aus solchen als veränderlich durchschauten Abhängigkeitsverhältnissen zu lösen und »Herrschaftsverhältnisse« aufzuheben[36]. Es wird dabei an den MARXschen Glauben angeknüpft, die Geschichte sei »machbar« und »die Menschheit« sei imstande, »ihre Geschichte, die sie immer schon macht, nun auch mit Willen und Bewußtsein zu machen«[37]. Hier zeigt sich deutlich die kulturkritisch-antiautoritäre wie die utopische Denkweise, die die Neue Linke kennzeichnen, zugleich aber auch das Sendungsbewußtsein, durch Erziehung die Menschheit verbessern zu können und zu sollen.

Der ideologisierte Wissenschaftsbegriff der »Kritischen Theorie« war für die deutsche »geisteswissenschaftliche« Pädagogik nichts Neues, sondern entsprach durchaus dem Selbstverständnis ihrer Anhänger[38]. Auch die Überzeugung, zur Gesellschafts- und Kulturkritik berufen zu sein und im Interesse der »Selbstverwirklichung« des Menschen vor den gesellschaftlichen »Mächten« warnen zu müssen, war den deutschen Pädagogikern selbstverständlich[39]. Und das utopische Programm, durch die Erziehung die Menschheit zu verbessern, war ihnen seit der Aufklärung vertraut[40]. Es war also für Kenner der inneren Situation des Faches gar nicht überraschend, daß die »Kritische Theorie« bei vielen Theoretikern und Praktikern der Erziehung kritiklose Zustimmung gefunden hat. Das lag einfach daran, daß sie von jeher gewohnt waren, die kulturkritisch-weltanschaulich »engagierte Reflexion« über Erziehung als »pädagogische Wissenschaft« anzusehen[41]. Dieser Begriff einer weltanschaulich gebundenen, enga-

---

35 ADORNO 1966, S. 357 f.
36 Vgl. HABERMAS 1970, S. 158 f.
37 HABERMAS 1971, S. 276.
38 Vgl. LOCHNER 1963; BREZINKA 1978, S. 247 ff.
39 Vgl. z. B. NOHL 1949, S. 9; 1949a, S. 281.
40 Vgl. z. B. WENIGER 1953, S. 62 ff.; SAUER 1964; HEITKÄMPER 1973.
41 Vgl. FLITNER 1958, S. 18.

gierten »Erziehungswissenschaft« läßt nach FLITNER Objektivität nur zu im Sinne der »inneren Wahrhaftigkeit – aber nicht im Sinne eines ... uninteressierten Betrachters, der ein Objekt rein vor sich hat, als wolle er nichts von ihm«. »Pädagogische Wissenschaft« dieser Art war nie »uninteressierte Erkenntnis dessen, was ist, sondern interessierte Verkündigung dessen, was sein soll«[42].

Der Wissenschaftsbegriff der »Kritischen Theorie« schien also nur auf kompliziertere Weise auszudrücken, was in der deutschen »geisteswissenschaftlichen Pädagogik« von jeher als »Wissenschaft« galt. Deshalb stellten sich auch Leute auf die wissenschaftstheoretischen Parolen der »Kritischen Theorie« um, die die marxistische Ideologie und die politischen Interessen, die ihr zugrunde liegen, nicht teilten – sei es, weil sie sie gar nicht erkannten, oder weil sie glaubten, von ihnen absehen zu können. Sie schätzten diesen Wissenschaftsbegriff, in dem der Unterschied zwischen Wissenschaft und Weltanschauung, »Theorie« und »Praxis« aufgehoben ist, einfach deswegen, weil er ihnen eine »moderne« Rechtfertigung für die gewohnte Praxis bot, ihre zwangsläufig weltanschaulich bestimmten Ansichten zur Praktischen Pädagogik als »Wissenschaft« auszugeben. Der Wissenschaftsbegriff der »Kritischen Theorie« war den Anhängern der verschiedensten weltanschaulichen Richtungen willkommen, weil jeder für seine Praktische Pädagogik daran interessiert war, sie gegen die strengen methodologischen Regeln der empirisch-rationalen Erziehungswissenschaft, die von dieser Seite als »positivistisch« geschmäht wird, abzuschirmen[43]. So dienten die wissenschaftstheoretischen Auffassungen der »Kritischen Theorie« als Trojanisches Pferd zur Politisierung der Pädagogik im Sinne des Neo-Marxismus[44] und teilweise auch des Marxismus-Leninismus (Kommunismus)[45].

Diese Politisierung der Pädagogik erfolgte gerade zu einer Zeit, in der die Pädagogischen Hochschulen zu Wissenschaftlichen Hochschulen, die Höheren Fachschulen für Sozialarbeit zu Fachhochschulen erklärt wurden. Hand in Hand damit wurden dort wie an den Universitäten kurzfristig viele neue Stellen für Vertreter dieses Faches geschaffen, ohne daß genügend qualifizierte Hochschullehrer für die

---

[42] FRISCHEISEN-KÖHLER 1921, S. 13.
[43] Zur Kritik dieser Immunisierungsstrategie vgl. RÖSSNER 1974, S. 17 ff.
[44] Vgl. HOFFMANN 1973; KLAFKI 1971 und 1971a; SCHALLER 1971; ULICH 1972, S. 51–65 und S. 295–324; FEUERSTEIN 1973; BENNER 1973, S. 281–326.
[45] Vgl. GAMM 1972, S. 24 ff.

Besetzung zur Verfügung standen. Die Stellen wurden selbstverständlich trotzdem besetzt. Gerade in dieser Periode einer bedenklichen Vermehrung des Personals um den Preis einer Gefährdung des wissenschaftlichen Niveaus wurden die Dozenten wie die Studenten der Pädagogik mit einer Unmenge billiger pädagogisch-politischer Tagesliteratur eingedeckt, in der Gesellschaftskritik und Emanzipation als zentrale Leitgedanken jeder Pädagogik propagiert wurden. So kam es in wenigen Jahren dazu, daß die Schlagworte der politischen Pädagogik des Neo-Marxismus in großem Ausmaß Eingang in das Studium der künftigen Lehrer und Sozialpädagogen fanden.

An wissenschaftlichen Maßstäben gemessen ist die Politische Pädagogik der Neuen Linken bis jetzt nicht mehr als *ein dürftiges System von Schlagworten und deren Interpretation*[46]. Dabei muß man als mildernden Umstand berücksichtigen, daß der Gehalt der Pädagogik an wissenschaftlich bewährten Sätzen von jeher dürftig war. Die Pädagogik ist in ihrer Geschichte immer weitgehend durch jene Geistesströmungen bedingt gewesen, die unter den Intellektuellen jeweils gerade Mode waren. Sie war stets in Gefahr, ein »Spielball der Sekten«[47] zu werden. Heutzutage sind es vorwiegend politische Sekten, die den Ton angeben.

Was ist unter einem System von pädagogischen Schlagworten zu verstehen? »Schlagwort« heißt auf Englisch »slogan« und das bedeutet ursprünglich »Heergeschrei«, »Kriegsruf«. Als »Schlagwort« wird ein Ausdruck bezeichnet, der einen Sachverhalt in formelhafter, oft gefühlsbetonter und verschwommener Vereinfachung kennzeichnet[48]. Pädagogische Schlagworte sind Symbole, die für die wichtigsten Gedanken von pädagogischen Bewegungen stehen. Sie sind Ausdruck einer gemeinsamen Geisteshaltung und dienen zugleich dazu, diese Geisteshaltung zu pflegen, ihre Anhänger im Glauben an sie zu stärken und neue Anhänger anzuziehen. Sie sind wie die politischen Schlagworte ein Zeichen der Partei, die man ergriffen hat[49]. Sie enthalten immer eine Vorschrift: wer sie gebraucht, der fordert, empfiehlt, ermahnt oder überredet, daß hinsichtlich irgendeines Aspektes der Erziehung in bestimmter Weise gedacht und (oder) gehandelt werden soll.

---

[46] Über pädagogische Schlagwort-Systeme im allgemeinen vgl. Komisar und McClellan 1961.
[47] Herbart 1806, S. 9.
[48] Ullstein-Lexikon 1969, S. 780.
[49] Vgl. Scheffler 1971, S. 55.

Vorläufer und Quellen

Das Schlagwortsystem der Pädagogik der Neuen Linken ist ebensowenig neu wie die Weltanschauung dieser Bewegung. Es ist ein Sammelsurium liberaler, individualistisch-anarchistischer und sozialistischer Gedankenelemente.

Die Grundgedanken stammen aus der Mitte des 18. Jahrhunderts: aus der *Philosophie der Aufklärung*. Schon damals trat die Spannung zwischen Freiheit und Gleichheit, zwischen individualistischen und kollektivistischen Erziehungsprogrammen, zwischen liberalen und totalitären Plänen auf, die auch die Pädagogik der Neuen Linken so widersprüchlich macht.

Schon bei den französischen Physiokraten, bei den Enzyklopädisten, bei HELVÉTIUS und ROUSSEAU findet sich ein grenzenloser Glaube an die Vervollkommnungsfähigkeit des Menschen und an die Macht der Erziehung. Die Erziehung gilt als das »Werkzeug der Glückseligkeit«. Es wurde sogar behauptet, daß es sich für eine Nation, »um glücklich und mächtig zu werden, bloß darum handelt, die Erziehungswissenschaft zu vervollkommnen«[50] – eine Vorwegnahme der Wunschträume sogenannter »Bildungsforscher« der Gegenwart. Hand in Hand damit gehen die radikale Kulturkritik, die Verachtung der Vergangenheit, der Bruch mit jeglicher Tradition, der Kult der Gleichheit und vor allem der Wille, aus den Bürgern »andere Menschen« zu machen, indem man sie einer »aufgeklärten« Tyrannei unterwirft und nach einem für sie gesetzten Ideal formt. Das Verlangen nach »Reformen« war ungleich größer als das Interesse an Freiheiten. Von den Physiokraten heißt es: »Sie hassen nicht nur bestimmte Privilegien, sondern ihnen ist überhaupt alle Verschiedenheit verhaßt; sie würden die Gleichheit noch in der Knechtschaft anbeten«. MORELLY forderte schon 1755: »Jeder Bürger wird auf öffentliche Kosten ernährt, unterhalten und beschäftigt werden«; »Alle Wohnhäuser der Privatpersonen sollen gleich sein«; »Mit fünf Jahren werden alle Kinder der Familie genommen und gemeinschaftlich auf Kosten des Staates in gleichförmiger Weise erzogen«[51].

Der wichtigste Ahnherr der Neuen Linken im allgemeinen und ihrer Pädagogik im besonderen ist ROUSSEAU (1712–1778). Die Widersprüche, die ihn als Menschen kennzeichnen, durchziehen auch sein literarisches Werk und sie sind die gleichen, die heute an der Neuen

---

[50] HELVETIUS 1774, S. 9.
[51] Nach TOCQUEVILLE 1969, S. 139 ff. Vgl. auch RAMM 1955, S. 80 ff.

Linken auffallen: »einerseits ein Einsiedler und Anarchist, der sich danach sehnte, zur Natur zurückzukehren, sich Träumereien hingab, sich gegen alle gesellschaftliche Konvention auflehnte, der sentimental und leicht zu Tränen gerührt war, elendiglich unsicher und mit seiner Umgebung entzweit – und andererseits war er ein Bewunderer Spartas und Roms, predigte Disziplin und das Aufgehen des einzelnen im kollektiven Sein«[52].

ROUSSEAUS Erziehungslehre ist extrem individualistisch, seine Gesellschaftslehre dagegen extrem kollektivistisch. Beide Tendenzen sind auch bei der Neuen Linken anzutreffen. Die individualistischen Züge können wir über MAX STIRNER, FRIEDRICH NIETZSCHE[53], ELLEN KEY, FREUD und die frühe psychoanalytische Pädagogik, DEWEY und die amerikanische »progressive education«-Bewegung bis zur »Emanzipatorischen Pädagogik« verfolgen. Die kollektivistischen Züge treffen wir nach der Französischen Revolution bei den Jakobinern an. Von dort setzen sich diese Ideen fort über die Utopischen Sozialisten des frühen 19. Jahrhunderts, über FICHTE, HEGEL, MARX und die totalitären Bewegungen des Kommunismus wie des Nationalsozialismus bis zur »Sozialistischen Pädagogik« der Gegenwart. Zwischen beiden Strömungen gibt es zahlreiche Verbindungen.

Sehen wir uns nach diesen Hinweisen die Vorläufer und die ideengeschichtlichen Quellen der Pädagogik der Neuen Linken etwas näher an: zunächst die individualistisch-anarchistischen und dann die kollektivistisch-totalitären Strömungen.

Der extremste *Vorläufer der heutigen individualistisch-anarchistischen Pädagogik*, die durch die Schlagworte der »anti-autoritären« und der »emanzipatorischen Erziehung« gekennzeichnet ist, war MAX STIRNER (1806–1856). Er forderte als Erziehungsziel die »freie Persönlichkeit«, den »freien Menschen«, der fähig ist zum »Offenbaren seiner selbst, und dazu gehört das Auffinden seiner selbst, *die Befreiung von allem Fremden, die ... Entledigung von aller Autorität«*. Statt Unterwürfigkeit zu nähren, soll der »Oppositionsgeist gestärkt, ... statt des lernenden Menschen ein schaffender erzogen« werden[54].

STIRNER lehrt, daß der Mensch durch die Ideen, die ihm von außen eingegeben werden, innerlich unfrei werde. Er werde zum Sklaven

[52] TALMON 1961, S. 35.
[53] Vgl. MARTIN 1947; ROSENOW 1973.
[54] STIRNER 1842, S. 17 ff. (Hervorhebung von mir).

seines Gewissens, das andere für ihn gemacht haben. Die ganze Erziehung gehe darauf aus, ihm »fixe Ideen« einzuflößen wie »Gott«, »Freiheit«, »Sittlichkeit«, »Gerechtigkeit«, »Christlichkeit«, »Vaterland«, »Tugend«, »Menschlichkeit« usw. Sie sorge dafür, »daß meine Seele oder mein Geist gestimmt sei, wie Andere es recht finden, nicht wie Ich selbst möchte«. Sie bemächtige sich unserer Gefühle und stopfe uns mit Fremdem voll[55]. Sie mache uns zu »Besessenen« und banne uns in sittliche Wahnvorstellungen, die ebenso unfrei machen wie die religiösen. Der Mensch werde zum Gefangenen von Grundsätzen, die er verinnerlicht hat, nachdem sie ihm durch die Herrschenden auferlegt worden sind. War es früher das religiöse, so bedränge den Menschen heute »das sittliche Pfaffentum«, das »Freiheit«, »Gleichheit«, »Menschlichkeit«, »Uneigennützigkeit« zu einer »heiligen Sache« mache.

Durch die Aufnahme von außen kommender Forderungen in unser Gewissen sind wir innerer »Knechtschaft«, einer »inneren Polizei« unterworfen worden. Wir werden nach den Begriffen zu leben gezwungen, die die Herrschenden für uns vorschreiben. »Staat, Religion, Gewissen, diese Zwingherrn machen mich zum Sklaven«[56]. Die Menschen werden »zu Tausenderlei gezwungen«; sie werden zur »Menschenfurcht« erzogen, zur »Selbsterniedrigung« vor moralischen Normen, die nichts als »Gespenster« seien[57]. STIRNER erkennt zwischen liberalen und absolutistischen Staatsformen keinen wesentlichen Unterschied an: »Frei ... bin Ich in *keinem* Staat«[58]. Deshalb könne man auch Staat und Gesellschaft nicht bessern: »man kann sie aufheben, vernichten, abschaffen, nicht reformieren. Kann Ich denn einen Unsinn durch Reformieren in Sinn verwandeln?«[59]. Es gibt keine außerhalb des Menschen liegende »Bestimmung«, er ist zu nichts »berufen«, er hat keine »Aufgabe«[60]. Nur die privaten Bedürfnisse, der Egoismus, der »Selbstgenuß« bestimmen das Verhältnis zur Welt. Ich bin »mein Alles«. »Meine Sache ist weder das Göttliche, noch das Menschliche, ist nicht das Wahre, Gute, Rechte, Freie usw., sondern allein das Meinige ... Mir geht nichts über Mich!«[61].

Unter solchen Voraussetzungen erscheint jede Erziehung zu Idealen,

---

[55] Vgl. STIRNER 1844, S. 70 f.
[56] STIRNER 1844, S. 117.
[57] STIRNER 1844, S. 89.
[58] STIRNER 1844, S. 249.
[59] STIRNER 1844, S. 259.
[60] STIRNER 1844, S. 366 u. S. 406.
[61] STIRNER 1844, S. 5.

wie auch immer sie aussehen mögen, als »Dressur«, als »Abrichtung«, als Betrug. Statt die Menschen zu nehmen, wie sie sind, nimmt man sie, wie sie sein sollen und »hetzt deshalb Jeden hinter seinem seinsollenden Ich her«[62]. Worauf es ankomme, sei »Befreiung«, »Gegengewalt«, »Abwerfung des Idealen»[63], Lösung aller Bindungen, »Selbstbehauptung« als Haltung eines Menschen, der »sein persönliches Interesse über alles setzt«[64]. Es wird gefordert, jeden »festen Standpunkt« zu verwerfen; den »Geist«, d. h. die weltanschaulichen und moralischen Orientierungen »aufzulösen«; durch das »Fleisch« die »Tyrannei des Geistes« zu brechen[65].

In diesem extremen Individualismus STIRNERS stecken bereits alle wesentlichen Elemente der anti-autoritären Erziehungsbewegung der Gegenwart. Hier sind Rationalismus und Liberalismus auf die Spitze getrieben. Diese Mentalität ist schon von MARX als Zeichen des Zerfalls der spätbürgerlichen Gesellschaft gedeutet worden[66]. Für die bürgerlichen Linksintellektuellen, die sie heute vertreten, haben auch moderne Kommunisten nur Verachtung übrig[67].

Aus der Strömung der auf ROUSSEAU zurückgehenden individualistischen Pädagogik sei hier noch auf die Schwedin ELLEN KEY (1849–1926) und die von ihr inspirierte *»Pädagogik vom Kinde aus«* verwiesen. Sie widmete ihr Buch »Das Jahrhundert des Kindes« »allen Eltern, die hoffen, im neuen Jahrhundert den *neuen Menschen* zu bilden«. Erziehung bedeutet für sie, »ruhig und langsam die Natur sich selbst helfen lassen«. Es sei ein Verbrechen, »das eigene Wesen des Kindes zu unterdrücken und es mit dem anderer zu überfüllen«[68]. Sie beklagt »die harte oder milde Dressur zur Gleichförmigkeit« und fragt: »wer lehrt die neue Seele, selbst die Wege zu wählen, die sie zu betreten hat?«[69] Man soll den Mut des Kindes stärken, »ein individueller Mensch zu werden«, ein »neuer Mensch«. »Weit davon entfernt, daß der Erzieher dem Kinde raten soll, das nachzumachen, was alle anderen tun, müßte er sich im Gegenteil freuen, wenn er die abweichenden Tendenzen des Kindes sieht. Anderer Meinungen zur Richtschnur zu nehmen, hat zur Folge, daß man sich auch ihrem

[62] STIRNER 1844, S. 368.
[63] STIRNER 1844, S. 9, 10, 407.
[64] STIRNER 1844, S. 15.
[65] STIRNER 1844, S. 68.
[66] Vgl. MARX und ENGELS 1969, S. 101 ff.
[67] Vgl. HELMS 1966.
[68] KEY 1905, S. 110 f.
[69] KEY 1905, S. 118 f.

Willen unterordnet und so dazu gelangt, ein Teil der großen Herde zu werden ...«[70]. Hier klingen Ideen von NIETZSCHE an, auf den sie sich vielfach beruft.

Wir finden bei KEY auch schon eine radikale Kritik am bestehenden Schulystem, »diesem undurchdringlichen Dickicht von Torheit, Vorurteilen und Mißgriffen, wo jeder Punkt sich zum Angriff eignet, aber jeder Angriff mit den zu Gebote stehenden Mitteln fruchtlos bleibt«[71]. Ein »vernünftiges Schulsystem« ist ihr »ein in allem von dem jetzigen verschiedenes«. »Einzelreformen in der modernen Schule bedeuten nichts, solange man durch dieselben nicht bewußt *die große Revolution* vorbereitet, die, *welche das ganze jetzige System zertrümmert und von diesem nicht einen Stein auf dem anderen läßt«*[72]. Bei ELLEN KEY wie zu ungefähr gleicher Zeit auch bei DEWEY wird eine scharfe Analyse wirklicher Mißstände im Erziehungswesen, die noch heute von erregender Aktualität ist, mit unrealistischen anthropologischen Vorstellungen von der Selbstverwirklichung der »Persönlichkeit« und mit der Utopie eines radikal neuen Schulsystems verbunden – eine Kombination, die auch für die Pädagogik der Neuen Linken in ihrer individualistischen Spielart charakteristisch ist.

Der stärkste Einfluß auf die Verbreitung individualistischer Erziehungsideen ist im 20. Jahrhundert von SIGMUND FREUD (1856–1939) und der Psychoanalyse ausgegangen. Insbesondere seine Lehre, daß die »Verdrängung« von Triebregungen im Kindesalter zu seelischen Erkrankungen (Neurosen) im Erwachsenenalter führen kann, ist aus dem Zusammenhang gerissen und in vergröberter Form zur Propaganda für den einseitigen Erziehungsstil des »Gewährenlassens« verwendet worden.

Der Gedankengang war dabei folgender. FREUD hatte behauptet, daß das Sexualleben des Menschen nicht erst in der Pubertät, sondern bald nach der Geburt beginnt[73]. Er hatte vier Phasen der psychosexuellen Entwicklung im Kindes- und Jugendalter unterschieden und betont, daß sie natürlich und normal seien. Daraus wurde irrtümlich abgeleitet, daß alle Triebwünsche Bestandteil einer natürlichen Entwicklung seien und nicht unterdrückt werden dürften, sondern daß man den Kindern erlauben solle, sie zu äußern und zu

[70] KEY 1905, S. 123.
[71] KEY 1905, S. 221.
[72] KEY 1905, S. 275 (Hervorhebung von mir).
[73] FREUD 1905, S. 73 ff.

befriedigen. Man nahm an, daß Gebote, Verbote und Strafen schädlich seien, weil sie die Kinder veranlassen, ihre Triebregungen zu »verdrängen«, und damit seelische Störungen bewirken.

Freud selbst hat viel differenzierter geurteilt und vielfach hervorgehoben, daß Triebeinschränkung und Versagen der Wunscherfüllung für die seelische Gesundheit ebenso notwendig seien wie eine maßvolle Triebbefriedigung. Er hat es als Aufgabe der Erzieher angesehen, die egoistischen Bedürfnisse der Kinder zu zügeln und ihnen zu helfen, sich in der Lebensführung mehr und mehr nach dem »Realitätsprinzip« statt nach dem »Lustprinzip« zu richten[74]. Diese nüchterne Auffassung Freuds hat jedoch nicht verhindern können, daß viele Theoretiker und Praktiker der Erziehung aus der Gedankenwelt der Psychoanalyse vor allem herauszulesen meinten, daß Kinder grundlegende Bedürfnisse haben, die befriedigt werden müssen, will man »Frustrationen« und durch sie bedingte seelische Schäden vermeiden.

Eine zweite Quelle der Idee des »Gewährenlassens« bildeten Freuds Gedanken über die psychotherapeutische Situation. Der Therapeut muß den Patienten annehmen, wie er ist. Er muß zulassen, was er sagt und tut, ganz gleich, wie sonderbar es erscheinen mag. Er muß ihn gewähren lassen, er muß sich »permissiv« verhalten. Was vom Psychotherapeuten verlangt wird, schien den Anhängern einer individualistischen Pädagogik auch für den Erzieher geboten zu sein. Vor allem in den USA wurde den Eltern und Lehrern empfohlen, sich grundsätzlich entgegenkommend, nachgiebig, duldsam und sanft zu verhalten; alles anzunehmen, was von den Kindern und Schülern kommt, und besonders bei jenen, die Schwierigkeiten haben, von jedem Eingriff abzusehen[75].

Diese im Englischen als »permissiveness« (von »to permit« = erlauben, gestatten, gewähren, zulassen) bezeichneten Tendenzen erhielten durch die Erziehungsphilosophie von John Dewey (1859–1952) starke Förderung. Dewey war nicht nur Philosoph, sondern auch ein linksliberaler Kulturkritiker und Sozialreformer, der viele Schlagworte für den Kampf gegen die angelsächsische spätbürgerliche Gesellschaft und ihr Erziehungssystem geliefert hat. Wie es häufig geschieht, verstand er es glänzend, die Mißstände der alten Ordnung anzugreifen, war aber unfähig, das Ideal einer neuen Ordnung

---

[74] Vgl. Rehm 1968; Anna Freud 1971.
[75] Vgl. Kerlinger 1956, S. 162 f.

in konkreten Zügen zu entwerfen. Alle überlieferten Weltanschauungen und Morallehren wurden als »dogmatisch« und »rückständig« verworfen, aber er wußte sie durch nichts zu ersetzen als durch einen banalen Relativismus und einen vagen Reformismus (»meliorism«)[76]. Seine Stärke war »eher Widerlegung als Anerkennung, eher Herabsetzen als Planen«[77].

Deweys positive Ideen über Erziehung waren ziemlich allgemein und verschwommen[78]. In seinem »Pädagogischen Glaubensbekenntnis« von 1897 schwärmte er davon, daß die Schule »das erste und wirksamste Instrument des sozialen Fortschritts« sei; daß die Gesellschaft sich durch Erziehung selbst »in der Richtung formen« könne, »in der sie sich fortzubewegen wünscht«; daß der Lehrer »zur Sicherung des richtigen sozialen Wachstums« berufen sei und insofern »immer der Prophet des wahren Gottes und der Platzanweiser im wahren Gottesreich ist«[79]. Dewey glaubte allerdings nicht an Gott, sondern für ihn war die »Demokratie« jener Glaubensinhalt, der allein der religiösen Hingabe aller Menschen wert war[80]. Unter »Demokratie« wurde jedoch nicht die demokratische Staatsverfassung, sondern eine vage Ideologie der Gleichheit verstanden, die man »demokratischen Illusionismus« genannt hat[81].

Zu den Dogmen dieses Illusionismus gehörte es, daß der Mensch von allen Autoritäten befreit werden müsse. Den Schülern Aufgaben zu geben und sie irgendwelchen von außen für sie bereitgestellten Lehrplänen und Materialien zu unterwerfen, erschien ihm als eine »Verneinung des Ideals der Demokratie«[82]. Er hielt es für falsch, die Welt der Erwachsenen als Norm für das Kind anzusehen. Erziehung hieß für ihn, »die Bedingungen zu schaffen, durch die Wachstum ... sichergestellt wird«. Erziehung sei »wachsen machen; sie hat kein Ziel außerhalb ihrer selbst«; sie dürfe keineswegs als Vorbereitung auf die Pflichten des Erwachsenen-Lebens verstanden werden[83].

Diese individualistische Tendenz wird mit seiner Lehre vom Interesse begründet. Dewey geht von dem alten pädagogischen Zentral-

[76] Vgl. Dewey 1920. Zum »meliorism«, d. h. dem Glauben, daß alle Verhältnisse stets verbessert werden können, vgl. S. 142.
[77] Vgl. Meiklejohn 1951, S. 192.
[78] Eine zwar materialreiche, aber schwer verständliche und unkritische Übersicht gibt Götz 1973.
[79] Dewey 1940, S. 16 f.
[80] Vgl. Ferree 1960, S. 56.
[81] Molnar 1966, S. 351.
[82] Dewey 1940, S. 68.
[83] Dewey 1949, S. 76 ff.

problem aus, wie man die Educanden zum Lernen motivieren kann. Er fordert ganz richtig, daß der Lehrer an die besonderen Fähigkeiten, Bedürfnisse und Neigungen des einzelnen Kindes anknüpfen soll. Er geht jedoch über diesen seit langem bekannten Grundsatz hinaus und stellt dem Lehrer die Aufgabe, »einen Stoff zu finden, der den Schüler zu Betätigungen veranlaßt, die einen von ihm als bedeutsam anerkannten Zweck, ein Interesse für ihn haben«[84]. Dieser unter dem Gesichtspunkt der Motivation vernünftige Gedanke führt aber, wenn er nicht durch andere Gesichtspunkte ergänzt und eingeschränkt wird, in der Praxis dazu, daß die Schüler weitgehend selbst bestimmen, was sie lernen wollen. Er läuft auf einen kind-zentrierten oder educandenzentrierten Erziehungsstil hinaus, bei dem sich der Erzieher einseitig nach den zufälligen »Interessen« oder »Problemen« der Schüler richtet.

Dewey hat die einseitige Auslegung seiner Ideen durch die von ihm inspirierte Bewegung für »fortschrittliche Erziehung« (englisch: »progressive education«) später mehrfach kritisiert[85]. Er hat jedoch nicht verhindern können, daß von seiner Lehre neben heilsamen Anstößen zur Reform auch auflösende Wirkungen ausgegangen sind[86]. Wenn der Unterricht völlig von den Interessen der Schüler abhängig gemacht wird, dann erscheint jede Auswahl von Lehrinhalten und Lehrverfahren, die durch Unterrichtsbehörden und Lehrer für sie getroffen wird, als »Zwang«, als »Unterdrückung« der Schülerinteressen, als »autoritär«, als »undemokratisch«. Als »demokratisch« gelten dann allein egalitäre Beziehungen zwischen Lehrern und Schülern, der Erziehungsstil des Gewährenlassens, die Freiheit für die Schüler, ihre Probleme und Arbeitsgebiete selbst zu wählen[87].

Diese individualistische Erziehungslehre ist bei Dewey gekoppelt mit dem sozialreformerischen Glauben an die Erziehung als Mittel »zur Verbesserung der Gesellschaft«, zur »Befreiung der individuellen Fähigkeiten ... im Dienste sozialer Zwecke«, zur Schaffung geistiger Gewohnheiten, »die soziale Umgestaltungen sichern«. Seine Forderung, man solle »allen Kindern die *gleiche Ausrüstung* für die zukünftige Laufbahn sichern«, ist eine Vorwegnahme der modernen Utopie der »Chancengleichheit«[88]. Auch die meisten anderen Punkte

---

84 Dewey 1949, S. 178.
85 Vgl. Dewey 1938, S. 34 ff.
86 Vgl. hierzu z. B. Molnar 1971.
87 Zur Kritik vgl. Kerlinger 1956 und 1960.

aus dem pädagogischen Kritik- und Forderungskatalog der Neuen Linken sind schon bei DEWEY zu finden.

Im großen und ganzen sind alle individualistisch-antiautoritären Ideen in der Pädagogik der Neuen Linken schon innerhalb der internationalen pädagogischen Reformbewegung zwischen 1895 und 1930 theoretisch vertreten und praktisch ausprobiert worden[89]. Ich nenne als Beispiel nur noch HUGO GAUDIG (1860–1923), der – ähnlich wie DEWEY – endlich den unheilvollen Bann des Gedankens brechen wollte, »daß Schüler Menschen sind, die lernen sollen«. Statt dessen wollte er die Schule nach der »Idee des jugendlichen Arbeiters« einrichten, »der sich selbst die Frage stellt, selbst den Arbeitsplan entwirft, sich selbst den Antrieb zur Arbeit gibt, sich selbst dauernd in Aktion hält, selbst den ganzen Arbeitsgang kontrolliert«[90]. Er propagierte die »*freie* geistige Tätigkeit« der Schüler: »ein Handeln aus eigenem Antrieb, mit eigenen Kräften, auf *selbst*gewählten Bahnen, zu *frei*gewählten Zielen«. Er glaubte an die Möglichkeit, daß die Schüler sich »in freier Initiative (von sich aus)« zur Arbeit entschließen und sich »in freier Hingabe an die Lebenszwecke der Gemeinschaft zusammenschließen«. Er war davon überzeugt, daß die werdende Persönlichkeit sich »aus der Tiefe ihrer Natur« nach dem Ideal ihrer »naturgegebenen Eigenwesenheit« formen könne, statt einem »Fremdideal« zu folgen[91].

Der kühnste Versuch zur Verwirklichung dieser Ideen ist 1919 an den Hamburger »Gemeinschaftsschulen« begonnen worden und nach wenigen Jahren gescheitert. KURT ZEIDLER, der daran als Lehrer und Schulleiter beteiligt gewesen ist, hat die ernüchternden Erfahrungen 1926 unter dem Titel »Die Wiederentdeckung der Grenze« zusammengefaßt: »Die Frucht des platten grenzenlosen Vertrauens in die schöpferische Einsicht der Kinder, in die Kraft ihres Willens und ihrer Ausdauer, ... in die gemeinschaftsbildenden Triebe des Individuums ... war überall dort, wo es Gelegenheit fand, sich auszuwirken, schließlich, daß anstelle der erstrebten Gemeinschaften zuchtlose Haufen sich bildeten«. »Auf allen Gebieten des Schullebens machte sich eine trostlose Verarmung bemerkbar. Die einzelnen Fächer, der

[88] DEWEY 1949, S. 111, 135, 136.
[89] Vgl. SCHMID 1973; FLITNER und KUDRITZKI 1961/62; DIETRICH 1963; RÖHRS 1965 und 1980; SCHEIBE 1969.
[90] GAUDIG 1917, Bd. 1, S. 232.
[91] GAUDIG bei FLITNER und KUDRITZKI 1961, Bd. 1, S. 243, 238, 239, 245.

freien kindlichen Initiative überlassen, warteten vergeblich auf eine spontane Belebung von innen heraus«[92].

Die Grenzen einer einseitig individualistischen Pädagogik sind den Fachleuten seit Jahrzehnten bekannt[93]. Als Erziehungsprogramm war sie längst ausdiskutiert, bevor sie von der Neuen Linken zu politischen Zwecken wieder aufgegriffen wurde.

Werfen wir nun einen Blick auf die *Vorläufer der linksradikal-totalitären Richtung* in der Pädagogik der Neuen Linken. Auch diese Richtung geht auf ROUSSEAU zurück. Sie hat aus seiner Schrift vom »Gesellschaftsvertrag«[94] das Programm der totalitären Demokratie übernommen: die Menschen durch Erziehung zu rein politischen Geschöpfen zu machen, frei von privaten Bindungen, bereit, »fügsam das Joch des öffentlichen Glücks zu tragen«, durchdrungen von keinem anderen Glauben als dem an den »Allgemeinen Willen«, das heißt an die Ideologie ihrer Führer[95].

Dieses Programm spielte erstmals in den Erziehungsplänen der *Jakobiner,* die nach der Französischen Revolution (1792–94) in der Nationalversammlung diskutiert worden sind, eine große Rolle. Die Jakobiner stellten dem liberalen Programm CONDORCETS ein totalitäres entgegen, das darauf abzielte, den »neuen Menschen«, »ein ganz neues Volk« zu schaffen[95a]. Das Schwergewicht wurde auf die politische Erziehung zum Glauben an die herrschende Ideologie der Gleichheit gelegt. Nicht nur die Kinder, sondern auch die Erwachsenen bis zu den Insassen der Altersheime sollten politisch geschult werden. Man dachte daran, alle Bürger einer »moralischen Zensur« zu unterwerfen. In Bürgerversammlungen sollte das »Moraltribunal« jeden namentlich aufrufen, um öffentlich seine Moral zu diskutieren[96].

Im Bewußtsein der Revolutionäre waren Erziehung und Politik dasselbe. Die Erziehung wurde als Heilsweg zur neuen glücklichen Gesellschaft angesehen, zum Reich der Tugend und der Gleichheit. Sie wurde als eine »reine Neukonstruktion« der Menschen »für die Zukunft« aufgefaßt. Als Voraussetzung dafür erschien es notwendig, die junge Generation vor der alten verdorbenen Gesellschaft zu schüt-

---

[92] ZEIDLER 1926, S. 36 und 73.
[93] Grundlegend hierzu COHN 1926; ferner NOHL 1930; SCHMID 1973; EISERMANN 1972.
[94] Vgl. ROUSSEAU 1762.
[95] Grundlegend hierzu TALMON 1961, S. 34 ff.
[95a] MICHEL LEPELETIER (1760–93). Vgl. ALT 1949, S. 121 ff.; STÜBIG 1974, S. 165.
[96] Vgl. WEIS 1955, S. 389 ff.

zen: »Niemals werdet ihr die Nation regenerieren, wenn ihr nicht auf irgendeine Weise die werdende Generation von der gegenwärtigen trennt«! Deshalb sollte nicht länger geduldet werden, daß die Kinder bis zum sechsten Lebensjahre »der Wachsamkeit des Gesetzgebers entzogen« sind und den Vorurteilen der Eltern überlassen bleiben. Um den Einfluß der Eltern von ihnen fernzuhalten, wurde empfohlen, sie in Internatsschulen zu erziehen. Ein anderer und finanziell billigerer Weg wurde darin gesehen, die »Trennung der Guten von den Schlechten ... nicht institutionell, sondern im Bewußtsein des Zöglings« vorzunehmen[97], indem man ihm durch politische Schwarz-Weiß-Malerei ein einfaches Schema von Licht und Finsternis, Gut und Böse, Freund und Feind einprägt.

Die totalitäre Strömung, die die Erziehung als ein Mittel zur Herstellung oder zur Aufrechterhaltung der »neuen Gesellschaft« zu benutzen sucht, erreicht bei Fichte (1762–1814)[98] und im Utopischen Sozialismus ihren Höhepunkt. Die frühen oder *Utopischen Sozialisten* Henri de Saint-Simon (1760–1825), Charles Fourier (1772–1837), Robert Owen (1771–1858) und ihre Schüler waren davon überzeugt, daß echte Selbstverwirklichung dem Individuum nur dadurch erreichbar sei, daß es in ein festgefügtes Kollektiv eingegliedert wird. Die Erziehung sollte vor allem dazu dienen, den engen Zusammenhalt des Kollektivs zu sichern. Sie setzten voraus, daß der Mensch im Grunde gut sei und sich unter den »richtigen« Umständen, d. h. in der Heilsordnung, die sie für ihn herstellen wollten, als kooperativ und sozial erweist[99]. Um den Glauben an ihre neue »Diesseitsreligion« allgemein durchzusetzen und beständig wach zu halten, haben die Saint-Simonisten lebenslange »sittliche oder allgemeine Erziehung« gefordert. Sie habe »die Aufgabe, die Gedanken und Gefühle mit dem sozialen Ziel in Einklang zu bringen, jeden das, was er *tun soll, gern* und *willig* tun zu lassen. Sie bemächtigt sich des Menschen von Geburt an und begleitet ihn sein ganzes Leben. Sie macht den Menschen für alle Veränderungen, für den Fortschritt der Menschheit empfänglich und läßt ihn diesem innerlich zustimmen«. Die ständige Erziehung wird im neuen Einheitsstaat der sozialistischen Priester zu einem Mittel der Herrschaft[100].

---

[97] Nach Drechsel 1969, S. 71 ff.
[98] Vgl. Talmon 1963, S. 164 ff.; Brezinka 1977, S. 202 f.
[99] Vgl. Talmon 1963, S. 8 f.
[100] Ramm 1956, S. 76; vgl. auch Ramm 1955, S. 299 ff.; Talmon 1963, S. 21 ff.

Besonders interessant ist die Taktik, die für die Periode des Überganges zu dieser neuen geschlossenen Gesellschaft empfohlen wird. Die Saint-Simonisten erkennen, daß es notwendig ist, den Hauptinhalt ihrer Dogmatik zunächst zurückzuhalten und sich an das bisherige Denken anzupassen. Als Brücke vom Denken ihrer nichtsozialistischen Zeitgenossen zur neuen Religion dient die Wissenschaft. Erst nachdem die Menschen durch »Aufklärung« im Sinne »kritischer« Wissenschaft geistig vorbereitet worden sind, wird ihnen der Kern des neuen Glaubenssystems gelehrt[101].

Auch Fourier stellt die Erziehung völlig in den Dienst an der »neuen Gesellschaft«. Er knüpft an die radikale Kulturkritik Rousseaus an: die seit 2300 Jahren bestehende »Zivilisation« sei ein Chaos, das nicht fortzubestehen verdient, weil es der »Bestimmung der Menschheit« widerspreche. Er geht vom »unbedingten Zweifel« an der Zivilisation aus und entwirft eine ideale Gegengesellschaft der »universellen Harmonie«[102]. Eine ihrer Grundlagen ist die Auflösung der Familie. Den Eltern der »Zivilisation« wird vorgeworfen, daß sie »die natürlichen Anlagen« des Kindes schon »in der Wiege zu ersticken und zu verbilden« versuchen. Deshalb wird die Erziehung in der »neuen Gesellschaft« zur Gänze dem Kollektiv übertragen. »Kinderfrauen«, die sich in Schichten abwechseln, ersetzen die Mütter. Die Mütter dagegen gehen in Gruppen produktiver Arbeit nach. Man hat ihnen eingeredet, daß ihr Kind »in der Kinderstation am besten versorgt wird, wo Tag und Nacht erfahrene Kinderfrauen wachen, die von Natur aus zu dieser Tätigkeit berufen sind«[103]. Später wird die »einheitliche Erziehung«, die eine »Vermischung der Kinder der einzelnen Klassen« notwendig macht und die für »die ganze Welt« gelten soll, Erziehern und Erzieherinnen anvertraut, die vor allem zu vielfältigen Arbeiten in »begeisterten Brigaden« anzuleiten haben[104].

Auch Owen will die Kinder der Familie entziehen, weil die Eltern ihnen einen zu engen Horizont vermitteln und durch ihre Zuneigung daran gehindert seien, sie gerecht zu behandeln. Nur das Kollektiv sei imstande, sie zu Persönlichkeiten zu erziehen, die »vernunftgemäß« leben. Das Übel, daß jede Generation in geistiger Hinsicht die

---

[101] Ramm 1955, S. 310.
[102] Fourier 1808, S. 44 ff.
[103] Fourier 1958, S. 50 ff. Vgl. auch Ramm 1955, S. 358 ff.; Talmon 1963, S. 104 ff.
[104] Fourier 1958, S. 61 ff.

Sklavin der vorhergehenden sei, müsse durch einen »neuen Gesellschaftszustand« überwunden werden, in dem allein die »Vernunft« herrscht. OWEN glaubte daran, daß es nur einer sozialistischen Gesellschaftsordnung ohne Privateigentum, ohne Berufe und ohne Rangunterschiede bedürfe, um »neue Menschen« schaffen zu können. Durch rationale Planung der Gesellschaft könne eine Umwelt hergestellt werden, deren prägendem Einfluß sich die Menschen nicht zu entziehen vermögen: »Jeder beliebige Charakter, der beste wie der schlechteste, der unwissendste wie der intelligenteste, kann jeder Gemeinschaft, ja der ganzen Welt aufgeprägt werden, wenn man gewisse Mittel anwendet, die ... den Regierenden ... zur Verfügung stehen oder ohne Schwierigkeiten verschafft werden können«[105]. Das klingt ganz ähnlich wie die modernen Bekenntnisse zum Aberglauben an die Macht von Milieu und Erziehung bei der Neuen Linken.

Die frühen Sozialisten waren zwar radikal gesinnt, aber sie waren praktisch unfähig, die von ihnen kritisierten Verhältnisse zu ändern oder wenigstens realistische Vorschläge dafür zu machen. Sie werden vor allem deswegen »utopische« Sozialisten genannt, weil sie die Bedeutung der Macht in der Gesellschaft verkannt und keinen Weg gefunden haben, auf dem sie zu erringen ist[106]. Sie vermochten nicht zu sagen, wie man in der verdammungswürdigen »alten« Gesellschaft eine glücklichere »neue« vorbereiten kann; wie Erzieher, die selbst von ihr geprägt sind, »neue« Menschen zu erziehen vermögen.

Diesen Widerspruch hat KARL MARX (1818–1883) zu lösen versucht, indem er die Erziehung zu einem Mittel des politischen Kampfes hier und jetzt erklärt hat. Die Erzieher sollen nicht wie bei den Utopischen Sozialisten »unter isolierten und künstlichen Bedingungen auf wunderbare Weise neue Menschen schaffen, sondern an der Organisation des konkreten Kampfes gegen die herrschende Ordnung der Unterdrückung mitwirken«[107]. Nicht für eine utopische Zukunft, sondern zur *aktiven Teilnahme an der »revolutionären Praxis«*[108] und durch sie soll erzogen werden. Als »revolutionäre Praxis« wird der »Klassenkampf« der unterdrückten Proletarier gegen ihre bürgerlichen Ausbeuter verstanden oder konkreter: der politische Kampf

[105] OWEN 1955, S. 67; bei RAMM 1956, S. 189; vgl. auch RAMM 1955, S. 442 ff.
[106] SOMBART 1896, S. 31 ff.
[107] SUCHODOLSKI 1961, S. 422.
[108] MARX 1968, S. 93.

der Kommunistischen Partei für die Errichtung einer sozialistischen Gesellschaftsordnung. »Nur dann, wenn der Erzieher die Menschen auf diesem revolutionären Weg des Kampfes um die sozialistische Ordnung begleitet, wirkt er tatsächlich an der Bildung der neuen Menschen«[109]. »Befreiung« sei nur durch die Teilnahme am revolutionären Kampf möglich, in welchem dann sozialistische Lebensformen entstehen, die neue »Individualitäten« schaffen. Die »Revolution« wird als Gelegenheit zur Erziehung des »neuen Menschen« betrachtet.

Dazu muß man wissen, daß von MARX unter »Revolution« nicht ein fernes, einmaliges Ereignis verstanden wird, sondern ein langer Prozeß der »revolutionären Praxis«, der auf die endgültige Beseitigung der Klassenherrschaft abzielt[110]. Die Kommunisten betrachten es als ihre Aufgabe, »die Revolution *permanent* zu machen, so lange, bis alle mehr oder weniger besitzenden Klassen von der Herrschaft verdrängt sind«[111]. Die Erziehung müsse so organisiert werden, daß bereits in der kapitalistischen Gegenwart die sozialistische Zukunft vorbereitet wird[112].

Nach diesem Programm ist schon der kommunistische »Schulkampf« in der Weimarer Republik[113] geführt worden, an den der linksradikale Flügel der Neuen Linken anknüpft. Es ging der radikalen Linken damals ebensowenig wie heute um eine Reform der Schule, sondern es war und ist »stets ein Kampf ..., der auf die Revolutionierung der Gesellschaft als die Voraussetzung für die grundlegende Umgestaltung der Schule zielt«[114].

Aus diesem Überblick über die wichtigsten Vorläufer und Quellen der Pädagogik der Neuen Linken kann leicht der Eindruck entstehen, die individualistischen und die kollektivistischen Strömungen seien durch Welten voneinander getrennt. Das trifft jedoch heute für die Neue Linke ebensowenig zu wie für ihre liberal radikalen

---

109 SUCHODOLSKI 1961, S. 426.
110 Zum Revolutionismus vgl. SOMBART 1924, Bd. I, S. 160 ff. und S. 393 ff.
111 MARX und ENGELS, zitiert nach SUCHODOLSKI 1961, S. 222.
112 Grundlegend hierzu SUCHODOLSKI 1961, S. 215 ff. Einen Überblick über die an diesem Grundsatz orientierte Sozialistische Pädagogik vor 1933 geben DÖRING und KUPFFER 1972.
113 Vgl. hierzu BREITENSTEIN 1930, S. 72 ff.; KÖNIG 1968.
114 WERDER und WOLFF 1970, S. 19. Neben diesem wichtigen Sammelband repräsentativer Texte verdient auch die Bibliographie zur revolutionären sozialistischen Erziehung (in: Zentralrat 1969) Beachtung.

Ahnherren im Zeitalter der Aufklärung[115]. Der Schlüssel zum Verständnis des scheinbaren Widerspruches liegt in der rationalistischen und perfektionistischen Haltung, die sie dem Menschen gegenüber einnehmen.

Die individualistischen Liberalen des 18. Jahrhunderts wollten die Menschen aus allen Abhängigkeiten »befreien« und darum sollten alle bestehenden Traditionen und Institutionen aufgelöst, alle Bindungen an Gruppen und deren Glaubensinhalte durchschnitten werden. Sie interessierten sich nicht für die konkreten Menschen, wie sie in unzähligen verschiedenen Gestalten wirklich existieren, sondern für die abstrakte Idee »*des* Menschen«, die auf jene Merkmale beschränkt ist, welche allen Menschen gemeinsam sind. Um an diesen abstrakten Menschen heranzukommen, »mußten alle Unterschiede und Ungleichheiten beseitigt werden. Und so nahm die ethische Idee der Menschenrechte sehr bald den Charakter eines egalitären Gesellschaftsideals an. Aller Nachdruck wurde auf die Zerstörung der Ungleichheiten gelegt, auf das Niederholen der Privilegierten zur Ebene der allgemeinen Menschheit und auf das Hinwegfegen aller mittelbaren Macht- und Treuezentren ... Nichts blieb übrig, was zwischen dem Menschen und dem Staat gestanden hätte«. Die Macht des Staates wurde grenzenlos: er erhielt den Auftrag, eine Gesellschaft gleicher Menschen nach einem einheitlichen Modell zu erziehen. So verwandelte sich extremer Individualismus »in sein Gegenteil, in ein kollektivistisches System des Zwangs, bevor das achtzehnte Jahrhundert um war«.

Die totalitäre Demokratie ist die widersprüchliche Folge der in der Aufklärung entworfenen rationalistischen Idee des Menschen: »des irrationalen Glaubens, daß die irrationalen Elemente in der menschlichen Natur« wie in den Lebensformen der Menschen »nur ein böser Zufall seien, ein unglückliches Überbleibsel, eine zeitweise Verirrung, die mit der Zeit und unter heilenden Einflüssen einem einheitlich rationalen Verhalten in einer integrierten Gesellschaft Platz machen würden«[116].

---

[115] So verträgt sich z. B. der extreme Individualismus in ROUSSEAUS Erziehungsphilosophie (»Emile«, 1762) durchaus mit dem extremen Kollektivismus seiner Sozialphilosophie (»Gesellschaftsvertrag«, 1762): der Educand wird nur scheinbar seiner freien individuellen Entwicklung überlassen, in Wirklichkeit aber in einen planmäßig vorbereiteten und vollständig überwachten Erfahrungsraum gebracht, in welchem er den »Allgemeinen Willen«, dem er sich als freier *Bürger* zu unterwerfen hat, vollkommen verinnerlicht.

[116] TALMON 1961, S. 225 ff.

Hauptrichtungen: »Emanzipatorische Pädagogik« und »Sozialistische Pädagogik«

Es ist schwierig, in der pädagogischen Gedankenwelt der Neuen Linken Richtungen zu unterscheiden, die klar gegeneinander abgegrenzt sind und von ihren jeweiligen Anhängern relativ beharrlich beibehalten werden. Es hat im pädagogischen Schrifttum nicht nur viele Übertritte zur Neuen Linken gegeben, sondern seit der sogenannten »Tendenzwende« um 1973/74 auch viele »Abschiede« von ihr. Außerdem unterscheiden sich die Autoren ganz erheblich nach dem Grad der Offenheit, mit der sie sich zu ihren weltanschaulichen Voraussetzungen und zu ihren politischen Zielen bekennen.

Im Einzelfall läßt sich manchmal nur schwer beurteilen, was marxistische Überzeugung, was liberales Ideengut in sozialistischem Sprachgewand und was bloß oberflächliche Anpassung an eine für zukunftsträchtig gehaltene Modeströmung ist. Die Grenzen zwischen Idealisten und Opportunisten sind wie stets in solchen Situationen parallel zur Zunahme der Pfründen für Parteigänger immer unschärfer geworden. Das Auftreten der Neuen Linken hat nicht nur zu einer beträchtlichen Politisierung der Pädagogik geführt, sondern es hat bei manchen Vertretern dieses Faches auch die Kunst des ideologischen Seiltanzes (»Equilibrismus«) gefördert und die Unaufrichtigkeit begünstigt. Es gibt unter den vagen Schlagworten »liberal« und »demokratisch« Rückversicherer nach allen Seiten. Trotz dieser heiklen Umstände müssen wir uns einen Überblick verschaffen. Ich will versuchen, die für die Orientierung notwendigen Zuordnungen so vorzunehmen, daß die Zugeordneten sie auch selbst als zutreffend ansehen.

Gemeinsam ist allen pädagogischen Strömungen der Neuen Linken die Ansicht, daß Kinder, Jugendliche und Erwachsene durch Erziehung von Bindungen an bestimmte Normen, Glaubensüberzeugungen und Institutionen ihrer Gesellschaft »befreit« werden sollen. Der wichtigste Unterschied besteht in den Vorstellungen über den Zweck einer solchen »Befreiung«. Nach diesem Einteilungsgesichtspunkt lassen sich eine linksliberal-gesellschaftsutopische Richtung und eine linksradikal-klassenkämpferische Richtung unterscheiden.

Die *linksliberal-gesellschaftsutopische Richtung* gibt als Zweck der »Befreiung« an, daß die Menschen zur »Selbstbestimmung«, zur »Mündigkeit«, zur »Autonomie«, zur »Freiheit« instandgesetzt werden sollen. Ihre Anhänger verkünden den Glauben an die Utopie einer »emanzipierten Gesellschaft«, in der jedes Mitglied sich selbst bestimmt und dennoch der soziale Zusammenhalt gewährleistet ist. Der Vorrang wird auf die Freiheit des Individuums gelegt. Es handelt sich um eine Wiedergeburt individualistischer und anarchistischer Ideen über den Zusammenhang zwischen Mensch, Gesellschaft und Erziehung. Die Erziehungslehre dieser Richtung wird als *»Emanzipatorische Pädagogik«* bezeichnet.

Die *linksradikal-klassenkämpferische Richtung* sieht es als Zweck der »Befreiung« an, die »Befreiten« an neue Autoritätsträger zu binden. Sie hält nichts von der Illusion der autonomen, sich selbst bestimmenden Persönlichkeit, sondern rechnet damit, daß Autorität und Autoritätsanerkennung für die Menschen immer unentbehrlich bleiben. Der Vorrang wird hier auf den Zusammenhalt des Kollektivs gelegt. Die »Befreiung« ist identisch mit der Bekehrung zum Glauben an den Sozialismus. Deshalb wird die Erziehungslehre dieser Richtung *»Sozialistische Pädagogik«* genannt.

Beide Richtungen haben mehr miteinander gemeinsam, als es den Anschein hat. Denn auch die Wortführer der »Emanzipatorischen Pädagogik« zielen darauf ab, zu einem sozialistischen Glauben zu bekehren, und das kann gar nicht anders als auf Kosten der Autonomie des Individuums geschehen. Umgekehrt spiegeln die Vertreter der »Sozialistischen Pädagogik« vor, für eine Gesellschaft zu erziehen, in der »wahre« Freiheit für alle herrscht. Es ist aus den Texten häufig schwer zu erkennen, was jeweils Glaubensgrundsatz und was Taktik ist. Jedenfalls sind mit unserer Unterscheidung nicht zwei einander ausschließende Richtungen gemeint, sondern lediglich zwei Schwerpunkte in der pädagogischen Gedankenwelt der Neuen Linken. Was wie ein Nebeneinander unvereinbarer Standpunkte aussieht und von vielen ihrer Anhänger auch subjektiv so erlebt wird, bildet zumindest für die Sozialisten in strategischer Hinsicht ein Nacheinander zweier Phasen des politischen Kampfes. Zuerst wird gemäß der früher geschilderten Taktik des Überbietens das Ideal größter Freiheit verkündet, um die Menschen der liberalen Gesellschaftsordnung und ihren Führungsgruppen zu entfremden. Dann sollen sie an die totalitäre Demokratie gebunden und der neuen sozialistischen Elite unterworfen werden.

Es ist jedoch mit diesem Nacheinander strategisch durchaus vereinbar, daß beide pädagogische Richtungen gleichzeitig verkündet werden, denn sie wenden sich an verschiedene Personenkreise: die »Emanzipatorische Pädagogik« an die große Mehrheit der liberalen und der unpolitisch eingestellten Bürger, die »Sozialistische Pädagogik« an eine kleine Minderheit sozialistischer Aktivisten. Dabei ist es möglich, daß sich manche linksliberale Wortführer der »Emanzipatorischen Pädagogik« über die politischen Folgen ihrer Lehre und über die Strategie, in deren Rahmen sie von linksradikalen Gruppen verwendet wird, nicht im klaren sind. Von den Wortführern der »Sozialistischen Pädagogik« dagegen kann man durchwegs annehmen, daß sie wissen, was sie tun.

Für die *»Emanzipatorische Pädagogik«* sind bisher vor allem folgende Autoren eingetreten[117]:

THEODOR ADORNO (1903–1969; ehemals Professor der Philosophie und Soziologie an der Universität Frankfurt)[118];

HERWIG BLANKERTZ (geb. 1927; Professor der Pädagogik und Philosophie an der Universität Münster);

KURT GERHARD FISCHER (geb. 1928; Professor der Didaktik der Gesellschaftswissenschaften an der Universität Gießen);

HERMANN GIESECKE (geb. 1932; Professor der Pädagogik an der Pädagogischen Hochschule Göttingen);

HARTMUT VON HENTIG (geb. 1925; Professor der Pädagogik an der Universität Bielefeld);

ERNEST JOUHY (geb. 1913; Professor der Sozialpädagogik an der Universität Frankfurt);

HELMUT KENTLER (geb. 1928; Professor für Sozialpädagogik an der Technischen Universität Hannover);

WOLFGANG KLAFKI (geb. 1927; Professor der Erziehungswissenschaft an der Universität Marburg);

FRIEDRICH KOCH (geb. 1936; Professor für Erziehungswissenschaft an der Universität Hamburg);

WOLFGANG LEMPERT (geb. 1930; Professor für Wirtschaftspädagogik an der Freien Universität Berlin);

KLAUS MOLLENHAUER (geb. 1928; Professor der Pädagogik an der Universität Göttingen);

KLAUS SCHALLER (geb. 1925; Professor der Pädagogik an der Universität Bochum);

WOLFGANG SCHULZ (geb. 1929; Professor für Schulpädagogik an der Universität Hamburg);

Vertreter der *»Sozialistischen Pädagogik«* [118a] sind:

ELMAR ALTVATER (geb. 1938; Professor für Politische Pädagogik, Politische Ökonomie und Soziologie an der Freien Universität Berlin);

GEORG AUERNHEIMER (geb. 1939; Professor der Erziehungswissenschaft an der Universität Marburg);

MARTIN BAETHGE (geb. 1939; Professor für Soziologie an der Universität Göttingen);

---

[117] Die einschlägigen Schriften sind im Literaturverzeichnis angeführt.

[118] Zu seiner Erziehungslehre vgl. WITSCHEL 1973.

[118a] GAMM (1978, S. 76) nennt diese spät-marxistische Richtung auch »kritisch-materialistische Pädagogik«.

Johannes Beck (geb. 1938; Professor der Pädagogik an der Universität Bremen);

Egon Becker (geb. 1936; Professor der Erziehungswissenschaft an der Universität Frankfurt);

Peter Brückner (geb. 1922; Professor der Psychologie an der Technischen Universität Hannover);

Arno Combe (geb. 1940; Professor der Soziologie der Erziehung an der Universität Frankfurt);

Paolo Freire (geb. 1921; bis 1964 Professor für Geschichte und Philosophie der Erziehung in Recife, Brasilien; dzt. Sonderberater für Bildungsfragen beim Ökumenischen Rat der Kirchen in Genf);

Hans-Jochen Gamm (geb. 1925; Professor für Pädagogik an der Technischen Hochschule Darmstadt);

Wilfried Gottschalch (geb. 1929; Professor der Erziehungswissenschaft an der Universität Bremen);

Heinz-Joachim Heydorn (1916–1974; ehemals Professor der Pädagogik an der Universität Frankfurt)[118b];

Freerk Huisken (geb. 1941; Professor der Erziehungswissenschaft an der Universität Bremen);

Gernot Koneffke (geb. 1927; Professor der Pädagogik an der Technischen Hochschule Darmstadt);

Manfred Liebel (geb. 1940; Professor für Jugendsoziologie an der Pädagogischen Hochschule Berlin);

Oskar Negt (geb. 1934; Professor der Soziologie an der Technischen Universität Hannover);

Friedhelm Nyssen (geb. 1938; Professor für Schulpädagogik an der Universität Frankfurt);

Ulrich K. Preuss (geb. 1939; Professor für Öffentliches Recht an der Universität Bremen);

Ulf Preuss-Lausitz (geb. 1940; Professor für Schulpädagogik an der Pädagogischen Hochschule Berlin);

Hans-Günter Rolff (geb. 1939; Professor für Schulpädagogik an der Pädagogischen Hochschule Dortmund);

Herbert Stubenrauch (geb. 1938; Dozent für Schulpädagogik an der Universität Frankfurt);

Martin Rudolf Vogel (geb. 1922; Professor für Soziologie der Erziehung an der Universität Frankfurt);

Lutz von Werder (geb. 1939; Privatdozent für Soziologie und Lehrbeauftragter für Erwachsenenbildung an der Freien Universität Berlin).

Unter den Vertretern dieser Richtungen herrscht keineswegs Einigkeit. Es gibt Spannungen und gegenseitige Abgrenzungsversuche bis zur Sektenbildung. Diese internen Auseinandersetzungen können hier jedoch unberücksichtigt bleiben, weil es uns nur auf die politisch-pädagogischen Grundüberzeugungen ankommt, die der Neuen Linken gemeinsam sind.

[118b] Vgl. Kluthe 1975; Butterhof und Thorn-Prikker 1975.

Verlage, Zeitschriften, Informationsmittel

Beide Richtungen der Pädagogik der Neuen Linken werden publizistisch am stärksten durch ursprünglich liberal orientierte, kapitalkräftige *Großverlage* gefördert. Insbesondere der Rowohlt-Verlag in Reinbek bei Hamburg und der Fischer-Verlag in Frankfurt verbreiten billige Taschenbücher zur »Sozialistischen Pädagogik« in riesigen Auflagen. Daneben sind vor allem der Verlag Suhrkamp in Frankfurt (mit der Taschenbuchreihe »edition suhrkamp«), die gewerkschaftseigene Europäische Verlagsanstalt in Frankfurt und der Campus Verlag in Frankfurt zu nennen.

Neben den erwähnten Großverlagen gibt es einige kleinere Verlage, die Schriften zur Pädagogik der Neuen Linken herausbringen. Ganz darauf spezialisiert hat sich der päd. extra Buchverlag in Bensheim; er liefert auch die Restbestände des Verlages Werner Raith (Starnberg) aus, der sich der gleichen Aufgabe gewidmet hatte, aber eingegangen ist. Ferner sind zu nennen der März Verlag in Frankfurt, der Verlag Neue Kritik in Frankfurt, der Verlag 2000 des Sozialistischen Büros in Offenbach, der Verlag Roter Stern in Frankfurt (mit der Reihe »Lernen – subversiv«), der Pahl-Rugenstein Verlag in Köln, der Verlag Klaus Wagenbach in Berlin und der Rotbuch-Verlag in Berlin.

Eine Schlüsselstellung bei der Verbreitung der pädagogischen Ideen der Neuen Linken haben neben den Taschenbuch-Verlagen verschiedene pädagogische *Zeitschriften*.

Hier ist in erster Linie die 1968 gegründete Zeitschrift *»betrifft: erziehung«* zu nennen (Verlag Beltz, Weinheim). Sie erscheint monatlich im Umfang von 80 bis 120 Seiten in einer Auflage von 35 000 Exemplaren. Sie hat linksliberal-gesellschaftskritisch begonnen, ist aber dann mehr und mehr zur sozialistischen Position übergegangen. Derzeit steuert sie unter PETER E. KALB wieder einen linksliberalen Kurs voller Sympathie für sozialistische Pädagogik. Das gleiche trifft zu für das ebenfalls im Verlag Beltz seit 1976 monatlich erscheinende *»Sozialmagazin. Zeitschrift für Sozialarbeit und Sozialpädagogik«*.

Rein sozialistisch orientiert ist die seit 1973 erscheinende Zeitschrift *»päd. extra«* (pädex-Verlag, Bensheim). Ihr Gründer ist HORST SPEICHERT (geb. 1941), der von 1968 bis 1973 Chefredakteur von »betrifft: erziehung« gewesen ist. Zur Redaktion gehören neben ihm u. a. HERBERT STUBENRAUCH, JÜRGEN ZINNECKER und

Hanfried Scherer (verantwortlicher Redakteur). Die Zeitschrift erscheint monatlich im Umfang von 70 bis 80 Seiten in einer Auflage von 17 500 Exemplaren (1979). In gleicher Aufmachung erscheint im gleichen Verlag die Monatszeitschrift *»päd. extra Sozialarbeit«*.

Seit 1970 erscheint vierteljährlich in einer Auflage von 10 000 Exemplaren die sozialistische Zeitschrift *»Ästhetik und Kommunikation. Beiträge zur politischen Erziehung«* (erst Rowohlt-, dann Scriptor-Verlag, seit 1977 im redaktionseigenen Ästhetik und Kommunikations Verlag, Berlin). Ständige Mitarbeiter sind u. a. Johannes Beck, Wilfried Gottschalch und Oskar Negt. Die Zeitschrift dient dazu, die materialistische Theorie der Massenkommunikation »jenseits der mächtigen Tradition bürgerlicher Wissenschaft« weiterzuführen und in aktuelle Diskussionen über Curriculumforschung, technokratische Schulreform, sozialistische Berufspraxis, Rezeption des Undergrounds, politische Dimension der Pornographie usw. einzugreifen. Ein leitender Gesichtspunkt ist die »Veränderung« der Schulpraxis »durch die Organisation des politischen Widerstandpotentials«[119].

Das »Sozialistische Büro« (605 Offenbach 4, Postfach 591), dessen Mitglieder sich »als Teil einer arbeitsteilig zu organisierenden sozialistisch/kommunistischen Bewegung in der BRD verstehen«[120], gibt seit 1970 einen *»Informationsdienst Arbeitsfeld Schule«* (Verlag 2000, Offenbach) heraus. Er »soll der Kommunikation unter sozialistischen Lehrern und deren Organisierung dienen«. Es erscheinen derzeit 4 Hefte jährlich in einer Auflage von 4000 Exemplaren. Er wird ergänzt durch die »Reihe Roter Pauker«, die »kritischen und sozialistischen Lehrern« Materialien für einen »emanzipatorischen« Unterricht bietet. Bisher sind 16 Hefte in Auflagen von bis zu 25 000 Exemplaren erschienen.

Ebenfalls vom Sozialistischen Büro wird der *»Informationsdienst Sozialarbeit«* herausgegeben. Er »dient der Information und Zusammenarbeit zwischen sozialistischen Gruppen und einzelnen, die im Sozialbereich arbeiten, und wendet sich an Sozialarbeiter, Sozialpädagogen, Heimerzieher, Kindergärtnerinnen, Sozialplaner, Psychologen, Dozenten und Studenten an Fachausbildungsstätten«. Er erscheint seit 1972 in vier Ausgaben jährlich in einer Auflage von 5000 Exemplaren.

---

[119] Editorial zum 1. Jg. (1970), Heft 1, S. 4.

[120] Vgl. Zur Organisation des Sozialistischen Büros. In: Informationsdienst Sozialarbeit, Heft 5 (1973/74), S. 95 ff.; ferner: Sozialistisches Büro 1973.

Als ältestes Organ der Sozialistischen Pädagogik erschien von 1954 bis 1973 vierteljährlich »*Schule und Nation.* Die Zeitschrift für ein demokratisches Bildungswesen. Organ des Schwelmer Kreises« (Schriftleiter: WALTER KLUTHE). Der »Schwelmer Kreis« ist eine der Deutschen Friedens-Union (DFU) nahestehende pro-kommunistische Organisation, die sich seit 1952 darum bemüht hat, Pädagogen aus der Bundesrepublik Deutschland für die Politik der DDR zu gewinnen. Seine Mitglieder halten »demokratische Bildungsreformen« nur im Zusammenhang mit »gesamtgesellschaftlichen Veränderungen« der »sozialökonomischen Verhältnisse« für möglich. Sie fordern ein »einheitliches demokratisches Bildungssystem« nach dem Muster der DDR, insbesondere »die allgemeine Einführung der Vorschulerziehung«, der integrierten Gesamtschule und den Abbau der privatwirtschaftlichen Kompetenzen im Berufsbildungswesen[121]. Als Autoren sind in »Schule und Nation« unter anderem die Pädagogik-Professoren GAMM, HEYDORN und SCHALLER hervorgetreten.

Von 1971 bis 1976 ist im Verlag Roter Stern (Frankfurt) viermal jährlich in einer Auflage von 10 000 Exemplaren *»Erziehung und Klassenkampf«* erschienen. Diese Zeitschrift hatte eindeutig kommunistischen Charakter (DKP). Wer »die Illusionen der sogenannten systemimmanenten Möglichkeiten zur Reform der Gesellschaft und der bürgerlichen Rechtsstaatlichkeit weiterverbreitet«, wurde vom Redaktionskollektiv als »Handlanger der Bourgeoisie« kritisiert[122].

Seit 1975 erscheint im kommunistischen Pahl-Rugenstein Verlag in Köln in einer Auflage von 7000 Exemplaren die Zweimonatsschrift »Demokratische Erziehung« (120 Seiten pro Heft). Sie will sich in den Dienst des Kampfes gegen die »Feinde des Fortschritts« stellen und den »fortschrittlichen Kräften« der »kapitalistischen Staaten« den Gedankenaustausch mit den Erziehungstheoretikern der »sozialistischen Staaten« ermöglichen. Es handelt sich um ein Organ der orthodoxen kommunistischen Pädagogik, wie sie in der DDR vertreten wird, das gemäß der Strategie der kommunistischen Volksfront-Politik emanzipatorisch-antiautoritär-sozialistisch getarnt ist. Zu den Herausgebern gehören u. a. die Pädagogik-Professoren GEORG AUERNHEIMER (Marburg) und KARL CHRISTOPH LINGEL-

---

[121] Leitgedanken des Schwelmer Kreises. In: Schule und Nation, 17. Jg. (1971), Heft 1, S. 1–2; 20 Jahre Schwelmer Kreis, ebenda 18. Jg. (1972), Heft 3, S. 23–26; HEINEMANN und KLUTHE 1979.

[122] Editorial zu Nr. 5/6 (1972), S. 3.

BACH (Frankfurt) sowie der katholische Theologie-Professor HERBERT VORGRIMLER (Münster); ferner der Vorsitzende des Ausschusses junger Lehrer und Erzieher in der Gewerkschaft Erziehung und Wissenschaft KURT BUNKE.

Seit 1977 erscheint mit 4 Heften pro Jahr im Verlag Focus in Gießen *»Psychologie- und Gesellschaftskritik. Zeitschrift zur Kritik der bürgerlichen Psychologie«* (Herausgeber: KLAUS-JÜRGEN BRUDER u. a.).

Eine Übersicht über weitere pädagogisch einschlägige Zeitschriften und Materialreihen der »unabhängigen sozialistischen Linken« enthält die Schrift von SPALL. Eine »Übersicht über Modelle und Materialien für einen antikapitalistischen Unterricht« bietet die Zeitschrift »Ästhetik und Kommunikation« im 3. Jg. (1972), Heft 9, S. 90–107. Als »vorläufige Anlaufstelle für vervielfältigte Unterrichtsmodelle« wird dort der Sozialistische Lehrerbund beim Sozialistischen Büro (605 Offenbach, Postfach 591) genannt.

Das wichtigste lexikalische Hilfsmittel ist das »Wörterbuch Kritische Erziehung«, herausgegeben von EBERHARD RAUCH und WOLFGANG ANZINGER, das 1973 bereits in vierter Auflage erschienen ist (383 Seiten, Verlag Werner Raith, Starnberg). Es ist im Text wie in den völlig einseitigen Literaturangaben ein Musterbeispiel radikalsozialistisch-kommunistischer Pädagogik, die als Gegenposition zur »bürgerlichen Erziehungswissenschaft« verstanden wird. Bezeichnend ist, daß die Herausgeber nicht für Kritik schlechthin offen sind, sondern ausdrücklich nur *»solidarische* Kritik« begrüßen[123]. Seit 1975 trägt der Fischer Taschenbuch Verlag zur Massenverbreitung dieser linksradikalen Kampfschrift als Taschenbuch Nr. 6301 bei.

Die reichhaltigste Quelle für die Unterrichtslehre der Neuen Linken ist das »Handbuch zum Unterricht. Modelle emanzipatorischer Praxis«, das 1973 im Verlag Raith in Starnberg erschienen ist. Der Band »Praxis der Grundschule« (543 Seiten) wurde herausgegeben von ROLF TYBL und HELLMUTH WALTER, der Band »Praxis der Hauptschule« (552 Seiten) von WERNER RAITH. Neuerdings wird das Handbuch durch den päd. extra buchverlag vertrieben.

Besondere Beachtung verdient die Tatsache, daß seit 1970 auch der Inhalt pädagogischer Lexika »bürgerlicher« Verlage weitgehend durch Autoren der Neuen Linken bestimmt wird. Ein Beispiel dafür ist das von WULF im Verlag Piper herausgegebene »Wörterbuch der Erziehung« (1974). Bezeichnend für die marxistische Unterwande-

[123] RAUCH und ANZINGER 1973, S. 9.

rung der zeitgenössischen westdeutschen Pädagogik ist es, daß der darin am häufigsten genannte Personenname KARL MARX ist, der zweithäufigste JÜRGEN HABERMAS.

Die Sprache der Pädagogik der Neuen Linken

> Worin besteht die Wissenschaft der Schulgelehrten? Darin, daß sie die Worte mißbrauchen und ihre Bedeutung unsicher machen. Sie haben ... durch die Kraft gewisser unverständlicher Worte den abgeschmacktesten Träumereien das Ansehen einer Wissenschaft gegeben. Wenn es ein Mittel gibt, ihre Zauberwerke zu zerstören, so besteht es darin, sie nach der genauen Bedeutung der Worte zu fragen, deren sie sich bedienen. Sobald sie gezwungen werden, mit denselben bestimmte Begriffe zu verknüpfen, so hört der Zauber auf und das Blendwerk der Wissenschaft schwindet. Man traue daher ja keiner Schrift, wo von der Schulsprache allzu häufig Gebrauch gemacht wird. Die gewöhnliche Sprache reicht fast immer aus für denjenigen, der klare Begriffe besitzt. Wer die Menschen belehren und nicht hintergehen will, der muß ihre Sprache reden.
>
> CLAUDE ADRIEN HELVETIUS[124]

Die Neue Linke hat sich im Rahmen ihrer Subkultur auch einen eigentümlichen Jargon geschaffen, der für Uneingeweihte schwer verständlich ist. Sie spricht nicht die allen gemeinsame Umgangssprache, sondern die Sprache einer weltanschaulichen Glaubensgemeinschaft, die sich philosophisch-sozialwissenschaftlich maskiert. Das hängt mit ihrer Überzeugung zusammen, einer Elite anzugehören, die das sogenannte »richtige Bewußtsein« besitzt. Es hat aber auch taktische Gründe: der scheinwissenschaftliche Imponierjargon begünstigt die Verbreitung der Lehre unter den wissenschaftsgläubigen Halbgebildeten. Er verschleiert, wie dürftig und verworren diese Lehre ist. Er wirkt einschüchternd und entmutigt kritische Rückfragen nach dem Sinn der Schlagworte und nach der Wahrheit der Glaubenssätze. Obwohl die Wortführer der Neuen Linken heftig für »Rationalität«, »Kritik«, »Aufklärung« und »Kommunikation« eintreten, benutzen sie selbst eine Sprache, die ein Muster für Irrationalität, mangelnde Selbstkritik, Verdunkelung und Kommunikationsunfähigkeit ist.

Sprachliche Unklarheit in derartiger Häufung ist aus bloßem Unvermögen zum einfachen, klaren Ausdruck allein kaum hinreichend zu erklären. Sie gehört vielmehr zumindest für einige der Pioniere der Neuen Linken zum Programm. So war zum Beispiel für ADORNO Klarheit ein »Fetisch«[125]; sie zu fordern, hielt er für »fragwür-

[124] HELVETIUS 1774, S. 12. [125] ADORNO 1969, S. 170.

dig«[126]. Philosophie war für ihn ein »Schwebendes«; sie sei »der Musik verschwistert«, sie lasse sich nicht »festnageln«[127]. In ihr »ist nichts durchaus wörtlich gemeint«[128]. »Wahr sind nur die Gedanken, die sich selber nicht verstehen«[129]. »Das Ethos von Verantwortung und Aufrichtigkeit« sei »allemal autoritärer Art«[130]. Neben der »schwebenden«, spielerisch versponnenen Sprache, die ADORNO befürwortet hat, ist bei der Neuen Linken allerdings schon bald die platte Sprache der marxistischen Klassenkampf-Ideologie in Gebrauch gekommen.

Die sprachlichen Mängel, mit denen die Literatur der Neuen Linken im allgemeinen behaftet ist, sind auch in ihrer Pädagogik anzutreffen. Das *ideologische Kauderwelsch* ist hier jedoch eine merkwürdige Verbindung mit dem pseudo-wissenschaftlichen Kauderwelsch eingegangen, das in den letzten Jahren ganz unabhängig von der Neuen Linken in gewissen pädagogischen Kreisen entstanden ist. Dieses *fachspezifische Kauderwelsch* ist nicht etwa die Folge eines übermäßigen Zuwachses an erziehungswissenschaftlichen Erkenntnissen, die sich sprachlich nicht mehr bändigen lassen, sondern es entspringt vorwiegend dem Bedürfnis »progressiver« pädagogischer Schriftsteller, den Mangel an praktisch brauchbarem Wissen wenigstens durch ein Staunen erregendes Vokabular auszugleichen.

So spricht man nun zum Beispiel statt vom Lehrplan vom »Curriculum« und die Überlegungen zur Lehrplangestaltung werden als »Curriculumforschung« bezeichnet. Der progressive Pädagoge denkt nicht nach, sondern er »reflektiert«; er erklärt nicht, sondern er »expliziert«; er gibt nicht Beispiele, sondern er »exemplifiziert«; er arbeitet nicht mit Begriffen, sondern mit »Konzepten«; er verfolgt keinen Plan, sondern eine »Strategie«; ein Programm wird von ihm nicht verwirklicht, sondern »realisiert«; statt daß sich ihm etwas zeigt, »manifestiert« sich ihm etwas; er will nicht etwas ergründen, sondern »eruieren«; er geht nicht vor, sondern er »prozediert«; er verdeutlicht nicht, sondern er »artikuliert«; er gibt nicht Anregungen zum Lernen und Anstöße zum Denken, sondern er »initiiert« Lernen und »organisiert kognitive Prozesse«; er versucht den Schülern nicht zur Sprachfähigkeit, sondern zur »kommunikativen Kompetenz« zu verhelfen; er verfolgt nicht einen partnerschaftlichen, sondern einen »sozial-integrativen« Erziehungsstil; er tritt nicht für eine

[126] ADORNO 1969, S. 116.
[127] ADORNO 1966, S. 113.
[128] ADORNO 1969a, S. 44.
[129] ADORNO 1966, S. 54.
[130] ADORNO 1969b, S. 175.

Neubewertung der Leistungsmaßstäbe ein, sondern für eine »Neuevaluierung der Effizienzkriterien«, nicht für Vorschulerziehung, sondern für »basale Bildungsförderung« usw.

Die Zunahme des Interesses der Öffentlichkeit an Erziehungsfragen hat in den letzten Jahren die unerwünschte Nebenwirkung gehabt, daß unter den Namen »Pädagogik«, »Erziehungswissenschaft«, »Bildungsforschung« und »Bildungsreform« ungeheuer viel Bluff verbreitet worden ist, den erziehungswissenschaftliche Laien zum Teil nur schwer durchschauen können. Ich will wenigstens einige Beispiele für den modernen pädagogischen Imponierjargon geben.

In einer Studie zur Begründung einer »kritischen« Erziehungswissenschaft im Anschluß an HABERMAS ist folgendes zu lesen: » So sehr es einer kritischen Erziehungswissenschaft darum geht, die faktischen Ursachen der Verdinglichung des Menschen unter dem Zwang repressiver Erziehungs- bzw. Gesellschaftsverhältnisse aufzuspüren, um ihre Aufhebung zu ermöglichen, sowenig kann dabei das sozialwissenschaftliche Meßproblem empirisch und das Problem der methodologischen Begründung von Kritik und Selbstreflexion im therapeutischen Diskurs hermeneutisch gelöst werden. Wenn es dem empirisch-analytischen Ansatz in den systematischen Handlungswissenschaften nicht gelingt, bei der Erfassung von Handlungsintentionen auf Sinnverstehen zu verzichten, Hermeneutik selbst aber die Transformation kommunikativer Erfahrung in Daten nicht leistet, weil sie die Kriterien der Intersubjektivität an dem jeweilig normierten Deutungssystem einer Gesellschaft festmacht, ist zu fragen, ob es einer Theorie umgangssprachlicher Kommunikation gelingt, den Gebrauch und die Behinderung kommunikativer Kompetenz zu erklären, indem sie die Kriterien der Intersubjektivität an die kontrafaktischen Bedingungen der idealen Sprechsituation bindet«[131].

Ein anderer Verfechter »kritischer Erziehungswissenschaft« beschreibt sie folgendermaßen: »Die Pädagogik der Kommunikation begreift Erziehung und Unterricht als spezifisches gesellschaftliches Handeln, wodurch die Gesellschaft der im gesellschaftlichen Kommuniqué an sich selbst gerichteten Erwartung, die im Blick auf die bestehende Gesellschaft immer deren Wandlung bedeutet, nachkommen möchte«. »Die kritische Erziehungswissenschaft wird das Handeln, in dem der Mensch sich darstellt, als rational-kommunikative Ver-Handlung von Wirklichkeit auslegen«[132].

---

[131] FEUERSTEIN 1973, S. 106 f. [132] SCHALLER 1971, S. 12 und S. 62.

Ein für Lehrer bestimmter Text über Spracherziehung beginnt folgendermaßen: »Kommunikation ist Interaktion in symbolischer Vermittlung und impliziert faktisch, genau wie Interaktion, auch ein Herrschaftsverhältnis interagierender und kommunizierender Menschen. Spracherziehung ist daher als ein Bereich der Erziehung zum sozialen Handeln zu betrachten ... Um auf der Grundlage von Rationalität und in kommunikativer Gemeinsamkeit mit anderen solidarisch handeln zu können, muß der einzelne Sprache nicht nur als Medium der Artikulation analytisch-kognitiver Prozesse einsetzen, sondern gleichzeitig als Mittel reflexiver Kommunikation über soziale Beziehungen selber sowie zur Interpretation und Kommunikation subjektiver, eigener wie fremder Intentionen und Bedürfnisse. Dies erfordert neben der Beherrschung verschiedener Sprachcodes Sensibilität für die in verschiedenen Nuancen der sprachlichen Pragmatik implizierten Bedeutungsgehalte ... Spracherziehung, in der kritisch auf Unterricht ... reflektiert wird, kann nur von Lehrenden und Lernenden gemeinsam erzeugt werden«[133].

Wäre ein derartiger Sprachgebrauch nur vereinzelt anzutreffen, dann könnte man sich an solch haarsträubender Schaumschlägerei belustigen. Dieser Jargon ist jedoch schon zu weit verbreitet, als daß man ihn leicht nehmen dürfte. *Seine Gefährlichkeit liegt darin, daß er weniger Verständigung als Einschüchterung bewirkt.* Der pseudo-wissenschaftliche Fachjargon dient als Mittel dazu, den über Erziehung theoretisierenden Intellektuellen zur Macht über die Masse der Nicht-Intellektuellen zu verhelfen. Er kann als Imponiergehaben gedeutet werden, mit dem die scheinbaren Experten alle Nicht-Experten auffordern, sich ihrem Urteil zu unterwerfen.

Das fachspezifische Kauderwelsch der Pädagogik verführt erziehungswissenschaftliche Laien dazu, hinter ihm viel mehr an wissenschaftlichen Erkenntnissen zu vermuten, als tatsächlich vorhanden ist. Es fördert den Aberglauben, wir besäßen bereits ein nennenswertes erziehungswissenschaftliches Wissen und jeder, der einen pädagogischen Studiengang hinter sich gebracht hat, sei damit ausgerüstet. Es weckt in Eltern, Lehrern und Politikern Vertrauen zu den vermeintlichen Sachverständigen, wo Zweifel und Kritik angebracht wären.

Angesichts der inhaltlichen wie der sprachlichen Schwächen der Pädagogik war es für die Neue Linke leicht, dieses Fach durch sprachliche Unterwanderung ideologisch zu unterwandern. Bezeichnend

---

[133] Baumgartner und Kalb 1973, S. 15.

dafür ist der ungeheure Erfolg, mit der sie ihr Schlagwort »Emanzipation« verbreitet hat. Es taucht in der pädagogischen Fachliteratur erstmals 1968 auf[134], aber schon fünf Jahre später konnte man in einem pädagogischen Lexikon lesen: »Gegenwärtig kann die Forderung nach emanzipatorischer Erziehung als allgemein akzeptiert gelten«[135]. Das ideologische Kauderwelsch der Neuen Linken ist heute bereits so geschickt mit dem fachspezifischen Kauderwelsch der Pädagogik verwoben, daß es für Außenstehende nur noch schwer als solches erkennbar ist.

Als Beispiel für diese Mischung kann folgender Text von Gamm über »progressive Friedenserziehung« dienen: »Konkret bedeutet Friedenserziehung, die *Unversöhnlichkeit* sozialer Antinomien deutlich zu machen und daher die Verweigerung eines bloß harmonistisch getönten Friedensdenkens. Die ... emotionale Vorstrukturierung in einer noch immer durch christliche Ideologie beeinflußten Friedenshoffnung nötigt zu spezifischer Wachsamkeit, um den notwendigen Grad von Härte und Unversöhnlichkeit aufrechtzuerhalten. Friedenserziehung schließt die Anweisung zur Resistenz und die strikte Verweigerung zur Teilnahme an bloßen Friedensritualen ein. Zu der objektiven Unmöglichkeit, gesellschaftliche Widersprüche durch schlichten ethischen Konsensus, etwa durch Partnerschaftsideologie verbal auszugleichen, muß erzieherisch das subjektive Komplement aufgebaut werden. Es wirkt als Stärkung der Identität, mit deren Hilfe kollektiver Widerstand in solidarischer Aktion einzuleiten ist«[136].

Ich kann hier nicht auf die einzelnen Techniken zur Verführung des Denkens durch die Sprache eingehen[137], welche in der Pädagogik der Neuen Linken angewendet werden, sondern muß mich auf den Hinweis beschränken, daß in vielen Fällen schon die Prüfung ihrer Sprache genügt, um den Nimbus der Wissenschaft, mit dem sie vorgetragen wird, zu zerstören.

Nach dieser allgemeinen Einführung in die Pädagogik der Neuen Linken wenden wir uns nun ihrem Inhalt zu.

---

[134] Vgl. Rössner 1974, S. 47.
[135] Wehle 1973, S. 43.
[136] Gamm 1972 a, S. 212.
[137] Vgl. Kainz 1972.

4. Das Menschenbild

> Die Kindlein hören es nicht gerne, wenn die angeborene Neigung des Menschen zum ‹Bösen›, zur Aggression, Destruktion und damit auch zur Grausamkeit erwähnt wird ..., die Feindseligkeit eines gegen alle und aller gegen einen.
>
> SIGMUND FREUD[1]

Das Menschenbild, das der Pädagogik der Neuen Linken zugrunde liegt, stammt weitgehend aus der Philosophie der Aufklärung. Die Ideen dieser »bürgerlichen« Philosophie des 18. Jahrhunderts sind uns durch den Liberalismus überliefert worden. Sie sind im 19. Jahrhundert aber auch in vergröberter Form für die weltanschauliche Grundlegung des proletarischen Sozialismus (oder Marxismus) verwendet worden[2]. Einige Autoren der Neuen Linken stützen sich mehr auf die liberalen, andere mehr auf die sozialistischen Vermittler, aber in jedem Fall greifen sie auf anthropologische Grundannahmen der Aufklärung zurück.

Die wichtigsten Züge dieses Menschenbildes, die einander teilweise widersprechen, sind folgende: 1. der Glaube an die Güte der menschlichen Natur; 2. der Glaube an die Machbarkeit der Persönlichkeit; 3. der Glaube an die Fähigkeit zu unbeschränkter Selbstbestimmung; 4. der Glaube, daß die Menschen auf Heilsvermittler angewiesen sind; 5. der Glaube an Konflikte als Mittel zur Förderung der »Vernünftigkeit«.

Die Güte der menschlichen Natur

Die erste Grundannahme lautet: *Die Menschen sind von Natur aus gut, aber sie werden durch die schlechte Gesellschaft, in der sie leben müssen, verdorben.* Dieses Dogma geht auf ROUSSEAU zurück, dessen Erziehungsroman »Emile« mit dem Satz beginnt: »Alles ist gut, wie es aus den Händen des Schöpfers der Dinge hervorgeht; alles entartet unter den Händen des Menschen«[3]. Der Marxismus führt die

---

[1] FREUD 1953, S. 159 f.
[2] Vgl. SOMBART 1924, Bd. 1, S. 85 ff.
[3] ROUSSEAU 1963, S. 11.

Entartung auf das Privateigentum zurück. Die Neue Linke macht dafür ganz allgemein das »System« der Industriegesellschaft[4], das ungünstige Milieu der sogenannten »spätkapitalistischen Klassengesellschaft« verantwortlich[5]. Die Lebensverhältnisse, die in den liberalen Demokratien des Westens herrschen, führen angeblich zur »Deformation des Menschen«, zu »seiner psychischen Verkrüppelung«[6]. Bei GAMM heißt es: »Die Menschen wären zur Güte anzuleiten, die sozialen Tugenden könnten in ihnen entfaltet werden, die Gesinnung der Nächstenliebe könnte für alle die tragende Basis bieten, *wenn die Verhältnisse es erlaubten«*[7].

Da das Übel angeblich nicht in der menschlichen Natur wurzelt, sondern in einer schlechten Gesellschaftsordnung, verspricht man sich von einer radikalen Änderung dieser Gesellschaftsordnung die Beseitigung des Übels. Es wird daran geglaubt, daß der Mensch in seiner naturgegebenen Güte wieder herstellbar ist, wenn es gelingt, die sogenannte »kapitalistische« Gesellschaftsordnung zu beseitigen und eine »herrschaftsfreie« oder »sozialistische« zu errichten. Nach der »Aufhebung der Klassengesellschaft« wird angeblich alles wieder gut werden: »statt der Zufälligkeit der bisherigen persönlichen Freiheit« werden die Menschen »unter den Bedingungen allseitiger Kooperation und Kommunikation den Widerspruch zwischen besonderen und gemeinsamen Interessen« aufheben und »die Totalität ihrer individuellen Fähigkeiten und Möglichkeiten entfalten«[8]. Der Durchbruch der ursprünglich guten Natur des Menschen wird häufig mit dem Schlagwort »Selbstverwirklichung«[9] bezeichnet.

Wir haben es hier mit einer verweltlichten Form des alten Mythos von den drei Zuständen des Menschen zu tun: des paradiesischen, des verdorbenen oder »gefallenen« und des erlösten Zustandes.

Die Machbarkeit der Persönlichkeit

Die zweite Grundannahme lautet: *Es ist möglich, jedem Menschen jene Persönlichkeitsverfassung zu geben, die man ihm geben will.* Die Persönlichkeit (d. h. das Gefüge der psychischen Dispositionen, der

[4] Vgl. HENTIG 1968.
[5] Vgl. z. B. Rotes Kollektiv 1970, S. 171 ff.
[6] HEYDORN 1970, S. 321.
[7] GAMM 1972, S. 33 (Hervorhebung von mir).
[8] MARKERT 1970, S. 38.
[9] Vgl. HENTIG 1968, S. 8; MARKERT 1970, S. 38.

Haltungen, Einstellungen, Erlebnis- und Handlungsbereitschaften eines Menschen) wird für weitgehend »machbar« oder planmäßig herstellbar angesehen. Diese Meinung fußt auf zwei Voraussetzungen.

a) Auf der Annahme: *Jeder Mensch ist von Natur aus nahezu unbegrenzt formbar oder »unendlich« bildsam*[10]. Seinen Erbanlagen nach könnte er auch ganz andere und hochwertigere Formen der Persönlichkeit erreichen, als er tatsächlich erreicht. Es sind vorwiegend milieubedingte Schranken, die ihn daran hindern, sein ererbtes Potential voll auszunutzen. Das Haupthindernis wird in Mängeln des sozial-kulturellen Erfahrungsraumes gesehen. Als Maßstab wird dabei das Ideal des an Anregungen reichen Milieus der Oberschicht, insbesondere der wohlhabenden Intellektuellen, verwendet, demgegenüber die Bevölkerungsgruppen mit geringerem Einkommen und nichtintellektuellem Lebensstil als »benachteiligt« erscheinen. Die Unterschiede zwischen den Menschen werden hauptsächlich durch unterschiedliche Lerngelegenheiten und Lernhilfen erklärt. Die Bedeutung der Erbfaktoren und der organisch-triebhaften Grundlagen der Persönlichkeit wird entweder geleugnet, einfach übersehen oder als relativ geringfügig veranschlagt.

Dahinter steckt die Idee der Aufklärung von der *Vervollkommnungsfähigkeit* (»Perfektibilität«) des Menschen sowie der Glaube an das sozialistische *Ideal der Gleichheit*. Beide verführen leicht zum pädagogischen Wunschdenken. Die egalitäre Sollensforderung, »daß kein Individuum mehr sei, mehr könne, mehr gelte und mehr habe als das andere«[11], wird zu einer Aussage über das Sein verkehrt, die im Widerspruch zu wissenschaftlichen Forschungsergebnissen steht[12]. Dabei bedient man sich der bekannten Technik der Umdefinition. Das Wort »Anlage«, das in der Wissenschaft wie in der Umgangssprache bisher die Gesamtheit der ererbten organischen Ausstattung (der leiblichen und seelischen Möglichkeiten) eines *Individuums* bedeutet hat, wird so umdefiniert, daß es fortan zur Bezeichnung eines Merkmals der *Gattung* dient. »Anlage« bedeutet also im Sprachgebrauch der Sozialistischen Pädagogik »die biologische Grundausstattung der *Gattung* Mensch und *ist damit für alle Menschen* ohne orga-

[10] So schreibt z. B. ROTH 1966 (S. 149 und S. 115) dem Menschen »unendliche Lernfähigkeit«, »unendliche Lernbedürftigkeit« und »unendliche« Erziehbarkeit zu. [11] Vgl. SOMBART 1924, Bd. 1, S. 104.

[12] Vgl. EYSENCK 1975; JENSEN 1972 und 1973. Eine deutsche Kurzfassung seiner von der Linken viel befehdeten Thesen in 1973 a. Zur Diskussion der Erbe-Umwelt-Problematik vgl. ROTH 1969; SKOWRONEK 1973.

nische Schädigung (z. B. zerstörte Gehirnzellen) *gleich*«[13]. Mit diesem Trick, der Fachsprache das bisher gebräuchliche Wort für die je besondere Erbausstattung des Einzelmenschen zu nehmen, kann man zwar nicht die erbbedingten individuellen Unterschiede zwischen den Menschen beseitigen, aber man kann zumindest das Wissen um sie, das dem Glauben an die Gleichheit entgegensteht, und das Sprechen darüber weitgehend ausschalten.

b) Mit der Vernachlässigung der Erbfaktoren als Teilbedingungen der Persönlichkeit eng verbunden ist folgende Annahme: *Die Persönlichkeit hängt weitgehend von der Umwelt, insbesondere von der Gesellschaft und ihrer Kultur ab.* Die sozial-kulturelle Lebensordnung als wichtigster Bestandteil der Umwelt aber ist nicht naturgegeben und unabänderlich, sondern sie ist das Werk der Menschen *und deshalb veränderbar.* Sie wird zumindest grundsätzlich für beliebig »machbar« gehalten[14]. Da die Persönlichkeit als Ergebnis der Umwelteinflüsse angesehen wird und da die Umwelt als beherrschbar oder kontrollierbar gilt, erscheint es als möglich, in den Menschen planmäßig jene Persönlichkeitsverfassung zu schaffen, die den eigenen Idealen entspricht. Auf dieser Gedankenkette beruht der phantastische *Glaube* der alten und neuen Aufklärer, der Liberalen wie der Sozialisten *an die Macht der Erziehung.* Er ist in seinem Kern allerdings in den meisten Fällen weniger ein Glaube an die Wirksamkeit der Erziehung im strengen Sinne des Wortes[15] als vielmehr ein Glaube an den menschenprägenden Einfluß des Milieus und an die Möglichkeit, das Milieu durch politisches Handeln rational zu gestalten[15a].

Dahinter steckt die alte Utopie, daß eine vollkommene Gesellschaft vollkommener Menschen nach einem vernünftigen Plan durch entschlossenen Gebrauch der Macht willentlich geschaffen werden könne. Die Neue Linke rechnet ganz naiv mit der Möglichkeit, Änderungen »der typischen Züge des Sozialcharakters der Mehrheit der Erwerbstätigen«, ihrer »Denk- und Wertstrukturen« hervorbringen zu können[16]. Sie verfolgt nicht weniger als die »Änderung der Charakterstruktur und des gesellschaftlichen Bewußtseins der Menschen«[17]. Nach Hentig muß die Schule »eine andere Mentalität hervorbringen«[18]. Besonders deutlich zeigt sich die naive Überschätzung

---

[13] Rauch und Anzinger 1973, S. 42. [14] Vgl. Bussiek 1971, S. 9.
[15] Zum Begriff der Erziehung vgl. Brezinka 1977, S. 70 ff.
[15a] Vgl. Holzkamp 1974.
[16] Vgl. Rolff 1969, S. 112 und S. 114.
[17] Gottschalch u. a. 1971, S. 9.
[18] Hentig 1968, S. 67.

der Möglichkeiten rationaler Gesellschaftsplanung bei GAMM: »Institutionen und Organisationen werden von gesellschaftlichen Interessen eingerichtet, verändert, aufgehoben und neugeschaffen. Darin gibt es keinerlei Schicksale, sondern *nur steuerbare Prozesse*«[19].

Auch die zweite anthropologische Grundannahme der Neuen Linken wurzelt im Gedankengut der Aufklärung. Vor allem JOHN LOCKE (1632–1704) hat betont, daß der Charakter von den Erfahrungen abhängt; der Mensch sei am Beginn seines Lebens gleichsam ein »weißes Blatt Papier«, das erst durch die Sinneseindrücke, die er von außen gewinnt, beschrieben wird. LOCKE meinte, daß neun von zehn Menschen »das, was sie sind, gut oder böse, nützlich oder unnütz, durch ihre Erziehung sind. Sie ist es, welche die großen Unterschiede unter den Menschen schafft«[20]. Diese Auffassung ist im 20. Jahrhundert durch die Psychologie des Behaviorismus von WATSON (1878–1950) bis zu SKINNER (geb. 1904)[21] weiter ausgebaut worden. WATSON hat sie am extremsten mit folgenden Sätzen gekennzeichnet: »Gebt mir ein Dutzend gesunder, wohlgebildeter Kinder und meine eigene Umwelt, in der ich sie erziehe, und ich garantiere, daß ich jedes nach dem Zufall auswähle und es zu einem Spezialisten in irgendeinem Beruf erziehe, zum Arzt, Richter, Künstler, Kaufmann oder zum Bettler und Dieb, ohne Rücksicht auf seine Begabungen, Neigungen, Fähigkeiten, Anlagen und die Herkunft seiner Vorfahren«[22]. Hier wird die Persönlichkeit nicht nur einseitig als Ergebnis von Lernvorgängen angesehen, sondern darüber hinaus noch viel einseitiger als Ergebnis von erzieherischen Handlungen.

Diese Vorstellung wird neuerdings häufig mit dem Schlagwort ausgedrückt, man könne Kinder und Jugendliche durch Erziehung »begaben«. »Begabung« als die Summe der inneren Bedingungen der Leistungsfähigkeit eines Menschen sei nicht eine feste, »statische«, sondern eine bewegliche, veränderliche, »dynamische« Größe. Richtig ist daran, daß die Begabung keineswegs ausschließlich von Erbanlagen, sondern vielmehr von Persönlichkeitsmerkmalen abhängt, die ein mit jeweils individuell verschiedenen Anlagen ausgestatteter Mensch in Wechselwirkung mit seiner Umwelt erworben hat. In diesem Sinne ist sie zu einem großen Teil umwelt-, erfahrungs- oder lernbedingt. Das bedeutet jedoch nicht, daß alle für das Werden

---

[19] GAMM 1970, S. 22 (Hervorhebung von mir).
[20] LOCKE 1693, S. 8.
[21] Vgl. z. B. SKINNER 1973. Zur Kritik vgl. NORDBERG und ZARET 1973.
[22] WATSON 1930, S. 123. Zur Kritik vgl. ALLPORT 1958, S. 16 ff.

der Persönlichkeit im Einzelfall bedeutsamen Erfahrungen, Lerngelegenheiten und Lernvorgänge bekannt oder gar beherrschbar sind. Persönlichkeitsmerkmale, die wissenschaftlichen Theorien zufolge vermutlich weitgehend (jedoch nie zur Gänze!) lernbedingt sind, brauchen deswegen in der Praxis des gesellschaftlichen Lebens keineswegs durch erzieherische Handlungen herstellbar zu sein.

Der Zuwachs an Erkenntnissen über den Anteil der Lernvorgänge am Werden der Persönlichkeit und über die Abhängigkeit der Lernergebnisse von den jeweils vorhandenen sozial-kulturellen Verhältnissen hat viele an Gesellschaftsreform interessierte Pädagogen zu der irrigen Annahme beflügelt, was am Menschen lernabhängig ist, sei auch erzieherisch beeinflußbar. Die Lern- und Sozialisationstheorien wurden in erziehungspolitischer Absicht unverantwortlich naiv ausgedeutet. Solche Deutungen, die in einem respektgebietendem Fachjorgan verbreitet wurden, haben der alten Utopie vom totalen Erziehungsstaat neue Nahrung gegeben.

Diese Utopie erhielt vor allem durch zwei Schlagworte neuen Glanz: »Bildungsgesellschaft« und »Chancengleichheit«. Viele Pädagogen – allen voran manche Funktionäre der Berufsverbände der Lehrer und einige Gernegroße unter den Professoren – sahen sich plötzlich aus einer dienenden Stellung am Rande der Gesellschaft zu einer herrschenden Stellung in deren Mitte berufen. Sie sahen die ganze Gesellschaft nach dem benannt, was sie taten oder wenigstens tun sollten. Man bildete sich ein, die sozialistische Utopie der Gleichheit könne nunmehr dank unseres vermehrten Wissens über Begabung und Lernen durch erzieherische Anstrengungen der Verwirklichung nähergebracht werden. Als zeitgemäßer Ausdruck dieses Wunschtraumes wurde das Schlagwort *»Gleichheit der Bildungschancen«* unter die Leute gebracht – eine Formel, die einen erdachten Zustand für erreichbar ausgibt, der nach allem, was man wissenschaftlich darüber weiß, unerreichbar ist.

Der utopische Charakter einer Zielvorstellung schließt jedoch keineswegs aus, daß ihr gemäß gehandelt wird. Wer an sie glaubt oder um seiner Interessen willen an sie zu glauben vorgibt, setzt sich für sie ein. So hat auch die Utopie der »Chancengleichheit« zu den »fortschrittlichen« pädagogischen Glaubensbewegungen für »kompensatorische Erziehung«[23], für »Vorschulerziehung«[24] und für die »Gesamt-

[23] Unter kompensatorischer oder ausgleichender Erziehung werden jene vor-, inner- und nebenschulischen Bemühungen verstanden, »durch die Lern-

schule«[25] angeregt. Sie beruhen weitgehend auf Illusionen über den Einfluß der durchschnittlichen öffentlichen Erziehung, insbesondere des Unterrichts auf die Persönlichkeit und das Lebensschicksal der Schüler. Sie laufen alle darauf hinaus, das Leben der Kinder und Jugendlichen noch mehr als bisher zu verschulen: der Schulbesuchszwang soll am Anfang auf frühere Altersstufen vorverlegt und am Ende auf höhere Altersstufen ausgedehnt werden[26]. Sogar die Berufsausbildung soll aus den Betrieben in schulische Lehrgänge verlegt werden. Dabei stellt man sich blind für die Mißerfolge, die die Schulerziehung bisher schon aufzuweisen hat, für die unermeßlichen Leiden, die sie Schülern und Eltern bereitet.

Für einen nüchternen Beobachter mit einigen anthropologischen und historischen Kenntnissen war von vornherein klar, daß der Glaube, durch Erziehung die Menschen und die Gesellschaft radikal ändern zu können, mehr Tatsachen gegen als für sich hat[27]. Inzwischen ist diese Skepsis auch durch umfangreiche empirische Untersuchungen bestätigt worden[28]. Der aufklärerisch-liberale Optimismus, durch Schulreform in großem Umfange »neue Menschen« machen und »Chancengleichheit« herstellen zu können[29], ist der Enttäuschung gewichen. Diese voraussehbar gewesene Enttäuschung dürfte erheblich zur politischen Radikalisierung der Neuen Linken beigetragen haben: wenn Erziehung nicht ausreicht, um die angestrebten Persönlichkeitsmerkmale der Bevölkerung hervorzubringen, dann muß eben mit Hilfe einer »Revolution« der gesamte Erfahrungsraum der Menschen so verändert werden, daß sie gar nicht mehr anders können, als spontan zu lernen, was sie nach dem Willen der Neuen Linken lernen sollen. Die möglichst vollständige Kontrolle über die Lerngelegenheiten erscheint dann als einziges verläßliches Mittel zur Herstellung sozialistischer Persönlichkeiten. Sie ist nur in einem totalitären Staat erreichbar.

---

und Leistungsdefizite ... reduziert werden sollen, die in der Folge von frühen Lernausfällen entstehen«. Sprey 1973, S. 106. Als kritische Übersicht vgl. Bois-Reymond 1971 und Bronfenbrenner 1974; zur Kritik ferner Ortmann 1971, S. 159 ff.

[24] Zur Kritik vgl. Deissler 1973. [25] Vgl. Hentig 1968.

[26] Als frühe Warnung vor der »Verschulung Deutschlands« vgl. Spranger 1927.

[27] Vgl. Brezinka 1976, S. 76 ff.; 1976 a und 1977 a.

[28] Vgl. Coleman 1966; Jencks 1972; Rolff 1972; Strasser 1973.

[29] Zur Unbrauchbarkeit der Idee der Gleichheit als leitendes Prinzip der Schulpolitik vgl. Kleinberger 1967. Zur Unerfüllbarkeit der Forderung nach »Gleichheit der Bildungschancen« vgl. Klauer 1973 und 1977.

So wie der linksliberale und der sozialistische Flügel der Neuen Linken in der anthropologischen Grundannahme von der hochgradigen Umweltabhängigkeit des menschlichen Charakters einig sind, so halten sie auch im Kampf gegen Kritiker dieser Auffassung zusammen. Das beweist unter anderem der propagandistische Glaubensfeldzug, den die gesamte Linke gegen die amerikanischen Psychologen ARTHUR JENSEN und RICHARD HERRNSTEIN sowie gegen den Londoner Psychologen EYSENCK geführt hat, nachdem diese es gewagt hatten, das populäre Dogma von der Intelligenzsteigerung durch Erziehung mit wissenschaftlichen Argumenten anzuzweifeln[30].

Als Reaktion auf diese Verketzerung politisch unerwünschter Erkenntnisse ist 1972 eine Resolution von fünfzig anglo-amerikanischen Gelehrten erschienen. Darin wird beklagt, daß in den Sozialwissenschaften »eine Art orthodoxer Umweltlehre« vorherrsche, deren Anhänger jene Wissenschaftler, die noch den Mut haben, den Einfluß der Vererbung auf menschliche Verhaltensweisen zu betonen, aus politischen Gründen der Unterdrückung, Zensur, Bestrafung und Diffamierung aussetzen. Gegenüber dem heute unter »progressiven« Intellektuellen vorherrschenden Menschenbild bedeute es »tatsächlich Ketzerei, eine hereditäre Anschauungsweise zu bekunden oder ein weiteres Studium der biologischen Grundlagen des Verhaltens zu empfehlen«[31].

Auf der gleichen Linie eines Glaubenskampfes liegen in Deutschland die Angriffe der Neuen Linken wie der Kommunisten gegen die Theorien der Vergleichenden Verhaltensforschung, die von KONRAD LORENZ und seinen Mitarbeitern aufgestellt worden sind[32]. Man sieht daraus, welches Gewicht der Glaube an die menschenformende Kraft von Milieu und Erziehung in der sozialistischen Weltanschauung hat. Man sieht aber auch, daß die Neue Linke, wenn sie könnte, wie sie möchte, uns die geistige Enge eines »neuen Mittelalters« bescheren würde[33].

---

[30] Vgl. die detaillierte Darstellung bei JENSEN 1972, S. 12 ff.; HERRNSTEIN 1973, S. 3–59; EYSENCK 1975 a, S. 9–37. Als Sammelreferat zur Kritik am »Jensenismus« vgl. HIRSCH 1975. [31] Behavior and Heredity 1972.

[32] Vgl. z. B. RANNO 1970; NOLTE 1971.

[33] Typisch dafür ist die Forderung von LEMPERT 1971, S. 311, die Verbreitung von Ergebnissen der auf das »emanzipatorische Interesse« verpflichteten »Bildungsforschung« einer Art Vorzensur zu unterwerfen: »Veröffentlichungen in wissenschaftlichen Büchern und Zeitschriften werden eher von den ohnehin bevorzugten Gruppen zu ihrem Vorteil genutzt, folglich sollten sie erst nach der Diskussion der Untersuchungsresultate in den Kreisen der Opfer möglicher Manipulationen im Druck erscheinen«.

Die Fähigkeit zu unbeschränkter Selbstbestimmung

Die dritte Grundannahme lautet: *Jeder Mensch ist fähig, zu »kritischer Rationalität«, zur »Autonomie des Handelns«*[34]*, zur »Selbstbestimmung«*[35] *zu gelangen.* Man stellt sich darunter die Fähigkeit vor, sein Leben ausschließlich gemäß dem Urteil der eigenen Vernunft zu führen. Es ist so etwas wie die Fähigkeit zur Dauerreflexion, zum unentwegten In-Frage-stellen, zur alles umfassenden Kritik gemeint. Mit diesem Glaubenssatz soll vor allem betont werden, daß der Mensch imstande sei, ohne Bindungen an Traditionen und Institutionen, ohne Anerkennung von Autoritätsträgern auszukommen. Nutzt er seine Fähigkeit zur »Selbstergreifung«, dann seien Institution, Macht und Herrschaft »überflüssig«[36]. »Mündigkeit« bedeute »Aufhebung aller Institutionen«[37].

Es wird geglaubt oder zu glauben vorgegeben, daß jeder Mensch »gegenüber dem System selbst, in und von dem wir leben«, d. h. gegenüber der Industriegesellschaft insgesamt zur »Selbstbestimmung« imstande sei[38]; daß jeder »Einblick in die Bedingungen der gesellschaftlichen Existenz« gewinnen könne[39]. Er sei befähigt, die »Gesellschaft in ihrer Totalität« zu erkennen; »die Zusammenhänge zwischen ... gesellschaftlichen Bedingungen und Bewußtseinsstruktur der Menschen«, aber auch alle »Verschleierungen und Ideologien zu durchschauen« und zu verstehen, wie »das Einzelne durch das Ganze vermittelt ist«[40]. Dank dieses Wissens sei dann allen Menschen »die freie Entscheidung ... über das, was mit ihnen geschieht«, möglich[41]. »Die Wissenschaftlichkeit« wird »als das eigentliche Instrument zur Selbstverwirklichung« angesehen[42]. »Emanzipation als Befreiung aus der historisch verschuldeten Unmündigkeit und Unterdrückung« sei nur zu gewinnen »im Durchgang durch die wissenschaftliche Bearbeitung des Bewußtseins« und diese sei »tendenziell für ... alle Menschen möglich«[43].

---

34 Mollenhauer 1968, S. 67.
35 Hentig 1968, S. 10; Klafki 1971, S. 264 f.; Stichweh 1971, S. 152.
36 Heydorn 1970, S. 331.
37 Heydorn 1970, S. 335.
38 Hentig 1968, S. 10.
39 Mollenhauer 1968, S. 67.
40 Heinisch 1970, S. 172 f.
41 Mollenhauer 1968, S. 114.
42 Hentig 1968, S. 12; ähnlich S. 108. Vgl. zu diesem Gedanken, der auf eine »vom Druck der religiösen Lehren befreite Erziehung« hinausläuft, Freud 1967, S. 134. Zur Kritik daran vgl. Nietzsche 1873.
43 Giesecke 1973, S. 9.

Diese Ansichten zeugen von einer weltfremden Überschätzung der Vernunft, von einem *extremen Rationalismus.* Sie vertragen sich schlecht mit dem, was über das Verhalten der wirklichen Menschen bekannt ist. Insbesondere stehen sie im Widerspruch zur geschichtlichen Erfahrung, daß sich die Menschen vor allem vom Gefühl leiten lassen[44]. Die Minderheit der Intellektuellen oder der »Gebildeten« verhält sich in dieser Hinsicht im allgemeinen nicht anders als die große Mehrheit. Es sei nur daran erinnert, daß sich gerade Intellektuelle als besonders empfänglich für politische Mythen erwiesen haben[45]. Die Ausbreitung der Neuen Linken ist dafür der jüngste Beweis. Für den Glauben an die Möglichkeit der »Selbstverwirklichung« durch »Wissenschaft« gibt es wissenschaftlich keinerlei Begründung. Die Vorstellung, die Menschen seien wenigstens der Möglichkeit nach zur Erkenntnis der »Gesellschaft in ihrer Totalität« und zur »Selbstbestimmung« gegenüber allen Einflüssen des »Systems« befähigt, ist ein Wahn. Man kann ihn als ein Zeichen der Auflehnung gegen die Grenzen des individuellen Erkenntnisvermögens, ja letztlich gegen die Natur des Menschen und gegen die naturgegebenen, d. h. zwangsläufig jeweils sozial-kulturell begrenzten Bedingungen seiner Lebensführung deuten. Er erinnert an den vermessenen Anspruch, im Wissen wie in der Handlungsfreiheit sein zu wollen »wie Gott«. Die Neue Linke verklärt derartige Wahnideen mit dem Ausdruck »konkrete Utopie«[46].

Die Angewiesenheit auf Heilsvermittler

Der optimistische Glaube, jedermann sei zu unbeschränkter Selbstbestimmung fähig, wird durch eine zusätzliche Annahme ganz erheblich eingeschränkt. Sie lautet: *Die Masse der Menschen ist unfähig, aus eigener Kraft zu erkennen, was wahr und gut ist.* Ihre ursprünglich gute Natur sei durch das Aufwachsen unter den Lebensbedingungen des »spätkapitalistischen« Wohlfahrtsstaates so verdorben worden, daß sie von selbst nicht wissen, was zu ihrem Heil dient. Sie merken gar nicht, daß sie in psychischem Elend, in innerer Unfreiheit stecken.

---

44 Vgl. Pareto 1962, S. 137 f. Eine unter der Neuen Linken seltene Warnung vor rationalistischen Illusionen gibt unter Berufung auf tiefenpsychologische Erkenntnisse Hochheimer 1969, S. 64 f. und S. 84.

45 Vgl. Aron 1957; Landmann 1974, S. 176 ff.

46 Vgl. Bussiek 1970. Auch Hentig 1968 (S. 9) gesteht zu, daß seine Entwürfe »utopischen Charakter« haben.

Das gilt nicht etwa nur für Kinder und Jugendliche, sondern in erster Linie für die Erwachsenen. *Deshalb bedürfen sie zu ihrer Befreiung der Hilfe einer elitären Minderheit,* die ihnen die Augen dafür öffnet, wie schlecht die gegenwärtige Gesellschaft tatsächlich ist und daß sie bekämpft werden muß, damit eine bessere an ihrer Stelle errichtet werden kann. Durch diese Elite einer neuen weltlich-politischen Priesterschaft geleitet, sollen die gewöhnlichen Menschen »vom falschen zum wahren Bewußtsein finden, von ihrem unmittelbaren zu ihrem wirklichen Interesse«[47], d. h. zu jenem Interesse, das nach Ansicht ihrer Führer »objektiv« gut für sie ist.

Solange die Menschen das sogenannte »wahre Bewußtsein« nicht erreicht haben, bleiben sie »unmündig« und »erziehungsbedürftig«[48]. Solange sie nicht das wollen, was die linken Missionare wollen, wird ihnen einfach der freie Wille abgesprochen. Bei HENTIG heißt es dazu: »Wenn ein Volk durch eine sich vielfältig präsentierende, aber einheitlich und einseitig vorgehende Presse vergiftet und nach diesem Gift süchtig geworden ist, dann muß ihm dieses Gift erst entzogen werden, bevor man von einem freien Willen sprechen kann«[49]. An anderer Stelle behauptet er, wenn das »öffentliche Bewußtsein« sich nicht verändern lassen wolle, dann liege »Totalitarismus« vor[50].

Solche Urteile beruhen auf der Überzeugung, daß die gesamte Bevölkerung mit Ausnahme der wenigen Aufgeklärten, die in der Neuen Linken vereinigt sind, hilflos in geistiger Finsternis lebt. Schuld daran sei »das kapitalistische System«, das die »Bedürfnisse ... der Beherrschten systematisch manipuliert« und ihr Bewußtsein »in Übereinstimmung mit dem Interesse und dem Bewußtsein der Herrschenden hält«[51]. Es verhindere, daß überhaupt »ein Bewußtsein von Knechtschaft« entstehen kann[52], und deshalb sei durch »Argumentation, Information und Aufklärung« zunächst erst einmal »das *Bedürfnis* nach Reformen zu schaffen«[53].

Wiederum stoßen wir hier auf verweltlichte religiöse Vorstellun-

---

[47] MARCUSE 1970, S. 16.
[48] Zum Mißbrauch des Schlagwortes »Erziehungsbedürftigkeit« als pseudowissenschaftliche Rechtfertigung für pädagogischen Utopismus und politischen Messianismus vgl. BREZINKA 1977, S. 194 ff.
[49] HENTIG 1969, S. 163.
[50] HENTIG 1969, S. 171.
[51] NEVERMANN 1968, S. 219 f.
[52] Vgl. RAUCH und ANZINGER 1973, S. 223 f.
[53] NEVERMANN 1968, S. 220.

gen vom Zustand der Sünde, in dem das Erkenntnisvermögen getrübt und der Wille geschwächt sind, von der Erlösungsbedürftigkeit und von der Heilsvermittlung durch die Priester der wahren Lehre.

Konflikte als Mittel zur Förderung der »Vernünftigkeit«

Das Vertrauen in die Fähigkeit der Menschen, sich durch »Aufklärung« bestimmen zu lassen, bringt die Neue Linke eigentlich nur für jene auf, die schon an ihre Lehre glauben. Gegenüber der Erkenntnis-, Urteils- und Handlungsfähigkeit aller anderen Menschen, die noch nicht »mündig« sind, hegt sie tiefes Mißtrauen. Damit hängt die fünfte, den Optimismus weiter einschränkende Annahme zusammen: *Aufklärung ist »kaum hinreichend, ... Mündigkeit hervorzubringen«*. Es sei unwahrscheinlich, »daß die ganze Breite der heranwachsenden Generation von ihr in einem ernst zu nehmenden und Folgen zeitigendem Ausmaß erreicht wird«. Statt dessen wird angenommen: *»Vernünftigkeit« kann durch Konflikte gefördert werden*[54]. MOLLENHAUER empfiehlt »das pädagogische Arrangement heterogener Erfahrungen«, »die Einführung von Konfliktsituationen« und »die Formulierung, Aufklärung und Reflexion latenter Konflikte«. Emanzipatorische Erziehung sei am »gesellschaftlichen Konflikt« orientiert; sie sei »im Sinne des gegebenen sozialen Systems disfunktional«[55], d. h. sie wirkt dem Fortbestand und der Leistung dieses Systems entgegen.

Die Erziehungstheoretiker der Neuen Linken glauben also, daß die meisten Menschen emotionale Anstöße brauchen, um »kritische Rationalität« zu erwerben. Sie erwarten, daß von der Beteiligung an sozialen Konflikten günstige (d. h. die »Vernünftigkeit« steigernde) persönlichkeitsformende Wirkungen ausgehen. Diese durchaus diskussionswürdige anthropologisch-pädagogische Hypothese ist jedoch aufs engste mit der politischen Taktik verknüpft, Konflikte als Mittel zur Störung und Überwindung des »Systems« einzusetzen. Die starke Betonung des Nutzens sozialer Konflikte für die Erziehung zur »Mündigkeit«[56] ist in vielen Fällen nur eine moralische Tarnung für den Versuch, Kinder und Jugendliche auf scheinbar rechtmäßige Weise anhand von sozialen Konflikten für den politischen Kampf auszubilden[56a].

---

[54] MOLLENHAUER 1968, S. 70. [55] MOLLENHAUER 1968, S. 27.
[56] Vgl. z. B. WALLRAVEN und DIETRICH 1971, S. 54 ff. und S. 117 ff.
[56a] Zur Kritik der »Konfliktpädagogik« vgl. BREZINKA 1979.

Bei solchen Versuchen beruft man sich häufig[57] auf das Konflikt-Modell der Gesellschaft, das der linksliberale Soziologe DAHRENDORF vertritt. »Gemäß diesem Modell sind nicht Konflikt und Wandel, sondern Stabilität und Ordnung der pathologische Sonderfall des Lebens«[58]. Wenn Stabilität und Ordnung in einer Gesellschaft als krankhafter Sonderfall ausgegeben werden, dann wird man auch in jene Situationen und Sozialbeziehungen »latente Konflikte« hineindeuten, in denen keiner der Beteiligten sie bisher erlebt hat.

Die Neue Linke setzt alles daran, um die Menschen »konfliktbewußt« zu machen. Sie fordert, »Konflikte bewußt aufzudecken, zu vertiefen und die Konfliktursachen zu analysieren ... Das dadurch entstehende Aggressionspotential muß pädagogisch-rational gegen die Frustrationsursachen zu deren Beseitigung gerichtet werden«[59]. Hier wird ehrlich ausgesprochen, daß die Neue Linke bei ihrer Vorliebe für eine »Erziehung durch Konflikte« weniger das Erziehungsziel »Vernünftigkeit« im Sinn hat als vielmehr die Gewinnung von »Aggressionspotential«, das für politische Zwecke genützt werden kann. Sie fordert unter dem irreführenden Namen »kritische Friedenspädagogik« sogar ausdrücklich eine »Aggressionspädagogik« und stellt ihr die Aufgabe, »didaktische Modelle kollektiv kontrollierbarer Gewaltanwendung innerhalb demokratischer Regeln zu entwickeln«[60].

Man sieht aus diesen widersprüchlichen Annahmen über die anthropologischen Grundlagen der Erziehung, daß die Neue Linke zwischen pädagogischem Optimismus und Pessimismus schwankt. Einerseits geht der Zweifel an der Wirksamkeit von Erziehung und Aufklärung so weit, daß alles auf den Gebrauch politischer Macht zur »Veränderung« der gesellschaftlich-kulturellen Verhältnisse gesetzt wird. Nach ROLFF erscheinen Änderungen der »typischen Züge des Sozialcharakters der Mehrheit der Erwerbstätigen ... nur möglich, wenn sich die gesamte Gesellschafts- und Wirtschaftsstruktur wandelt«[61]. Nach HENTIG kann in der modernen Großgesellschaft »die Selbstbestimmung der einzelnen nicht mehr allein durch Stärkung,

---

[57] Vgl. z. B. MOLLENHAUER 1968; S. 31; WALLRAVEN und DIETRICH 1971, S. 118.
[58] DAHRENDORF 1961, S. 81; vgl. auch S. 197–235: Elemente einer Theorie des sozialen Konflikts.
[59] RAUCH und ANZINGER 1973, S. 339.
[60] RAUCH und ANZINGER 1973, S. 127; ausführlicher zur »kritischen Friedenserziehung« WULF 1973.
[61] ROLFF 1969, S. 112.

Belehrung und Bildung des Individuums gesichert werden, sondern nur dadurch, daß die *gesellschaftlichen Voraussetzungen* für dessen jeweilige Selbstverwirklichung geschaffen werden«[62].

Auf der anderen Seite wird aber die Erziehung mit Recht als das wichtigste Mittel angesehen, um jene »Bewußtseinsänderungen« in der Bevölkerung hervorzubringen, die es erst möglich machen, die »vollkommene« Gesellschaft politisch durchzusetzen. Dabei ist zu beachten, daß der Begriff der Erziehung auch Aktivitäten wie Aufklärung, Propaganda[63] und Agitation einschließt. In negativ-kritischer Hinsicht ist Erziehung notwendig, um in Erwachsenen und Jugendlichen das Bewußtsein zu wecken, daß sie in der vorhandenen Gesellschaft unterdrückt werden; daß diese Gesellschaft »das Einfachste nahezu unmöglich« mache: »Mensch zu sein«[64]. In positiver Hinsicht ist Erziehung notwendig, um den Glauben an die sozialistische Weltanschauung einzuprägen und jene Handlungsbereitschaften zu fördern, die gebraucht werden, um »systemüberwindende Reformen« verwirklichen zu können.

Die Neue Linke stellt der »Kritischen Pädagogik« die Aufgabe, die »Spannung des Wirklichen zum Möglichen ... zum Bewußtsein zu bringen«, »die Mangelhaftigkeit des Faktischen durch Konfrontation mit dem Möglichen« zu erweisen[65]. Sehen wir uns an, wie das »Wirkliche« in der »Kritischen Pädagogik« beschrieben wird.

---

[62] HENTIG 1968, S. 10.
[63] Zur Bedeutung der Propaganda im Sozialismus vgl. SOMBART 1924, Bd. 2, S. 169 ff.
[64] HEYDORN 1972, S. 131.
[65] MOLLENHAUER 1968, S. 68 f.

5. Die Deutung der Erziehungssituation

> Die Einzelnen und die Massen schreiben überhaupt alles, was sie drückt, dem bisherigen letzten Zustand auf die Rechnung, während es meist Dinge sind, die der menschlichen Unvollkommenheit als solcher angehören.
>
> JACOB BURCKHARDT[1]

Wie in jedem anderen Bereich einer Gesellschaft gibt es auch im Erziehungsbereich Mißstände und Mängel. Wer die Erziehungssituation in der modernen liberal-demokratischen Massengesellschaft ungeschminkt zu beschreiben versucht, stößt nicht nur auf Licht-, sondern auch auf Schattenseiten, nicht nur auf günstige Bedingungen, sondern auch auf Elend. Die Neue Linke konzentriert sich vor allem auf die Schattenseiten. Das ist bei ihrer gesellschaftskritischen Grundeinstellung und ihren politischen Zielen auch kaum anders möglich. Wie sie bei der Schilderung der allgemeinen Lage der Menschen in der »fortgeschrittenen Industriegesellschaft« viele Einzelheiten richtig trifft[2], so auch bei der Deutung der besonderen Lage der Kinder und Jugendlichen, der Schüler und Lehrlinge in ihren Wechselbeziehungen mit Eltern, Lehrern und anderen Erziehern. Vor allem dann, wenn konkrete Probleme aus dem Erziehungsalltag aufgegriffen werden, wirken manche ihrer unverblümten Analysen geradezu befreiend im Vergleich mit den zahlreichen pädagogischen Schriften, in denen ein verklärtes Bild der Wirklichkeit gezeichnet wird.

Konzentration auf Mißstände

Die Neue Linke hat einen scharfen Blick für Mängel der Erziehungspraxis, die anderen Leuten kaum auffallen, weil sie daran gewöhnt sind und nichts Besseres kennen. Über schwache Punkte im Erziehungssystem kann man viel von ihr lernen. Eine einseitige Zusammenstellung von Mängeln ergibt aber noch keine Situationsdeutung, die der Wirklichkeit gerecht wird. An einer solchen Deutung ist die Neue Linke auch gar nicht interessiert, sondern ihr geht es darum,

---

[1] Burckhardt, S. 214.

[2] Vgl. in diesem Buch S. 45.

die Erziehungssituation so darzustellen, daß ihre gesellschaftskritischen Vorurteile gestützt werden. Auch hier bedient sie sich der Taktik der moralischen Überbietung. Sie mißt die Wirklichkeit an Utopien. Dabei kann nichts anderes herauskommen als ein düsteres Bild von Übelständen und Unvollkommenheiten. So wird zum Beispiel das Ideal der Emanzipation dazu benutzt, ganze Bevölkerungsgruppen und Institutionen global abzuwerten: »Wir Erwachsenen heute sind allesamt nicht emanzipiert«[3]; oder: »Das gesamte, traditionell überlieferte und institutionalisierte Erziehungssystem (ist) nicht-emanzipatorisch«[4].

Die Deutungen der Erziehungssituation, welche die Neue Linke vorgelegt hat, leiden an Einseitigkeiten, Übertreibungen und unberechtigten Verallgemeinerungen. Da schreibt zum Beispiel ein Psychologe in einer kritischen Darstellung der »repressiven Trieberziehung« ganz undifferenziert anklagend: »Hineingestoßen in machtpolitisch bequeme Reaktionsweisen, eindressiert in Untertanenhaltungen und Konformismen, entläßt man uns eines reichlich späten Tages in ›Erwachsenheit‹. Ihr wurde von kleinst an so konsequent entgegenerzogen, daß es blanker Hohn genannt werden muß, mit dem man uns den Ritterschlag zur Selbstbestimmung erteilt. Erzieher sind als Systembeauftragte für Triebunterdrückung ... erfolgreich am Werke«[5]. Auch in solchen Behauptungen steckt ein wahrer Kern, aber es ist zweifelhaft, welchen Zweck sie haben: sind sie als Beitrag zur Aufdeckung konkreter Mängel mit dem Ziel konkreter Abhilfe gedacht? Oder handelt es sich um gesellschaftsfeindliche Propaganda mit dem Ziel, allgemeines Unbehagen auszubreiten, Empörung zu wecken und die »Bewußtseinsänderung« zugunsten der »Systemüberwindung« voranzutreiben?

Zu diesen Fragen wird man durch den zwiespältigen Eindruck herausgefordert, den die meisten Beiträge der Neuen Linken zur Beschreibung der Erziehungssituation machen. Einerseits spricht aus ihnen der Wille, die Wahrheit über das Los der Unmündigen, Abhängigen, Unterdrückten, Benachteiligten, Wehrlosen, Schwachen und Unglücklichen aufzudecken, um ihre Lage zu verbessern. Andererseits aber scheinen dieser Personenkreis und die beklagten Mißstände hauptsächlich unter strategischen Gesichtspunkten betrachtet zu werden. Sie dienen erstens als willkommenes Beweismaterial für

[3] Wendt 1971, S. 99.
[4] Giesecke 1971 a, S. 220.
[5] Hochheimer 1969, S. 70.

die Fäulnis der Gesellschaft, für die Ungerechtigkeit des »Systems«, für das Versagen der Führungsschicht, der Eltern, Lehrer und Lehrherren oder gar der Erwachsenen insgesamt. Zweitens scheint rasche Hilfe gegen konkrete Nöte weniger wichtig genommen zu werden als die politische Chance, die seelischen Folgen von Mißständen oder Benachteiligungen in den Betroffenen auszunützen, um diese Menschen für den politischen Kampf gegen das »System« zu mobilisieren. Das strategische Interesse am »Konfliktpotential« verdrängt die soziale Anteilnahme an den konkreten Menschen. Zumindest der linksradikal-klassenkämpferischen Richtung der Neuen Linken liegt kurzfristig mehr an der Erhaltung und Ausbreitung von Mißständen als an ihrer Beseitigung. Sie bemüht sich sogar, vorhandene Mißstände aufzubauschen und nicht-vorhandene zu erfinden, weil sie richtig annimmt, daß unzufriedene Menschen eher für die »Systemüberwindung« gewonnen werden können als zufriedene.

Wir werden also bei den Deutungen der Erziehungssituation durch die Neue Linke nicht nur wie üblich zwischen Tatsachen und ihrer Wertung unterscheiden, sondern auch prüfen müssen, ob jeweils das Wohl der Betroffenen oder politisch-strategische Gesichtspunkte als Maßstab für die Wertung dienen. Werfen wir nun einen Blick auf die Bilder, die in den Schriften der Neuen Linken von den Familien, den Schulen und den Betrieben als Orte der Erziehung gezeichnet worden sind.

Die familiäre Erziehungssituation

Die Neue Linke stützt sich bei ihrer Deutung der familiären Erziehungssituation weitgehend auf das negative Bild, das der spätmarxistische Gesellschaftskritiker Max Horkheimer[6] (1895–1973) sowie die marxistischen Psychoanalytiker Erich Fromm[7] (geb. 1900) und Wilhelm Reich[8] (1897–1957) vor rund vierzig Jahren von der bürgerlichen Familie entworfen haben. Ihre wichtigste Behauptung lautet: die Familie erzeugt in den Kindern einen »autoritären Charakter«, eine »autoritäre Gesinnung«. Sie bringe jenes »autoritäre Verhalten« hervor, »von dem der Bestand der bürgerlichen Ordnung in hohem Maße abhängt«[9]. »Die Erziehung in der Klein-Familie« bilde »eine

---

[6] Vgl. Horkheimer 1936 und 1960.
[7] Vgl. Fromm 1936.
[8] Vgl. Reich 1971, S. 105 ff.
[9] Horkheimer 1936, S. 61 und 50.

ausgezeichnete Schule für das ... autoritäre Verhalten in dieser Gesellschaft«[10].

HORKHEIMER führte diese Wirkung auf die Autorität des Vaters zurück. Weil er das Geld verdient, zwinge er seine Frau und die Kinder zur Unterordnung. »Die geistige Welt, in die das Kind infolge dieser Abhängigkeit hineinwächst, ... seine Träume und Wünsche, seine Vorstellungen und Urteile sind vom Gedanken an die Macht von Menschen über Menschen, des Oben und Unten, des Befehlens und Gehorchens beherrscht«. So werde dem Kind »die Notwendigkeit einer auf natürlichen, zufälligen, irrationalen Prinzipien beruhenden Hierarchie und Spaltung der Menschheit« selbstverständlich; die Eigentumsverhältnisse erscheinen ihm »als fest und ewig; als Gegenstände gesellschaftlicher Aktivität und Umwälzung treten sie gar nicht in Erscheinung«[11]. »Unter dem Druck des Vaters« lernen die Kinder, »jeden Mißerfolg nicht bis zu seinen gesellschaftlichen Ursachen zurückzuführen, sondern bei den individuellen stehen zu bleiben und diese entweder religiös als Schuld oder naturalistisch als mangelnde Begabung zu hypostasieren. Das in der Familie ausgebildete schlechte Gewissen fängt unendlich viele Energien auf, die sich sonst gegen die beim eigenen Versagen mitsprechenden gesellschaftlichen Zustände richten könnten«[12]. Auf diese Weise werde »die Kritik an der Wirklichkeit« vereitelt und ein »Unterwerfungstrieb« erzeugt, eine »Abneigung gegen die eigene Willenshandlung«, eine »masochistische Neigung zur Preisgabe des Willens gegenüber irgendeiner Führung«. Auch die Frau stärke »die Autorität des Bestehenden«, weil es ihr vor allem um die eigene ökonomische Sicherheit und die ihrer Kinder zu tun sei. »Die Kinder erleben in der mütterlichen Erziehung unmittelbar die Einwirkung eines der herrschenden Ordnung ergebenen Geistes«[13].

Diese Schilderung der bürgerlichen Familie aus dem Jahre 1936 ist vorwiegend durch negative Wertungen bestimmt: der Einfluß der Familie zugunsten der Erhaltung der vorhandenen Gesellschaftsordnung, die Autorität der Eltern, die Beschränkung der Frau auf den Haushalt, die Gewöhnung der Kinder »an Bescheidung und Gehorsam« werden als schlecht beurteilt. Auf der anderen Seite hat aber HORKHEIMER schon damals die Familie auch als »Hort des Wider-

---

[10] HORKHEIMER 1936, S. 57.
[11] HORKHEIMER 1936, S. 56.
[12] HORKHEIMER 1936, S. 59.
[13] HORKHEIMER 1936, S. 69.

standes« gegen die »Verdinglichung des Menschen« in der außerfamiliären Gesellschaft gewürdigt. Er hat berücksichtigt, daß »die gegenwärtige Familie auf Grund der durch die Frau bestimmten menschlichen Beziehungen ein Reservoir von Widerstandskräften gegen die völlige Entseelung der Welt ausmacht und ein antiautoritäres Moment in sich enthält«[14].

In einer späteren Studie (1949) hat HORKHEIMER sein ursprünglich vorwiegend negatives Urteil über die Familie geradezu umgekehrt und sich zum Anwalt der »Familie im echten Sinn« gemacht, die er als »die verläßlichste und erfolgreichste Gegeninstanz gegen den Rückfall in die Barbarei« bezeichnet[15]. Er schränkt jetzt seine Kritik auf »die Familie in der Krise« ein; er beklagt ihre »Auszehrung« als Folge des »allgemeinen Kulturverfalls«, des Rationalismus und des Individualismus. Gerade weil die Familie weitgehend aufgehört habe, »die ihr eigene Form der Autorität über ihre Mitglieder auszuüben«, fördere sie »einen alles durchdringenden Geist der Anpassung und autoritären Aggressivität«.

HORKHEIMER nennt als Ursachen dafür den Funktionsverlust der Familie und den Wandel in der Rolle der Mutter. »Die Frauen haben für ihre begrenzte Zulassung zur wirtschaftlichen Welt des Mannes mit der Übernahme der Verhaltensschemata einer durch und durch verdinglichten Gesellschaft gezahlt«. Es mangele ihnen an »ursprünglichem Kontakt mit dem Kind«. »Ihre gesamte Einstellung zum Kind wird rational; selbst die Liebe wird gehandhabt wie ein Bestandteil pädagogischer Hygiene«. Unsere Gesellschaft fördere sogar in jenen Müttern, die nicht berufstätig sind, eine »berufsmäßige«, sachliche Einstellung zum Kind. »Die Mutter hört auf, ein beschwichtigender Mittler zwischen dem Kind und der harten Realität zu sein, sie wird selbst noch deren Sprachrohr«. Dadurch vermittle sie dem Kind nicht mehr das Gefühl der Sicherheit, »das ihm ein gewisses Maß an Unabhängigkeit zu entwickeln ermöglichte«. Weil das Kind heute »nicht mehr die uneingeschränkte Liebe seiner Mutter erfährt, bleibt seine eigene Liebesfähigkeit unentwickelt. Das Kind unterdrückt das Kindliche in sich und verhält sich wie ein berechnender kleiner Erwachsener ohne beständiges, unabhängiges Ich, aber mit einem ungeheuren Maß an Narzißmus. Seine Hartgesottenheit und gleichzeitige Unter-

---

[14] HORKHEIMER 1936, S. 67.

[15] HORKHEIMER 1960, S. 167; ähnlich ADORNO und HORKHEIMER 1968, S. 126 ff.

würfigkeit angesichts realer Macht prädisponiert es für die totalitären Formen des Lebens«[16].

Hier werden also nicht mehr Familie und Autorität schlechthin verketzert, sondern bestimmte Mängel in der Persönlichkeit bestimmter Eltern, die allerdings durch die heute vorherrschenden gesellschaftlichen Lebensumstände mitbedingt sind, als Hauptursachen für die seelische Verwahrlosung von Kindern bezeichnet. HORKHEIMER betont vor allem den Mangel an Liebe und Zuwendung, an Schutz und »seelischer Obhut« für die Kinder.

Es ist charakteristisch für die Neue Linke, daß sie diese ausgewogene Analyse des alten HORKHEIMER kaum zur Kenntnis genommen hat. Sie hat aus seinen Schriften höchst einseitig nur jene Stellen herausgegriffen, die sich für eine radikal negative Darstellung der Familie eignen[17]. Diese werden zumeist mit ebenso einseitig ausgewählten psychoanalytischen Theoriebestandteilen, insbesondere mit der »Sexualökonomie« von REICH verbunden. Daraus ergibt sich dann folgendes Bild.

»Aus dem Blickwinkel einer antiautoritären und sexualökonomischen Position« wird behauptet, daß die bürgerliche Ehe und Familie »ein Mikrokosmos der autoritären Gesellschaft ist und die in ihr Lebenden vom Kindesalter an zur Anpassung an autoritäre Verhältnisse zwingt«. Sie hindere Kinder, Jugendliche und Erwachsene »an der freien Entfaltung ihrer Genitalität«, schränke damit »ihre vitalen Lebensbedürfnisse« ein und mache sie »zu autoritätsfürchtigen Untertanen«. In ihr werde eine »autoritäre Erziehung« praktiziert, die »den Menschen unfähig zur gesellschaftlichen Demokratie macht«. Die bürgerliche Familie sei »zu einer sexualbejahenden Kindererziehung ungeeignet«[18]. Sie mache aus den Kindern »Objekte der sexuellen Unterdrückung«. Als Folge davon würden diese Kinder später wieder andere Menschen unterdrücken. »Die sexuelle Unterdrückung vermindert die Kritikfähigkeit und ermöglicht die Ideologisierung des Bewußtseins mit Inhalten, die den wirklichen Interessen entgegengesetzt sind«[19].

Diesem Zerrbild der Familie liegt offensichtlich ein extrem individualistisch-anarchistischer Maßstab zugrunde: die Befriedigung des

---

16 HORKHEIMER 1960, S. 159 f.
17 Vgl. z. B. HOCHHEIMER 1969, S. 59; HAENSCH 1969, S. 43 ff.; GOTTSCHALCH 1969, S. 6 und S. 28; JAEGGI 1973, S. 239.
18 HAENSCH 1969, S. 38 f.
19 HAENSCH 1969, S. 37.

Sexualtriebs gilt als oberste Norm; Moral dagegen gilt als Name für »Bewußtseinsinhalte, die den wahren Bedürfnissen ihrer Träger zuwiderlaufen«[20]. Wir haben es hier mit einer *sexual-anarchistischen Deutung* der familiären Erziehungssituation zu tun. Wesentliche Bestandteile daraus haben auch in die *gesellschaftsrevolutionäre Deutung* Eingang gefunden, die sich an einem sozialistischen Maßstab orientiert. Hier wird die Familie weniger unter dem Gesichtspunkt ihres Beitrages zur Bedürfnisbefriedigung ihrer Mitglieder betrachtet, als vielmehr unter dem Gesichtspunkt ihres Beitrages zur Erhaltung oder Überwindung der »kapitalistischen« Gesellschaftsordnung. Es wird nach den »politischen Konsequenzen familialer Sozialisation« gefragt[21].

In gesellschaftsrevolutionärer Sicht wird die moderne Familie als »bürgerliche Zwangsfamilie« dargestellt, die »völlig verrottet« sei. Es wird behauptet, »daß ›normale‹ Eltern liebesunfähige Eltern sind« und daß »in der Mehrzahl der Ehen die Partner sich das Leben gegenseitig zur Hölle« machen. »Der Druck wirkt sich vor allem auf die Kinder aus. Die durchschnittliche Kleinfamilie produziert anlehnungsbedürftige, labile, an infantile Bedürfnisse und irrationale Autoritäten fixierte Individuen«. Diese »Tatsache« sei »unabhängig vom guten Willen oder den Erziehungsmethoden der Eltern«. Damit wird den Eltern jede Chance abgesprochen, die Beziehungen zueinander und zu ihren Kindern verbessern zu können. Diese pessimistische Darstellung hat den Zweck, die Revolution als einzigen Ausweg erscheinen zu lassen. Nur der radikale Bruch mit der überkommenen Struktur der Familie, wie er in »Großfamilien«, »Familiengemeinschaften«, »Kommunen« oder »Wohngemeinschaften« vollzogen wird[22], könne »zu kollektiven Lebensformen führen, ... deren Ziel die Schaffung des neuen Menschen in einer revolutionierten Gesellschaft ist«[23].

Die Neue Linke ist zwar einig in der Kritik an der isolierten Kleinfamilie und offen für die verschiedenen Versuchsformen von »Großfamilien« (»Gruppenehen« usw.)[24], aber keineswegs alle ihre Anhänger wollen die Familie durch »Kommunen« mit lockeren und wechselnden Partnerbeziehungen ersetzen. So weist zum Beispiel

---

[20] Haensch 1969, S. 166. [21] Vgl. Milhoffer 1973; Brückner 1972.
[22] Vgl. Kirchknopf 1968; Bönner 1970 und 1972, S. 268 ff.
[23] Bookhagen 1969, S. 149.
[24] Vgl. Hochheimer 1969, S. 79; Beutler 1970, S. 335; Wolff 1973, S. 51; Feil 1972.

GOTTSCHALCH darauf hin, daß die bürgerliche Familie immerhin »solche autonome Charaktere wie MARX, ENGELS, LENIN, LUXEMBURG und FREUD hervorgebracht« habe; sie könne »unter günstigen Bedingungen auch heute noch autonome Charaktere fördern«, die »unpopuläre politische Praktiken verfechten und damit die Richtung des historischen Prozesses ändern«[25].

Vor allem aus Interesse an der Revolution wird häufig davor gewarnt, »Emanzipation der Sexualität ohne Emanzipation der Gesellschaft« anzustreben: das unterjoche die Sexualität nur den »Kapitalverwertungsbedürfnissen«. Statt dessen wird für die künftige »emanzipierte Gesellschaft« in Aussicht gestellt, daß die Menschen auch in ihren Familien »froher als heute leben werden«. Übereinstimmung mit den Anhängern von Kommunen besteht jedoch darin, daß zuerst die Gesellschaftsordnung geändert werden muß. »Klassenbewußtsein, Bereitschaft zur politischen Aktion in Richtung revolutionärer Durchbrüche sind notwendig, sollen familiale Sozialisation und Erziehung aufhören, als Stabilisatoren des formierten Kapitalismus zu wirken«[26].

Der Kernpunkt der gesellschaftsrevolutionären Deutung der familiären Erziehungssituation ist die Behauptung, daß die moderne Familie der chaotischen, »repressiven« und menschenfeindlichen kapitalistischen Gesamtgesellschaft völlig wehrlos ausgeliefert ist. Diese These, die schon von HORKHEIMER angedeutet worden war und die RIESMAN für die USA belegt hat[27], ist für Deutschland vor allem von BRÜCKNER untermauert worden[28]. Danach ist die Familie »nach der Struktur ihrer Beziehungen und dem emotionalen Klima ein Anhängsel der Produktionssphäre geworden; ein Ort, an dem sich die fatalen herrschaftskonformen Denk- und Gefühlsgewohnheiten der Menschen und ihre normative Orientierung ständig verfestigen und erneuern«[29]. Die Familie hat ihre relative Selbständigkeit gegenüber der Gesamtgesellschaft verloren. Sie ist dem Informations- und Meinungschaos ausgesetzt, das durch die Massenmedien vermittelt wird. Dadurch schrumpft ihre Schutz-Funktion[30]. Es fehlen verbindliche

---

[25] GOTTSCHALCH 1972, S. 40.
[26] GOTTSCHALCH 1972, S. 40 f.
[27] Vgl. RIESMAN 1958.
[28] Vgl. BRÜCKNER 1972, eine sehr lesenswerte gesellschaftskritische Analyse der Lebens- und Erziehungsbedingungen im »Kapitalismus« vom spätmarxistisch-psychoanalytischen Standpunkt aus.
[29] BRÜCKNER 1972, S. 120.
[30] BRÜCKNER 1972, S. 98.

Maßstäbe und diese Normenschwäche macht ihre Mitglieder ratlos. Die Eltern verzichten mehr aus Unsicherheit und Schwäche als aus Einsicht auf ihre Autorität, sie schlagen »den Weg des Gewährens, des ›antiautoritären‹ Verhaltens ein« und das hat zur Folge, daß die Kinder frühzeitig unter unmittelbare Einflüsse der Konsumgesellschaft geraten und dadurch jene Bereitschaften erwerben, »die der anpassungsbereite, über Konsumprämien manipulierbare und außengesteuerte Bürger moderner Gesellschaften benötigt«[31].

Die Isolierung der Menschen »am Arbeitsplatz, in der Nachbarschaft, in der Welt«, die Gleichgültigkeit gegeneinander, die sie dort erleben, verleitet sie dazu, an Ehe und Familie überhöhte Ansprüche auf Befriedigung ihres Bedürfnisses nach Glück und Geborgenheit zu stellen. Es kommt zu einer »Emotionalisierung« der Familie, die ihre Mitglieder nicht weniger belastet als die Zweckrationalität im außerfamiliären Lebensraum. Es herrscht »zu viel Nähe«. »Da fordern sich die Beteiligten zwanghaft Anpassung aneinander ab (oder beginnen, Kontakte zu vermeiden), was sich mit Feindseligkeit paart, die wiederum unter dem Prinzip des ›Nests‹, der ›Idylle‹ verdrängt werden muß ... Da entwickelt sich Duldsamkeit gegenüber den Kindern, die von Schwäche, Verunsicherung, Desorientiertheit, selbst von mangelndem emotionalem Interesse, dieser Erscheinung verbreiteter Frustration, motiviert wird, und nicht nur von Zuneigung oder Einsicht«[32].

Unter dem Einfluß widersprüchlicher Informationen und Normen wissen die Eltern nicht mehr, nach welchen Maßstäben sie ihre Kinder erziehen sollen. Die Zersetzung verbindlicher Handlungsmuster löst in ihnen Aggressivität aus, die sich gegen das eigene Kind entladen kann[33]. Unter anderem werden die Häufigkeit der Prügelstrafe[34] und die relativ hohe Zahl von Kindesmißhandlungen als Beweis für die Gefährdung der Kinder durch die gesellschaftsbedingte Aggressivität ihrer Eltern herangezogen[35].

Das Ergebnis der gesellschaftsrevolutionären Deutung der Situation der modernen Familien ist ein düsteres Bild allseitiger Unterdrückung: die Gesellschaft unterdrückt die Eltern, die Eltern unterdrücken die Kinder; die Gesellschaft schädigt die Kinder, die Kinder

---

[31] Brückner 1972, S. 95.
[32] Brückner 1972, S. 112.
[33] Brückner 1972, S. 86 ff.
[34] Vgl. Horn 1970.
[35] Vgl. Brückner 1972, S. 58 ff.; Hochheimer 1969, S. 79 ff.

machen ihren Eltern das Leben schwer. Ohne Zweifel sind viele Einzelheiten, die zu diesem Bild zusammengefügt worden sind, zutreffend[36]. Es sind aber auch zahllose andere Tatsachen, deren Berücksichtigung ein günstigeres Bild ergeben hätte[37], weggelassen worden. Es wird fälschlich der Anschein erweckt, nahezu alle Familien seien krank, schwach und trübsinnig und es gäbe kaum mehr gesunde, kräftige und fröhliche Familien. Zur Schwarzmalerei gehört vor allem auch, daß die Situation der als krank angesehenen Familien völlig pessimistisch dargestellt wird: Eltern und Kinder scheinen in einen Teufelskreis gebannt zu sein, aus dem sie sich weder durch eigene Anstrengung noch durch andere Helfer befreien können.

Dieses Bild wird als Schein-Begründung gebraucht, um die bürgerliche Ehe und Familie ganz allgemein als Institution angreifen zu können, unabhängig davon, ob ihre Mitglieder sie als gesund und wohltuend erleben oder nicht. Die Deutung der Familiensituation muß zur Anklage gegen die »kapitalistische« Gesellschaft herhalten. Der Umsturz dieser Gesellschaft wird als einziges Heilmittel ausgegeben, durch das Eltern und Kinder von den Qualen des Familienlebens für immer erlöst werden können. Da aber gerade die Familie der wirksamste Schutz gegen die totalitäre sozialistische Gesellschaft ist[38], wird sie nicht nur in ihren negativen, sondern erst recht in ihren positiven Erscheinungsformen abgewertet. »Marxistische Politik« schließt nach Brückner »Umwerfen, Ändern von Bewußtsein« ein und müsse deshalb Institutionen angreifen, welche falsches Bewußtsein verfestigen, darunter auch »die (nach-)bürgerliche Ehe, die Familie«[39].

Die schulische Erziehungssituation

Für Klagen über die Schulen gibt es unzählige Anlässe. Mit dem wachsenden Einfluß der Schulen auf das Leben der Kinder und Jugendlichen haben auch die Leiden zugenommen, die sie Schülern, Eltern und Lehrern bereiten. Was verklärend »Bildungsgesellschaft« genannt wird, ist tatsächlich eine verschulte Gesellschaft, in der immer mehr Menschen für immer längere Zeit zum Schulbesuch gezwungen

---

[36] Vgl. hierzu Richter 1969 und 1972.
[37] Vgl. z. B. Rosenmayr 1963; 1969, S. 105 ff.; 1973, S. 29 ff.; 1976.
[38] Vgl. Horkheimer 1960, S. 167.
[39] Brückner 1973, S. 28.

werden. Sie geraten damit in die Abhängigkeit von einer Massenorganisation, deren Personal höchstens in Ausnahmefällen imstande ist, auf ihre persönliche Eigenart, ihre Interessen und Schwierigkeiten Rücksicht zu nehmen. Es ist unvermeidlich, daß hier »Fremdbestimmtheit« erfahren wird und daß vieles, was in den Schülern gefördert zu werden verdient, der »Unterdrückung« zum Opfer fällt.

Die Neue Linke findet also in der Schule einen Erziehungsbereich, der schon lange vor ihrem Auftreten schärfster Kritik ausgesetzt gewesen ist. Wie stellt sie ihn dar? Auch hier zeigen sich Richtungsunterschiede. Die Emanzipatorische Pädagogik betont mehr die Mängel, durch die das Individuum in seiner »Selbstverwirklichung« behindert wird; die Sozialistische Pädagogik beschreibt die Schule vorwiegend als Instrument der »Herrschenden« (der »privilegierten ökonomischen und politischen Machtelite«[40]) zur Unterdrückung aller anderen Schichten der Gesellschaft, insbesondere der »Arbeiterklasse«.

Die Vorläufer und die Anhänger der *linksliberal-gesellschaftsutopischen Richtung* der Neuen Linken haben sich jahrzehntelang energisch dafür eingesetzt, daß möglichst alle Kinder weiterführende Schulen besuchen. Um das »Bildungsprivileg« der Oberschicht zu brechen, ist vor allem der Besuch allgemeinbildender höherer Schulen (Gymnasien) empfohlen worden. Die berufsbildenden Schulen dagegen wurden aus ideologischen Gründen vernachlässigt. Man wollte durch gleichen »wissenschaftlichen« Unterricht für alle möglichst gleiche Lebenschancen schaffen, aber auch das gleiche »aufgeklärte« Bewußtsein durchsetzen. Der Schulbesuch wurde als Weg zur »Befreiung« ausgegeben. Je mehr Jahre in der Schule zugebracht wurden, desto besser für die »Emanzipation«.

Von den Schulgläubigen wurde zunächst fast gänzlich übersehen, wie die Schule als Massenbetrieb tatsächlich auf die Schüler wirkt. Was die Befürworter einer möglichst weitgehenden Verschulung der ersten zwanzig Lebensjahre als Mittel der »Befreiung« anpriesen, wurde von den Betroffenen eher als »Unterdrückung« erlebt[41]. Als das endlich auch für ahnungslose linksliberale Verschulungsfanatiker erkennbar wurde, wechselte man den Gegenstand der Kritik. War das Thema bisher die Benachteiligung derer, die trotz vorhandener Begabung *außerhalb* der weiterführenden Schulen standen, so wurde es nun die Benachteiligung der Schüler *in* diesen Schulen, und zwar

---

[40] Combe 1973, S. 210.
[41] Vgl. Haug und Maessen 1969; Liebel und Wellendorf 1970.

besonders jener Schülergruppen, die dem unpersönlichen Umgangsstil und dem Leistungsdruck nicht gewachsen sind.

Es gibt zweifellos unzählige Fälle, in denen Schüler durch die Schule schwere Schäden erleiden, die unter günstigen Bedingungen vermeidbar wären. Bei der Schulreform geht es unter anderem auch darum, solche günstigen Bedingungen herzustellen. Als Anstoß und als Vorbereitung dafür ist die bis in Einzelheiten gehende Aufdekkung aller Mängel unerläßlich[42]. Die Schwierigkeit einer realistischen Analyse besteht jedoch darin, vermeidbare Mißstände von Mängeln zu unterscheiden, die durch die Einrichtung Schule als solche bedingt sind, unabhängig vom guten Willen der Beteiligten wie vom Gesellschaftssystem. Die Kernfrage ist dabei, wieweit bestimmte Mängel nichts anderes sind als die Kehrseite von Elementen, die für die Erreichung der Zwecke einer Schule unentbehrlich sind.

Für die linksliberale Schulkritik ist es nun charakteristisch, daß sie einen utopischen Maßstab von der Freiheit des Individuums anlegt, der der Komplexität der Schule, ihren sachgesetzlich bedingten Mängeln und der Unvermeidbarkeit unerwünschter Nebenwirkungen zu wenig gerecht wird. Es ist völlig richtig, wenn HENTIG schreibt, »die wahre Bildungskatastrophe« sei »die Katastrophe einzelner«. Die »Einmaligkeit der einzelnen« werde vernachlässigt, vor allem die Individualität »der kleineren, zur Abrichtung bereiten, ihrem unbekannten Leid ausgelieferten Schüler«. »Daß wir Schüler in Kollektivsystemen zusammenfassen«, sei ein Behelf, der nicht vermehrt, sondern abgebaut werden müsse[43]. Man sollte nur hinzufügen, daß diese Mißstände die zwangsläufige Folge des Bestrebens der Linksliberalen wie der Sozialisten sind, immer mehr Schüler für möglichst viele Jahre in die Schulen hineinzubringen.

Wo die Empörung über das, was man den Schülern damit angetan hat, nicht mehr durch das nüchterne Abwägen der Vorteile gegen die Nachteile des Schulbesuchs gezügelt wird, erklären die linksliberalen Gesellschaftsutopisten der Schule einfach den Tod[44]. Schulen »kerkern« die Kinder ein; sie sind »zwangsmäßige Wissensvermittler«; sie »versklaven« die Schüler; die Lehrer tragen zur »Verkümmerung« der Kinder bei; »soweit in den Schulen überhaupt etwas gelernt wird, sind Lehrer eher hinderlich«. ILLICH hält »die Behaup-

[42] Vgl. hierzu u. a. FÜRSTENAU 1969; RUMPF 1966 und 1971; WELLENDORF 1970 und 1974. [43] HENTIG 1968, S. 59 ff.

[44] Vgl. REIMER 1972 (der englische Originaltitel lautet: »School is dead«); HÖCHSTETTER 1975.

tung, eine liberale Gesellschaft lasse sich auf der modernen Schule aufbauen«, für »widersinnig«. »Alle Sicherungen der persönlichen Freiheit werden im Umgang eines Lehrers mit seinem Schüler aufgehoben«[45].

Hand in Hand mit der Kritik an »der immer raffinierteren Fremdbestimmung«, der die Schüler durch die Schule unterworfen werden[46], geht die Anklage, daß die Schule dazu diene, »das System und seine Ordnungen zu erhalten«. Sie setze »die bestehenden Herrschaftsformen geistiger, moralischer und wirtschaftlicher Art fort« und treibe dadurch »die Gesellschaft und die Individuen gewalttätigen Lösungen zu«[47]. Sie verfehle die Aufgabe, den Schülern »die Erfahrung von der Machbarkeit, Veränderbarkeit, Kritisierbarkeit und Zerstörbarkeit der Welt zu geben – von Alternativen und Gegenwelten«[48]; kurz: sie fördere selbst in ihren reformierten, »fortschrittlichsten« Formen wie der Gesamtschule die Anpassung an das vorhandene Gesellschaftssystem, statt von »Systemzwängen« zu befreien[49].

In dieser allgemeinen Beurteilung der Lage sind sich die linksliberalen Autoren mit den linksradikalen weitgehend einig. Die *linksradikal-klassenkämpferische Richtung* hat jedoch sehr viel konkretere Vorstellungen von den Zusammenhängen zwischen dem Gesellschaftssystem, insbesondere der Wirtschaftsordnung und der Schule und deren künftiger Entwicklung[50]. Das Schulwesen wird hier als Mittel zur »Integration«, das heißt zum Zusammenschluß, zur reibungslosen Vereinigung aller Mitglieder der spätkapitalistischen Gesellschaft dargestellt und zugleich wird zu zeigen versucht, welche »subversiven Potenzen«, das heißt: welche Möglichkeiten zum Umsturz des »kapitalistischen Systems« es enthält[51].

Die linksradikalen Kritiker sehen in der Schule in erster Linie ein Spiegelbild der Klassengesellschaft. »Die Volksschule ist eine Klassen-

---

[45] Illich 1973, S. 45, 46, 59, 42, 44. Zur Kritik vgl. Berg 1973; aus marxistischer Sicht vgl. Gintis 1973. [46] Hentig 1971, S. 11.
[47] Hentig 1968, S. 65. [48] Hentig 1971, S. 10.
[49] Hentig 1971, S. 131. Über Alternativprogramme aus der Sicht der Sozialistischen Pädagogik vgl. Winkel 1974; über die Praxis der »Gegenschulen« Ramseger 1975.
[50] Vgl. Altvater und Huisken 1973; Huisken 1972; Baethge 1970 und 1972; Masuch 1972; Becker und Jungblut 1972; Briese, Büchner, Hage 1973.
[51] Vgl. Koneffke 1971, eine Analyse, die nach Nyssen »so ziemlich alle theoretischen Ansätze« enthält, »die es ... in den letzten Jahren innerhalb der linken Schulkritik gegeben hat«.

schule, in der die Kinder der Oberschicht weiter nach oben und die Kinder der Unterschicht weiter nach unten gedrückt werden«[52]. Die Kritiker klagen aber nicht nur die bestehenden Verhältnisse an, sondern sie entlarven auch gerade jene Reformmaßnahmen im Schulwesen, auf welche die Linksliberalen stolz sind, als »systemerhaltend«: die Verlängerung der Schulpflicht, den geplanten Ersatz des dreigliedrigen Schulsystems (Hauptschule, Realschule, Gymnasium) durch die Einheitsschule unter dem Namen »Gesamtschule«[53], die starke Differenzierung der Schullaufbahnen in der Sekundarstufe, den Verzicht auf »Allgemeinbildung« durch Abbau des humanistischen Bildungskanons, die Wahlfreiheit zwischen den Fächern.

Der erste Einwand besteht darin, daß durch die Einheitsschule »die Klassenbasis des Bildungswesens« aufgehoben und »das Proletariat ... in den Integrationsprozeß hineingezogen« wird[54]. Dadurch, daß den Kindern der Unterschicht durch die Schule individuelle Aufstiegschancen gegeben werden, werden sie »in die privilegierten Schichten des Systems integriert und blind für ihre Klassenzugehörigkeit gemacht«[55]. »Die Sicherung sozialer Aufstiegschancen hilft mit der Möglichkeit zur Befriedigung bornierter Statusaspirationen die Illusion subjektiven Glücks zu erhalten, die das objektive Elend der eigenen Entmündigung ... verdunkelt und erträglich macht«[56]. Als Maßstab für dieses negative Werturteil dient das Ideal des »bewußten Proletariers«, der »sich seine persönliche Befreiung nicht ohne die Befreiung des gesamten Proletariats und die Revolutionierung aller gesellschaftlichen Verhältnisse vorstellen« kann[57].

Für die große Masse der Unterschichtkinder, welche die Aufstiegschancen nicht nützen können, führt die Verlängerung der Schulzeit nach Gottschalch vor allem »zu einer Verlängerung und Vermehrung von Versagungserlebnissen und damit – gewollt oder ungewollt – zu verstärkter Disziplinierung und Domestizierung«. »Würden sie nicht jahrelang in unseren Schulen den Mythen und Ideologien der herrschenden Klasse ausgesetzt«, dann würden sie wahrscheinlich schneller lernen, was sie »zur Durchsetzung der Interessen ihrer Klasse brauchen«[58].

---

[52] Peter Schneider 1971, S. 61.
[53] Vgl. Stubenrauch 1971; M. Schmidt 1972.
[54] Koneffke 1971, S. 110.
[55] Gorz 1972, S. 43 f.
[56] Koneffke 1971, S. 100.
[57] Gorz 1972, S. 41.
[58] Gottschalch 1972, S. 62.

Ein zweiter Einwand lautet, daß die starke Differenzierung der Sekundarschule und das große Angebot berufsbezogener Kursprogramme lediglich dazu diene, die Schüler besser für den Bedarf des Arbeitsmarktes abzurichten. Die Spezialisierung bewirke »geistige Fesselung« und lähme das »kritische Potential«. Der Verzicht auf verpflichtende allgemeinbildende Fächer zugunsten von Lehrplänen, die am ökonomischen Nutzen von formalen Persönlichkeitsqualitäten wie intellektueller Beweglichkeit, Fähigkeit zum ständigen Umlernen und »Disponibilität der Arbeitskraft« orientiert sind, führe zur »Nivellierung«, zur blinden »Gewöhnung an systemkonformes Verhalten«, zur Gleichschaltung des Interesses der Schüler »mit dem Interesse der über Produktionsmittel Verfügenden«. Die »Entintellektualisierung der Bildungsinhalte« durch Aufgabe der humanistischen Fächer bringe die Schule um eine »Masse nichtsystemkonformer Inhalte«. So werde »die herrschaftsbedrohende Möglichkeit gleicher Bildung für alle«, welche die Gesamtschule eigentlich enthalte, »durch die Verkehrung der Bildung in *Unbildung für alle* aufgefangen«[59]. Es wird behauptet, die spätkapitalistische Schulreform strebe durch die Förderung formaler intellektueller Fähigkeiten auf Kosten der Vermittlung der »klassischen« Inhalte »die endgültige Liquidation von Subversivität an«. *»Sie erzeugt ein Bildungswesen, das die Produktion von Unbildung institutionell verankert«*; sie führe an den »Abgrund spezifisch nach-bürgerlicher Barbarei, die vom kollektiven postliterarischen Analphabetentum bis zum offenen, aber sich selbst nicht mehr bewußten Faschismus reicht«[60].

Drittens wird kritisiert, daß die Auslese nicht gänzlich abgeschafft, sondern nur verlegt werde: vom Zeitpunkt des Abschlusses der Grundschule zum Zeitpunkt der Wahl von Spezialkursen in der Sekundarstufe. Da es sich dabei scheinbar um Spezialisierung aufgrund der bisherigen Leistungen und der Schülerinteressen handle, habe sich die seit jeher geübte Auslese »in ein Mittel verwandelt, Klassengesellschaft plausibler zu machen«. Die Verwirklichung »materialer Gleichheit« werde auch künftig verhindert werden[61]. So oder so trage die Schule dazu bei, die »durch die kapitalistische Arbeitsteilung erforderliche hierarchische Schichtung der Arbeitskräfte hervorzubringen. Dieses Ergebnis wird durch einen begrifflichen und abstrakten Unterricht erzielt, der Kindern weniger gebildeter Eltern den Erwerb in-

[59] Koneffke 1971, S. 96, 99, 101 (Hervorhebung von mir).
[60] Koneffke 1971, S. 102, 112 (Hervorhebung von mir).
[61] Koneffke 1971, S. 99, 101; ähnlich Baethge 1970, S. 112 ff.

tellektueller Qualifikationen besonders schwer macht und gute Schulleistungen mit dem Recht auf eine privilegierte gesellschaftliche Stellung gleichsetzt. Das Schulsystem ist daher das Schlüsselinstrument für die Bildung gesellschaftlicher Hierarchien: es gibt vor, Begabungs- und Leistungsunterschiede zu *ermitteln,* die es in Wirklichkeit selbst produziert«[62].

Die Begründung für die Auslese liegt nach marxistischer Auffassung darin, daß die Schulen einen erheblichen Prozentsatz von »Versagern« produzieren müssen, damit die Industrie und die Dienstleistungsberufe ihren Bedarf an wenig qualifizierten Arbeitskräften dekken können. »Die Produktion von ›Versagern‹ ist für die Reproduktion der hierarchischen gesellschaftlichen Verhältnisse genauso wichtig wie die Produktion von Diplomierten: ein bestimmter Prozentsatz von Jugendlichen muß durch den *scheinbar* objektiven Selektionsprozeß der Schule davon überzeugt werden, daß sie nur zum ungelernten Arbeiter taugen. Sie müssen davon überzeugt werden, daß ihr schulischer Mißerfolg nicht auf ein *Versagen der Schule*, sondern auf ihre eigene persönliche und soziale Minderwertigkeit zurückzuführen ist: ›Ihnen fehlt einfach die Begabung zum Lernen‹. Umgekehrt muß man denen, die in der Schule Erfolg haben, das Gefühl geben, daß ihre guten Leistungen auf Begabung, Fleiß und Zielstrebigkeit beruhen und daß sie verdienen, ›sozial aufzusteigen‹ ... Mit dieser systematischen Selektion soll die Arbeiterklasse in verschiedene Schichten gespalten und die technisch qualifizierteste Schicht davon überzeugt werden, daß sie mehr gemeinsame Interessen mit den Mittelklassen verbinden als mit dem Proletariat«[63].

Zu dieser Deutung der Situation kann man nur gelangen, wenn man vom Mythos der »Arbeiterklasse« ausgeht, das utopische Erziehungsziel der »allseitig gebildeten Persönlichkeit« vertritt[64], die Forderung nach »Gleichheit« bis zu der nach gleichem Unterricht für alle auf die Spitze treibt und schließlich noch unterstellt, daß es eine Verschwörung der »Herrschenden« gegen die »Beherrschten« gibt, wobei die einen das Schulwesen planmäßig als Mittel zur Unterdrückung der anderen benutzen. Es fehlt jeder Versuch, bei der Deutung der Erziehungssituation den für vorurteilslose Betrachter naheliegendsten Gesichtspunkt zu berücksichtigen, daß im Leben alles seinen Preis

[62] Gorz 1972, S. 40.
[63] Gorz 1972, S. 43; ähnlich Preuss 1973, S. 52 ff.; vgl. auch Ortmann 1971.
[64] Zur Kritik vgl. in diesem Buch S. 160 ff.

hat, daß es also nichts »Gutes« gibt, ohne daß damit in irgendeiner Hinsicht auch »Schlechtes« verbunden ist.

Der umgekehrte Gedanke ist den linksradikalen Schulkritikern jedoch durchaus vertraut: sie wissen, daß alles »Schlechte« auch sein »Gutes« hat, und sie gründen darauf ihre Strategie. Diese beruht auf der Erkenntnis, daß das »System« mit der Verlängerung der Schulzeit für zunehmende Massen von jungen Menschen zwangsläufig auch die Jugendperiode als eine Periode der Abhängigkeit verlängert und einer wachsenden Gruppe »die Erfahrbarkeit von Unterdrückung« zugänglich macht. Eine entscheidende Rolle spielt dabei der Umstand, daß die Aufnahme großer Schülermassen aus den »bisher unterprivilegierten Schichten« in die weiterführenden Schulen in ihnen Erwartungen des Aufstiegs in höhere Schichten weckt, die aus Mangel an Arbeitsplätzen in gehobenen sozialen Positionen für viele unerfüllbar sind. »Die spätkapitalistische Schulreform produziert Enttäuschung«[65]: die Schüler erleben, daß sie um die »ihnen versprochenen Chancen de facto betrogen werden«[66]. Mit zunehmender Verbreitung der Fach- und Hochschulausbildung kann »die frühere Verbindung zwischen einer solchen Ausbildung und bestimmten Privilegien nicht mehr aufrechterhalten werden«. Die meisten Absolventen sind dazu verurteilt, in subalternen Positionen frustrierende Arbeit zu verrichten. Aus der Einsicht in diese Zusammenhänge wird es zu Protesten kommen, die »potentiell revolutionär« sind, sofern es gelingt, die Protestierenden davon zu überzeugen, »daß die Ablehnung des Schulsystems Hand in Hand gehen muß mit der Ablehnung des Gesellschaftssystems und seiner hierarchischen Arbeitsteilung«[67].

Dieser Entwicklung komme auch die durch die Schulreform erreichte »Intellektualisierung« des Unterrichts und die dadurch geförderte »Mobilität der Individuen« zugute. Dank der genannten Umstände beginne »sich in der spätkapitalistischen Bildungsreform der Integrationsprozeß gegen sich selber zu wenden«: das »System« kultiviere »unerläßliche Voraussetzungen einer reflektierten Distanzierung vom System«[68]. In der pathetischen Sprache Heydorns ausgedrückt: »Wo Rationalität ist, ist auch Negation, die Möglichkeit

---

[65] Koneffke 1971, S. 118 f., 114.
[66] Stubenrauch 1971, S. 212.
[67] Gorz 1972, S. 44.
[68] Koneffke 1971, S. 114, 118, 115.

einer Negation. Die Möglichkeit einer großen Bezweiflung. Sie muß entbunden werden«[69].

Innerhalb dieses großen strategischen Rahmens ist jede kritische Analyse von Einzelheiten der schulischen Erziehungssituation politisch nutzbar. Der Inhalt solcher Analysen ist entsprechend der Komplexität der Schulwirklichkeit äußerst vielgestaltig[70]. Sie reicht von der globalen Anklage, daß die Schulen zur Erhaltung der Klassenstruktur beitragen, über den Vorwurf, sie verfolgten »kapitalistische« Unterrichtsziele, bis zur Kritik an »bürgerlichen« Schulbüchern[71], an Hausaufgaben und Zensurengebung, an der Schulordnung und an der schulischen »Lernarbeit« als »unproduktiver Zwangsarbeit objektiv arbeitsloser Schüler«[72]. Neben der Kritik an den Lehrplänen[73] und an der bürokratischen Schulverwaltung nimmt die Kritik am stumpfsinnigen Unterrichtsverlauf, an der autoritären Behandlung der Schüler[74] und an den Lehrern als »Qualifikateuren der Arbeitskraft« und »Ideologieproduzenten«[75] mit »sadomasochistischen Neigungen«[76] einen bevorzugten Platz ein.

Obwohl diese Analysen manche aufschlußreiche Beobachtungsergebnisse und interessante Interpretationen enthalten, geben sie kaum irgendeine Hilfe für die Verbesserung der Erziehungspraxis hier und jetzt. Sie sind vielmehr so angelegt, daß sie von der Unverbesserlichkeit der schulischen Erziehungssituation in der liberaldemokratischen Gesellschaft überzeugen sollen. So wie bei der Deutung der familiären Erziehungssituation den Eltern jede Hoffnung genommen wird, etwas Wesentliches bessern zu können, so wird hier den Lehrern und den Schülern gesagt, daß es unter den gegebenen gesellschaftlichen Verhältnissen keinen Ausweg gibt. In der »spätkapitalistischen Leistungsgesellschaft« diene die Schule nun einmal der »Domestizierung, Disziplinierung und Abrichtung zu fremdbestimmter Leistung ... Freundliche Lehrer können diesen Prozeß mildern, verändern können sie ihn innerhalb der Schule nicht«[77].

Es gibt jedoch »Antagonismen und Risse in unserer gesellschaftli-

[69] HEYDORN 1970, S. 313.
[70] Vgl. neben GAMM 1970 und BECK 1970 besonders BECK 1974.
[71] Vgl. Materialien zur Schulbuchproduktion 1973; POLLAK 1973.
[72] BECK 1974, S. 58.
[73] Vgl. BECK 1970.
[74] Vgl. PETER SCHNEIDER 1971.
[75] Vgl. ADORNO 1970, S. 73 ff. (Tabus über den Lehrberuf); JOUHY 1970; COMBE 1971; HUISKEN 1971; SCHMIDT 1973 und 1974; STUBENRAUCH 1974.
[76] GOTTSCHALCH 1970, S. 55.
[77] GOTTSCHALCH 1972, S. 44.

chen Ordnung«, welche »bei aller Unterdrückung, die manifest und latent geübt wird, Chancen der Emanzipation« bieten. »Allerdings können diese Chancen nur dann genützt und erweitert werden, wenn man sich eben nicht darauf beschränkt, innerhalb der pädagogischen Provinzen unserer Kindergärten, Schulen und Universitäten emanzipatorisches Lernen und Lehren zu praktizieren. Es bedarf hierzu vielmehr harter, geduldiger politischer Kämpfe«[78]. Das Heil ist nur über die Revolutionierung der Gesamtgesellschaft zu erlangen. Dieser Glaube vor allem ist es, der durch die düstere Deutung der schulischen Erziehungssituation verbreitet werden soll.

Die Erziehungssituation in den Betrieben

Die berufstätigen Jugendlichen haben es im allgemeinen sehr viel schwerer als die gleichalterigen Schüler. Sie müssen nicht nur härter arbeiten, sondern sie sind auch abhängiger von Vorgesetzten und ungeschützter gegen Schikanen. Ähnlich wie es ganz verschiedene Familien und Schulen gibt, bestehen auch zwischen den Betrieben große Unterschiede hinsichtlich ihrer Eignung als Ausbildungsstätte. Von den Großbetrieben der Industrie mit vorbildlichen Lehrwerkstätten, die eine breite Grundausbildung vermitteln, reicht die Skala bis zu handwerklichen Ein-Mann-Betrieben, in denen Lehrlinge vor allem als billige Arbeitskräfte geschätzt werden. In manchen Betrieben kann viel, in anderen nur wenig gelernt werden; in den einen ist das mitmenschliche Klima freundlich, in anderen gehässig. Zwischen rücksichtsvoller und grober Behandlung, zwischen Ausbildung und Ausnützung sind zahlreiche Abstufungen anzutreffen. Die Situation der Lehrlinge ist sehr viel uneinheitlicher als die der Schüler.

In diesem vielgestaltigen Bereich des betrieblichen Ausbildungswesens gibt es viele Anlässe für Unzufriedenheit, Klagen und Konflikte. Sie liegen nicht nur in Charakterschwächen und Erziehungsfehlern der Meister und Ausbilder, sondern vor allem auch in unzulänglichen Organisationsformen der Berufsausbildung, die seit langem kritisiert und zu bessern versucht werden[79]. Die Neue Linke findet hier ein ergiebiges Feld für die Entdeckung von Mißständen vor. Wie stellt sie

---

[78] Gottschalch 1972, S. 23.
[79] Vgl. Lempert und Ebel 1965; Vogt 1967 und 1969, S. 207 ff.; Stütz 1969; Deutscher Bildungsrat 1969; Winterhager 1970; Lutz und Winterhager 1970; Lempert 1971; Prangenberg 1972; Münch 1973.

die Erziehungssituation der Lehrlinge und der ungelernten jugendlichen Arbeiter dar?

Kernpunkt der Kritik ist die Tatsache, daß die Berufsausbildung von rund 80 Prozent der erwerbstätigen Bevölkerung betriebsgebunden ist und den Selbstverwaltungsorganen der Wirtschaft überlassen wird. »Am Maßstab einer auf soziale Autonomie und politische Mündigkeit zielenden Bildung gemessen« sei der Betrieb »ein bildungsfernes und sogar bildungsfeindliches Milieu«. Er werde von den Unternehmern als eine »mit Notwendigkeit undemokratische Leistungsgemeinschaft interpretiert«. Bildung werde dort »auf Anpassungs- und Einordnungsfähigkeit und -bereitschaft reduziert«. »Unter den autoritären Strukturen des kapitalistischen Betriebes« wird »das Entwicklungsbewußtsein des Jugendlichen« deformiert, »seine intellektuellen Möglichkeiten der Auseinandersetzung mit der ihn umgebenden Welt« werden beschnitten, »seine Phantasie und Zukunftsperspektive durch die allein honorierte Anerkennung des Bestehenden eingeengt«[80].

Gegen die betriebsgebundene Berufsausbildung in kleinen und mittleren Betrieben wird vor allem eingewendet, daß sie unzulänglich ist. Gut eingerichtete Lehrwerkstätten oder wenigstens Lehrecken stehen nur einem relativ kleinen Teil der Lehrlinge zur Verfügung. Die Meister nehmen sich für die Ausbildung zu wenig Zeit; es gibt in den meisten Fällen keinen Ausbildungsplan; viele Ausbilder sind erzieherisch ungeschickt, manche sogar völlig unfähig. Alle diese Unzulänglichkeiten werden darauf zurückgeführt, daß die Unternehmer zwangsläufig in erster Linie am Gewinn interessiert sind. Sie betrachten deshalb auch die Lehrlinge unter dem Gesichtspunkt ihres Nutzens für den Betrieb. Während die Großbetriebe mehr den Nutzen auf weite Sicht verfolgen und deshalb relativ viel in die Ausbildung investieren, haben die kleineren Betriebe mehr den unmittelbaren Nutzen vor Augen. Das gilt besonders für Handwerksbetriebe, die im Durchschnitt weit mehr Lehrlinge ausbilden, als Gesellen im Handwerk unterkommen können.

Damit hängt der zweite Einwand zusammen: die Lehrlinge werden als billige Arbeitskräfte »ausgebeutet«. Sie werden zu ausbildungs- und berufsfremden Arbeiten herangezogen, und zwar um so mehr, je kleiner der Betrieb ist. Sie müssen Dreck-, Hilfs- und Routinearbeiten verrichten, Handlangerdienste für die Gesellen und un-

---

[80] Baethge 1970, S. 246 ff. Zur Kritik an diesem Negativ-Bild vgl. Schlaffke und Zabeck 1975.

bezahlte Überstunden leisten. Obwohl sie dem Arbeitgeber spätestens im dritten Lehrjahr ungefähr so viel einbringen wie ein Geselle, erhalten sie nur ein geringes Entgelt. »Der Jugendliche ist für das Kapital ein Mittel, Kosten einzusparen und zusätzlichen Profit zu machen, weil er als produktiver Arbeiter während seiner Lernzeit unter seinem Wert bezahlt wird«[81]. Es wird behauptet, daß es zumindest den kleinen Firmen »nicht etwa um die Ausbildung von Nachwuchs« geht, »sondern um die Ausbeutung von Lehrlingen, die sie als billige Hilfsarbeiter verschleißen«[82]. Damit die Ausbildungsmängel bei den Lehrabschlußprüfungen verschleiert werden, setzen die Innungen »die Prüfungsanforderungen im praktischen Teil der Gesellenprüfung so niedrig an, daß die meisten Lehrlinge ungeachtet aller Versäumnisse der Betriebe die Prüfung bestehen müssen«. Im kaufmännischen Bereich werde die Verantwortung für die Beherrschung des Prüfungsstoffes völlig auf die Berufsschule abgeschoben[83]. Dadurch fehle praktisch jede öffentliche Kontrolle der betrieblichen Ausbildungsleistung. »In Wirklichkeit haben Prüfungen ... nur eine Funktion: Sie sollen den Anschein erwecken, die Lehre diene der Ausbildung und nicht der Ausbeutung«[84].

Besonders angegriffen wird der Anspruch der Unternehmer, in der Lehrzeit nicht nur technisches oder handwerkliches Wissen und Können, sondern auch charakterliche Haltungen vermitteln zu wollen. Die Erziehungsziele Arbeitsamkeit, Fleiß, Tüchtigkeit, Ehrlichkeit, Disziplin, Pünktlichkeit werden als »bürgerliche Tugenden« abgewertet und in Verbindung mit der »Erziehung zum Untertanen« gebracht. »Leitbild ist der gehorsame Untertan, der mit sich machen läßt, was Lehrherren, Eltern, Politiker und die oberen Zehntausend mit ihm machen wollen; Leitbild ist nicht der mündige Bürger. Die bestehenden Verhältnisse sollen als unveränderlich akzeptiert werden: Erziehung gerät zum bloßen Dressurakt«[85]. Der Lehrling wird zur Brauchbarkeit erzogen. »Kritik, Distanz, Ungehorsam oder gar Widerstand sind nicht gefragt ... Verlangt werden dagegen Fähigkeiten wie Verständnis für betriebliche Notwendigkeiten (Überstunden!), Geschäftsinteresse, Anerkennung der betrieblichen Hierarchie, Einordnung in den Produktionsablauf und ähnliches mehr. Der Be-

[81] Vgl. Hübner/Liebel/Reichelt 1971, S. 5 ff.
[82] Haug und Maessen 1971, S. 52.
[83] Weiler und Freitag 1971, S. 30.
[84] Haug und Maessen 1971, S. 106.
[85] Haug und Maessen 1971, S. 69.

trieb beutet auf diese Weise nicht nur die Arbeitskraft der Lehrlinge aus, er erzieht sie darüber hinaus zu Duckmäusern, Speichelleckern und verängstigten Geschöpfen ... Das geschieht in den meisten Fällen durchaus bewußt«[86]. »Eine Bildung der Arbeitskräfte ist nur insoweit erwünscht, als sie eine profitable Ausbeutung derselben ermöglicht; dagegen soll verhindert werden, daß die Arbeitskräfte so weit zu denken lernen, daß sie ihre objektive Lage erkennen und um deren Veränderung kämpfen«[87]. »Die Bildungsarbeit der Unternehmer ist zwangsläufig antidemokratisch. Sie hat zu rechtfertigen, daß im Produktionsbereich verweigert wird, was im politischen Raum mit dem Parlamentarismus verwirklicht sein soll: Gleichheit, Mitbestimmung und Autonomie«[88].

Gegen die derzeitige Praxis in den Berufsschulen wird eingewendet, daß sie die Ausbildungsmängel in den Betrieben nicht ausgleichen kann. Als berufsbegleitende Teilzeitschule wird die Berufsschule in der Regel nur einen Tag pro Woche besucht. Der Lehrling erlebt sie im Vergleich mit seiner Tätigkeit im Betrieb als Nebensache. Dazu trägt auch bei, daß die Abschlußprüfung der Berufsschule bis jetzt keine Bedeutung für die von den Kammern durchgeführten Lehrabschlußprüfungen hat. Die Berufsschullehrer sind durch das Mißverhältnis zwischen der Menge des Lehrstoffes und der geringen Unterrichtszeit überfordert. Die linken Kritiker werfen ihnen vor, daß sie »die unpolitische, für den Faschismus anfällige Ideologie des Mittelstandes« an die Schüler weitergeben und »bestehende Verhältnisse ideologisch rechtfertigen«. »Eine Auseinandersetzung mit der Arbeitswirklichkeit, mit Ausbeutung und Herrschaft in Betrieb und Gesellschaft, leistet der Berufsschulunterricht bis heute nicht. Lehrbücher, die emanzipatorische, und das heißt klassenkämpferische Inhalte vermitteln, müßten erst noch geschrieben werden«[89].

Ebenso wie die familiäre und die schulische Erziehungssituation wird also auch die Situation der Jugendlichen in den Betrieben von der Neuen Linken sehr düster beschrieben. Soweit sie konkrete Mißstände angreift und konkrete Abhilfe verlangt, decken sich ihre Bemühungen mit denen vieler anderer Kritiker unseres Berufsausbildungswesens einschließlich solcher aus Unternehmerkreisen. Es geht der Neuen Linken jedoch auch in diesem Bereich weniger um die Be-

---

[86] Weiler und Freitag 1971, S. 32.
[87] Kipp 1973, S. 46.
[88] Haug und Maessen 1971, S. 73.
[89] Haug und Maessen 1971, S. 114 und 112.

seitigung von Mängeln als um die Nutzung von Mängeln zur Vorbereitung der »Systemüberwindung«. Als Maßstab für die Deutung der Situation gelten »Klassenbewußtsein« und »Bereitschaft zum Klassenkampf«[90].

Wenn es der Neuen Linken auf das Wohl des einzelnen Lehrlings oder Jungarbeiters hier und jetzt ankäme, würde sie jede Verbesserung der Ausbildungssituation in den Betrieben begrüßen. Aus strategischen Gründen schätzt sie solche Verbesserungen jedoch als Gefahr für die Verwirklichung ihrer politischen Ziele ein.

So wird zum Beispiel zugegeben, daß Betriebsberufsschulen personell, materiell und räumlich wesentlich besser ausgestattet sind als die meisten öffentlichen Berufsschulen. Ein weiterer Vorteil wird in der dort vorhandenen Möglichkeit gesehen, die theoretische und die praktische Berufsausbildung eng miteinander zu verbinden. Als Nachteil wird dagegen die enge Bindung der Betriebsberufsschulen an den jeweiligen Betrieb gewertet, insbesondere die »Möglichkeit der Betriebsleitung zur sublimen politischen Beeinflussung der Lehrlinge. Aus diesen Gründen sind Betriebsberufsschulen im Kapitalismus grundsätzlich abzulehnen«[91].

Ähnlich negativ ist die Einschätzung der Stufenausbildung in der Industrie, bei der zunächst eine breite berufliche Grundausbildung in Fertigkeiten und Kenntnissen vermittelt wird, die in einer möglichst großen Gruppe verwandter Berufe gebraucht werden, bevor eine allgemeine und anschließend eine spezielle Fachausbildung erfolgt. Eine solche planvolle Berufsausbildung ist zweifellos ein großer Fortschritt gegenüber der bisherigen Praxis, die auch von der Neuen Linken heftig kritisiert worden ist. Sie wendet jedoch dagegen ein, daß es sich »um eine auf den Personalbedarf des Konzerns zugeschneiderte Ausbildung handelt« und daß die Stufenausbildung eine zusätzliche Hierarchie in den Betrieben schaffe: »Oben stehen wenige gut ausgebildete Spezialisten, unten verrichten die nur mit den nötigsten Fähigkeiten ausgestatteten Massen Handlangerdienste. Sie werden nicht über größere Chancen, Glückserwartungen und Freiheiten verfügen, als ihre ausgebeuteten Eltern sie (nicht) hatten. Der technologische Fortschritt wird ihre Lage nicht verbessern, die befreienden Möglichkeiten, die er enthält, werden nicht genutzt werden – es sei denn, die Unterdrückten benutzen sie selbst«[92].

[90] Vgl. besonders Hübner/Liebel/Reichelt 1971, S. 12 ff.
[91] Kipp 1973, S. 53.
[92] Haug und Maessen 1971, S. 104 f.

Dieses Werturteil gründet auf dem Glauben, daß innerbetriebliche Reformen der Ausbildungssituation für die endgültige »Befreiung« eher hinderlich als förderlich sind. Deshalb fordern auch die Jungsozialisten ganz unabhängig davon, was Betriebe für die Berufsausbildung leisten oder künftig leisten könnten: »Die starke Bindung des Lehrlings an den Betrieb muß abgeschafft werden«[93]. Es wird ausdrücklich vor der »Gefahr« gewarnt, »daß eine Lehrlingsbewegung, die sich auf die Forderung nach ›zukunftsorientierter‹, ›moderner‹ Berufsausbildung beschränken wollte, weit geöffnete Türen einrennen und sich anschließend in modernisierten Lehrwerkstätten totlaufen könnte. Worauf es ankommt, ist, daß sich die Lehrlinge als Teil der Arbeiterklasse begreifen, sich organisieren und Front machen gegen Verhältnisse, in denen der besitzlose, lohnabhängige Teil der Bevölkerung sein Leben nicht selbst bestimmen kann. Unzufriedenheit mit solchen Verhältnissen ist einzuüben ... Für die Lehrlinge steht nicht die Modernisierung des Kapitalismus auf der Tagesordnung, sondern seine Abschaffung«[94]. »Demokratie – Volksherrschaft – gibt es nicht, solange die Kapitalistenklasse herrscht; Demokratie, Freiheit der Gesellschaft und jedes einzelnen, muß erst noch erkämpft werden – von denen, die unfrei und beherrscht sind. Klassenkampf nennt man das – oder Revolution«[95].

Die Untersuchung der Deutungen, welche die Neue Linke von der Erziehungssituation in Familie, Schule und Betrieb gibt, ließe sich noch für andere Erziehungsbereiche ergänzen. Es liegen kritische Darstellungen der Situation in Kindergärten und Kinderhorten[96], in Erziehungsheimen[97], in den Einrichtungen der Sozialarbeit[98], der Jugendarbeit[99] und der Erwachsenenbildung[100] vor, auf die hier aus Platzmangel nicht näher eingegangen werden kann. Sie sind alle ähnlich angelegt. Vorhandene Mißstände werden gesammelt, als repräsentativ ausgegeben und einseitig gesellschaftskritisch interpretiert. Mit anderen Worten: Mißstände und Mängel werden nicht in jenen konkreten Zusammenhängen gedeutet, in denen sie auftreten und in

---

[93] Stichweh 1971, S. 161.
[94] Haug und Maessen 1971, S. 219 f. [95] Haug und Maessen 1971, S. 24.
[96] Vgl. Günther-Thoma 1972; Heinsohn 1974.
[97] Vgl. Brosch 1971; Meinhof 1971; Ahlheim 1971.
[98] Vgl. Hollstein und Meinhold 1973, besonders S. 205 ff.
[99] Vgl. Giesecke 1971; Liebel 1970 und 1971; Lüers 1971; Büssow 1973; Damm 1975.
[100] Vgl. Feidel-Mertz 1972; Negt 1971; Markert 1973; Pflug 1973; Axmacher 1974.

denen sie meistens auch mehr oder weniger behebbar wären, sondern sie werden grundsätzlich zur Gesamtgesellschaft in Beziehung gesetzt und als böse, aber unvermeidbare Folge der »kapitalistischen Produktionsbedingungen« ausgegeben. Die Frage, ob und warum sie unter sozialistischen Produktionsbedingungen vermieden werden könnten, wird gar nicht gestellt.

Ebensowenig berücksichtigt werden alle geschichtlichen Erfahrungen, welche die moralische Schwäche der Menschen und die immerwährende Unvollkommenheit menschlicher Einrichtungen bezeugen – ganz unabhängig von Wirtschaftsordnung und Gesellschaftssystem. Die Deutung der Erziehungssituation, die in der Pädagogik der Neuen Linken gegeben wird, dient nicht der Verbesserung dessen, was zu verbessern möglich ist, sondern der Ausbreitung der Unzufriedenheit. Sie ist eine Waffe im Kampf für die Revolution.

6. Die Ziele der Erziehung

> Glücklich leben wollen alle. Was jedoch ein Leben wahrhaft glücklich macht, ist ihnen unklar und verborgen. SENECA[1]

Es ist zur Vermeidung von Mißverständnissen und Irrtümern ganz unerläßlich, klar zwischen Erziehungszielen und gesellschaftspolitischen Zielen zu unterscheiden. Ein Erziehungsziel ist eine Norm, die einen vorgestellten Zustand der Persönlichkeit beschreibt, der durch Erziehung verwirklicht werden soll. Ein gesellschaftspolitisches Ziel dagegen ist eine Norm, die einen vorgestellten Zustand einer Gesellschaftsordnung beschreibt, der durch politisches Handeln herbeigeführt werden soll. Wer als Politiker einen bestimmten Gesellschaftszustand erhalten, verändern oder hervorbringen will, kann sich dazu neben anderen Mitteln wie Gesetzgebung, Verwaltung, Wirtschaftsverfassung, Militär usw. auch des Erziehungssystems bedienen.

Erziehungsziele im Dienst gesellschaftspolitischer Strategie

Zu den Bedingungen, von denen die Verwirklichung eines gesellschaftspolitischen Zieles abhängt, gehört unter anderem auch die seelische Verfassung der Mitglieder dieser Gesellschaft, insbesondere deren Wert-Orientierung. Wer zum Beispiel das politische Ziel »sozialistische Gesellschaftsordnung« verfolgt, wird als eine von vielen notwendigen Bedingungen dafür auch bestimmte Erlebnis- und Handlungsbereitschaften der Bevölkerung ansehen, die man abkürzend als »sozialistische Persönlichkeitsstruktur« bezeichnen kann. Er wird dann folgerichtig von den Erziehern fordern, sie sollen so handeln, daß Kinder, Jugendliche und Erwachsene dazu gebracht werden, die »sozialistische Persönlichkeitsstruktur« so weit wie möglich zu verwirklichen. Durch die Erziehung zur »sozialistischen Persönlichkeitsstruktur« kann also mittelbar auch ein Beitrag zur Verwirklichung des politischen Zieles »sozialistische Gesellschaftsordnung« geleistet werden. Insofern hängen politische Ziele und Erziehungsziele häufig miteinander zusammen, obwohl niemals ein Gesellschaftszustand,

---

[1] SENECA (De vita beata, Kap. 1), S. 81.

sondern nur ein Persönlichkeitszustand Ziel der Erziehung sein kann[2].

Die Neue Linke vom linksliberalen bis zum sozialistischen Flügel *sieht die Erziehung in erster Linie als Mittel zur Verwirklichung politischer Ziele an.* Nach MOLLENHAUER fällt der Erziehung »die Aufgabe zu, in der heranwachsenden Generation das Potential gesellschaftlicher Veränderung hervorzubringen«[3]. GAMM stellt ihr das politische Ziel: »Die neue Generation ist zu ›begaben‹, die Versäumnisse ihrer Vorgänger zu revidieren und einem Sozialismus als menschenwürdiger Lebensform Bahn zu brechen«[4]. BECK und Genossen fordern »Erziehung zum Sozialismus, als Aufhebung der Ausbeutung des Menschen durch den Menschen«[5]. Die Jungsozialisten wollen die Kinder »befähigen, später aktiv an der Veränderung der Gesellschaft im Sinne ihrer Demokratisierung mitzuarbeiten«[6]. WERDER sieht das »Ziel der proletarischen Erziehung« in der Fähigkeit, »durch organisiertes Arbeiten, Lernen und Kämpfen die kapitalistischen Produktionsverhältnisse zu zerschlagen und die Produktivkräfte einschließlich der Arbeiterschaft zu befreien«[7]. Nach anderen Autoren hat »Sozialistische Erziehung im Kapitalismus ... das Ziel, den Klassenstandpunkt zu festigen«[8].

Was die Neue Linke über die Ziele der Erziehung sagt, kann nur im Zusammenhang mit ihren politischen Zielen verstanden werden. Das Verständnis ist schwierig, weil in den Texten selten klar unterschieden wird zwischen den Zielen der Erziehung in der Phase des Kampfes gegen die derzeit bestehende Gesellschaftsordnung einerseits und den Erziehungszielen in der idealen Zukunftsgesellschaft andererseits. Die Persönlichkeitsmerkmale, welche nach Ansicht der Neuen Linken durch Erziehung verwirklicht werden sollen, scheinen wenigstens teilweise auch als Mittel zur Zerstörung des vorhandenen Gesellschaftssystems und zur Errichtung einer sozialistischen Gegengesellschaft angesehen zu werden. In den »Thesen zu emanzipatorischer Erziehung« von BECK und Genossen wird zum Beispiel ausdrücklich festgestellt, daß »emanzipatorische Erziehung« innerhalb der »autoritären Leistungsgesellschaft« ein *»subversives«*, d. h. ein

[2] Vgl. BREZINKA 1977, S. 119 ff.
[3] MOLLENHAUER 1968, S. 66 f.; ähnlich BLANKERTZ 1966a, S. 82.
[4] GAMM 1970, S. 51 f.
[5] BECK 1970, S. 151.
[6] STICHWEH 1971, S. 157.
[7] WERDER 1972, S. 207.
[8] RAUCH und ANZINGER 1973, S. 339.

umstürzlerisches »Bildungsprinzip« sei. Nach der »Umwälzung« sei sie dann als »Erziehung zum Sozialismus« zu verstehen[9].

Auf den ersten Blick sehen die Zielangaben harmlos aus. Am häufigsten werden folgende Erziehungsziele genannt: »kritische Rationalität«, »Vernünftigkeit«, »Mündigkeit«[10]; »kritisches Bewußtsein«[11]; Fähigkeit zur »Selbstbestimmung«, Kritikfähigkeit, »Emanzipation« im Sinne des Zustandes der Emanzipiertheit[12]; »Selbstverwirklichung«, »allseitige Entfaltung der individuellen Möglichkeiten«[13]; Bewußtsein des »Rechts auf individuelles Glück«[14]; »emanzipierte Identität«[15]; das »emanzipierte Individuum«[16], das »kritische Individuum mit der Bereitschaft zum Widerstand«[17]; »Empfindsamkeit und Intoleranz gegen Unterdrückung und Not«, »Solidarität«, »Genußfähigkeit«[18]; »Menschlichkeit«, »Humanität«[19]. In jüngster Zeit wird »die allseitig entfaltete Persönlichkeit im Sinne des Verständnisses von Karl Marx«[20], die »Allseitigkeit des Menschen«[21], die »Universalität des Menschen bei Identität mit sich selber«[22] besonders betont.

Alle diese Zielangaben sind relativ inhaltsarm. Ihr Informationsgehalt ist äußerst gering. Sie lassen ganz verschiedene Deutungsmöglichkeiten offen. Um erkennen zu können, was mit ihnen gemeint ist, muß man sie aus dem gedanklichen Zusammenhang (Kontext), in dem sie stehen, interpretieren.

Mündigkeit, Vernünftigkeit, Kritikfähigkeit

An den Erziehungszielen der Neuen Linken fällt als erstes auf, daß überwiegend verstandesmäßige, intellektuelle oder kognitive Züge

---

[9] Beck 1970, S. 150 f.
[10] Mollenhauer 1968, S. 67 und S. 70.
[11] Brückner 1973, S. 125.
[12] Gamm 1970, S. 216; Hentig 1968, S. 11 ff.
[13] Markert 1970, S. 38 und S. 51.
[14] Klafki 1971a, S. 383. Über den Ursprung dieses Zieles in der Aufklärung vgl. Hazard 1949, S. 57.
[15] Wellendorf in: Liebel und Wellendorf 1970, S. 91.
[16] Reinhard Kahl in: Haug und Maessen 1969, S. 43.
[17] Haug und Maessen 1969, S. 56.
[18] Gottschalch 1970, S. 155.
[19] Blankertz 1966a, S. 79, 81, 86.
[20] Gamm 1972, S. 152.
[21] Werder 1972, S. 204.
[22] Heydorn 1972, S. 129; ähnlich S. 150.

der Persönlichkeit genannt werden: Rationalität, Vernünftigkeit, Kritikfähigkeit. Im Mittelpunkt steht die Fähigkeit des Menschen, sich mit Hilfe seiner kritischen Vernunft selbst zu bestimmen: mündig, vernünftig, autonom zu sein. Das ist das Persönlichkeitsideal der Aufklärung[23]. Es hat auch schon vor dem Auftreten der Neuen Linken die Zielvorstellungen der bürgerlich-liberalen Erziehungslehre bestimmt. Wir haben bereits gesehen, daß es maßvoll-realistisch, aber auch radikal-utopisch ausgelegt werden kann[24].

Die Neue Linke vertritt weitgehend radikal-utopische Erziehungsziele, aber sie bezeichnet sie mit den gleichen Wörtern, mit denen bisher in der Praktischen Pädagogik vorwiegend gemäßigt-liberale Erziehungsziele gemeint gewesen sind. Sie gibt diesen Wörtern, deren Sinn jedermann zu kennen meint, eine neue Bedeutung. Das gehört zu ihrer Taktik der ideologischen Unterwanderung des bürgerlichen Bewußtseins.

So wird von der Neuen Linken auch ihr Begriff der *Mündigkeit* ausdrücklich unterschieden vom »bürgerlichen Begriff der Mündigkeit«[25]. Dieser bezeichnete die Fähigkeit, sich in der Gesellschaft, wie sie ist, im Bewußtsein seiner sittlichen Verantwortung selbständig zurechtzufinden. Die Neue Linke dagegen meint mit »Mündigkeit« die psychische Disposition, die Gesellschaft, wie sie ist, radikaler Kritik zu unterziehen und an ihrer Umwandlung gemäß dem sozialistischen Gegenideal der Gesellschaft, wie sie sein soll, mitzuarbeiten. Mündigkeit in diesem Sinne wird als eine subjektive Voraussetzung zur »Überwindung des gesellschaftlichen Status quo«[26] betrachtet. »Mündigkeit« besteht nach GAMM in der »Erkenntnis, daß sich der einzelne *in dieser Gesellschaft* nicht wahrhaft befreien kann«[27]. Nach VOGEL ist es »ideologisch-unwahr«, Mündigkeit »als im gegebenen kapitalistischen Herrschaftszusammenhang realisierbar zu suggerieren«[28].

Das Erziehungsziel, den Menschen tüchtig zu machen für die Verbesserung der gesellschaftlichen Zustände, war auch schon SCHLEIERMACHER im Jahre 1826 vertraut[29], aber kaum jemand dachte dabei

---

[23] Zur Bedeutungsgeschichte von »Autonomie« vgl. POHLMANN 1971.
[24] Vgl. in diesem Buch S. 16.
[25] Vgl. KONEFFKE 1971, S. 112. Zur ursprünglichen rechtlichen Bedeutung von »Mündigkeit« vgl. SPAEMANN 1971.
[26] KONEFFKE 1971, S. 110.
[27] GAMM 1972, S. 159.
[28] VOGEL 1970a, S. 253 f.
[29] Vgl. SCHLEIERMACHER 1957, S. 29 ff.

an die Bereitschaft, die Gesellschaft *als Ganzes* radikal in Frage zu stellen. »Mündigkeit« im Sinne der Neuen Linken dagegen meint: fähig und bereit sein zu *totaler* Gesellschaftskritik und zum Kampf gegen jede Art von »Herrschaft«.

Ähnliches gilt vom Erziehungsziel »*Vernünftigkeit*« oder »kritische Vernunft«[30]. Es steht bei der Neuen Linken in engster Verbindung mit dem gesellschaftspolitischen Ziel, »Fortschritt zum Besseren zu ermöglichen«. Deshalb fordert zum Beispiel BLANKERTZ »die erzieherische Distanz von der Gesellschaft«, das heißt: die »Brechung ihrer falschen Normativität durch die Einsicht in ihre Bedingungen. Denn nur indem die Bildung das Subjekt ermächtigt, die Bedingungen der Gesellschaft nicht allein als das zu erkennen, wofür sie sich ausgeben, sondern was sie sind, widersteht der Geist der differenzlosen Identität mit der Gesellschaft und tut gerade dadurch das gesellschaftlich Rechte«[31].

Solche Zielangaben sind utopisch, weil sie das Erkenntnisvermögen der Menschen überfordern, und sie sind irreführend, weil sie vortäuschen, auf einem gesellschaftsunabhängigen Wissen vom »Rechten« zu beruhen, das gar nicht vorhanden ist. Das Erziehungsziel »Einsicht in *die* Gesellschaft und ihre Bedingungen, wie sie wirklich sind«, gaukelt die Möglichkeit einer *wissenschaftlichen* Erkenntnis des Ganzen (oder der Totalität) der Gesellschaft und ihre Zugänglichkeit für jedermann vor, wo tatsächlich nicht mehr als eine äußerst lückenhafte *weltanschauliche* Gesamtschau möglich ist, die je nach den Glaubensüberzeugungen des Betrachters verschieden ausfällt. Die Illusion der Möglichkeit einer ideologiekritischen Erkenntnis der Totalität von Gesellschaft und Geschichte durch jedes Mitglied der Gesellschaft dürfte in den meisten Fällen zu nichts anderem führen als zur Entfremdung von der vorhandenen Gesellschaft und zur Anfälligkeit für utopische Heilslehren von der idealen Gegengesellschaft.

Die »Vernünftigkeit« (oder die »kritische Rationalität«), die der Neuen Linken als Erziehungsziel vorschwebt, ist etwas anderes und viel spezielleres als die allgemeine Fähigkeit zum Denken, zur Einsicht oder zum Erkennen, die normalerweise mit diesem Wort gemeint ist. Ihr liegt nicht der Begriff »der heute vorherrschenden subjektiven, instrumentellen Vernunft« zugrunde, sondern der eines

---

[30] BLANKERTZ 1966a, S. 86.
[31] BLANKERTZ 1966a, S. 82.

rätselhaften Phantasiegebildes, welches von den Spät-Marxisten »objektive, substanzielle Vernunft« genannt wird. Sie meinen damit unter anderem »das Vermögen, unbefriedigte und unterdrückte menschliche Bedürfnisse (und unentfaltete menschliche Fähigkeiten) zu bestimmen, die Verhältnisse zu kritisieren, die ihre Befriedigung hemmen, ... und die Bedingungen zu formulieren, unter denen sie (besser) befriedigt werden könnten«[32]. Das Wort »Vernünftigkeit« hat hier also eine gegenüber dem üblichen Sprachgebrauch eingeschränkte Bedeutung: es bezeichnet vorwiegend die Fähigkeit zu gesellschaftskritischem Denken.

Ebenso verhält es sich mit dem Erziehungsziel *»Kritikfähigkeit«*. Darunter wird von der Neuen Linken hauptsächlich die Fähigkeit zur Gesellschaftskritik und zur Ideologiekritik verstanden, während die grundlegende Bedeutung der Fähigkeit zur *Selbst*kritik übersehen wird. Ideologiekritik erscheint als ein unerläßliches Mittel, um »die Distanzierung von kulturellen Bindungen und sozialen Rollen« sowie die »Demokratisierung der Gesellschaft« zu bewirken[33].

Aus dem Interesse an allen Möglichkeiten, die »Distanzierung« der Menschen von ihrer »schlechten« Gesellschaft oder vom »System« zu fördern, ist auch erklärlich, daß *»Kreativität«* und die *Fähigkeit zum »abweichenden Denken«* als Erziehungsziele besonders hoch geschätzt werden. BUSSIEK hält die »Kreativität« für einen »der wichtigsten Faktoren jeder revolutionären Strategie«[34]. LEMPERT interpretiert »Kreativität« einseitig »als Nonkonformität«, die sich »auch in der Beteiligung am Abbau sozialer Herrschaft« äußere[35]. HENTIG hält »Angepaßte« für schlimmer als »Unangepaßte« und meint, wir brauchten »Menschen mit der Schwejkschen Fähigkeit, den bombastischen Überbau zu unterlaufen, die ihre Pflicht erfüllen, indem sie anderen helfen, sich gegen ihre Pflicht ... zu behaupten«[36].

Man kann solchen Erziehungszielen durchaus Wert zubilligen, wenn man sie als einschränkende Ergänzung zum Ideal der Persönlichkeit, welche die Kultur ihrer Gesellschaft fortzuführen imstande ist, betrachtet. Werden sie jedoch zu zentralen Erziehungszielen erhoben und verdrängt die Forderung nach Kritik die nach Anerken-

[32] LEMPERT 1971, S. 324 (im Anschluß an HABERMAS).
[33] LEMPERT 1971, S. 320 f.
[34] BUSSIEK 1971, S. 7.
[35] LEMPERT 1971, S. 332; vgl. auch HENTIG 1973, S. 172.
[36] HENTIG 1973, S. 171.

nung der Kultur, dann drückt sich darin ein Negativismus aus[37], den man nur vertreten kann, wenn einem die Kulturrevolution wichtiger ist als die seelische Gesundheit und die Lebenstüchtigkeit der Educanden.

Die emanzipierte Persönlichkeit

> Wer von uns verlangt, uns vom eigenen Zustand zu trennen, will uns den seinigen aufhalsen.
>
> ARNOLD GEHLEN[38]

Die Neue Linke hat zur Kennzeichnung ihrer Ideale das politische Schlagwort »Emanzipation« wiederbelebt[39]. Es steht auch im Zentrum ihrer Pädagogik. GAMM nennt die »Emanzipation« geradezu das »Schlüsselproblem der Erziehung«[40]. Die Pädagogik der Neuen Linken ist weitgehend mit den Programmen für »emanzipatorische Erziehung« identisch[41].

Das Verständnis dessen, was mit »Emanzipation« (»Befreiung«) gemeint ist, wird dadurch erschwert, daß das Wort in ganz verschiedenen Bedeutungen gebraucht wird, ohne daß sich seine Benutzer darüber klar zu sein scheinen. Einmal wird es zur Bezeichnung eines Vorganges, ein andermal zur Bezeichnung eines Zustandes, der für das Ergebnis dieses Vorganges gehalten wird, verwendet. Es wird sogar der Unsinn behauptet, Vorgang und Zustand seien dasselbe. »Emanzipation« sei »gleichermaßen Prozeß und Ziel«[42]. »Emanzipation als Vorgang« ist wiederum mehrdeutig: es kann damit reflexiv der Vorgang des Sich-Emanzipierens (»Sich-Befreiens«) gemeint sein oder transitiv der Vorgang des Emanzipierens (»Befreiens«) anderer Personen. Ferner kann »Emanzipation als Vorgang« deskriptiv oder normativ verstanden werden: als Bestandteil einer Beschreibung der Wirklichkeit oder als Sollensforderung, als Handlungsvorschrift, als Aufgabennorm[43]. Ebenso ist »Emanzi-

[37] Zum Negativismus im Zusammenhang mit der sozialistischen Idee der Gleichheit vgl. SOMBART 1924, Bd. 1, S. 112 ff.
[38] GEHLEN 1970, S. 19.
[39] Zur Verwendungsweise vgl. GREIFENHAGEN 1973.
[40] GAMM 1973a.
[41] Vgl. WALTER 1973; KERSTIENS 1974. Zur Kritik vgl. BATH 1974.
[42] OELSCHLÄGEL 1973, S. 102.
[43] Zur Terminologie vgl. BREZINKA 1977, S. 137 ff.

pation als Zustand« mehrdeutig: es kann damit entweder das Emanzipiert-sein (»Befreit-sein«) einer Person oder einer Gruppe gemeint sein; in beiden Fällen kann es sich entweder um einen tatsächlich vorhandenen Zustand oder um ein Ideal handeln, d. h. um eine Norm, welche fordert, daß »Emanzipiert-sein« sein soll[44].

In diesem Kapitel geht es um »Emanzipation« als Erziehungsziel, also um das für Personen gesetzte Ideal des Emanzipiert-seins[45]. Um Mißverständnisse zu vermeiden, sprechen wir jedoch besser vom Erziehungsziel »emanzipierte Persönlichkeit«. Was ist damit gemeint? Ehe wir diese Frage beantworten können, müssen wir einen Blick auf die Bedeutungsgeschichte des Wortes »Emanzipation« werfen.

Das Wort stammt aus dem römischen Recht. Dort bedeutet »emancipatio« die Entlassung des erwachsenen Sohnes aus der väterlichen Gewalt (aus dem »mancipium«[46]). Das entsprechende Zeitwort »emancipare« bedeutet: den Sohn aus der väterlichen Gewalt entlassen. Der moderne Sprachgebrauch knüpft allerdings mehr an die »manumissio«, die Freilassung der Sklaven an[47]. »Emanzipation« war also ursprünglich ein Rechtsbegriff, der einen einmaligen Vorgang bezeichnete. Wenn Sklaven freigelassen wurden, wenn Bürger politische Rechte erwarben, wenn Frauen das Wahlrecht erhielten, dann geschah das einmal und für immer. Der Freigelassene, der Bürger, die wahlberechtigte Frau bleiben emanzipiert und zwar ganz unabhängig von ihren persönlichen Eigenschaften. Sie haben durch den Akt der Emanzipation Rechte erworben, die sie vorher nicht besaßen. Der Kampf um diese Rechte, der dem Akt der Emanzipation in vielen Fällen vorausgegangen ist, ist durch diesen Akt abgeschlossen worden.

Diese klare rechtliche Bedeutung des Wortes »Emanzipation« ist jedoch seit etwa 150 Jahren mehr und mehr durch eine verschwommene politische Bedeutung ersetzt worden[48]. »Emanzipation« wird jetzt nicht mehr als ein einmaliger Rechtsakt verstanden, sondern als ein Vorgang von ungewisser Dauer mit unklarem Ziel. Einigermaßen

---

[44] Die Formen der Mehrdeutigkeit des Wortes »Emanzipation« sind ähnlich denen des Wortes »Bildung«. Zur Bedeutungsanalyse von »Bildung« vgl. Brezinka 1966, S. 32 ff.

[45] Manche Autoren (wie z. B. Fischer 1972) sprechen auch von »Emanzipation als *Lern*ziel«, womit dasselbe gemeint ist. Zur Kritik des Begriffes »Lernziel« vgl. Brezinka 1977, S. 130 ff.

[46] Mommsen 1963, S. 59 ff.; Greiffenhagen 1973, S. 48 ff.

[47] Steinbach 1958, Sp. 450.

[48] Vgl. Spaemann 1971.

klar ist jeweils nur, *wovon* sich jemand emanzipieren will oder soll. Der Ausdruck »Emanzipation« wird heute vorwiegend als Schlagwort in politischen und weltanschaulichen Kämpfen benutzt, um Vorgänge der Befreiung einer gesellschaftlichen Gruppe aus dem Zustand tatsächlicher oder vermeintlicher Benachteiligung, Unterdrükkung oder Abhängigkeit zu bezeichnen. In dieser Bedeutung ist das Wort auch von KARL MARX verwendet worden. Aus dem Marxismus hat es – vor allem durch Vermittlung von HABERMAS – Eingang in den Sprachschatz der Neuen Linken gefunden.

Schon aus der Bedeutungsgeschichte des Wortes ergibt sich, daß es für die Kennzeichnung eines Erziehungsziels völlig unbrauchbar ist. Die »emanzipierte Persönlichkeit« ist ein Ideal, das sich nicht positiv, sondern höchstens negativ bestimmen läßt: durch Hinweise auf Abhängigkeiten, von denen sie sich »befreit« hat. Es ist typisch für den Geist der Verneinung, von dem die Neue Linke erfüllt ist und der sich auch in zahlreichen anderen negativen Begriffen wie »anti-autoritär«, »Gegen-Gesellschaft«, »Gegen-Kultur«, »Gegen-Praxis«, »Gegen-Schule«, »Gegen-Universität« usw. äußert. Die »emanzipierte Persönlichkeit« ist ein nahezu inhaltsleerer Begriff. Er hat einen großen logischen Spielraum und dementsprechend einen minimalen Informationsgehalt: er läßt uns völlig im unklaren über die Persönlichkeitsmerkmale, die den »emanzipierten« Menschen kennzeichnen[49].

Was mit diesem Erziehungsziel gemeint ist, wird nur verständlich, wenn man es im Zusammenhang mit der radikalen Gesellschaftskritik und mit den politischen Zielen der Neuen Linken betrachtet. Dabei ist wiederum der Unterschied zwischen der linksliberalen und der sozialistischen Richtung zu beachten.

Selbstbestimmungsfähigkeit

Die *linksliberal-gesellschaftsutopische Richtung*, deren Erziehungslehre »Emanzipatorische Pädagogik« genannt wird, interpretiert das Erziehungsziel »emanzipierte Persönlichkeit« als *»Selbstbestimmungsfähigkeit«*[50]. Was darunter zu verstehen ist, wird nie genau gesagt, sondern es bleibt bei vagen Hinweisen auf »Kritikfähigkeit,

---

[49] Zur Kritik vgl. RÖSSNER 1974, S. 48 ff.

[50] Vgl. KLAFKI 1970, S. 85; 1971, S. 265. HENTIG 1968, S. 10; FISCHER 1972, S. 84 ff.; CLAUSSEN 1973, S. 124 f.

Urteilsfähigkeit, Motivation zur produktiven Veränderung des Bestehenden«[51], »Fähigkeit zur Selbst-Identifizierung, zum Aufbau von Ich-Stärke und Selbstbewußtsein«[52] usw. Viel häufiger als durch positive Merkmale wird die »Selbstbestimmungsfähigkeit« durch negative zu beschreiben versucht. Sie wird hauptsächlich als *»Fähigkeit zur Überwindung von Fremdbestimmung«*, als *»Fähigkeit, sich aus Abhängigkeiten zu befreien« und »befreit zu existieren«*[53], bestimmt. »Emanzipiert-sein« erweist sich also im Frei-sein von Abhängigkeiten.

An welche Abhängigkeiten ist dabei gedacht? Grundsätzlich an *alle*, wobei jedoch von verschiedenen Autoren einzelne Arten der Abhängigkeit mehr hervorgehoben werden als andere. GIESECKE spricht von der »Ablösung ... aus *allen* gesellschaftlich verursachten Abhängigkeiten, sofern diese Abhängigkeiten subjektiv als ›Übel‹ erlebt werden bzw. erlebbar gemacht werden können«[54]. MOLLENHAUER spricht sehr allgemein von der »Befreiung ... aus Bedingungen, die ... Rationalität und das mit ihr verbundene gesellschaftliche Handeln beschränken«[55], von der Befreiung aus »Unfreiheit«[56]. Als »Abhängigkeit« und »Unfreiheit« gilt jede Art von »Fremdbestimmung«. Nach LEMPERT zählen dazu alle »Gegebenheiten«, welche »die Artikulation und Befriedigung menschlicher Bedürfnisse ... beschränken«. Mit »Selbstbestimmungsfähigkeit« ist demnach die Fähigkeit gemeint, sich aus allen Abhängigkeiten zu befreien, welche »die Befriedigung unserer Bedürfnisse ... erschweren«. Die *Fähigkeit zur Befriedigung ihrer individuellen Bedürfnisse* (einschließlich derer, die ihr noch gar nicht bewußt geworden sind) ist also nach linksliberaler Auffassung das Hauptmerkmal der »emanzipierten Persönlichkeit«. »Ohne die Kategorie der Bedürfnisse« sei »der Begriff der Emanzipation nahezu leer«[57].

Die so verstandene »emanzipierte Persönlichkeit« ist *ein individualistisch-anarchistisches Ideal*, das wir schon bei STIRNER angetroffen haben[58]. Es fordert um der Freiheit des Individuums willen zur

---

[51] KLAFKI 1970, S. 85.
[52] FISCHER 1972, S. 88.
[53] Vgl. den »Katalog emanzipatorischer Fähigkeiten« im Versuch einer »Operationalisierung« des Begriffes »Emanzipation« bei FISCHER 1972, S. 85 ff.
[54] GIESECKE 1971, S. 152.
[55] MOLLENHAUER 1968, S. 11.
[56] MOLLENHAUER 1968, S. 69.
[57] LEMPERT 1973, S. 218 f.; ähnlich 1974, S. 27 ff.
[58] Vgl. in diesem Buch S. 79 ff.

Auflehnung gegen »überflüssige soziale Repressionen« auf. Das bedeutet nicht nur Auflehnung gegen Institutionen und Personen, von denen man äußerlich abhängt, sondern auch gegen »die Gesellschaft in uns«, d. h. gegen die Glaubensüberzeugungen und Normen, die der Mensch aus seiner Gesellschaft übernommen und im Gewissen (oder »Über-Ich«) verinnerlicht hat[59]. Es wird besonders betont, daß »die Artikulation und Befriedigung menschlicher Bedürfnisse« auch durch »erworbene Eigenschaften der Persönlichkeitsstruktur« behindert wird[60]. Zur »emanzipierten Persönlichkeit« gehöre deshalb vor allem die *Fähigkeit zur »Selbstreflexion«*, um »verdrängte Wünsche« erkennen und befriedigen zu können.

Wir haben es hier mit einer einseitig individualistischen Auslegung des Wortes »Selbstbestimmung« zu tun: die Befriedigung der Bedürfnisse, Wünsche und Interessen des Individuums gilt als oberster Wert. Die entscheidenden Fragen sind dabei, was ein Mensch jeweils unter seinen »Bedürfnissen«, »Wünschen« und »Interessen« versteht; ob sie alle als gleichwertig anzusehen und unterschiedslos zu befriedigen sind; welche sozialen Normen und Abhängigkeitsverhältnisse er als »überflüssig« betrachtet und ob sie es tatsächlich sind. Einige Autoren der Neuen Linken weisen durch die Unterscheidung zwischen »wahren« und »falschen« (richtig müßte es heißen: als »gut« bzw. »schlecht« gewerteten) Bedürfnissen selbst auf diese Probleme hin[61]. Sie lassen damit erkennen, daß sie nicht jedes »Bedürfnis« für berechtigt halten und daß es nicht gänzlich der Willkür des Einzelnen überlassen bleiben soll, welchen »Bedürfnissen« er Befriedigung zu verschaffen sucht. Wenn man aber erst einmal die individuelle Bedürfnisbefriedigung zum obersten Wert erklärt hat, dann gibt es keine Möglichkeit mehr, den Egoismus moralisch in Schranken zu halten.

Die Neue Linke verwendet das Wort »Selbstbestimmungsfähigkeit« also ganz anders, als wir es aus der Ethik der Stoa, des Christentums[62], der Aufklärung oder der deutschen Klassik gewöhnt sind. Sie vertritt einen *amoralischen Begriff der Selbstbestimmungsfähigkeit*, d. h. einen Begriff, der gegenüber der moralischen Unterscheidung zwischen gut und böse indifferent ist. Er läßt gerade jene Merkmale unberücksichtigt, die den zentralen Inhalt des *moralischen* Begriffes der

---

[59] Vgl. z. B. Brückner 1973, S. 114 ff.
[60] Lempert 1973, S. 220; 1974, S. 30 f.
[61] Vgl. z. B. Negt 1971, S. 93.
[62] Vgl. z. B. Hildebrand 1944, S. 155 ff.

Selbstbestimmungsfähigkeit ausmachen: die Fähigkeit, *sich selbst* zu beherrschen, seine Selbstbezogenheit, seine Begehrlichkeit zu überwinden, seine Triebe zu zügeln und sich dem Sittengesetz freiwillig unterzuordnen. SENECA hat dieses Ideal in dem kurzen Satz ausgedrückt: »Frei ist, wer seiner eigenen Knechtschaft ledig wurde«[63].

Auch in der Aufklärung verstand man unter der Idee der individuellen Freiheit nicht die Freiheit, sich auszuleben, sondern die Freiheit, vernünftig zu handeln. Die Selbstbestimmungsfähigkeit galt als sittliche Tugend. Sie diente nicht als beschönigender Name für Sich-Gehenlassen, für Nachgiebigkeit gegen sich selbst, für das Hätscheln der bloßen Individualität, sondern sie bedeutete genau das Gegenteil davon: die Fähigkeit der Selbstbeherrschung[64]. Auch das Ideal der deutschen Klassik bestand in der freiwilligen Beschränkung unserer Leidenschaften, in der Ausbildung unserer besseren Natur und in der Einschränkung unserer schlechteren. Fähigkeit zur Selbstbestimmung bedeutete hier die Fähigkeit zur Selbstüberwindung bis zur Selbstlosigkeit[65]. Auch für den Philosophen LEONARD NELSON (1882–1927), der eine philosophische Begründung des Sozialismus gegeben hat, war »das Ideal der vernünftigen Selbstbestimmung« gleichbedeutend mit der »Herrschaft des vernünftig bestimmten Willens über das Leben«, über die »Antriebe«. Er hielt es für identisch mit dem sittlichen »Ideal der Menschlichkeit oder der Humanität«[66].

Diese Gegenüberstellung zeigt wieder einmal, daß die Neue Linke wichtige Worte der moralischen und politischen Sprache, mit denen das bürgerliche Bewußtsein eine positive Wertung verbindet, für ihre Zwecke umdefiniert. Sie bezeichnet ihre dem Kampf gegen die »bürgerliche« Lebensordnung dienenden Erziehungsziele mit den gleichen Ausdrücken, welche die Anhänger dieser Lebensordnung für ihre Ideale verwenden. Beide Gruppen gebrauchen dieselben Worte, aber meinen damit Verschiedenes. Menschen, die von diesen Unterschieden keine Ahnung haben, fallen leicht auf die Namensgleichheit herein und unterstützen ungewollt Gruppen, Unternehmungen und Programme, die sie ablehnen würden, wenn sie deren wahre Ziele unter der Tarnkappe vertrauter Worte, die für sie einen positiven Gefühlswert haben, erkennen könnten.

Um solche Irrtümer zu vermeiden, darf man die Schlagworte, mit denen die Neue Linke ihre Erziehungsziele benennt, nicht im Sinne

---

[63] SENECA (Natur. quaest. III), S. 106.
[64] Vgl. z. B. KORFF 1923, S. 199 ff.
[65] Vgl. KORFF 1930, S. 134 ff.

der eigenen Weltanschauung und des eigenen Sprachverständnisses deuten, sondern muß das von ihrem Standpunkt aus tun. Sobald man Texte der Neuen Linken prüft, zeigt sich zum Beispiel, daß ihr Begriff der »Selbstbestimmungsfähigkeit« gerade jene moralisch-asketischen Züge ausschließt, die seit der Antike mit diesem und mit verwandten Worten gemeint gewesen sind. Er hat in moralischer Hinsicht geradezu das Gegen-Ideal des überlieferten Ideals zum Inhalt: die Fähigkeit zum Selbstgenuß statt zur Selbstüberwindung, die Bereitschaft zur Auflehnung statt zum Gehorsam gegen moralische Normen, die Disposition, Glücksansprüche an die Gesellschaft zu stellen und »Befriedigungschancen ... zu nutzen«[67], statt zu dienen und sich selbst zu läutern.

»Selbstbestimmungsfähigkeit« hat jedoch in der Emanzipatorischen Pädagogik nicht nur eine auf das Individuum beschränkte, sondern auch eine *politische Bedeutung*. Daß sie zum obersten Erziehungsziel gewählt worden ist, hängt vor allem mit dem Wunsch zusammen, den »Systemzwang« zu brechen, indem »Gegenmacht« geübt wird[68], die Gesellschaftsordnung zu »verändern« und »ihren Zwangscharakter aufzulösen«[69]. Das kann nur gelingen, wenn dieser angeblich vorhandene »Zwangscharakter« von den Mitgliedern der Gesellschaft auch tatsächlich als Zwang erlebt wird, wenn sie ein Bewußtsein ihrer Knechtschaft gewinnen und wenn daraus eine explosive Stimmung der Unzufriedenheit entsteht. Um diese für den Umsturz bereitmachende seelische Verfassung zu schaffen, wird die Taktik der moralischen Überbietung angewendet. Das einseitig im individualistisch-anarchistischen Sinne interpretierte Ideal der Selbstbestimmungsfähigkeit löst, sofern es gläubig angenommen wird, Erwartungen hinsichtlich sozialer Unabhängigkeit, Bedürfnisbefriedigung, Wunscherfüllung und »Glück« aus, die unmöglich erfüllt werden können. Das zieht zwangsläufig Enttäuschungen nach sich. Diese gilt es dann in Empörung gegen die »gesellschaftlichen Verhältnisse« umzusetzen, die einem die Einlösung des vermeintlichen Menschenrechts auf Glück schuldig bleiben. Auf diese Weise glaubt man das ersehnte »Aggressionspotential« gewinnen zu können, das für »systemüberwindende Reformen« gebraucht wird.

---

[66] Vgl. Nelson 1949, S. 215 ff. Zur Geschichte der Idee der Selbstbestimmung vgl. Kluke 1963, S. 11 ff.
[67] Lempert 1973, S. 221; 1974, S. 31.
[68] Hentig 1968, S. 36.
[69] Lempert 1973, S. 225.

Noch unverhohlener als in der Emanzipatorischen Pädagogik der Linksliberalen wird das Erziehungsziel »emanzipierte Persönlichkeit« in der Sozialistischen Pädagogik als Mittel zur Revolutionierung der Gesellschaft herausgestellt.

Politische Kampfbereitschaft

Die *linksradikal-klassenkämpferische Richtung* der Neuen Linken, deren Erziehungslehre »Sozialistische Pädagogik« genannt wird, interpretiert das Erziehungsziel »emanzipierte Persönlichkeit« als *»soziale und politische Kampfbereitschaft unter sozialistischen Vorzeichen«*[70].

Darunter wird in erster Linie die Befähigung verstanden, »kritischen Abstand gegenüber allen . . . gesellschaftlichen Zumutungen« zu »praktizieren«[71]. Nach GAMM bedeutet »Emanzipation« als »Leitthema aller erzieherischen Überlegungen« die »politische und soziale Selbstbefreiung des lernenden Menschen, um diesen zu befähigen, sich von den bürgerlichen Lebens- und Herrschaftsformen kühn und endgültig zu distanzieren«[72].

Unter dieser Voraussetzung heißt Emanzipiert-Sein das Frei-Sein von Bindungen an die Glaubensinhalte, die Normen, die Institutionen und die Personen, welche die verhaßte moderne Industriegesellschaft zusammenhalten. *Die »emanzipierte Persönlichkeit« ist das negative Ideal vom Menschen, der mit der Tradition gebrochen hat, der die in seiner Gesellschaft geltenden Wertungen und Normen ablehnt, der sich jeder Verpflichtung entzieht, die von den herrschenden Autoritätsträgern ausgeht.* Es ist bestimmt durch die Bereitschaft zur »absoluten Weigerung«[73]. Es hat für die Kinder und Jugendlichen als Personen keinerlei Wert, sondern dient allein den politischen Zwecken, für welche die Jugend eingespannt werden soll: »Kinder, die von der Grundschule an . . . geneigt sind«, »den Köder der Autorität« nicht anzunehmen, »bringen ein bisher nicht vorhandenes politisches Potential in ihre Zeitgeschichte ein«[74].

Die so verstandene »emanzipierte Persönlichkeit« zeichnet sich vor allem durch die *Fähigkeit zur Gesellschaftskritik und zur Ideologie-*

---

70 GAMM 1972, S. 62 f.
71 GAMM 1973a, S. 682.
72 GAMM 1972, S. 11 f.
73 MARCUSE 1970, S. 266.
74 GAMM 1973a, S. 682.

kritik aus. Dagegen wird das Gefühlsleben des Menschen abgewertet und zur Verkümmerung verurteilt. Auch das hat politische Gründe. Werthaltungen und Gefühlsbindungen verwurzeln den Menschen in seinem Lebenskreis; sie machen ihn relativ immun gegen die Verführung zur radikalen Unzufriedenheit. Deshalb bekämpft die Neue Linke jede emotionale Bindung an die Heimat, die Religion, das Vaterland, die kulturelle Überlieferung, die großen Werke der Kunst und Literatur. Die seelische Beheimatung des Menschen wird unter dem Vorwand, man müsse »kritisch«, »modern«, »mobil« und »frei« sein, aufzuheben versucht. Alles, was ihr dient, wird als »heile Welt« verspottet. An Gefühlen sind nur mehr Haß gegen die »kapitalistische« Gesellschaft und Liebe zur »sozialistischen« Gesellschaft und ihren Vorkämpfern erwünscht.

Die Forderung nach ideologiekritischen Fähigkeiten läuft darauf hinaus, daß jede Norm relativiert, jede Bindung an kulturelle Objekte, jede Liebesbeziehung zu ernüchtern versucht wird. Nur ein Mensch, der an seiner Gesellschaft und ihrer Kultur nichts liebt, wird zu ihrem Umsturz bereit sein.

Unter den »gegenwärtigen kapitalistischen Bedingungen« ist das emotionale Erziehungsziel der Sozialistischen Pädagogik einerseits die *Gefühlsdisposition des Ekels vor dem Leben in der offenen pluralistischen Gesellschaft* und andererseits die *Gefühlsdisposition der Sehnsucht nach dem Leben in der sozialistischen »Gegengesellschaft«*. Das ist die emotionale Grundlage für »die *Bereitschaft, am Klassenkampf teilzunehmen«*, die nach GAMM in den Schülern gefördert werden soll[75]; für »die Befähigung und Motivation der Jugendlichen, kollektiv-organisiert die kapitalistische Klassenherrschaft zu bekämpfen«[76].

Fähigkeit zum solidarischen Handeln

In engster Verbindung mit der politischen Kampfbereitschaft steht das Erziehungsziel *»Fähigkeit zum solidarischen Handeln«*. »Solidarisch« heißt auf deutsch: gemeinschaftlich, gemeinsam beteiligt, füreinander einstehend, fest verbunden[77]. Nach GAMM ist Emanzipation »nur unter dem korrespondierenden Begriff der Solidarisation sinnvoll«[78].

---

[75] GAMM 1972, S. 62.
[76] LIEBEL 1971, S. 26.
[77] Ullstein-Lexikon 1969, S. 823.
[78] GAMM 1972, S. 46.

»Die Gemeinschaft der Menschen« gilt »als Leitwert« sozialistischer Pädagogik[79].

Was ist damit genau gemeint? Wie verträgt sich dieses Ziel mit der »Erziehung zum Klassenkampf« und mit »Parteilichkeit als Bildungsprinzip«? Es bildet eine unentbehrliche Ergänzung dazu. »Ohne Solidarität kann die Macht des Kapitalismus nicht gebrochen werden«[80]. »Solidarität« als Erziehungsziel bedeutet nichts anderes als die Gefühlsbereitschaft, seine Klassenzugehörigkeit zu bejahen und die politischen Gesinnungsgenossen im gemeinsamen Kampf zu unterstützen. Nach GAMM besagt Solidarität »als solche noch gar nichts«, sondern erst wenn sie »auf dem Hintergrund von Klassenbewußtsein steht, ist sie politisch tragfähig«[81].

Solidarität im Sinne der Sozialistischen Pädagogik kann es nur unter denen geben, die den sozialistischen Glauben teilen. Sie ist die soziale Tugend der Mitglieder einer Kampfgemeinschaft und muß ihnen die angestammten Gefühlsbindungen an die »bürgerliche« soziale Welt, die sie durch »Emanzipation« eingebüßt haben, ersetzen.

Die allseitig gebildete Persönlichkeit

Je mehr in jüngster Zeit die Unterschiede zwischen der Weltanschauung der Neuen Linken und dem Marxismus-Leninismus verblaßt sind, desto häufiger wird als allgemeinstes Erziehungsziel *»die allseitig entwickelte (entfaltete oder gebildete) Persönlichkeit«* genannt. Diese Zielformel spielt in der marxistisch-leninistischen Pädagogik eine zentrale Rolle[82]. Sie wirkt zunächst erstaunlich bieder. Erst wenn man sie im Sinne der Marxisten interpretiert, wird ihre politische Sprengkraft erkennbar.

Zunächst ist zu beachten, daß im Sprachgebrauch der kommunistischen Pädagogik die »allseitig entwickelte« oder »allseitig gebildete« Persönlichkeit identisch ist mit der »sozialistischen Persönlichkeit«[83]. Welchen Wert hat diese Zielformel, die auf die pädagogischen Vorstellungen der Aufklärung, der deutschen Klassik und des Neuhumanismus zurückgeht, im Kampf um die Errichtung einer sozialisti-

---

[79] GAMM 1972, S. 158.
[80] GOTTSCHALCH 1972, S. 42.
[81] GAMM 1972, S. 71.
[82] Vgl. z. B. HOFMANN 1972.
[83] Vgl. das Gesetz über das einheitliche sozialistische Bildungswesen der DDR von 1965, § 1. FROESE 1969, S. 194 und 197.

schen Gesellschaftsordnung? GAMM gibt dafür einen wichtigen Hinweis: »Wenn die allseitig entfaltete Persönlichkeit im Sinne des Verständnisses von KARL MARX als pädagogische Zielvorstellung gewählt wird, läßt sich die entschiedene Anklageschrift gegen den Kapitalismus verfassen«[84]. Damit ist folgendes gemeint. Das Erziehungsziel der »allseitig entwickelten Persönlichkeit« ist ein Ideal, das eng mit dem Ideal einer Gesellschaft, in der die Arbeitsteilung aufgehoben ist, zusammenhängt[85]. Beide Ideale sind Utopien, d. h. sie sind bei der gegebenen Natur des Menschen und unter den bisher bekannten Bedingungen für die Selbsterhaltung einer Gesellschaft unerreichbar. Wer jedoch an diese Utopien glaubt oder vorgibt, an sie zu glauben, und sie als Vergleichsmaßstab für die Beurteilung wirklicher Menschen und Gesellschaftsverhältnisse benutzt, verfügt damit über ein gedankliches Hilfsmittel, das vernichtende Kritik an der Wirklichkeit erlaubt. Wir haben hier wiederum ein Beispiel für die Taktik der moralischen Überbietung.

In Wirklichkeit kann sich kein Mensch »allseitig« entwickeln, und schon seit Jahrhunderten kann niemand mehr »allseitig gebildet« sein. Im menschlichen Erbe sind unübersehbar viele Möglichkeiten enthalten. Nur ein Bruchteil davon kann verwirklicht werden, und das geschieht zwangsläufig auf Kosten anderer Möglichkeiten, die unverwirklicht bleiben. Das neugeborene Kind, das zunächst Lernfähigkeit für unvorstellbar viele Fertigkeiten, Wissensinhalte, Handlungs- und Gefühlsbereitschaften besitzt, wird nur dadurch zu einer lebenstüchtigen Persönlichkeit, daß es gerade das lernt, was es in seiner Gesellschaft braucht. Der Mensch ist durch seine Natur lebenslang zur Auswahl gezwungen. Er kann immer nur *eines* und *nie alles* wahrnehmen, denken, wollen, fühlen, tun oder lernen.

Gemessen an den Möglichkeiten, die in seinen Anlagen liegen, ist die Persönlichkeit des reifen Menschen viel mehr durch Einseitigkeit als durch Allseitigkeit gekennzeichnet. Das gilt für seine Gewohnheiten der Lebensführung, seine Berufstätigkeit, seine Sozialbeziehungen und seine Freizeitinteressen ebenso wie für sein Wissen, seine Weltanschauung und seine Werthaltungen. Selbstverständlich kann er sich darum bemühen, ein harmonisches Verhältnis zwischen seinen seelischen Kräften herzustellen, von der Verkümmerung bedrohte Fähigkeiten zu pflegen, einseitige Beanspruchungen auszugleichen. Das war

---

[84] GAMM 1972, S. 152.
[85] Vgl. ENGELS 1847, S. 375 ff.

auch der gute Sinn des Ideals der in allen ihren Kräften harmonisch ausgebildeten Persönlichkeit, das in der Pädagogik seit PESTALOZZI oft vertreten worden ist. Aber »Allseitigkeit« ist schon mit Bezug auf seine Fähigkeiten ein viel zu anspruchsvolles Wort für das, was dem Menschen zu erreichen möglich ist, und »allseitig Gebildetsein« im Sinne des Besitzes von universalen Kenntnissen ist ein Hirngespinst.

Das Erziehungsziel der »allseitig gebildeten Persönlichkeit« ist ein Gegenideal zum Ideal des Spezialisten, der »einseitig« für einen bestimmten Beruf oder für ein bestimmtes Arbeitsgebiet qualifiziert ist. Nun können aber die ungeheuren Probleme der Versorgung einer wachsenden Bevölkerung überhaupt nur durch die Zusammenarbeit von Spezialisten gelöst werden, von denen jeder sein Arbeitsgebiet gut beherrscht, im übrigen aber für sein Wohlergehen auf die Leistungen anderer Spezialisten angewiesen ist. Wer Spezialist ist, braucht jedoch deswegen keineswegs unfähig zum Umlernen oder uninteressiert an allgemeinen Lebensfragen zu sein. Zweifellos gehört es zu einer mobilen Industriegesellschaft, daß viele Menschen den Wunsch haben oder vor die wirtschaftliche Notwendigkeit gestellt werden, ihren Beruf zu wechseln. Dieser Umstand rechtfertigt es jedoch nicht, das Erziehungsziel der Berufstüchtigkeit, die immer nur Tüchtigkeit für einen *bestimmten* Beruf sein kann, durch das Erziehungsziel der *»allseitig* gebildeten Persönlichkeit« zu ersetzen. Wer das tut, dient nicht dem »Fortschritt« unserer Gesellschaft, der vor allem von spezialisierten Berufsleistungen abhängt, sondern verlangt einen »romantischen Rückfall«[86] in den Glauben an ein irdisches Paradies ohne Arbeitsteilung mit Menschen, die »allseitig« sind wie Gott.

Das Erziehungsziel der »allseitig gebildeten Persönlichkeit« muß also als Teil der sozialistischen Glaubenslehre gesehen werden, deren Inhalte die Menschen zur »Selbstbefreiung« von den Bindungen an die nicht-sozialistische Gesellschaftsordnung anfeuern sollen. Die Forderung nach einer Erziehung, »die die Allseitigkeit des Menschen herausbildet«, geht Hand in Hand mit dem Kampf gegen »die Teilung der Arbeit«, »für die Gleichheit der Einkommen«, »für eine gesellschaftliche Verwaltung der Produktionsprozesse« und »gegen den politischen Staat«. Es wird kein Zweifel daran gelassen, daß die Durchsetzung der »allseitigen« Erziehung »die gleichen gesellschaftli-

---

[86] Vgl. LÖWENTHAL ^{2}1971, S. 38 ff.

chen Veränderungen erfordert wie die Abschaffung der Lohnarbeit«[87]. »Damit sich der Mensch allseitig entwickeln kann, muß die Herrschaft des Kapitals gestürzt, das Privateigentum an den Produktionsmitteln beseitigt und die sozialistische Gesellschaft errichtet werden«[88]. Wer also das Erziehungsziel »allseitig gebildete Persönlichkeit« im Sinne der Marxisten fordert, fordert damit zugleich die Bedingungen, unter denen allein es angeblich zu verwirklichen ist: die totalitäre sozialistische Gesellschaft.

[87] Werder 1972, S. 202 ff.
[88] Hofmann 1972, S. 150.

7. Die Mittel zur Verwirklichung der Ziele

Welche Mittel werden von der Neuen Linken für geeignet angesehen, um jene Persönlichkeitsmerkmale hervorzubringen, die sie als Erziehungsziele aufgestellt hat? Welche Bedingungen werden für die Ursache jener politisch erwünschten Soll-Zustände der Persönlichkeit gehalten, die zu verwirklichen gefordert werden? Welche erzieherischen Handlungen, welche Erziehungseinrichtungen und welche Lehrinhalte werden als nützlich empfohlen, weil man glaubt, daß sie die angestrebte Wirkung zu erzeugen vermögen? Welche werden als schädlich betrachtet, weil man vermutet, daß durch sie die Erreichung der Ziele verhindert wird?

Jeder Empfehlung eines Mittels liegen Hypothesen über die Beziehungen zwischen Zweck und Mittel zugrunde[1]. Es handelt sich dabei um Wenn-Dann-Aussagen nach folgendem Schema: »Wenn unter bestimmten Bedingungen von bestimmten Erziehern so und so gehandelt wird, dann wird in bestimmten Educanden das und das eintreten«. Wir haben es in diesem Kapitel mit den *technologischen* Ideen zu tun, die in der Pädagogik der Neuen Linken enthalten sind. Sie geben Antwort auf die Frage: Was kann getan werden, um die gesetzten Erziehungsziele zu erreichen?

Es ist im begrenzten Rahmen dieses Buches nicht möglich, alle Ansichten, die dazu bisher geäußert worden sind, erschöpfend darzustellen und in ein System zu bringen. Ich muß mich mit der Schilderung jener Mittel begnügen, die von der Neuen Linken für besonders wirksam gehalten werden.

Die erziehungstechnologischen Empfehlungen lassen sich in drei Themenkreise ordnen: a) die für nützlich gehaltenen Formen des erzieherischen Handelns; b) die für nützlich gehaltenen Erziehungseinrichtungen; c) die ausgewählten Lehrinhalte (früher auch »Bildungsinhalte«, »Bildungsgüter«, »Bildungsmittel« oder »Lehrgegenstände« genannt).

---

[1] Vgl. Brezinka 1978, S. 59 ff. und S. 162 ff.; 1977, S. 190 ff. und 207 ff.; 1976, S. 106 ff.

a) Die Formen des erzieherischen Handelns

> Man glaubte deutlich zu erkennen, welchen Grundsätzen man nicht mehr folgen dürfe; welchen Grundsätzen aber man folgen mußte, das sah man nicht mehr.
>
> PAUL HAZARD[2]

Die Neue Linke geht von der Voraussetzung aus, daß die Menschen im Zustand der Unterdrückung, in überflüssigen Abhängigkeitsbeziehungen, in Unfreiheit leben. Das oberste Erziehungsziel ist dementsprechend die »Fähigkeit, sich aus Abhängigkeiten zu befreien«, sich zu »emanzipieren«, und »befreit zu existieren«. Um den Erwerb dieser Fähigkeit zu fördern, wird eine Erziehungsweise empfohlen, die mit den Ausdrücken »antiautoritäre«, »nichtautoritäre«, »nichtrepressive«, »repressionsfreie« oder »herrschaftsfreie Erziehung« bezeichnet wird[3]. Alle diese Schlagworte sind verschwommen und mehrdeutig. Sie dienen als Namen für ganz verschiedenartige Ideen, die miteinander nur eines gemeinsam haben: die Verneinung einer Erziehungsweise, die als »autoritär« oder »repressiv« bezeichnet wird. Obwohl sie niemals genau definiert worden ist, wird von der Neuen Linken behauptet, daß sie in der »bürgerlichen Gesellschaft« vorhanden sei.

Das gegenseitige Verständnis und die wissenschaftliche Klärung werden durch die ungeheuerliche Begriffsverwirrung, die auf diesem Gebiet herrscht, sehr erschwert. Sie beginnt damit, daß keinerlei Übereinstimmung hinsichtlich der Bedeutung des Wortes »Autorität« besteht. Viele Anhänger der Neuen Linken scheinen es für ein bloßes Schimpfwort zu halten. Unter dieser Voraussetzung bleiben auch die abgeleiteten Ausdrücke »autoritär« und »antiautoritär« vieldeutig und vage. Nicht einmal die grundlegende Unterscheidung zwischen der tatsächlichen Autorität als einer Beziehung, der Autoritätsforderung (d. h. der berechtigten oder unberechtigten Forderung nach Autoritätsanerkennung) und der tatsächlichen Autoritätsanerkennung scheint genügend bekannt zu sein[4].

---

[2] HAZARD 1949, S. 463.

[3] Zur Vielfalt der Bestrebungen, die unter diese Namen fallen, vgl. CLASSEN 1971 und 1973; PAFFRATH 1972; KRON 1973; ENGELMAYER 1973; ERLINGHAGEN 1973; E. WEBER 1974.

[4] Grundlegend hierzu STROHAL 1955; ferner MENNE 1969 und BOCHENSKI 1974. Danach ist unter »Autorität« weder ein bestimmtes Ding noch eine

Antiautoritäre Erziehung als individualistisch-anarchistisches Programm

Man kann das Schlagwort »antiautoritäre Erziehung« im Sinne einer individualistischen Erziehungslehre interpretieren, wie sie durch liberale Intellektuelle von ROUSSEAU über ELLEN KEY und DEWEY bis zu NEILL[5] immer wieder vertreten worden ist. Dann ist damit ein *Erziehungsstil* gemeint, den man als *»kind-zentriert«*, *»educandenzentriert«* oder *»permissiv«* (d. h. gewährenlassend) bezeichnen kann. Er läßt sich durch folgende Merkmale beschreiben: Gewährenlassen, weitestgehender Verzicht auf Führung und Gehorsamsforderung, auf Zwang, Strenge und Strafen, auf Versagungen und auf Einschränkungen der spontanen Aktivität, auf Leistungsforderungen und Leistungsbeurteilung, extreme Toleranz gegenüber Fehlverhalten, größtmögliche Rücksichtnahme auf die Wünsche, Neigungen und Beschäftigungen, welche die Educanden jeweils gerade für ihre »Interessen« halten. Diesem Stil liegt die Annahme zugrunde, daß die Kinder zur »Selbstregulierung« ihrer Antriebe imstande seien.

Die Empfehlung dieses Erziehungsstils wird gewöhnlich mit vagen Begriffen und unbewiesenen Hypothesen aus der mißverstandenen Gedankenwelt der Psychoanalyse zu erläutern versucht. Nach BEUTLER ist für »antiautoritäre Erziehung« kennzeichnend, die Triebunterdrückung »auf ein äußerstes Minimum zu reduzieren, unnötige Versagungen zu vermeiden und Verdrängungen erst gar nicht hervorzurufen. Antiautoritäre Erziehung heißt, dem Kind eine Sozialisation gewähren, die seiner Triebstruktur adäquat ist. Sie bedeutet sicher den Abbau Ich-hemmender Fixierung auf die Eltern«[6]. Nach SEIFERT sollen die Kinder »ohne Schuldgefühle, also frei von dem, was wir heute Moral nennen, ... aufwachsen können«[7].

Die dürftigen Versuche einer Beschreibung dessen, was mit »antiautoritärer Erziehung« gemeint ist, beruhen hauptsächlich auf der

---

Eigenschaft von Dingen zu verstehen, sondern eine Beziehung. »Sie hat die Struktur ... einer triadischen Relation, und zwar zwischen x, dem Träger der Autorität, y, dem Subjekt, für das x eine Autorität darstellt, und K, einer Klasse von Ausdrücken, die ein Gebiet, einen bestimmten Bereich darstellen, in Bezug worauf x für y eine Autorität ist« (MENNE, S. 290). Die Träger der Autorität werden abgekürzt »Autoritäten« genannt. Von besonderer Bedeutung ist der Unterschied zwischen »epistemischer« und »deontischer Autorität«, d. h. zwischen Autorität auf dem Gebiet des Wissens und Autorität auf dem Gebiet des Befehlens.

[5] Vgl. NEILL 1969.

[6] BEUTLER 1970, S. 335.

[7] SEIFERT 1969, S. 306.

»Negation einer vorgegebenen Erziehung«[8]. So bestimmt zum Beispiel auch SCHALLER die »antiautoritäre Erziehung« *negativ* als »eine Erziehung, die *keine* Erziehung im herkömmlichen Sinne mehr ist«; »die *nicht* den Willen der heranwachsenden Generation zum Gegenstand hat und ›autoritär‹ ihm dieses oder jenes Gebot auferlegt, die *nicht* ein bestimmtes Verhalten gegebenen Situationen gegenüber selektiert«; »die *nicht* die normativen Vorgaben einer Regierung, einer Partei, einer herrschenden Minderheit durchzusetzen hat, die sich *nicht* in den Dienst der jeweiligen Etabliertheit einer Gesellschaft stellen läßt«. »Antiautoritäre Erziehung« sei die »Negation« der »abzuwehrenden Erziehung«[9]. »Sie kennt keine vorausgesetzten Autoritäten, keine vorauszusetzenden und zu vermittelnden Normen«; »sie entbindet die Erzieher von ihrer herkömmlichen Erzieherrolle als die Überlegenen und durch ihr Besserwissen ›Herrschenden‹ – nicht damit sie die Jugend sich selbst überlassen, sondern auf daß sie sich mit der Jugend in kommunikativen Prozessen verbinden und somit selbst teilhaben und ins Werk setzen die Änderung ihrer selbst und die Änderung der Verhältnisse«[10].

Was in diesen Sätzen beschrieben wird, kann kaum mehr als ein Erziehungsstil im strengen Sinne und schon gar nicht als eine praktisch brauchbare erziehungstechnologische Handlungsanweisung angesehen werden. Unter dem Schlagwort »antiautoritäre Erziehung« wird hier nicht eine bestimmte Form des erzieherischen Handelns empfohlen, sondern eine bestimmte *Gesinnung des Erziehers.* Sie zeichnet sich aus durch grundsätzlichen Verzicht auf die Forderung nach Anerkennung der eigenen Autorität wie anderer Autoritäten und durch die Bereitschaft, zumindest methodisch vom radikalen Zweifel an der Gültigkeit aller in der Gesellschaft vorhandenen Normen auszugehen. Es ist eine extrem rationalistische und subjektivistisch-anarchistische Gesinnung: Verbindlichkeit wird ausschließlich dem zugebilligt, was aus der »Interaktion« oder der »Kommunikation« zwischen Erziehern und Educanden (von denen sich hier nach SCHALLER im strengen Sinne gar nicht mehr reden läßt) an Meinungen herauskommt.

Das Schlagwort »antiautoritäre Erziehung« wird also schon im Rahmen einer individualistischen Erziehungslehre zur Bezeichnung ganz verschiedener Dinge verwendet. Einerseits ist damit eine be-

---

8 BEUTLER 1970, S. 336.
9 SCHALLER 1973, S. 190.
10 SCHALLER 1973, S. 199.

stimmte Form des erzieherischen Handelns, ein educanden-zentrierter oder permissiver Erziehungsstil gemeint; andererseits eine autoritätsverneinende, kulturkritische und Normen relativierende Gesinnung des Erziehers. Sie wird von ihren Befürwortern als notwendige Voraussetzung für erzieherisches Handeln gemäß dem educanden-zentrierten Erziehungsstil hingestellt, obwohl doch für Erzieher wenigstens grundsätzlich die größtmögliche Rücksichtnahme auf die Educanden in der Form des erzieherischen Handelns durchaus mit Treue zu überlieferten Normen und mit der Überzeugung vereinbar ist, daß solche Normen auch für Educanden verbindlich sind.

Gerade diese Vereinbarkeit wird von der Neuen Linken jedoch bestritten. Darin zeigt sich, daß sie beim Gebrauch des Schlagwortes »antiautoritäre Erziehung« weniger an die *Form* oder an den *Stil* der Erziehung denkt, als hauptsächlich an die Ablehnung jedes Versuchs, kulturelle *Inhalte* (wie Normen, Glaubensüberzeugungen, Situationsdeutungen, Elemente einer Weltanschauung usw.) als verbindlich zu vermitteln. Es ist möglich, daß die Forderung nach »antiautoritärer Erziehung« in diesem Sinne nichts weiter ist als die ehrlich gemeinte Konsequenz, welche resignierte Intellektuelle aus der eigenen Skepsis, aus weltanschaulicher Orientierungslosigkeit und Nihilismus ziehen. Für die Neue Linke aber ist sie vor allem ein Mittel, um Erwachsene wie Jugendliche moralisch zu entwurzeln, damit sie die neue Heilslehre möglichst widerstandslos annehmen.

Sofern mit dem Schlagwort »antiautoritäre Erziehung« ein Erziehungsstil gemeint ist, beruht seine Empfehlung auf folgender Hypothese: »Zur Selbstbestimmungsfähigkeit im Erwachsenenalter kann nur gelangen, wer von frühester Kindheit an so wenig wie möglich durch Fremdbestimmung eingeschränkt worden ist«. Oder anders ausgedrückt: »Das Erziehungsziel ›Mündigkeit‹ kann nur von Menschen erreicht werden, denen im Kindes- und Jugendalter ein Höchstmaß an Wahl- oder Entscheidungsfreiheit gewährt worden ist«. Diese Sätze enthalten zwar einen wahren Kern, aber sie sind viel zu allgemein und zu ungenau, um daraus Empfehlungen für das erzieherische Handeln ableiten zu können. Man muß sehr viel mehr über die Persönlichkeit, das Alter und die Situation der Educanden wissen, man muß zwischen den möglichen Gegenständen der Selbst- bzw. Fremdbestimmung und den möglichen Arten und Graden der »Freiheit«, die gewährt wird, unterscheiden, bevor man auf diesem Gebiet wissenschaftlich verantwortbare Regeln geben kann. Aus den einschlägigen Forschungsergebnissen ist jedenfalls erkennbar, daß die

Entstehungsbedingungen für »Mündigkeit«, »Ich-Stärke«, »Selbstbestimmungsfähigkeit«, »Kooperationsbereitschaft«, »Aggressionsfreiheit« usw. ungleich komplizierter sind, als von den Verfechtern eines permissiven Erziehungsstils angenommen wird[11]. Man kann mit Sicherheit sagen, daß dazu auf jeden Fall die zeitweise Identifikation mit den Eltern und anderen Bezugspersonen gehört, durch die die normative Grundorientierung oder das Gewissen erworben wird. Ohne eine lange Periode der Autoritätsanerkennung durchlaufen zu haben, ohne zum Verzicht auf Triebbefriedigung gezwungen worden zu sein, ohne Gehorsam geleistet und Belohnung wie Bestrafung erfahren zu haben, gewinnt man kein autonomes Gewissen und damit auch nicht die Fähigkeit zur Selbstbestimmung. Das ist übrigens auch von ADORNO klar gesagt worden: »Die Art, in der man zu einem autonomen, also mündigen Menschen wird, ist nicht einfach das Aufmucken gegen jede Art von Autorität«[12].

Es scheint ferner festzustehen, daß zumindest ein *extrem* permissiver Erziehungsstil die Aggressivität der Kinder fördert, während die Verbindung von Einschränkung (englisch: »restrictiveness«) und Wärme den geringsten Grad von Aggressivität hervorbringt[13]. Vor allem aber hat sich gezeigt, daß extrem permissive Erziehung im Gegensatz zu den Erwartungen nicht Ich-Stärke, sondern Herdenmentalität und Konformismus begünstigt. Wenn der Erzieher den Educanden keine oder nur wenige Grenzen setzt, dann werden die Normen von der Gruppe der Altersgenossen bestimmt. Sie sind dann meistens unklar und unbeständig, aber der einzelne muß sich dem Druck der Gruppe fügen, will er nicht als unkooperativ erscheinen[14]. Dieser Zwang zur Unterwerfung unter die Gruppe kann für den Erwerb von »Mündigkeit« ein viel größeres Hemmnis sein als ein strenger, aber wohlwollender, bejahender, partnerschaftlicher Erziehungsstil. Der unerträgliche Konformismus, den die amerikanische Neue Linke an ihrer Gesellschaft kritisiert, scheint weitgehend das Ergebnis der permissiven Erziehung zu sein, die in den USA seit langem üblich ist.

Der permissive Erziehungsstil bringt also keineswegs jene Wirkungen hervor, die sich die linksliberal-gesellschaftsutopischen An-

---

[11] Vgl. u. a. SEARS, MACCOBY und LEVIN 1957; BECKER 1964; ARONFREED 1968; FEND 1970, S. 89 ff. und S. 160 ff.; 1971, S. 47 ff.
[12] ADORNO 1970, S. 147.
[13] Vgl. ZIGLER und CHILD 1969, S. 528.
[14] Vgl. hierzu vor allem KERLINGER 1960.

hänger der Neuen Linken davon versprechen. Das ist übrigens auch von ANNA FREUD bestätigt worden. Aufgrund jahrzehntelanger psychotherapeutischer Erfahrung ist sie zu dem Ergebnis gekommen, daß es aussichtslos sei, »Kindern die beabsichtigte Angstfreiheit zu verschaffen. Wo die Angst vor der elterlichen Strenge verschwindet, steigt die Gewissensangst; wo die Strenge des Über-Ichs sich mildert, finden die Kinder sich überwältigt von der Angst vor der eigenen Triebstärke, der sie ohne den Einspruch von äußeren oder inneren Instanzen hilflos ausgesetzt bleiben. Im großen und ganzen bleibt also die psychoanalytische Pädagogik hinter dem Ziel zurück, das sie sich eingangs gesteckt hat. Die unter dem neuen Regime aufgewachsenen Kinder mögen in mancher Hinsicht anders sein als die Kinder früherer Generationen. Sie sind aber nicht freier von Angst und von Konflikten und darum neurotischen und anderen psychischen Störungen nicht weniger ausgesetzt«[15].

Angesichts solcher Erfahrungen ist es heute wissenschaftlich weniger denn je zuvor berechtigt, den permissiven Erziehungsstil uneingeschränkt zu empfehlen. Daß es dennoch geschieht, dürfte in vielen Fällen auf Gutgläubigkeit beruhen, die aus Unwissenheit stammt. Von den Angehörigen des harten Kerns der Neuen Linken kann man jedoch nicht annehmen, daß sie in einer so wichtigen Frage ahnungslos sind. Sie wissen durchaus, was sie tun, wenn sie empfehlen, »repressionsfrei« zu erziehen und »jeden Autoritätsdruck zu vermeiden«[16]. Diese Empfehlung hat wenig mit der Sorge für das Wohl der Kinder und Jugendlichen zu tun. Sie dient politischen Zwecken und gehört zur strategischen Vorbereitung der Kulturrevolution.

Antiautoritäre Erziehung im Rahmen sozialistischer Strategie

Wie wir gesehen haben, wird das Schlagwort »antiautoritäre Erziehung« vielfach im Sinne einer individualistischen Erziehungslehre gedeutet. Das ist eigentlich ein Mißverständnis. Von seinen Urhebern in der antiautoritären Studentenbewegung wurde es als *poli-*

---

[15] ANNA FREUD 1971, S. 17. Weitere Argumente zur Kritik des permissiven Erziehungsstils wie der Forderung nach antiautoritärer Gesinnung der Erzieher u. a. bei KUCKARTZ 1970, ENGELMAYER 1971, NEEMANN 1971, EISERMANN 1972. Zur Kritik am gescheiterten Experiment antiautoritärer »Kinderläden« und »Schülerläden« vgl. GIESECKE 1973, S. 152 ff.
[16] Vgl. GAMM 1970, S. 37 ff.

tische Kampfparole verstanden. »Antiautoritäre Erziehung« wurde ausdrücklich nicht als ein liberales, sondern als ein »sozialistisches Konzept« aufgefaßt, als »Nebenprodukt einer politischen Oppositionsbewegung«[17]. »Antiautoritäre Erziehung« war als politische »Gegenerziehung« gegen die bürgerliche Gesellschaft gemeint; sie sollte »politisch im Sinne von systemüberwindend« sein; sie sollte »tendenziell systemsprengenden Charakter haben«[18].

»Antiautoritäre Erziehung« ist nach GAMM etwas anderes als repressionsfreie Erziehung. Sie ist ein Programm für »Gegenerziehung«. Sie soll die Educanden zur »Gegenwirkung als politisch-gesellschaftlichem Akt« befähigen. Sie soll Kinder und Jugendliche dazu bringen, daß sie »die Spielregeln der gehorsamen Unterordnung oder auch nur ein Gesetz der Fremdbestimmung nicht akzeptieren«, sondern »sich gegen autoritäre Ansprüche, seien sie persongebunden oder systembedingt, selbst autoritär verhalten«[19]. Das bedeutet nichts anderes als Aufforderung zum sozialen Konflikt, Anleitung zum politischen Kampf. »Antiautoritäre Erziehung« wird als »herrschaftskritische« oder »antikapitalistische Erziehung« verstanden: »Antiautoritäre Erziehung heißt Klassenkampf im Erziehungs- und Ausbildungssektor«[20].

»Antiautoritäre Erziehung« als sozialistisch-klassenkämpferisches Programm bezeichnet alle Formen des erzieherischen Handelns, die als geeignete Mittel angesehen werden, um jene »emanzipierten Persönlichkeiten« hervorzubringen, die zum Aufbau der idealen »Gegengesellschaft« gebraucht werden. Die Anhänger der Sozialistischen Pädagogik glauben jedoch nicht mehr daran, daß dabei die »repressionsfreie Erziehung« das wichtigste Mittel ist. Sie legen großen Wert darauf, daß die »antiautoritäre Erziehung« in ihrem Sinne nicht mit dem permissiven Erziehungsstil verwechselt wird: »Viele von uns haben Angst, via antiautoritäre Erziehung eher verwöhnte Mittelschichtler als politisch durchsetzungsfähige Klassenkämpfer heranzuziehen«[21]. Sie haben Zweifel an der politischen Wirkung einer »antiautoritären Erziehung«, die individualistisch-psychoanalytisch verstanden wird.

Anlaß dafür war vor allem die Tatsache, daß diese Erziehungs-

---

[17] BEUTLER 1970, S. 331.
[18] VOLKERSEN 1973, S. 25 ff.
[19] GAMM 1970, S. 39 f.
[20] WOLFF 1970, S. 26.
[21] NYSSEN 1971a, S. 36.

lehre gerade vom liberalen Bürgertum, in dem die Neue Linke ihren Hauptgegner sieht, begeistert aufgenommen worden ist. Vom Programm einer Erziehung, die den Normen der kapitalistischen Gesellschaft widerspricht und durch die die Kinder auf den Kampf um die Überwindung der Klassengesellschaft vorbereitet werden sollten, war in den linksliberalen Veröffentlichungen zur »antiautoritären Erziehung« kaum mehr etwas zu lesen. Deshalb suchte man nach einem neuen Namen, um die politische Zielsetzung dessen, was man ursprünglich mit dem Schlagwort gemeint hatte, besser ausdrücken zu können.

Von der »antiautoritären« zur »sozialistischen Erziehung«

Zur Irreführung des Bürgertums und zur moralischen Entwurzelung seiner Jugend leistet das Schlagwort »antiautoritäre Erziehung« der Neuen Linken nach wie vor gute Dienste. Ahnungslose Bürger sehen darin nicht mehr als die unpolitische Empfehlung eines permissiven Erziehungsstils oder deuten es als etwas überspitzten Ausdruck für »freiheitliche Erziehung«. Dank dieser Verharmlosung ist vielen bis heute verborgen geblieben, wofür es in der Sprache der Neuen Linken wirklich steht: für alle erzieherischen Handlungen, die den Zweck haben, Educanden den Autoritäten und den Institutionen ihrer Gesellschaft zu entfremden, um sie dann für die sozialistischen Gegen-Autoritäten und Gegen-Institutionen gewinnen zu können.

Dazu gehören die Herbeiführung von Konflikten mit Eltern, Lehrern und anderen Erwachsenen; die einseitige Interpretation von sozialen Erfahrungen nach dem primitiven Freund-Feind-Schema der Klassenkampf-Ideologie; die Ermutigung zur hemmungslosen sexuellen Triebbefriedigung; die Vermittlung eines einseitig gesellschaftskritischen Weltbildes; die Anleitung zu kollektiven Aktionen wie Hausbesetzungen, Demonstrationen, Verhinderung von Unterricht, »Sprengung« von Versammlungen usw. Jedes Mittel, das geeignet ist, Kinder und Jugendliche gegenüber vermeintlicher Unterdrückung zu »sensibilisieren«, sie zum Protest und zum Widerstand herauszufordern, gilt als »antiautoritäre Erziehung«.

Diese Mittel haben mit »repressionsarmer Erziehung« oder mit Hilfen zur »Selbstbestimmungsfähigkeit« im individualistischen Sinne kaum etwas zu tun. Sie werden nicht empfohlen, um das Individuum zu fördern, sondern um »ein Kinderkollektiv auf den Klassenkampf vorzubereiten«. Sie gehören zu den »emanzipatorischen Revolutionsstrategien«[22]. Sie sind Elemente des politischen Kampfes »innerhalb der Gesamtstrategie der sozialistischen Bewegung«[23].

Um diese politische Stoßrichtung unmißverständlich zum Ausdruck zu bringen, sind die linksradikal-sozialistischen Gruppen der Neuen Linken schon ab 1970 vom Schlagwort der »antiautoritären Erziehung« abgerückt und sprechen statt dessen von »politischer Erziehung«, von »Erziehung zum politischen Kampf«, von »Erziehung zum Klassenkampf«, von »sozialistischer«, »antikapitalistischer« oder »proletarischer Erziehung«[24].

Diesem Wechsel der Schlagworte liegen mehrere Überlegungen zugrunde. Erstens die Einsicht, daß die Macht in der Gesellschaft nur von Menschen erobert werden kann, die »autoritär« sind und »autoritär« vorgehen, das heißt: fraglos durchdrungen vom Glauben an die sozialistische Weltanschauung, diszipliniert, einsatzwillig und bereit zur Unterordnung unter die sozialistischen Autoritätsträger[25]. Zweitens war die Erkenntnis maßgebend, daß ein bloßer Wandel in den Erziehungs*methoden*, im Erziehungs*stil* oder in den *Formen* des erzieherischen Handelns unmöglich ausreicht, um den sozialistischen »neuen Menschen« hervorzubringen[26]. Es kommt auf Bewußtseinsänderung durch Vermittlung neuer *Inhalte*, auf sozialistische Propaganda und Indoktrination an. Drittens spielte die Überzeugung mit, daß die Erziehung nicht isoliert vom politischen Kampf um die »Revolutionierung der Gesamtstruktur«, um »die Umwälzung der Herrschaftsverhältnisse in der gesamten Gesellschaft«[27] betrieben werden soll. Als Träger dieses politischen Kampfes wird die »Arbeiterbewegung« angesehen. Im sozialistischen Jargon ist »proletarische Erziehung« eine Erziehung, »die die Realisierung der Ausbildung allseitiger Menschen nur in Verbindung mit dem Sieg derjenigen Bewegung begreift, die in der Lage ist, von der Basis der Gesellschaft her soziale Herrschaft und Unterdrückung tendenziell aufzuheben«[28]. Diese Bewegung ist die der »Partei des Proletariats«: die Kommunistische Partei[29].

Die Auswechselung der Schlagworte bedeutet jedoch nicht, daß die

---

[22] Volkersen 1973, S. 27 f.
[23] Breiteneicher 1971, S. 123.
[24] Vgl. Sadoun 1970; Breiteneicher 1971; Werder 1972.
[25] Vgl. Liebel in Liebel und Wellendorf 1970, S. 120 ff.
[26] Vgl. z. B. Nyssen 1971a; Heinrich-Joachim Schmidt 1973.
[27] Liebel ebenda, S. 158.
[28] Sadoun 1970, S. 221.
[29] Vgl. auch Autorenkollektiv 1971, S. 104 ff.

»antiautoritäre Erziehung« in der Politischen Pädagogik des radikalen Flügels der Neuen Linken keine Rolle mehr spielt. »Eine an den Bedürfnissen der Kinder orientierte antiautoritäre Erziehungspraxis« wird weiterhin als eine »notwendige Bedingung politischer Erziehung im Sinne einer Erziehung zum Klassenkampf« angesehen. Vor allem für Kinder in den ersten Lebensjahren müsse »sozialistische Erziehung« immer auch »antiautoritäre Erziehung« sein[30]. Sie wird als eine »Teilarbeit« im »Erziehungskampf« verstanden[31], als eine Voraussetzung dafür, in Kindern, denen »Klassenbewußtsein« fehlt, »Klassenbewußtsein« zu wecken. »Als Element des Klassenbewußtseins kann alles angesehen werden, was der bürgerlichen Ordnung widerspricht, was Keime der Auflehnung enthält; als Hemmung des Klassenbewußtseins dagegen alles, was an die bürgerliche Ordnung bindet, sie stützt und festigt«[32]. Unter diesen Voraussetzungen ist es verständlich, daß die »repressionsfreie« Sexualerziehung als ein besonders nützliches Mittel zur Schaffung der »emanzipierten Persönlichkeit« gilt.

Kampf für die Freiheit zur ungehemmten sexuellen Triebbefriedigung

Die Neue Linke behauptet, daß zwischen »autoritärer« Gesellschaftsordnung und dem Verbot sexueller Betätigung für Kinder und Jugendliche ein ursächlicher Zusammenhang bestehe. Sie stützt sich dabei auf die Hypothesen von Reich, der in der »Sexualmoral« und im »religiösen Mystizismus« die »inneren Mächte« gesehen hat, welche die Menschen im Zustand der »Hörigkeit und Selbstunterwerfung« halten[33]. Sie kann sich wenigstens teilweise auch auf Freud berufen, der eine Beziehung zwischen der »Denkschwäche des durchschnittlichen Erwachsenen« und den sexuellen und religiösen »Denkverboten« oder »Denkhemmungen« vermutet hat[34].

Diese fragwürdigen Hypothesen haben schon Neill zu der erziehungstechnologischen Annahme veranlaßt, die Aufmunterung zur angstfreien und lustvollen sexuellen Betätigung sei das wirksamste Mittel, um Kinder und Jugendliche mit politischer Widerstandsfähigkeit gegen den »autoritären Staat« auszurüsten: »Hebt die

30 Nyssen 1971a, S. 36 f.
31 Volkersen 1973, S. 27.
32 Reich, nach Autorenkollektiv 1971, S. 116.
33 Reich 1971, S. 22.
34 Freud 1967, S. 126 f.

Unterdrückung der Sexualität auf, und die Jugend wird für die Obrigkeit verloren sein«[35]. In der studentischen Protestbewegung wurde »die Unterdrückung des Sexualtriebes« als »ein wichtiges Mittel zur Internalisierung irrationaler Autorität« angeprangert[36]. Wer sexuelle Enthaltsamkeit fordere, der fordere »in direkter Folge auch politische Enthaltsamkeit – denn eines gehört logisch zum anderen«[37]. Die Forderung nach Verzicht auf sexuelle Betätigung habe »in Wahrheit nur einen Grund: die Aufrechterhaltung bestehender Herrschaftsverhältnisse, die mit der Folge des geleisteten Triebverzichts, der Untertanenhaltung, ermöglicht wird«[38].

Auch KENTLER schreibt der »repressiven Sexualerziehung« politische Auswirkungen zu. Sie veranlasse den Menschen, so bedenkliche Fähigkeiten wie Selbstbeherrschung, Verzichtenkönnen und Aufopferungsbereitschaft zu lernen, »die weit über den Sexualbereich hinaus Bedeutung gewinnen: Einem Menschen, der gelernt hat, auf seine sexuellen Bedürfnisse zu verzichten, kommt gar nicht mehr in den Sinn, daß er im Beruf ein Bedürfnis nach Mitbestimmung seiner Arbeitsbedingungen und Selbstorganisation seiner Arbeit anmelden könnte, daß ›Gesellschaft‹ kein Schicksal sein müßte, von dem er abhängt, daß Politik nicht über seinen Kopf hinweg zu geschehen braucht. Während er sich seine Sexualität untertan machte, wurde er zum Untertan der herrschenden Gesellschaftsverhältnisse«[39]. In einem anderen Text heißt es: »Die Aggressionen, die sich durch Triebverzicht stauen, können sich in Kriegen entladen, in denen der Sieg den ›Keuschen‹ gehört«[40].

Diese unbewiesenen und schon wegen ihrer Undifferenziertheit auch unbeweisbaren Behauptungen werden dann in folgende erziehungstechnologische Aussage umformuliert: Ein wichtiges Mittel der Erziehung zur »emanzipierten Persönlichkeit« besteht darin, schon im Kindes- und Jugendalter die freie sexuelle Betätigung zu begünstigen. Der Sexualtrieb soll nicht verdrängt, sondern ausgelebt werden. Deshalb werden schon Kleinkinder zur Masturbation ermutigt[41], Pubeszenten zum Geschlechtsverkehr mit wechselnden Partnern[42].

---

[35] NEILL 1969, S. 202.
[36] HAUG und MAESSEN 1969, S. 81.
[37] HAUG und MAESSEN 1969, S. 79.
[38] HAUG und MAESSEN 1969, S. 84.
[39] KENTLER 1970, S. 68.
[40] HAUG und MAESSEN 1969, S. 104.
[41] Vgl. SADOUN 1970, S. 103 ff.
[42] Vgl. ANDERSEN 1970, S. 83; AMENDT 1970.

Selbst vor Sexualspielen zwischen Kindern und Erwachsenen ist man in der Kommune 2 nicht zurückgeschreckt[43]. Die fixe Idee von der »sexuellen Befreiung« hat bei Gamm sogar zu der Forderung geführt: »Die Schule hat das Lernen der Liebe zu ihrer wichtigsten sozialpädagogischen Aufgabe zu machen«. Zu diesem Zweck soll sie Räume schaffen, »in denen die Schüler beider Geschlechter unkontrolliert verweilen können und die Möglichkeit erotischer Kommunikation besitzen«[44].

Hier besteht ganz offensichtlich ein Mißverhältnis zwischen einem sehr komplexen Erziehungsziel und dem zu seiner Erreichung empfohlenen Mittel »Gewährung von Triebfreiheit« oder »Brechung sexueller Tabus«. Vor allem bleibt völlig unberücksichtigt, was man inzwischen über die *Folgen* der Anwendung dieses Mittels auf die Persönlichkeitsstruktur festgestellt hat. Sigmund Freud hat schon 1905 erwähnt, »daß sexuelle Betätigung das Kind unerziehbar macht«[45]. Seine Tochter Anna Freud hat aus ihrer jahrzehntelangen Erfahrung mit psychoanalytischer Erziehungspraxis berichtet, daß »die Auswirkungen der Masturbationsfreiheit ... nicht nur die erwünschten« gewesen sind. »Was die neue Erlaubnis beabsichtigt hatte, war die Herabsetzung von quälenden Schuldgefühlen; was sie gleichzeitig zur Folge hat, ist ein unerwartetes Defizit auf der Seite der Moralentwicklung, wo dem Onanieabgewöhnungskampf als erstem inneren Konflikt zwischen Ich und Trieb eine entscheidende Rolle in der Charakterbildung zugefallen war«[46].

Empirische Befunde dieser Art lassen es zumindest als sehr unwahrscheinlich erscheinen, daß durch die Förderung der ungehemmten sexuellen Triebbefriedigung der Erwerb solcher Persönlichkeitsmerkmale wie »Fähigkeit zum individuellen Glück«, »Menschlichkeit« oder »Mündigkeit« ermöglicht werden kann. Der Einsatz der Neuen Linken für die »sexuelle Befreiung« der Jugend ist nur verständlich, wenn man ihn als Bestandteil der Strategie zur Erreichung ihrer *politischen* Ziele erkennt. Sie tritt deswegen dafür ein, weil sie die sexuellen Antriebe und Interessen der Heranwachsenden für den motivationsstärksten Ansatzpunkt zur politischen Aufwiegelung gegen die bestehende Ordnung hält[47].

---

[43] Vgl. Bookhagen 1969, S. 168 f.
[44] Gamm 1970, S. 78; ähnlich Kentler 1970, S. 100.
[45] Freud 1905, S. 80.
[46] Anna Freud 1971, S. 17.
[47] Über die Rolle der »Sexualkampagne« bei der Vorbereitung der anti-

»Die proletarische Erziehung beginnt mit der Brechung der sexuellen ... Tabus«[48]. Der Kampf ist dabei eindeutig *gegen die Institutionen der Ehe und der Familie* gerichtet, *damit aber auch gegen »romantische« Liebesbeziehungen, gegen »auf Dauer gerichtete feste Partnerbindung«*[49]. An der freizügigen Sexualmoral, die sich in der jungen Generation weitgehend durchgesetzt hat[50] und die auch die liberale Sexualpädagogik bestimmt, wird vor allem kritisiert, daß sie »partnerzentriert« ist, d. h. daß sich die Jugendlichen Geschlechtsverkehr nur gestatten, wenn eine feste, dauerhafte Partnerbeziehung besteht. Es wird bemängelt, daß die Jugendlichen die ehelichen Verhaltenserwartungen von gegenseitiger Liebe und Treue, die den Kern der traditionellen Sexualmoral ausmachen, in ihre vorehelichen Beziehungen übernehmen. »Die Rechtfertigung sexueller Praxis durch dauerhafte Liebe ist der affirmative Mechanismus, der sexuelle Wünsche an Ehe und Familie bindet«[51]. Ehe und Familie aber sind für die Neue Linke jene Institutionen, die sie als Hort des Widerstandes gegen ihre revolutionären Pläne am meisten fürchtet. Deswegen wenden sich ihre sexualpädagogisch radikalsten Anhänger gegen die Verknüpfung von Sexualität und Liebe, von Geschlechtsverkehr und »Gefühlen«.

Im Zusammenhang mit Sexualität von »Gefühlen« oder gar von »Liebe« zu reden, sei nichts anderes als ein Mittel, um »bei jungen Menschen ein schlechtes Gewissen zu erzeugen und Hemmungen zu stärken. ... Indem man Sexualität von vornherein mit ›Liebe‹ koppelt, wird der Geschlechtsverkehr abgewertet und als nebensächlich abgetan. Das Gerede von der ›Liebe‹ soll eine eigene Berechtigung des Sexuallebens verhindern«[52]. Erwünscht ist stattdessen ein Bewußtseinszustand, in dem sexuelle Triebbefriedigung von Liebesbeziehungen getrennt und in sich selbst als wertvoll beurteilt wird. Die positive Wertung der vorehelichen sexuellen Betätigung als Vorbereitung auf die Ehe oder auf eheähnliche Verhältnisse wird abgelehnt[53]. »Ehe und Familie im Erwartungshorizont sexueller Wünsche« sollen

---

autoritären Schülerunruhen seit 1967 vgl. HAUG und MAESSEN 1969, S. 78 ff.; BARTH 1969, S. 65 ff. Nach PREUSS-LAUSITZ 1971, S. 225, sind »Sexualkampagnen zu Beginn des Politisierungsprozesses besonders geeignet«.

48 SADOUN 1970, S. 221.

49 SEWIG 1971, S. 9.

50 Vgl. GIESE und SCHMIDT 1968, S. 386 ff.; SIGUSCH und SCHMIDT 1972, S. 130.

51 SEWIG 1971, S. 6.

52 CLAESSON 1973, S. 10.

53 ANZINGER 1973, S. 326.

vielmehr »sexualpädagogisch aufgelöst und nicht ›herausgestellt‹ werden«. Sonst mache sich die Pädagogik »abermals zum Agenten unerträglicher Herrschaftsverhältnisse«[54].

Bei dieser liebes-, ehe- und familienfeindlichen Betrachtungsweise steht die Anleitung zur egozentrischen »Orgasmus-Erfahrung« im Vordergrund. Kennzeichnend dafür sind folgende Sätze zweier Mitarbeiter von GAMM: »Die für das eigene Lernen notwendige Ablösung von den infantilen Bindungen an die Herkunftsfamilie hängt von der Fähigkeit ab, vielfältige Orgasmus-Erfahrungen zu machen. Wie wenig dies bislang gekonnt wird, ist an den verbreiteten positiven Einstellungen der Jugendlichen zu Ehe und Familie abzulesen«[55].

Aus diesen Texten ist deutlich erkennbar, daß es der Neuen Linken bei ihrem Eintreten für die »sexuelle Befreiung« der Jugend gar nicht darum geht, den einzelnen Jugendlichen bessere Hilfen auf der Suche nach persönlicher Liebeserfüllung zu geben. Vielmehr kommt es ihr darauf an, einerseits die sexuellen Bedürfnisse, Wünsche und Interessen als Triebkräfte für den politischen Kampf auszunutzen und andererseits aber auch zu verhüten, daß anspruchsvolle, eheähnliche Liebesbeziehungen entstehen, die von politischen Aktivitäten ablenken. Dauerhafte Partnerbeziehungen und Frühehen werden vor allem deswegen bekämpft, weil in ihnen »Liebes- und Verwirklichungswünsche abgesättigt« und damit Energien von der Beteiligung an den »ökonomischen und politischen Auseinandersetzungen abgezogen« werden[56]. Deshalb wird den Jugendlichen eingeredet, der Ehevertrag entspreche »einer freiwilligen Amputation sexueller Bedürfnisse«. »Nur Menschen, die in ihrer Kindheit bis zu einem gewissen Grad kaputtgemacht wurden, sind überhaupt bereit und fähig, eine Ehe einzugehen. In der Ehe aber gehen sie endgültig kaputt. Denn in der Ehe können sie – ist der Rausch des Anfangs und Neuen vorüber – ihre sexuellen Bedürfnisse und Wünsche nicht mehr verwirklichen«[57].

Die Furcht der Neuen Linken, Liebe, Ehe und Familie seien der Erreichung ihrer politischen Ziele hinderlich, scheint das Hauptmotiv dafür zu sein, daß *»vielfältige* Orgasmus-Erfahrungen« empfohlen werden, wobei neben der Selbstbefriedigung vor allem auch bedenkenlos homosexuelle Beziehungen genannt werden. Nicht die Mann und Frau gegenseitig beglückende, aber auch bindende Erfahrung

[54] SEWIG 1971, S. 10.
[55] SEWIG und KULKE 1970, S. 161.
[56] SEWIG 1971, S. 10.
[57] AMENDT 1970, S. 78.

der Liebe wird als oberster Wertmaßstab genommen, sondern die egozentrische Erfahrung der Lust am eigenen Orgasmus. Jungen wie »Mädchen müssen zur Selbstbefriedigung erzogen werden, müssen lernen, daß ihr Körper ... zunächst als Quelle eigener Lust« zu benützen ist[58].

Gerechterweise muß hier aber auch darauf hingewiesen werden, daß diese sexualanarchistische Strategie innerhalb der Neuen Linken keineswegs unumstritten ist. Vor allem REICHE hat vor den Gefahren der sexuellen Verwahrlosung gewarnt. Durch radikale Aufforderungen zur hemmungslosen sexuellen Aktivität würden auch diejenigen »zur Befolgung genitaler Normen aufgerufen werden, die zu einem genitalen Verhalten seelisch noch gar nicht fähig sind«[59]. Er befürchtet, durch die antiautoritäre Protestbewegung werde auch in den Beziehungen zwischen den Geschlechtern »gerade das an den Leistungen dieser Kultur zerschlagen, was unbedingt erhalten bleiben muß, um eine Kultur aufzubauen, die die bürgerliche wirklich überwinden kann«[60].

REICHE führt als Beispiel folgenden Bericht aus der Kommune 1 an. »Es ist wie bei der Pferdedressur. Erst muß einer das Tier einreiten, dann steht es allen zur Verfügung. Erst ist es Liebe oder so etwas ähnliches, nachher nur noch Lust. Der Trick ist schrecklich einfach: Man macht ein Mädchen verliebt, schläft mit ihr und markiert nach einer Weile den Enttäuschten oder Desinteressierten. Dann überläßt man sie der Aufmerksamkeit der anderen und das Ding ist gelaufen«[61]. REICHE bemerkt mit Recht, daß hier die in der bürgerlichen Gesellschaft üblichen sexuellen »Repressionen« (Einehe) »durch viel grausamere Zwangssysteme ersetzt« worden sind. Sein ganzes Buch ist ein Appell, nicht nur für »Triebfreiheit« einzutreten, sondern zugleich auch für »Triebsublimierung« »in Anlehnung an ein flexibles Ich-Ideal«[62]. Wie das allerdings mit seiner Ablehnung der Askese vereinbar ist, bleibt unklar.

Gerade im Bereich der Sexualmoral und der Sexualpädagogik zeigt sich wiederum, wie vielgestaltig die Neue Linke ist. Hier bestätigt sich erneut, daß der linksliberale Flügel mehr zu individualistischen, egozentrischen und anarchistischen Auffassungen neigt, in denen Lust

---

58 AMENDT 1970, S. 29.
59 REICHE 1971, S. 144.
60 REICHE 1971, S. 157.
61 Pardon Nr. 8 (1967), S. 22. Hier zitiert nach REICHE 1971, S. 155 f.
62 REICHE 1971, S. 160 und S. 144.

und Genuß als höchste Werte gelten, während der linksradikale Flügel sozialbezogener, moralisch strenger und politisch verantwortungsbewußter urteilt. Daneben spielen aber auch Unterschiede in der Deutung der sexuellen Verhältnisse und in der Auswahl der Gegner eine Rolle. Die linksliberalen Anhänger einer »emanzipierenden Sexualerziehung« setzen voraus, daß heute noch durchgängig eine »repressive Sexualerziehung« üblich sei: durch »sexuelle Unterdrückung« werde die »Anpassung an die herrschende Gesellschaftsordnung erreicht«[63]. Der »repressive« Sexualerzieher wird als »Büttel der bestehenden Gesellschaft« bezeichnet[64], »die Unterdrückung der Sexualität wird zu einem Maßstab für die Unterdrücktheit des Menschen überhaupt«[65]. Als »repressiv« wird jene Sexualerziehung bezeichnet, die »als Hauptziel die Ehefähigkeit und damit die gesellschaftliche Angepaßtheit der Individuen verfolgt«[66].

Die schärfer beobachtenden Gesellschaftskritiker der Neuen Linken weisen demgegenüber darauf hin, daß die traditionelle lustfeindliche Sexualmoral in der spätkapitalistischen Gesellschaft als Folge ökonomischer Zwangsläufigkeiten (»Konsumzwang« als Bedingung für das Funktionieren der Wirtschaft) bereits weitgehend abgebaut worden ist. Sie halten in dieser Situation die »*nicht*repressive Sexualerziehung« für das gefährlichere »Herrschaftsinstrument«, weil sie die Menschen »im Gewande totaler Sexualfreiheit« an das bestehende politische System binde und die Entstehung jener Charakterzüge verhindere, die zum politischen Kampf für den Sozialismus befähigen[67].

Führende Kreise der antiautoritären Studenten- und Schülerbewegung haben schon 1969 die »vorpolitische Sexualkampagne« kritisiert, weil sie die Neue Linke »zur Avantgarde des neuen kapitalistischen Kultur- und Konsumideals« mache »anstatt zur Avantgarde der sozialen Revolution«. Sie haben im Widerspruch zur »bürgerlichen Geilheit« als ihr »kulturrevolutionäres Ziel ... die Erotisierung aller Beziehungen in der politischen Gruppe« gesetzt[68]. Das bedeutet nichts anderes als die Nutzung der Sexualität als Energiequelle für Solidarität innerhalb der politischen Kader: also eine sozialistische Form von Triebverzicht, Sublimierung und Askese[69].

---

[63] Kentler 1970, S. 68. [64] Kentler 1970, S. 77.
[65] Kentler 1970, S. 81.
[66] Kentler 1970, S. 47. Zur Kritik vgl. Zdarzil 1973.
[67] Vgl. Reiche 1971, S. 43 ff.; Freyberg 1971. [68] Auss 1969, S. 31 f.
[69] Zu den politischen Aspekten der permissiven Sexwelle aus konservativer Sicht vgl. Mohler 1972.

Antiautoritäre und autoritäre Erziehung als Doppelstrategie

Blicken wir noch einmal auf die Formen des erzieherischen Handelns zurück, welche die Neue Linke als nützlich empfiehlt. Für die nichtsozialistischen Massen der Bevölkerung, insbesondere für deren liberale Führungsschicht wird die unklare negative Forderung nach »antiautoritärer« oder »nichtrepressiver Erziehung« erhoben. Sie bedeutet bei liberaler Interpretation nichts anderes als eine verstärkte Betonung jener Einstellung, die in der individualistischen Massendemokratie ohnedies bereits vorherrscht. Sie meint weniger eine Methode als vielmehr eine Gesinnung, die im Umgang mit Kindern und Jugendlichen maßgebend sein soll. Es ist eine Gesinnung, die durch die Bereitschaft des Erziehers zum weitestgehenden Verzicht auf Wertungen, Forderungen und deren Durchsetzung gekennzeichnet ist. Hier wird die weit verbreitete Wertungsunsicherheit, die selbst ein Symptom für die Krise der individualistischen Gesellschaft ist, ganz unverdient zur Tugend aufgeputzt.

Einer solchen Empfehlung kann man unter den gegebenen Verhältnissen vernünftigerweise nur dann *zentrale* Bedeutung zubilligen, wenn man den moralischen Niedergang der liberalen westlichen Demokratien beschleunigen will. Die Grundsätze der antiautoritären Erziehung sind nicht zur Reform, sondern zur Überwindung der freiheitlich-demokratischen Gesellschaftsordnung entworfen worden. Sie haben den Zweck, die Erzieher unsicher und die Jugend verdrossen und aufsässig, anmaßend, disziplinlos und leistungsunwillig zu machen, um so den Boden zu bereiten für die Machtübernahme der neuen Herren. In deren »Erziehungsdiktatur« dürfte dann von der »antiautoritären Erziehung« höchstens noch in den Lehrbüchern der Geschichte der Pädagogik die Rede sein. Sie wird dort als die pädagogische Irrlehre der sogenannten spätkapitalistischen Gesellschaft erscheinen: einer Gesellschaft, die sich durch radikalen Zweifel an allen Idealen selbst zerstört hat, ohne daß das »sozialistische Weltsystem« Gewalt anzuwenden brauchte.

Das ist aber nur die eine Seite der »Doppelstrategie« der Neuen Linken. Für die eigenen Anhänger wird schon längst eine autoritäre »sozialistische Erziehung« empfohlen. Die gleiche sozialistische Bewegung, die den gutgläubigen Bürgern weisgemacht hat, die Autorität sei die Quelle alles Bösen und der Kampf für ihre Abschaffung die Aufgabe jedes wahren Demokraten, stößt heute in den autoritätsleeren Raum, der inzwischen entstanden ist, mit der Forderung nach, den Marxismus und seine politischen Vorkämpfer als neue Autorität anzuerkennen. Sie hofft darauf, daß ihr früher oder später auch die heute noch liberal gesinnten Massen zulaufen werden. Das wird dann der Fall sein, wenn die antiautoritären Schlagworte ihre Wirkung getan haben. Dann werden die weltanschauliche Orientierungslosigkeit, das allgemeine Mißtrauen und die moralische Selbstverachtung so unerträglich geworden sein, daß der Überdruß an einem sinnlos erscheinenden Leben in Freiheit umschlägt in die Bereitschaft, bei denen einen neuen Sinn zu suchen, die das Ende aller Übel von der totalitären sozialistischen Gesellschaft versprechen.

b) Die Erziehungseinrichtungen

> Gerade im Erziehungswesen wird der industrielle Kapitalismus jene Revolten provozieren, die er in den Fabriken zu vermeiden sucht.
>
> ANDRE GORZ[1]

Die Neue Linke bekämpft alle jene Erziehungseinrichtungen, die sie als Hindernis auf dem Wege zur Verwirklichung ihrer politischen Ziele betrachtet. Dazu rechnet sie vor allem die Familie und alle familiennahen, von den Eltern kontrollierten Erziehungseinrichtungen freier, d. h. nicht-staatlicher Träger, insbesondere also private Kindergärten, Schulen und Heime, sofern diese der »bürgerlichen Ideologie« verhaftet sind. Dazu gehören ferner die Erziehungseinrichtungen der christlichen Kirchen und anderer religiöser oder weltanschaulicher Gemeinschaften, sofern sie sich nicht in Zentren sozialistischer Gegenerziehung oder wenigstens in Instrumente zur Auflösung der nicht-sozialistischen Wert- und Lebensordnung ihrer Träger umwandeln lassen. Schließlich zählen dazu die von den Betrieben und Wirtschaftsverbänden getragenen Einrichtungen der Berufsausbildung.

Auf der anderen Seite unterstützt die Neue Linke alle jene Erziehungseinrichtungen und darin jene Organisationsformen, die sie für politisch nützlich hält. Sie tritt für die weitestgehende Verstaatlichung des Erziehungswesens ein. Das entspricht nicht nur ihrem Ideal der Gleichheit, sondern auch ihrem strategischen Plan, die sozialistische Bewußtseinsänderung in der Bevölkerung auf dem Umweg über die

---

[1] GORZ 1967, S. 135. Der Autor ist einer der führenden Theoretiker der linksradikal-klassenkämpferischen Richtung der Neuen Linken.

staatliche Kultur-, Schul- und Sozialbürokratie zu erreichen: durch Bewußtseinsänderung des Erziehungs- und Schulverwaltungspersonals mittels gesellschaftskritisch aufgebauter pädagogischer Berufsausbildungsgänge an Hochschulen und Universitäten, die von »kritischen« Wissenschaftlern beherrscht werden. Folgerichtig werden auch unter möglichen neuen Erziehungseinrichtungen oder neuen Organisationsformen für vorhandene Einrichtungen jene zur verwirklichen gefordert, von denen man erwartet, daß sie die sozialistische Missionstätigkeit erleichtern werden. Die gegenwärtig bedeutsamsten Vorhaben dieser Art sind die Gesamtschule und die sogenannte »Kollegstufe«.

Schließlich versucht die Neue Linke auch unabhängig von den großen erziehungspolitischen Kämpfen um Familienrecht, Jugendhilferecht, Schulorganisation und Berufsausbildung in den hier und jetzt vorhandenen Erziehungseinrichtungen zu ihren Gunsten umzuwandeln, was sich umwandeln läßt. Als brauchbarster Hebel dienen dabei die Forderungen nach »Mitbestimmung«, »Demokratisierung« und »herrschaftsfreier Kommunikation«.

Die Neue Linke zeigt sich überaus anpassungsfähig bei der Eroberung und Verteidigung von »Freiräumen« zur Ausbreitung der Kulturrevolution. Wenn es darum geht, die erzieherische Tätigkeit der Eltern, der Kirchen, der Privatwirtschaft oder anderer privater Träger einzuschränken, tritt sie für das staatliche Erziehungsmonopol ein; wenn ihr jedoch staatliche Behörden die staatlichen Erziehungseinrichtungen nicht als »Freiraum« zur Vorbereitung der »Systemüberwindung« ausliefern wollen, dann wird gegenüber dem Staat Autonomie beansprucht. Maßgebend bei der Beurteilung von Erziehungseinrichtungen ist allein ihr Nutzen oder Schaden für die Verfolgung der eigenen politischen Absichten.

Zurückdrängung der Familie als Erziehungsinstitution

Die Neue Linke betrachtet die Bindungen, denen die Menschen in der Ehe und in der Familie unterliegen, als »Zwang«, der »so weit wie möglich abzubauen« ist[2]. Sie greift damit bekannte individualistische und rationalistische Ideen des frühen Sozialismus wieder auf: die leichte Lösung der Ehe, die Übergabe der Kinder an die »Gesellschaft«, die Beseitigung der privaten Hauswirtschaft und die Eingliederung der Frau in den außerhäuslichen Arbeitsprozeß[3]. Schon ENGELS ver-

---

[2] REICHE 1971, S. 168.
[3] Vgl. SOMBART 1924, Bd. 1, S. 272 ff.

trat die Forderung, daß »die Abhängigkeit ... der Kinder von den Eltern ... vernichtet« wird und daß die »Erziehung sämtlicher Kinder, von dem Augenblicke an, wo sie der ersten mütterlichen Pflege entbehren können, in Nationalanstalten und auf Nationalkosten« erfolgt. »Die kommunistische Gesellschaftsordnung ... wird das Verhältnis der beiden Geschlechter zu einem reinen Privatverhältnis machen«[4].

Diesem alten sozialistischen Programm entsprechend kämpft die Neue Linke für die Privatisierung der Ehe und für die totale Vergesellschaftung der Kindererziehung. Nach REICHE gilt es zwar nicht die Ehe, aber die »Ehe*institution*«, das Eherecht und das *»Elternrecht abzuschaffen«*. An die Stelle dieser Rechtsverhältnisse soll »einzig das *Kinderrecht* treten«. Es soll der »Selbsttätigkeit in der Organisierung der Privatsphäre« dort eine Grenze setzen, »wo in der bürgerlichen Gesellschaft die private Willkür beginnt: in der Erziehung der Kinder«[5]. Das im Grundgesetz verankerte Elternrecht wird von BRÜCKNER »eine unserer ›heiligen Kühe‹« genannt und völlig einseitig als »ein Derivat bourgeoiser Eigentumsverhältnisse« ausgelegt, als »Recht des Privateigentums, angewendet auf das eigene Kind«. »Unsere Rechtsverhältnisse belassen die Familie als einen durch Elternabsolutismus charakterisierten Raum, in dem Kontrollen über das Schicksal der Kinder äußerst erschwert sind«[6].

Die Angriffe gegen das Elternrecht werden damit zu rechtfertigen versucht, daß Kindesmißhandlungen vorgebeugt werden soll. Das ist jedoch nur ein Vorwand für die Absicht, den Eltern das Erziehungsrecht zu nehmen, weil sie es nicht zugunsten sozialistischer Ziele ausüben. Nach GAMM haben »alle gesellschaftlichen Gruppen ... letztlich das höhere Anrecht auf die Kinder als ihre vielfach befangenen Eltern, die für ihre Elternrolle nicht qualifiziert sind«[7]. Für generell erzieherisch unqualifiziert werden die Eltern unter anderem deswegen erklärt, weil sie »alle unter Druck groß geworden« seien und nicht genügend »durchschauen, daß die eigenen Eltern als Agenten eines unmenschlichen Herrschaftssystems handelten, auch wenn sie besten Willens waren«[8]. Es wird unter Mißachtung aller das Gegenteil bestätigenden wissenschaftlichen Forschungsergebnissen behaup-

---

[4] ENGELS 1847, S. 377 und S. 373.
[5] REICHE 1971, S. 168 f.
[6] BRÜCKNER 1972, S. 89.
[7] GAMM 1970, S. 38.
[8] SEIFERT 1969, S. 315 und 317.

tet: »Die normale Kleinfamilie ist der ungeeignetste Ort, Kindern jene ständige liebende Zuwendung (bei gleichzeitigem Freiheitsspielraum) zu garantieren, die sie brauchen«. Daraus »organisatorische Konsequenzen« zu ziehen, sei »eine Grundbedingung für den Versuch, Kinder frei zu erziehen. Antiautoritäre Kindergärten sind eine folgerichtige Antwort«[9]. Die Familie wird als »ein pädagogisches Nichts« bezeichnet[10]. An ihre Stelle soll der »elastische Familienverband« treten, »der sich in einem lang andauernden und permanenten Prozeß zur Kommune entwickelt«[11].

Die Neue Linke ist sich allerdings nicht einig darüber, wieweit und wodurch die Erziehung in der Familie ersetzt werden soll. Die meisten aus privater Initiative entstandenen antiautoritären Kindergärten, die teils als Ergänzung, teils (in Verbindung mit Wohngemeinschaften) als Ersatz der Erziehung in der Familie gedacht waren[12], sind nach kurzer Zeit gescheitert[13]. Schon die Kosten und erst recht eine nüchterne Beurteilung der angestrebten politischen Breitenwirkung zwingen dazu, die Lösung nicht in Gegen-Erziehungseinrichtungen privater sozialistischer Träger zu suchen, sondern in öffentlichen Einrichtungen, die nach emanzipatorisch-sozialistischen Ideen geführt werden. Die Neue Linke unterstützt deshalb die Forderung, die gesetzliche Schulbesuchspflicht auf die frühe Kindheit auszudehnen. So fordern zum Beispiel die Jungsozialisten »Vorschulische Erziehung« für das 4. und 5. Lebensjahr: »Sie muß staatlich, kostenlos und obligatorisch für alle Kinder werden«[14].

Die Neue Linke wirbt aber auch dafür, daß die Eltern ihre erzieherische Verantwortung freiwillig an angeblich besser befähigte hauptberufliche Erzieher abtreten. Zur Begründung redet sie ihnen ein, daß sie schon deshalb zur Erziehung unfähig seien, weil »die Verhaltenskontrolle eine Wissenschaft ist, in welche die Mutter nur in Jahren der Ausbildung eingeführt werden könnte. Aber selbst wenn sie diese Ausbildung hätte, würden durch Ausbildung und Berufsarbeit zuviele ihrer Kräfte absorbiert. Sie könnte also einerseits

---

[9] Seifert 1969, S. 314.
[10] Gerhardt 1970, S. 68.
[11] Kirchknopf 1968, S. 111. Zur Kritik aus linker Sicht vgl. Heide Berndt 1969.
[12] Vgl. Bott 1970; Sadoun 1970; Breiteneicher 1971; Werder 1972.
[13] Vgl. Giesecke 1973, S. 159 ff.
[14] Stichweh 1971, S. 156; ähnlich die Jungdemokraten im Manifest zur Frauenemanzipation, S. 15.

die Kinder nicht in der erwünschten Weise erziehen, würde andererseits durch die Erziehung ihrer Kinder an der vollen Emanzipation gehindert«[15].

Dieser Begründungsversuch verbindet grobe Täuschungen mit einem listigen Appell an den Egoismus. Die erste Täuschung besteht in der Behauptung, es gäbe so etwas wie eine praktisch anwendbare Wissenschaft von der Erziehung, in welche die berufsmäßigen Erzieher während ihrer Hochschulausbildung eingeweiht werden, während die Eltern ohne pädagogisches Studium ahnungslose Laien sind und bleiben müssen. Die zweite Täuschung liegt in der Behauptung, institutionalisierte (d. h. in speziell dafür geschaffenen Einrichtungen) und professionelle (d. h. durch hauptberuflich tätige Spezialisten erfolgende) Erziehung sei grundsätzlich nützlicher oder erfolgreicher als die nicht-institutionalisierte und nicht-professionelle Erziehung durch die Eltern. Der Appell an den Egoismus der Mütter besteht in dem Angebot, ihnen »die schwere Arbeit der Kindererziehung« abzunehmen und dadurch »die gleichen Chancen wie dem Manne« zu eröffnen[16].

Es handelt sich hier um eine familienfeindliche pädagogische Utopie, wie sie im Rahmen politischer Utopien schon bei PLATON, FICHTE, FOURIER und OWEN anzutreffen ist. Neu ist daran nur ihre schein-wissenschaftliche Rechtfertigung im psychoanalytischen oder verhaltenspsychologischen Jargon. Neu ist der Versuch, die Eltern durch Hinweise auf eine Erziehungswissenschaft einzuschüchtern, die es in der behaupteten Form zumindest derzeit noch längst nicht gibt.

Da eine Übernahme der Erziehungsaufgaben der Familie durch öffentliche Einrichtungen bei Kindern zwischen dem ersten und dritten Lebensjahr kaum allgemein durchführbar sein dürfte, will man den Eltern wenigstens »ein Netz von Beratern« zur Seite geben, »die überall helfend eingreifen«. Sie sollen die »Weichen stellen«, noch bevor die Kinder die öffentlichen Erziehungseinrichtungen besuchen[17].

Neben diesen Möglichkeiten des sanften Drucks auf die Eltern gibt es aber auch noch andere. Der linksradikal-klassenkämpferische Flügel der Neuen Linken empfiehlt in Fällen, in denen proletarische Eltern ihren Kindern »eine kleinbürgerliche antiproletarische Erziehung« geben, den *»Familienkampf«*. Er soll von der »Kinderbewe-

---

[15] BÖNNER 1970, S. 92; 1972, S. 275.
[16] BÖNNER 1970, S. 88.
[17] GERHARDT 1970, S. 79.

gung«, d. h. von einer Organisation politisch »mobilisierter« Arbeiterkinder getragen werden[18].

Für die Forderung der Neuen Linken nach Zurückdrängung der Familie als Erziehungseinrichtung gibt es erziehungswissenschaftlich ebensowenig eine stichhaltige Begründung wie für die Empfehlung der antiautoritären Erziehung. In beiden Fällen werden rationalistische und individualistische Ideen der Aufklärung ohne Rücksicht auf die wirklichen Bedingungen für das Werden der seelisch gesunden Persönlichkeit bis zum Äußersten übertrieben. Hier wie dort wird eigentlich nur das als zugespitzte Norm formuliert, was in den liberal-progressiven Kreisen der individualistischen Wohlfahrtsgesellschaften des Westens ohnedies längst praktiziert wird: die seelische Vernachlässigung der Kinder durch ihre Eltern[19].

Selbstverständlich reicht die isolierte Kleinfamilie als sozialer Erfahrungsraum für die Kinder allein nicht aus. Deshalb muß sie durch familienergänzende Erziehungseinrichtungen unterstützt werden. Den weiteren Abbau des Einflusses der Familie auf die Kinder aber kann man nur empfehlen, wenn man entweder keine Ahnung von ihrer unersetzlichen beschützenden Funktion[20] hat oder wenn man den Menschen gerade diesen Schutz nehmen will, um sie für den Umsturz reif zu machen.

Schulen als »Freiräume«

Es ist ein weit verbreiteter Irrtum, Schulen vorwiegend als Mittel zur Verwirklichung von Erziehungszielen, also als Mittel zur Förderung der Schüler anzusehen. Sie sind immer auch Mittel zur Verwirklichung politischer Ziele. Die Neue Linke betrachtet sie sogar fast ausschließlich unter diesem Gesichtspunkt. Sie setzt sich für jene Formen der Schulorganisation ein, von denen sie glaubt, daß sie ihren politischen Nah- und Fernzielen am besten nützen.

Die oberste Norm für die Schulpolitik der Neuen Linken hat der ehemalige hessische Kultusminister FRIEDEBURG 1969 relativ offen formuliert, als er sagte, »daß es nicht darauf ankommt, die Schule für die Anforderungen der spätkapitalistischen Leistungsgesellschaft zuzurichten, sondern sie zu einer der Kräfte zu machen, die die Demokratisierung der Gesellschaft weitertreiben«[21]. Das heißt nichts an-

---

18 Rotes Kollektiv 1970, S. 178; WERDER 1972, S. 104.
19 Für die USA vgl. BRONFENBRENNER 1973, S. 87 ff.
20 Vgl. HORKHEIMER 1960, S. 167; KUCKARTZ 1972.
21 FRIEDEBURG 1970, S. 261.

deres als: die Schule muß so umgestaltet werden, daß sie ein wirksames Instrument zur Distanzierung der Schüler von jener Gesellschaft wird, zu deren Erhaltung die Schulen eigentlich bestimmt sind.

Die möglichen Formen der Schul- und Hochschulorganisation werden von der Neuen Linken in erster Linie danach beurteilt, ob sie die Schaffung sogenannter *»Freiräume«* zulassen. Unter einem »Freiraum« wird so etwas wie ein geschütztes Ausbildungslager innerhalb einer öffentlichen Institution verstanden, in welchem Kinder und Jugendliche auf den »Kampf gegen die autoritäre Leistungsgesellschaft« vorbereitet werden[22]. Es handelt sich gleichsam um Zellen der geplanten sozialistischen »Gegengesellschaft«, die unter dem Schutz des Rechts auf Meinungs- und Versammlungsfreiheit als Parasiten im Organismus jener Gesellschaft leben, deren Untergang sie vorzubereiten suchen.

Nach BECK können Freiräume »in dieser Gesellschaft primär in den Bildungsinstitutionen geschaffen werden«. Auch EBERT bestätigt, daß die Bildung revolutionärer »Basisgruppen« »gegenwärtig ihre größten Erfolgschancen im Bildungssektor« hat[23]. Nach Ansicht der Jungsozialisten eröffnet »die Unmöglichkeit, schulische Bildungsprozesse einer totalen Kontrolle zu unterwerfen, ... reformerischen Bemühungen Realisierungschancen und bietet eine relative Freiheit für die Aufnahme kritischer Inhalte und für emanzipatorische Innovationen«[24]. Statt von »Freiräumen« wird auch von *»Spielräumen* für politische Aktivitäten« gesprochen[25]. Die Möglichkeiten der rechtlichen Absicherung politischer Basisarbeit zugunsten »systemüberwindender Reformen« im »Freiraum« Schule sind für Lehrer wie für Schüler bereits ausführlich dargestellt worden[26].

Sekundarstufe I: Revolutionäre Chancen in der Gesamtschule

Die größte Chance für die Gewinnung und Nutzung von »Freiräumen« sieht die Neue Linke in der *integrierten Gesamtschule.* Darunter wird eine Form der Schulorganisation der Sekundarstufe I (5. bis 10. Schuljahr) verstanden, bei der die allgemeinbildenden Schulen Hauptschule, Realschule und Gymnasium als getrennte

---

[22] Vgl. BECK 1970, S. 149.
[23] EBERT 1971, S. 135.
[24] STICHWEH 1971, S. 154 f.
[25] Vgl. BRIESE 1973, S. 206.
[26] Für Lehrer vgl. KÜHNEL und RANDZIO 1973; Arbeitsgruppe Lehrerkonflikte 1973, S. 43 ff.; für Schüler vgl. Rote Hilfe 1973. Zur Rechtfertigung des sogenannten »Ausbildungsstreiks« aus sozialistischer Sicht vgl. U. PREUSS 1975, S. 134 ff.

Schulformen aufgelöst und zu einer größeren flexiblen Einheit zusammengefaßt werden. Kennzeichnend für die integrierte Gesamtschule ist ein kompliziertes System von Kern- und Kursunterricht. Es gibt Pflichtfächer, alternativ wählbare Pflichtwahlfächer und Wahlfächer. Die Schüler werden je nach Leistung in Kurse mit verschieden hohen Anforderungen eingestuft. Die Gesamtschule ist ein sehr problematischer moderner Versuch, die alte sozialistische Idee der Einheitsschule auf eine Weise zu verwirklichen, die sowohl der unterschiedlichen Leistungsfähigkeit der Schüler als auch den unterschiedlichen Anforderungen der Arbeitswelt an die Vorbildung des Nachwuchses gerecht wird.

Die Neue Linke hält die integrierte Gesamtschule für jene Schulform, die am ehesten »politisch zur Veränderung der bestehenden Verhältnisse genutzt werden« kann; sie wird als »die zentrale Basis emanzipatorischer Erziehung« angesehen[27]. Es wird zwar auch von den Schultheoretikern der Neuen Linken klar gesehen und offen zugegeben, daß Gesamtschulen wegen ihrer Größe (mindestens 2000 Schüler) erzieherisch eigentlich ungünstig sind[28], weil sie die sogenannte »Entfremdung« des Menschen, den Verlust seiner seelischen Sicherheit und seines sozialen Zugehörigkeitsbewußtseins fördern[29]. Es wird auch erkannt, daß die Gesamtschule mehr Schüler als je zuvor länger als je zuvor der Leistungsüberforderung, der Prüfungsangst, der Erfahrung des Versagens aussetzt. Aber diese Schäden für die Schüler werden bewußt in Kauf genommen um der politischen Vorteile willen. Die Gesamtschule enthält nach Beck »systemtranszendierendes Potential«, das heißt auf deutsch: sie enthält mehr Möglichkeiten zur Vorbereitung der Gesellschaftsrevolution als jede andere Form der Schulorganisation.

Es werden unter anderem folgende genannt: 1. »Als Schule für alle verbreitert die Gesamtschule die Basis für pädagogisch-politische Arbeit von Schülern und Lehrern«. »Durch die große Zahl von Lehrern und Schülern ist die Bildung fortschrittlicher solidarischer Gruppen eher möglich«. 2. »Durch die Verlängerung der Schulzeit bis zum sechzehnten oder achtzehnten Lebensjahr wird die Entwicklung von Widerstandskraft gegen die autoritäre oder sozialintegrativ manipulative Betriebspraxis ermöglicht«. 3. Wegen der unüber-

---

27 Vgl. Beck 1970, S. 121 und S. 149.

28 Beck 1970, S. 120.

29 Vgl. Heydorn 1970, S. 272 ff. und S. 326 ff. Zur Analyse des vieldeutigen Wortes »Entfremdung« vgl. Arthur Fischer 1970.

sichtlichen und beweglichen Struktur der Gesamtschule erscheint es möglich, daß sich Schüler und Lehrer in »solidarischer Praxis« »auch gegen die vorgegebenen Zwecke richten«, d. h. gegen die von der Schulbehörde vorgeschriebenen Unterrichtsziele. 4. Die Schüler können leichter politisch gegen die bestehende Gesellschaftsordnung aktiviert werden, weil sie in der Gesamtschule besonders stark den Widerspruch zwischen »dem Versprechen der Chancengleichheit« einerseits und »dem selektiven Leistungsdruck« sowie der »Erfahrung der sozialen Ungleichheit« andererseits erleben[30].

Diese Argumentation ist typisch für das schulpolitische Doppelspiel der Neuen Linken. Einerseits fordert sie mit der »Chancengleichheit« etwas offensichtlich Utopisches; andererseits schürt sie die Unzufriedenheit darüber, daß die von ihr selbst verkündete Utopie mittels der von ihr geforderten Schulorganisationsform nicht verwirklicht werden kann. Als Ausrede zur Verschleierung des utopischen Charakters der eigenen Zielsetzung dient die Behauptung: »Das Versprechen der Gleichheit der Lebenschancen für die bisher Unterprivilegierten ist nicht umfassend, sondern relativiert, es bricht sich an den herrschenden Definitionen von Leistung und Begabung«[31]. Das vermeintliche Unrecht wird hier also irgendwelchen Machtgruppen mit schlechten Absichten angelastet, welche Leistung und Begabung angeblich willkürlich »definiert« haben, statt daß ehrlich zugegeben wird, daß zwischenmenschliche Unterschiede in Begabungen und Leistungen eine unabänderliche Tatsache sind.

Auch HEYDORN unterzieht die Gesamtschule einer vernichtenden Kritik, aber zugleich frohlockt er über die politischen Chancen, die sie bietet. »Der Gesamtunterricht wird zum Ausgang der Gegengesellschaft«. »Die Elemente sind alle vorhanden; kollektive Verfassung, Rationalität, Tausende von Schülern in jeder Anstalt ... Im Verhältnis von Kern und Kurs, Kollektiv und partialisierter Rationalität wird ein Sprengkörper erkennbar«. Es kommt nur auf Lehrer an, die die Chance zu nutzen verstehen. Vom Lehrer wird erwartet, daß er »revolutionär« im Beruf sei und das durch den schulischen Massenbetrieb »entfremdete Individuum« zum Kollektiv führt. »Es wird zur entscheidenden Pflicht des Lehrers, die Prozesse der Rebellion vor der Bewußtseinszerstörung zu schützen, vor dem Untergang; er muß an der Entstehung dieser Prozesse beteiligt

---

30 BECK 1970, S. 119 f.
31 COMBE 1973a, S. 141.

sein«[32]. »Unter dem Zwang der Entwicklung ... wird es zukünftig möglich, unzählige Gebildete aus den Schulen zu entlassen, um sie der Revolution zuzuführen, nicht nur Söhne der herrschenden Klassen, die abtrünnig werden, sonderrn die Töchter und Söhne des ganzen Volkes«[33].

Um zu verstehen, warum die Gesamtschule als »Sprengkörper« angesehen wird, von dem sich die Neue Linke einen wesentlichen Beitrag zur »Systemüberwindung« erwartet, muß folgendes berücksichtigt werden. Die Gesamtschule soll das dreigliedrige allgemeinbildende Schulsystem, das in Deutschland bisher die Regel war (bzw. das zweigliedrige in Österreich und in der Schweiz), ersetzen. Ihre Einführung wird mit der Behauptung begründet, daß sie das geeignete Mittel sei, um »Chancengleichheit« für Kinder und Jugendliche aus allen sozialen Schichten herzustellen. Tatsächlich geht jedoch aus den einschlägigen wissenschaftlichen Untersuchungen hervor, daß auch Einheitsschulen, Gesamtschulen und ähnliche Schulformen die Ungleichheit zwischen den Schülern nicht beseitigen können[34]. Schon dieses Mißverhältnis zwischen utopischen Versprechungen und der Erfahrung, daß sie nicht erfüllt werden, schafft Spannungen.

Dazu kommt das Mißverhältnis zwischen den Leistungsnormen der Schule und der Lernmotivation der Schüler. Es tritt in jeder Schule auf, aber in der Gesamtschule schärfer als in anderen Organisationsformen. Die Gesamtschule ist das Wunschgebilde linksliberaler Intellektueller, welche glauben, die »emanzipierte Gesellschaft« dadurch verwirklichen zu können, daß sie ihre eigene theoretische Lebensform und insbesondere ihre ideologiekritische Grundeinstellung für alle Bürger verbindlich machen. Sie ist am Muster des Gymnasiums als der auf das Hochschulstudium vorbereitenden Schule orientiert. Sie ist praxisfern und berufsfern. Die innere Differenzierung richtet sich praktisch danach, bis zu welchem Grad die einzelnen Schüler befähigt sind, die höchste Leistungsnorm, die mit den Anforderungen an die Hochschulreife identisch ist, zu erfüllen. Das führt beim Festhalten an strengen Maßstäben für die Mehrheit der Schüler zu Erlebnissen des Versagens mit allen negativen Folgen wie Aggressivität oder Passivität, Schulverdrossenheit und Ausweich-

---

32 Heydorn 1970, S. 328 f.
33 Heydorn 1970, S. 325.
34 Vgl. u. a. Bourdieu und Passeron 1971; Jencks 1973; Hitpass 1973, S. 32 ff.

reaktionen verschiedenster Art. Bei Lockerung der Anforderungen kommt es dagegen zu einer Niveausenkung für alle und zur Fehlleitung von Schülern in wissenschaftsorientierte Studiengänge, denen sie weder intellektuell noch hinsichtlich ihrer Lernmotivation gewachsen sind.

Damit zusammen hängt das Spannungsverhältnis zwischen dem Versprechen individueller Förderung der Schüler und der objektivierten, d. h. von den persönlichen Umständen absehenden Leistungskontrolle und Auslese. Die individuelle Förderung ist vielfach als permissive Erziehung mißverstanden worden, so daß Leistungsforderungen, die unabhängig von den augenblicklichen Interessen der Schüler gestellt werden, von diesen bereits als unzulässiger »Leistungsdruck« ausgelegt werden. Dazu kam die Vorstellung, Gesamtschulen müßten sich durch »nicht-repressive« Umgangsformen zwischen Lehrern und Schülern, durch Schülermitbestimmung, durch gesellschaftskritische Lehrinhalte und durch ein sozialistisches Glaubensbekenntnis bei allen Beteiligten auszeichnen.

Diese und viele andere Faktoren, auf die hier nicht näher eingegangen werden kann, haben zu einer *Krise der Gesamtschule* geführt, die sich bei vielen Schülern in Schulunlust, Wegbleiben, Kaputtmachen, Disziplinlosigkeit und Aggressivität äußert[35]. Beobachtern stellt sich die Schulatmosphäre folgendermaßen dar: »Zerschlagene Stühle auf drei Beinen, zersplitterte Fensterscheiben, zerbrochene Garderoben; Tapeten hängen in Fetzen von den Wänden; elektrische Drähte ragen aus Steckdosen; Kaugummis sind massenweise in die Teppichfließen der Fußböden getreten; Zigarettenkippen in Gängen und Fluren; weggeworfenes Papier direkt neben leeren Papierkörben; unerträglicher Lärm im Unterricht; Schüler, die in den Pausen auf dem Boden hocken, rauchen, Cola trinken, Skat spielen«[36]. Ein Lehrer berichtet :»Ich frage zu Beginn jeder Stunde, wer bleiben möchte. Einige der Schüler bleiben immer. Einige, die eigentlich zu meinem Kurs gehören, waren überhaupt noch nicht hier; ich kenne sie gar nicht. Wenn der Stoff besonders schwierig ist, bleibt mitunter der ganze Kurs weg. Sie spielen dann Fußball auf den Gängen«. An der gleichen Frankfurter Ernst-Reuter-Schule wurde eine Englischlehrerin auf Betreiben der Schüler entlassen, weil sie darauf bestanden hat, daß jeder Schüler in jeder Stunde anwesend ist[37].

---

[35] Evers in Rolff 1974, S. 9.
[36] Matthiesen 1974.
[37] Lahann 1973.

Derartige Mißstände werden heute auch von EVERS und anderen Propagandisten der Gesamtschule zugegeben, die jahrelang die Illusion genährt haben, die Gesamtschule bringe die Lösung aller Schulprobleme. Um die Auflösung des traditionellen Schulsystems voranzubringen, haben sie zunächst allen alles versprochen und dadurch Erwartungen geweckt, die zwangsläufig enttäuscht werden mußten, sobald mit der Verwirklichung begonnen wurde.

Die Gesamtschule ist ein Musterbeispiel für die linke Taktik der moralischen Überbietung im Erziehungsbereich. Das Chaos, das dadurch inzwischen ausgelöst worden ist, wird aber nicht etwa auf die untaugliche Schulorganisationsform Gesamtschule und auf die anarchistischen Auswirkungen der antiautoritären Erziehung zurückgeführt, sondern auf die »Widersprüche der kapitalistischen Gesellschaft«[38]. Gerade weil die Neue Linke die Widersprüche, die es in der Gesamtschule gibt, für unlösbar hält, fordert sie sie als obligatorische Schule für alle 10- bis 16jährigen Schüler. Die »ansatzweise gelungene politische und soziale Sensibilisierung in den Gesamtschulen« ist nach STUBENRAUCH ein Grund, »trotz der systemimmanenten Widersprüche die Einrichtung von noch mehr Gesamtschulen zu fordern, damit die Chance erhöht wird, daß im Bewußtsein von noch mehr Schülern und Lehrern die strukturellen Widersprüche des Systems noch deutlicher zu Tage treten können«. Als Ziel wird gesetzt, in Schülern und Lehrern Verhaltens- und Denkweisen auszubilden, die »in solidarische politische Tätigkeit zur Veränderung des diese Widersprüche produzierenden Systems münden«. Dieses Programm wird als »Revolutionspädagogik« bezeichnet[39].

Auch ROLFF betont, daß »der Einsatz für die Durchführung einer Gesamtschul-Reform für die Strategie antikapitalistischer Strukturreformen« notwendig sei, weil »durch sie das Widerspruchspotential augenfälliger und artikulierter wird und gleichzeitig die herkömmlichen Lehrpläne und Unterrichtsstile in Frage gestellt werden«. Dieses »Widerspruchspotential« gelte es dann »für die Herausbildung antikapitalistischen Bewußtseins und die Vermittlung von Qualifikationen strategischen Handelns« zu nutzen[40].

Zusammenfassend kann man sagen: Die Gesamtschule erfüllt die für sie offiziell proklamierten Zwecke nicht, aber sie hat Nebenwir-

---

[38] Vgl. besonders STUBENRAUCH 1971, S. 208 ff.; BÜHLOW 1972; ROLFF 1974.

[39] STUBENRAUCH 1971, S. 220 f. und S. 212 f.

[40] ROLFF 1974, S. 47.

kungen, die das »gesellschaftskritische Potential« vergrößern, welches die Neue Linke zur »Systemüberwindung« braucht. Von der großen Mehrheit der naiven Anhänger der linksliberalen Gesellschaftsutopie ist anzunehmen, daß sie diese Nebenwirkungen weder ausdrücklich gewollt noch vorhergesehen haben. Für die Strategen der Neuen Linken dagegen sind diese »Nebenwirkungen« die Hauptsache an der Gesamtschule: sie sind in ihren Augen der Zweck, dem das Mittel Gesamtschule tatsächlich dient. Um dieses politischen Zweckes willen setzen sie sich für die Gesamtschule ein. Innerhalb ihrer Strategie ist sie nichts anderes als ein Mittel zur Zersetzung der sogenannten »spätkapitalistischen Leistungsgesellschaft«. Das schließt selbstverständlich nicht aus, daß die Gesamtschule in einem anderen Bezugsrahmen auch harmloser gedeutet werden kann.

Sekundarstufe II: Auflösung der gymnasialen Oberstufe und der Berufsschule

Was soeben von der Gesamtschule gesagt worden ist, gilt auch für jene neuartige Schulform, die von linksliberalen Schulpolitikern als Anschluß an sie empfohlen wird: für die sogenannte *Kollegstufe,* die in Nordrhein-Westfalen seit 1970 zunächst versuchsweise eingeführt worden ist. Es handelt sich dabei um eine Organisationsform der Sekundarstufe II (11. bis 13. Schuljahr) als »Gesamtoberstufe«, in der allgemeinbildende und berufsbildende Lehrgänge miteinander verbunden werden. Sie kommt aus einer Zusammenlegung der gymnasialen Oberstufe mit berufsbildenden Schulen verschiedener Art einschließlich der Pflichtberufsschule zustande[41].

Als offizielle Begründung dient auch hier wieder die Behauptung, diese Schulform sei ein geeignetes Mittel, um »materiale Chancengleichheit für alle« herzustellen. Dieses utopische politische Ideal wird der als ungenügend abgewerteten »Chancengleichheit im Sinne einer formal rechtlichen Interpretation« entgegengestellt[42]. Zu seiner Rechtfertigung wird der »dynamisierte Begabungsbegriff« herangezogen[43].

---

[41] Vgl. Kollegstufe 1972; Blankertz 1971a und 1972. Zur Kritik vgl. Zabeck 1973; Schlaffke und Zabeck 1975.

[42] Blankertz 1972, S. 9. Zu den Bedeutungen des Wortes »Chancengleichheit« in linker Sicht vgl. Hänsel und Ortmann 1971, S. 431 ff.; Hengst 1973; Hänsel 1974, S. 229 ff.

[43] Blankertz 1971a, S. 814; 1972, S. 10. Zur Problematik dieser Voraussetzung vgl. in diesem Buch S. 110 und Brezinka 1976a.

Die Kollegstufe ist also ebenso wie die Gesamtschule »als Schmelztiegel sozialer Klassen konzipiert«[44]. Ihre Einführung bedeutet zunächst einmal schon rein organisatorisch das Ende des Gymnasiums. Löst die Gesamtschule das 9jährige (bzw. in Österreich 8jährige) Gymnasium von unten her auf, so die Kollegstufe von oben her.

Vor allem aber liegt ihr eine Absage an die Erziehungsziele und die Auswahl der Lehrinhalte zugrunde, welche für das Gymnasium maßgebend waren. »Der gymnasiale Kanon, ja überhaupt die Vorstellung von einer in bestimmten Fächern materialisierten Allgemeinbildung wird restlos aufgegeben«[45]. Blankertz behauptet, daß die Konzentration des Gymnasiums auf Allgemeinbildung »den ganzen Bereich der politisch-gesellschaftlichen, ökonomischen und technologischen Tätigkeit des Menschen aus den Möglichkeiten von vernünftiger Kritik« entlassen und »dem privatkapitalistischen Interesse an Ausbeutung überantwortet« habe[46]. Die Kollegstufe ist dazu bestimmt, diesen Mißstand zu beseitigen: hier tritt »anstelle der Allgemeinbildungsidee ... die politische Kritik von Wissenschaft und Technologie als Instrumente gesellschaftlicher Herrschaft«[47]. Dementsprechend wird die Kollegstufe ausdrücklich auf dem weltanschaulichen Fundament der »Kritischen Theorie«, d. h. der spätmarxistischen Sozial- und Geschichtsphilosophie der Frankfurter Schule errichtet[48]. Es ist das erstemal, daß es der Neuen Linken mit Hilfe eines willfährigen Kultusministeriums gelungen ist, in einem Bundesland einen ganzen Schultyp auf ihre Hausphilosophie festzulegen.

Die Kollegstufe nach dem Plan von Blankertz ist derzeit jenes Schulvorhaben des linksliberal-gesellschaftsutopischen Flügels der Neuen Linken, welches durch den trügerischen Anschein einer vernünftigen Begründung theoretisch relativ am besten abgesichert ist. Sollte sie in großem Umfang mit der beabsichtigten gesellschafts- und ideologiekritischen Grundtendenz verwirklicht werden, so könnte sie wegen des höheren Alters der Schüler ein noch wirksamerer »Sprengkörper« (Heydorn) werden als die Gesamtschule.

---

[44] Lempert 1974, S. 284.
[45] Blankertz 1972, S. 5.
[46] Blankertz 1972, S. 13.
[47] Blankertz 1972, S. 7.
[48] Kollegstufe 1972, S. 54 ff. Vgl. hierzu auch Knepper 1971, S. 51 ff. Zur Problematik der »Kritischen Theorie« vgl. in diesem Buch S. 74 ff.

»Demokratisierung« der Schulverwaltung

Die Neue Linke sieht in der »bürokratischen Organisation« der Schule eine Einschränkung ihrer Handlungsmöglichkeiten. Sie bezeichnet sie als »autoritäre Herrschaftsstruktur«. Ihre Abschaffung wird »Demokratisierung« genannt[49]. Mit diesem Schlagwort ist hier »der Abbau hierarchischer Strukturen« gemeint. An Stelle der bürokratischen Verwaltung soll den Schulen ein Höchstmaß an Selbstverwaltung gewährt werden.

Preuss-Lausitz unterscheidet im Zusammenhang mit der Forderung nach einer »Demokratisierung der Herrschaftsstruktur der Schule« drei »Ebenen der Entscheidungsfindung«: erstens die Beziehungen zwischen Schulverwaltung und Schule, Schulleitung und Lehrer; zweitens die zwischen Schule und Schülern im Rahmen der Schülermitverwaltung; drittens die zwischen dem einzelnen Lehrer und einer Schülergruppe im Unterricht. In diesem Abschnitt geht es vor allem um die erste Ebene. Hauptforderung ist hier, die Kompetenz der Schulverwaltung zugunsten einer »größeren Autonomie der einzelnen Schulen« zu beschränken. Außerdem werden gefordert: eine »kollegiale Leitung« der Schule, Wahl des Rektors auf Zeit sowie »starke Beschränkung der Rektorenfunktionen und Übertragung wesentlicher Entscheidungskompetenz auf eine Vollversammlung aus Lehrern und Schülervertretern«[50].

Die Deutschen Jungdemokraten fordern als Nahziel: »Die Kompetenzen müssen zuungunsten der Machtbefugnisse von Ministerium und Schulleitung und zugunsten des Parlaments, der Schüler, der Eltern und der Lehrer verteilt werden«. Das bedeute unter anderem: »Organisation der Schulen als Körperschaften mit eigenen Rechten und eigenem Etat«. »Die Schulleitung und -verwaltung wird paritätisch von gewählten Lehrern und Schülern in einem Ausschuß wahrgenommen«[51].

Auch Friedeburg hielt es als Kultusminister für notwendig, »wesentliche Teile der Entscheidungsfunktion von der höheren Ebene der Verwaltung auf die unteren« zu verlagern. Statt Aufsicht auszuüben wäre es dann die »Aufgabe der höheren Verwaltungsebenen, konkre-

---

[49] Vgl. Beck 1970, S. 150 und S. 246.
[50] Preuss-Lausitz 1969, S. 54. Eine zusammenfassende Darstellung zahlreicher weiterer Forderungen, die unter dem Titel »Demokratisierung der Schule« verfochten werden, gibt Friedl 1971, S. 171 ff.
[51] Deutsche Jungdemokraten, S. 33 f.

te Hilfe und Unterstützung für die Ausübung der Tätigkeit auf der unteren Ebene bereitzustellen«[52].

Das klingt demokratisch, freiheitsliebend und harmlos. Es stimmt überein mit dem seit langem von vielen Seiten vorgebrachten Wunsch, Schulen und Lehrern mehr Unabhängigkeit von Verwaltungsvorschriften zu geben, welche die Initiative lähmen. Man muß bei der Beurteilung solcher Forderungen jedoch berücksichtigen, daß der Begriff der »Demokratisierung« von der Neuen Linken lediglich »als strategische Konzeption«[53] benutzt wird. Das bedeutet, daß sie im Zusammenhang mit der Absicht gesehen werden müssen, die Schule zu einem Instrument für die Überwindung der nichtsozialistischen Gesellschaftsordnung zu machen. Unter den gegenwärtigen Umständen würde der Abbau der Kontrollmöglichkeiten des Staates über die Schulen diese zu »Freiräumen« werden lassen, in denen politisch radikale Lehrergruppen weitgehende Freiheit zur Erziehung für die sozialistische »Gegengesellschaft« erhalten.

Das Beispiel vieler westdeutscher Hochschulen hat gelehrt, daß Autonomie in Verbindung mit sogenannter »Demokratisierung« der Selbstverwaltungsgremien das beste Mittel war, um radikalen politischen Minderheiten »Freiräume« für Versuche zur terroristischen »Bewußtseinsänderung« von Studenten und Hochschullehrern zu sichern. Die beschämende Ohnmacht, mit der der Staat diese politische Zweckentfremdung seiner Hochschulen jahrelang geduldet hat, läßt die Neue Linke hoffen, durch Gewährung der Autonomie an die Schulen auch dort einen »Freiraum« gewinnen zu können, der der Kontrolle der demokratischen Staatsorgane ebenso entglitten ist, wie das teilweise bei den Hochschulen der Fall ist. Deshalb wird auch jeder Versuch, die Hochschulautonomie einzuschränken, heftig bekämpft. HEYDORN drückt sich darüber ganz klar aus: »Forderungen, die auf Aufhebung der Autonomie der Hochschulen zielen, sind emanzipationsfeindlich, sie machen es unmöglich, *die Dialektik dieser Autonomie zu nutzen, um mit ihrer Hilfe über die gegenwärtige Gesellschaft hinauszukommen, Auflösungsprozesse anzutreiben.* Dies gilt mutatis mutandis auch für die Schule«[54].

Durch die Delegierung von Planungsaufgaben und Entscheidungsbefugnissen von den Schulbehörden an die einzelnen Schulen könnten nach einem Vorschlag von ROLFF »gleichsam Nischen für Neue-

---

52 FRIEDEBURG 1970, S. 260.
53 Vgl. z. B. STICHWEH 1971, S. 155.
54 HEYDORN 1970, S. 324.

rungen« entstehen: »Gewissermaßen im Windschatten des Establishment erhalten Lehrer, Studierende, Erziehungswissenschaftler und auch Schüler die Chance, Schulen zu gestalten, die entschieden mehr als bisher ihren eigenen Vorstellungen entsprechen«. Diese »Nischen für Neuerungen« sollen »obrigkeitsfrei bleiben«[55], damit die Schüler ungestört zum »antikapitalistischen Lernen«, zum »konfliktorientierten Lernen«, zum »strategischen Lernen« angeleitet werden können; das heißt: zu einer »Lernpraxis, die inhaltlich an der Strategie antikapitalistischer Strukturreformen orientiert ist«. »Strategisches Lernen zielt darauf ab, Qualifikationen strategischen Handelns zu vermitteln«. »Strategisches Handeln« wird verstanden als »Arbeit an der Veränderung der repressiven Bedingungen freier Entfaltung aller menschlichen Fähigkeiten, das heißt antikapitalistisches Handeln«. »Strategisch ist es deshalb, weil es die Tagesarbeit ständig an das nur langfristig zu erreichende Ziel rückzubinden, Zwischenziele zu setzen und Schritt für Schritt Machtpositionen zu erobern versucht«[56].

Politisierung der Lehrerbildung

Die Neue Linke sieht in der Gewährung weitgehender Selbstverwaltungsrechte für die einzelnen Schulen sowie im Erlaß »emanzipatorisch« ausgerichteter Lehrpläne die wichtigsten Voraussetzungen dafür, daß der neue Typ des »sozialistischen Lehrers« ein schulrechtlich einigermaßen abgesichertes Handlungsfeld vorfindet. Beck spricht ganz unverschlüsselt von »Arbeitsbedingungen«, die es den Lehrern ermöglichen, »in Kooperation mit allen am Bildungsprozeß Beteiligten Widerstand zu leisten gegen die Ansprüche der autoritären Institutionen Staat, Industrie, Parteien, Kirchen und Verbände«[57].

Damit »der Ausbildungssektor zum politischen Aktionsfeld werden« kann, wird vom Lehrer gefordert, »sich von seiner Funktion als Agent der Herrschaftssicherung zu distanzieren«. Die Lehrer sollen einsehen, daß sie selbst »zur Klasse der Beherrschten« gehören; sie sollen »Gegenmachtpositionen« errichten[58]. Sie haben nach Gamm die Aufgabe, in den Schülern »ein sozialistisches Bewußtsein« aufzubauen[59] und in ihnen »die Bereitschaft, am Klassenkampf teilzuneh-

---

[55] Rolff 1969, S. 120 ff.
[56] Rolff 1974, S. 70 und S. 83 ff.
[57] Beck 1970, S. 245.
[58] Briese 1973, S. 203 ff.; ähnlich Heydorn 1972, S. 126 f.
[59] Gamm 1972, S. 142.

men«, zu fördern[60]. Sie sollen eine »politische Pädagogenrolle« annehmen[61]. Sie sollen nicht »Beschwichtiger«, sondern »Aufrührer« sein; sie sollen nicht »die Verhältnisse entschuldigen«, sondern »ihre Inhumanität brandmarken«[62].

Lehrer, die diesen Normen zu folgen versuchen, werden von der Neuen Linken »kritische und sozialistische Lehrer« genannt[63]. Linksliberale Lehrer, die bloß »kritisch« sind, werden vielfach als »reformistisch« bezeichnet; »sozialistische« Lehrer sind dagegen »radikal«[64]: sie haben »eine antikapitalistische Berufsperspektive«[65].

Um die Lehrer »kritisch und sozialistisch« zu machen, hat die Neue Linke von Anfang an zielstrebig versucht, Einfluß auf die Lehrerbildung zu gewinnen. In Hessen, Berlin und Bremen bestimmt sie seit Jahren den Inhalt der pädagogischen Studiengänge. Auch an vielen Universitäten und Pädagogischen Hochschulen anderer Bundesländer hat sie Schlüsselstellungen erobert. Die »Pädagogik der Neuen Linken« ist ja weitgehend das Werk von Professoren und Assistenten, die in der Lehrerbildung tätig sind.

Kein anderes Hochschulfach in der Bundesrepublik Deutschland ist inhaltlich wie personell so stark in Abhängigkeit von der Neuen Linken geraten wie die Pädagogik. Auf keinem anderen Gebiet wird unter dem Schein der Wissenschaftlichkeit so unverfroren sozialistische Weltanschauung gelehrt und politische Agitation betrieben. Das hängt unter anderem mit dem unzulänglichen Entwicklungsstand und den besonderen methodischen Schwierigkeiten der Erziehungswissenschaft zusammen[66]. Das Fach ist von praktischen Interessen und politischen Fragestellungen überschwemmt worden, bevor es zu thematischer Selbstbegrenzung und wissenschaftlicher Systembildung gekommen ist. Nicht zuletzt beweist die in diesem Buch zitierte Literatur, in welchem Ausmaß es ideologisiert und politisiert ist.

Die Neue Linke fördert diese Tendenz vor allem durch das sogenannte *Projektstudium*. Darunter wird eine Organisationsform des Studiums verstanden, die nicht am systematischen Aufbau eines wissenschaftlichen Faches orientiert ist, sondern an Problemen, die »ge-

60 Gamm 1972, S. 62.
61 Gamm 1972, S. 155.
62 Gamm 1972, S. 148.
63 Vgl. M. Schmidt 1973, S. 55 ff.
64 Beise 1971, S. 22.
65 Baer 1974, S. 264; vgl. auch Lett 1973.
66 Vgl. Brezinka 1978.

sellschaftlich relevant« sind und »fächerübergreifend« und »methodenpluralistisch« zu bearbeiten versucht werden[67]. In der Lehrerausbildung geht es dabei stets um die »kritische Reflexion« von Problemen der künftigen Berufspraxis »im gesellschaftlichen Zusammenhang« mit »politischer Reformabsicht«, also um eine »gesellschaftskritische Berufspraxisorientierung«[68].

In diesem aus taktischen Gründen bewußt verschwommen formulierten Programm lassen sich die meisten Aktivitäten zur politischen »Bewußtseinsänderung« der Beteiligten unterbringen. Ein Projektthema, mit dem sich ein ganzes Semester füllen läßt, kann zum Beispiel sein, wie man die Fähigkeit zur »politischen Durchsetzung antikapitalistischer Unterrichtsorganisation« lernt, die »Studenten und Lehrer mit antikapitalistischer Berufsperspektive ... in ihrem jeweiligen ›Schulkampf‹ benötigen (werden)«[69]. Es wird ganz selbstverständlich damit gerechnet, daß »die kritische Orientierung der Lehrerausbildung« den Lehrer »notwendigerweise in Widerspruch zu den tatsächlichen Verhältnissen in dieser Gesellschaft« geraten läßt und ihm die Möglichkeit gibt, »in forschender Arbeit frühzeitig Gegenstrategien zu entwickeln«[70].

Um der drohenden Isolierung »kritischer« und »sozialistischer« Lehrer in einem »bürgerlichen« Lehrkörper zu begegnen, wird die *»Strategie der kollektiven Unterwanderung«* verfolgt. Dazu wird empfohlen, »innerhalb der Institutionen, in denen Lehrer ausgebildet werden, Kollektive zu bilden, die geschlossen an eine Schule gehen, um so erst die psychische und politische Möglichkeit zu haben, real Widerstand zu leisten durch verändernde Praxis«[71].

Die Neue Linke versucht Lehrer auszubilden, die unter Berufung auf ein verworrenes Ideal der zukünftigen Gesellschaft zu Widerstandskämpfern gegen die vorhandene Gesellschaft werden, zu »Agenten«, welche Anpassung an diese Gesellschaft verhindern. »Da ... Revolutionen nie ohne vorherige Bewußtseinsveränderung zustande kommen, Bewußtseinsveränderung im Sinne von Aufklärung und Emanzipation heute jedoch nur noch durch relativ unabhängige Erziehungs-Experten bewirkt werden kann, wird sich der ewige Anpassungskreislauf zwischen Gesellschaft und Erziehung erst aufspren-

---

[67] Hengst 1973, S. 303. Vgl. auch E. Becker u. a. 1974.
[68] E. Berndt 1972, S. 27 ff.
[69] Vgl. Baer 1974, S. 260 ff.
[70] Hartwich 1972, S. 36 f.; vgl. auch Göttinger Kollektiv 1973.
[71] Visuelle Kommunikation 1970, S. 21.

gen lassen, wenn die Lehrer sich zum Bewußtsein ihrer Aufgabe als Agenten der Aufklärung ... durchgerungen haben«[72].

Aus Texten dieser Art wird erkennbar, wie die Räder im strategischen Ganzen ineinandergreifen. Die Pseudo-Verwissenschaftlichung der Lehrerausbildung sichert unter dem Deckmantel der »Freiheit von Forschung und Lehre« in den Ausbildungsstätten einen großen Spielraum für die Vermittlung von Studieninhalten, die »systemüberwindenden« Wert haben. Sie dient ferner dazu, die Absolventen mit dem Nimbus auszustatten, sie seien »Erziehungs-Experten«; dadurch wird deren erzieherische Tätigkeit gegen die Kontrolle durch Außenstehende relativ abgeschirmt und Kritik an ihr entmutigt. Schließlich wird durch die Umdefinition des Wortes »Wissenschaft« im Sinne der »Kritischen Theorie« getarnt, daß statt werturteilsfreier Erziehungswissenschaft weltanschaulich-politische Pädagogik linksliberaler bzw. sozialistischer Richtung gelehrt wird.

c) Die Lehrinhalte

> Die Seele gibt dem Druck der ersten Überzeugung um so leichter nach, je weniger sie über einen eigenen Inhalt und ein inneres Gegengewicht verfügt. Deshalb können Kinder . . . besonders leicht an der Nase herumgeführt werden.
>
> MICHEL DE MONTAIGNE[1]

Wer bestimmte Erziehungsziele erreichen will, muß aus der Fülle möglicher Lehrinhalte jene auswählen, von denen zu erwarten ist, daß der Educand durch die Beschäftigung mit ihnen den Idealen näherkommt, die für ihn gesetzt worden sind. Er wird umgekehrt auch Kulturinhalte aus dem Erfahrungsraum des Educanden fernzuhalten versuchen, von denen angenommen wird, daß die Beschäftigung mit ihnen für die Erreichung der Erziehungsziele hinderlich ist. Alle Lehrpläne, aber auch Kinderbücher, Jugendzeitschriften, Freizeitprogramme usw. nehmen eine Auswahl aus der Unmenge möglicher Gegenstände des Erlebens vor. Man kann durch die Untersuchung dessen, *was* ausgewählt worden ist, erkennen, worauf es denen, die die Auswahl getroffen haben, ankommt. So lassen sich auch

---

72 KRAMP 1973, S. 206.
1 MONTAIGNE 1969, S. 97.

aus dem, was in Lehrpläne aufgenommen und was weggelassen wird, Rückschlüsse auf die Ziele ziehen, die mit dem Unterricht verfolgt werden.

»Emanzipatorische« Lehrpläne

Es gibt in der Bundesrepublik Deutschland bereits einige Lehrpläne, die nach den Leitgedanken der »Emanzipatorischen Pädagogik« entworfen worden sind. In erster Linie sind hier die Rahmenrichtlinien des hessischen Kultusministers für die Fächer Deutsch und Gesellschaftslehre der Sekundarstufe I zu nennen[2]; ferner die Rahmenlehrpläne für die Gesamtschulen sowie die Richtlinien für den Politischen Unterricht in Nordrhein-Westfalen[3]. Generell zeigt sich in ihnen die Absicht, die Schüler der sozialen und kulturellen Ordnung, die in der Bundesrepublik besteht, zu entfremden. Sie werden dazu angeleitet, die Gesellschaft einseitig unter dem Gesichtspunkt von Herrschaftsinteressen und Konflikten zu sehen. Nicht Anerkennung berechtigter Autoritätsforderungen, sondern Verdächtigung jeder Autorität wird gelehrt. Die »demokratische Ordnung wird nicht unter dem Gesichtspunkt ihrer Legitimation und ihrer Funktionsfähigkeit angesehen, sondern fast ausschließlich unter dem Gesichtspunkt der – mißtrauisch-argwöhnischen – Kontrolle und der angeblich negativen Phänomene dieser Ordnung«[4]. An Stelle der Kenntnis von Tatsachen und von Alternativen bei ihrer Beurteilung wird »eine diffuse negativ-kritische Voreinstellung zur Gesellschaft und eine ebenso diffuse positive Voreinstellung zum Verändern«[5] begünstigt.

Grundlegend für die Auswahl der Lehrinhalte im Sinne der Neuen Linken ist *der Bruch mit der kulturellen Überlieferung, das universale Mißtrauen gegen tradierte Normen.* Schüler zur totalen Ideologiekritik anleiten kann schwerlich einen anderen Zweck haben, als sie weltanschaulich und moralisch zu entwurzeln.

---

[2] Die Zitate beziehen sich auf die 1. Fassung von 1972. Die 2. Fassung der Richtlinien Gesellschaftslehre von 1973 ist teilweise vorsichtiger formuliert, in der Substanz jedoch unverändert. Zur Kritik vgl. die hervorragenden Analysen von Nipperdey 1974 und Lübbe 1974; ferner Minssen 1973. Die Verteidiger der Richtlinien auf der linksliberalen Seite der Neuen Linken äußern sich in Köhler und Reuter 1973; als linksradikale Stellungnahme vgl. Voigt 1973 und 1974.

[3] Vgl. Nordrhein-Westfalen 1972 und 1973. Zur Kritik vgl. Brüggemann 1974. Als lehrplantheoretischen Rechtfertigungsversuch vgl. Schörken 1974; zur Kritik daran vgl. Laufs 1976.

[4] Nipperdey 1974, S. 83.

[5] Nipperdey 1974, S. 108.

Abschaffung des Geschichtsunterrichts

Eines der wichtigsten Mittel zur Verhinderung von Wissen über die Vergangenheit und zur Einengung des Bewußtseins auf das Zerrbild einer konfliktreichen und »veränderungsbedürftigen« Gegenwartsgesellschaft ist die Abschaffung des Geschichtsunterrichts. Das Schulfach Geschichte ist ebenso wie die Erdkunde mit der Sozialkunde zum Fach »Gesellschaftslehre« vereinigt worden. Das bedeutet praktisch, daß die Geschichte in den Dienst an der sogenannten »politischen Bildung« gestellt wird[6].

Leitender Gesichtspunkt für die Auswahl der Lehrinhalte ist die »Gegenwartsbezogenheit«, für die ein spät-marxistisches Klassenkampf-Modell als Maßstab dient. Geschichte soll vorwiegend als Geschichte der Konflikte zwischen Klassen, sozialen Schichten und Interessengruppen dargestellt werden. »Ein Hauptziel des Unterrichts« wird darin gesehen, »Veränderungen erfahrbar zu machen« und die »Bedingungen für Veränderung« kennenzulernen[7]. Geschichte wird nicht mehr im Zusammenhang und gebunden an die Methoden der Wissenschaft gelehrt, sondern sie »verkommt zum großen Kasten subjektiv ausgewählter Beispiele und Illustrationen«, die »lediglich Beweisfunktion für vorgegebene Thesen (Veränderbarkeit), niemals aber Korrektivfunktion« haben[8].

Politischer Unterricht

Wie sieht der »Politische Unterricht« aus, der an die Stelle des Geschichtsunterrichts gesetzt worden ist? Er soll nicht nur Orientierungswissen vermitteln, sondern vor allem »die Befähigung zur politischen Beteiligung«[9], »die Befähigung . . ., im politischen und gesellschaftlichen Leben Partei zu ergreifen«[10]. Die Lehrpläne sind so angelegt, daß in den Schülern einseitig die Parteinahme für die verschwommenen Ideen des utopischen Sozialismus begünstigt wird. »Optimale» Selbst- und Mitbestimmung ist nach den hessischen Richtlinien »an die Aufhebung ungleicher Lebenschancen geknüpft«[11],

---

[6] Vgl. Jeismann und Kosthorst 1973; Nipperdey 1974, S. 50–63; Hömig 1973. Zum Stand der Diskussion über den Geschichtsunterricht vgl. Süssmuth 1972.

[7] Hessen: RR Gesellschaftslehre 1972, S. 23. Zur Kritik vgl. Lübbe 1976, S. 19 f.

[8] Nipperdey 1974, S. 59. [9] NRW: Richtlinien 1973, S. 6.

[10] Hessen: RR Gesellschaftslehre 1972, S. 16.

[11] Hessen: RR Gesellschaftslehre 1972, S. 7.

d. h. an die Utopie einer Gesellschaft, in der unter den Menschen völlige Gleichheit herrscht. Gemessen an den Idealen totaler Freiheit und Gleichheit erscheint die vorhandene Gesellschaft in den Lehrplänen vorwiegend als mangelhaft und »veränderungsbedürftig«. Das große Maß an Freiheit, Sicherheit und Aufstiegschancen, das sie gewährt, wird kaum gewürdigt, sondern als selbstverständlich und zugleich als ungenügend angesehen.

Nicht die Erhaltung, sondern die »Veränderung« dieser Gesellschaftsordnung wird den Schülern als politisches Ziel gesetzt. Die Lehrpläne fordern dazu auf, sie zu lehren, die subjektive Meinung, die privaten »Interessen«, die »eigenen Glücksansprüche« seien der einzige Maßstab für das Urteilen und Handeln der »emanzipierten« Persönlichkeit. Die Jugend soll zum permanenten Mißtrauen gegen die Tradition erzogen werden; es wird ausdrücklich in ihr Belieben gestellt, die Normen unserer Gesellschaft anzuerkennen oder abzulehnen.

Ein typisches Beispiel für diese Mischung von naiver Vernunftgläubigkeit und extremem Liberalismus ist die Zielangabe für den Politischen Unterricht in den Schulen Nordrhein-Westfalens: »Emanzipation als Ziel von politischem Lernen heißt, die jungen Menschen in die Lage zu versetzen, die vorgegebenen gesellschaftlichen Normen entweder frei und selbstverantwortlich anzuerkennen oder abzulehnen und sich gegebenenfalls für andere zu entscheiden. Das setzt die Fähigkeit voraus, sich von überkommenen und gegenwärtig wirksamen gesellschaftlichen Prägungen mit dem Ziel weitgehender Selbstbestimmung distanzieren zu können«[12]. Die soziale Ordnung wird nicht als Schutz vor dem Kampf aller gegen alle sehen gelehrt, sondern einseitig unter dem Gesichtspunkt der Grenzen, die sie der Erfüllung individueller »Bedürfnisse« und »Glücksansprüche« setzt. Dementsprechend wird auch nicht mehr von »sozialer Ordnung«, sondern von »gesellschaftlichen Zwängen« gesprochen, also ein gefühlsmäßig negativ besetztes Schlagwort verwendet.

Die »Fähigkeit und Bereitschaft, gesellschaftliche Zwänge und Herrschaftsverhältnisse nicht ungeprüft hinzunehmen«, wird als erste »Qualifikation« genannt, zu der »Politischer Unterricht« verhelfen soll. Die Schüler sollen lernen, zwischen »akzeptierbaren« und »nicht akzeptierbaren Herrschaftsverhältnissen« und gesellschaftlichen »Zwängen« zu unterscheiden; sie sollen die »Fähigkeit zur Distan-

[12] NRW: Richtlinien 1973, S. 7. Zur Kritik vgl. Lübbe 1976, S. 22 ff.

zierung von nicht rational begründeten Gehorsamsforderungen« erwerben; sie sollen fähig und bereit werden, jede Art von »Kommunikation auf ihren ideologischen Hintergrund hin zu durchschauen«. Sie sollen »die Beschränkung ihrer Glücksansprüche« durch die Gesellschaft erkennen und »dazu motiviert werden, überflüssige Beschränkungen abzubauen. Solche Freisetzung kann allerdings nur in einem allmählichen Prozeß gesellschaftlicher Veränderung verwirklicht werden«[13].

Manche dieser Unterrichtsziele könnte man als Gegengewicht zur Forderung nach der Bereitschaft, die gesellschaftlichen Grundnormen einzuhalten, private Interessen dem Gemeinwohl unterzuordnen und berechtigte Autoritätsforderungen anzuerkennen, durchaus bejahen. Sie nehmen in den »emanzipatorisch« orientierten Lehrplänen jedoch nicht eine ergänzende, sondern die zentrale Stelle ein. Es ist einseitig von den Rechten, aber kaum von den Pflichten die Rede; von den Gefahren des Mißbrauches der Macht, aber nicht von den Gefahren des Mißbrauches der Freiheit; von der Notwendigkeit permanenter Kritik, aber nicht von der Unentbehrlichkeit des Vertrauens, der Rücksichtnahme und der Toleranz für das Zusammenleben. Diese extreme Begünstigung eines grundsätzlichen Mißtrauens gegen unsere Gesellschaft, ihre Normen, Institutionen und Autoritäten kann in den Schülern kaum etwas anderes fördern als Unsicherheit, Orientierungslosigkeit, Wertnihilismus, Egoismus, Überheblichkeit und Anfälligkeit für den Glauben an die Utopie einer »vollkommenen« Gesellschaft.

Die Lehrpläne gaukeln die Möglichkeit vor, diese »vollkommene« Gesellschaft könne durch totale Kritik und durch »Veränderung« der vorhandenen Gesellschaft herbeigeführt werden. Sie begünstigen durch die Abwertung jeglicher »Herrschaft« und »Autorität« eine mißtrauisch-feindselige Einstellung zum Staat. Der Staat kommt als souveräne Macht, die über den gesellschaftlichen Interessengruppen steht und die Freiheiten der Bürger schützt, in den Lehrplänen gar nicht vor. Staatsbewußtsein und die Pflicht der Staatsbürger zum Gehorsam gegenüber den Anordnungen des Staates bleiben unerwähnt. Es fehlt jeder Hinweis auf den Unterschied zwischen Staat und Gesellschaft, obwohl doch »die freiheitsstiftende rechtsstaatliche Verfassung« mit dieser Unterscheidung »steht und fällt«[14]. Die Lehr-

[13] NRW: Richtlinien 1973, S. 10, 11, 13, 19.
[14] Forsthoff 1971, S. 21.

pläne leisten der Schwächung des Staates Vorschub, indem sie weder fordern, über seine sittliche Berechtigung aufzuklären, noch zur Gehorsamsbereitschaft zu erziehen.

Durch solche Versäumnisse kann auf die Dauer kein Zuwachs an Freiheit gewonnen, sondern nur die Anarchie begünstigt werden. Der Staat erscheint denn »sehr schnell als blanke, ungerechtfertigte Macht, Repressionsgewalt, die eigentlich keinerlei Anspruch auf Loyalität, freiwillige Einordnungsbereitschaft usf. geltend machen kann«[15]. Wer durch permanente Herabsetzung und Verdächtigung des freiheitlich-demokratischen Staates den Glauben an die Utopie der »herrschaftsfreien Gesellschaft« nährt, bereitet gewollt oder ungewollt der Anarchie den Weg; damit zugleich aber auch dem »Retter« aus der selbstgeschaffenen Unordnung: dem totalitären Gesinnungsstaat als dem Garanten einer ideologisch geschlossenen Gesellschaft.

Deutschunterricht

Die einseitige Auswahl der Lehrinhalte unter dem Gesichtspunkt ihrer Eignung, in den Schülern eine gesellschaftskritische Grundeinstellung zu fördern, ist auch im Schulfach Deutsch zu beobachten. Die hessischen Rahmenrichtlinien fordern, daß die Schüler »die Sprachverwendung ihrer gegenwärtigen Umgebung begreifen« lernen »als Ausübung von Herrschaft, wie sie sie am Sprachverhalten in ihrer engeren Umgebung erfahren, nicht zuletzt im Unterricht; als schichtspezifische Sprechweisen, die die formal zugestandenen Sozialchancen einschränken; als ideologische Verschleierung ...; als Manipulation ...«[16].

Die Richtlinien gehen von der Überzeugung aus, daß die Hochsprache »bislang stets eine Gruppensprache gewesen ist, die als verbindliche Sprache durchgesetzt und bei der Schichtung der Gesellschaft als Mittel zur Stabilisierung dieser Schichtung benutzt worden ist«. Demgegenüber wird ein Deutschunterricht gefordert, der nicht »gesellschaftspolitisch zur Sicherung der bestehenden Zustände beiträgt«. Es könne nicht Aufgabe der Schule sein, mit den Schülern die »Hochsprache« einzuüben. »Handelt die Schule dennoch so, dann bedeutet dies für *eine* Gruppe von Schülern eine konsequente Weiterentwicklung ihrer Kommunikationsfähigkeit innerhalb ihres schichtspezifischen Erfahrungsfeldes, für die *weitaus größere Zahl* der Schü-

[15] Böckenförde 1973, S. 52.
[16] Hessen: RR Deutsch 1972, S. 65.

ler dagegen den Zwang, neue Formen der Verständigung, des Sprach- und Sozialverhaltens, der Interpretation von Erfahrungen zu erlernen«. Angeblich wird ihnen »mit der unreflektierten Einübung in die Normen der Hochsprache ... die Möglichkeit genommen, an die eigenen Erfahrungen anknüpfend, soziale Ungleichheiten zu erkennen, sie auszusprechen und damit kommunizierbar zu machen«.

Deshalb fordern die Richtlinien, die Schüler weniger zum sicheren Gebrauch der Hochsprache als vor allem zur ideologiekritischen »Reflexion *über* die Sprache« anzuleiten. Im Deutschunterricht soll eine »Analyse der gesellschaftlichen Situation der Bundesrepublik« gegeben werden, die zeigt, »daß die bestehenden Kommunikationsgrenzen Ausdruck gesellschaftlicher Unterschiede, Gegensätze und Widersprüche sind«. Die Schule »muß die Schüler in den Stand setzen, diese Zusammenhänge ... zu begreifen«, und damit eine Voraussetzung für gesellschaftspolitische »Parteinahme« schaffen. »Das macht einen Unterricht erforderlich, der die ... notwendig auftretenden Sprachnormenkonflikte als Ausdruck grundlegender gesellschaftlicher Konflikte versteht und behandelt«[17]. Wo das Konfliktbewußtsein fehlt, muß es künstlich geschaffen werden. Dazu wird unter anderem empfohlen: die »Aufdeckung bereits internalisierter Normen der symbolischen Kommunikation (Sprache, Kleidung, Gestik etc.) durch Spielszenen, in denen möglichst viele Normen verletzt werden sollen«. Die Rechtschreibung wird als »Ausübung von Herrschaft durch zielgerichtete Verwendung von Normen« anzusehen gelehrt, die Schule als Mittel zur »Unterwerfung« der Schüler »unter herrschende Normen«[18].

Ganz im Gegensatz zu allen Bekenntnissen der Neuen Linken zur Norm der »Chancengleichheit« werden durch einen Unterricht nach diesem Lehrplan die Chancen der Schüler aus der Unterschicht nicht verbessert, sondern verschlechtert. Obwohl zugegeben wird, daß die Beherrschung der Hochsprache eine wesentliche »Voraussetzung für den Zugang zu den als erstrebenswert angesehenen Positionen in dieser Gesellschaft« ist, wird ihre »Einübung« mit dem Argument abgewertet, daß dadurch »die meisten Schüler ihren Herkunftsgruppen entfremdet werden« würden[19]. So kann man nur argumentieren, wenn man die Kinder der Unterschicht am *individuellen* sozialen

[17] Hessen: RR Deutsch 1972, S. 6 ff.
[18] Hessen: RR Deutsch 1972, S. 70 f.
[19] Hessen: RR Deutsch 1972, S. 7 f.

Aufstieg hindern will, um sie sich als neid- und haßerfüllte »unterprivilegierte« Hilfstruppe für den politischen Kampf der spätmarxistischen Intellektuellen gegen die vorhandene Gesellschaftsordnung zu sichern. In der Sprache der Neuen Linken wird das Verhalten eines Menschen, die die Mentalität »seines nichtprivilegierten Herkunftsmilieus« beibehält, als »solidarisches Verhalten« bezeichnet[20].

Ein besonders wichtiger Komplex von Mitteln zur Förderung einer gesellschaftskritischen und traditionsfeindlichen Grundeinstellung ist *einseitig ausgewählte Literatur*. Die hessischen Lehrpläne für Deutsch gehen von der Norm aus, »daß der Deutschunterricht nicht ... der Einführung in einen nationalen Kanon wertvoller Dichtung dienen soll«. Stattdessen wird der *»Umgang mit Texten«* gelehrt. Der Unterschied zwischen Gebrauchstexten (Zeitungstexte, Werbetexte, Comics usw.) und Dichtung wird als unerheblich ausgegeben. Gegenstand des Unterrichts sollen einfach »Texte im Hinblick auf ihre Verwendungszusammenhänge« sein. »Bei der Textauswahl muß zugleich eine kritische Bestimmung der Schülerbedürfnisse stattfinden und geprüft werden, auf welche Weise die Beschäftigung mit einer Textsorte der Emanzipation dienen kann«.

Eine Einführung in die große Dichtung, eine Erschließung ihres sachlichen Gehaltes unabhängig von ihrem politischen Nutzwert ist nicht mehr vorgesehen. »Es geht vielmehr darum, ... durch die Beschäftigung mit dem gesellschaftlichen Gebrauch, der seit seiner Entstehung von einem poetischen Text gemacht worden ist, den vielschichtigen Verwendungszusammenhang deutlich zu machen, in dem Dichtung steht, und die emanzipatorischen Möglichkeiten eines Textes ... zu diskutieren«[21]. Daher soll vor allem gefragt werden, »welche Absicht ein Text verfolgt«. Weitere Fragen lauten: »In welchem Sinne ist ein Text Ausdruck kollektiver Interessen und Verhältnisse?«; »Von welchen Fragen lenkt der Text ab?« (z. B. die »Arbeiterdichtung von der industriellen Kapitalverwertung«); »Wem nützt der Text, in welchen Situationen?«; »Wer fühlt sich möglicherweise durch den Text herausgefordert, bestätigt, in seinen Interessen geschädigt, gestützt, in seinen Gefühlen verletzt?«. Stets soll »der ideologische Kern des Textes herausgearbeitet werden«.

Am Ende des Unterrichts sollen die Schüler fähig sein, Texte »als Ausdruck einer bestimmten historisch-gesellschaftlichen Situation be-

[20] Merkelbach 1973, S. 149.
[21] Hessen: RR Deutsch 1972, S. 46 ff.

greifen zu können«. Der Unterricht soll jedoch über die Vermittlung solcher ideologiekritischer Fähigkeiten noch hinausgehen und zum politischen Handeln anleiten: er »hat auch das Ziel, die Möglichkeiten zur Veränderung von Situationen durch Interpretation bzw. Produktion von Texten sichtbar zu machen und einzuüben«[22].

Die Einführung der Schüler in die große Literatur, mit der vertraut zu sein bisher als »literarische Bildung« galt, wird von den Verfechtern der hessischen Rahmenrichtlinien als »eine politisch höchst fragwürdige Beschwichtigungspädagogik« verhöhnt. Es wird zugegeben, daß die Richtlinien »durchaus politisch« sind: sie versuchen, Kindern und Jugendlichen »sprachliche Instrumente an die Hand zu geben für eine Welt der Zwänge, der Täuschungen und der Chancenungleichheit gerade auch in der Sphäre der Kommunikation«. Ihre Bedeutung liege »langfristig in der Umorientierung von einem sprachpflegerischen Deutsch- zu einem kritischen Denk- und Sprachunterricht als Handlungsorientierung«[23].

Das ist das nur dürftig verschleierte Programm einer nihilistischen Kulturrevolution. GOLO MANN hat dazu treffend geschrieben: »Hier wird ein Raub an der Jugend geplant; ... eine neue Art, sie zu beherrschen«. Es wird mit derartigen Lehrplänen gegen die jahrtausendealte Erkenntnis verstoßen, »daß der Geist der Jugend gute Nahrung braucht und nicht gemeine, um letztere zu ›hinterfragen‹. Das junge Gedächtnis ist stark; es behält das Gemeine auch und wird dann für den Rest des Lebens davon belästigt«. MANN weist darauf hin, daß die große Literatur immer eine »befreiende Macht« gewesen ist, »gleichgültig, ob sie sozialkritischen Inhalts war oder nicht«. »Wer die schönsten deutschen Gedichte kennen und lieben lernt, besonders auch, wer sie sich selber hersagen kann, der wird freier, unabhängiger; der stärkt die eigene Identität. Der kann ... Trost finden in allerlei Notlagen, die auch in der emanzipiertesten Gesellschaft uns früher oder später nicht erspart bleiben. Es ist die Aufgabe, ist mindestens *eine* Hauptaufgabe des Deutschunterrichts, der Jugend eine erste Begegnung mit diesem in Jahrtausenden gesammelten Schatz zu vermitteln«[24].

Was am Beispiel der Schulfächer Gesellschaftslehre und Deutsch dargestellt worden ist, könnte auch für die meisten anderen Fächer

---

22 Hessen: RR Deutsch 1972, S. 60 f.
23 VOGT 1973, S. 140 f.
24 MANN 1973.

belegt werden[25]. Wenn man die »emanzipatorisch« orientierten Lehrpläne und Lehrplanentwürfe im Geist der Neuen Linken sowie das zugehörige Unterrichtsmaterial überblickt[26], dann zeigt sich, daß hier unter dem Vorwand, zur »Selbstbestimmung« zu verhelfen, versucht wird, wirkliche Selbstbestimmung zu verhindern. Soweit Selbstbestimmung überhaupt möglich und mit den Minimalerfordernissen für den Zusammenhalt einer Gesellschaft vereinbar ist, hängt sie davon ab, daß Klarheit über die grundlegenden moralischen Normen besteht, daß diese im Gewissen verinnerlicht worden sind und daß man die sittlichen Handlungsbereitschaften erworben hat, die ihnen entsprechen. Lehrpläne, die einseitig zur Kritik an der eigenen Gesellschaft und ihren Normen anleiten und die auf moralische Forderungen an die Schüler verzichten, sind Werkzeuge zum Mißbrauch der Jugend für politische Zwecke. Sie fordern zu einem Unterricht auf, der die seelische Sicherheit der Schüler, ihr Vertrauen zu den Menschen, ihre sittliche Anstrengungsbereitschaft und ihre Lebensfreude zerstört, um durch diese Entwurzelung der Menschen die Umwandlung der verhaßten Gesellschaft in eine »neue Gesellschaft« voranzutreiben.

Nirgends findet man in den gesellschaftskritisch ausgerichteten Lehrplänen Bemühungen um die *innere* Kultur des Menschen, um Hilfen zur sittlichen Selbstbildung. Persönliche Tugenden, private Fähigkeiten zum ästhetischen Erleben, zu anspruchsvollen Liebesbeziehungen, zu religiösen Bindungen, zur Treue zur kulturellen Überlieferung sind nicht gefragt. Was zählt, sind allein Kritikbereitschaft und politische Aktionsbereitschaft im öffentlichen Bereich.

Diese Lehrpläne sind ganz darauf aus, die junge Generation von den Generationen ihrer Eltern und Großeltern zu isolieren. Die Schule erhält hier unter dem Vorwand von »Aufklärung«, »Wissenschaftsorientierung« und »Emanzipation« den Auftrag, die Schüler von der kulturellen Überlieferung zu trennen. Ein Unterricht nach solchen Maßstäben fördert »jenen üppigen analytischen Trieb, der ... jetzt die Gegenwart verwüstet und alle Ruhe, alles friedfertige Wachsen

---

25 Vgl. hierzu u. a. Tybl und Walter 1973; Raith 1973.

26 Zum Deutschunterricht vgl. Ivo und Merkelbach 1972; E. Nyssen 1974; zur Gesellschaftslehre und Geschichte Nitzschke und Fackiner 1972; ferner die »Materialien zur Unterrichtspraxis« aus der »Reihe Roter Pauker« (Verlag 2000); George und Hilligen 1973 (zur Kritik an diesem weitverbreiteten Lehrbuch vgl. Ortlieb 1973). Eine Analyse des negativen Bildes der Familie in linksliberal und sozialistisch inspirierten modernen Schulbüchern gibt Streithofen 1980.

und Reifwerden fast unmöglich macht«[27]. Er bringt die Kinder und Jugendlichen um unentbehrliche moralische Stützen, damit sie ahnungslos und schutzlos den Kündern der neuen Heilslehre des utopischen Sozialismus auf den Leim gehen.

[27] NIETZSCHE 1873, S. 60.

8. Die Pädagogik der Neuen Linken und die Pädagogik des Marxismus-Leninismus

> Wer den Aufruhr angestiftet hat, hat später gewöhnlich nichts davon; er rührt nur das Wasser auf für andere, die dann im Trüben fischen können.
>
> MICHEL DE MONTAIGNE[1]

Die Pädagogik der Neuen Linken ist im geistigen Klima der individualistischen Demokratie entstanden. Ihre linksliberal-gesellschaftsutopische Richtung, die Emanzipatorische Pädagogik, entspricht weitgehend den moralischen und politischen Vorstellungen, von denen die veröffentlichte Meinung in der liberalen Wohlfahrtsgesellschaft beherrscht wird. Man denke nur an die Zielangabe des »Strukturplans für das Bildungswesen«, den der Deutsche Bildungsrat 1970 beschlossen hat: »Das umfassende Ziel der Bildung ist die Fähigkeit des einzelnen . . ., die Freiheit und die Freiheiten zu verwirklichen, die ihm die Verfassung gewährt und auferlegt«[2]. Individualistischer und inhaltsleerer läßt sich kaum mehr formulieren.

Für die große Mehrheit der Bevölkerung wird die Pädagogik der Neuen Linken während der ersten Phase der Kulturrevolution, die wir derzeit erleben, in der Form der Emanzipatorischen Pädagogik wirksam. Es empfiehlt sich, die Folgen abzuschätzen, die sich daraus für die innere Verfassung der liberalen Demokratien des Westens und damit auch für das Kräfteverhältnis zwischen ihnen und dem »sozialistischen Weltsystem« ergeben könnten. Zu diesem Zweck stelle ich die zentralen Ideen der Emanzipatorischen Pädagogik und die Leitideen der Pädagogik des Marxismus-Leninismus (kurz Kommunistische Pädagogik genannt) zum gleichen Thema einander gegenüber.

Emanzipatorische Pädagogik und Kommunistische Pädagogik

1. Das Erziehungsziel der Neuen Linken ist die *»emanzipierte Persönlichkeit«*. Es ist vorwiegend negativ bestimmt als Freiheit von

---

[1] MONTAIGNE 1969, S. 69.
[2] Deutscher Bildungsrat 1970, S. 29.

Abhängigkeiten. Auch wenn es positiv als »Selbstbestimmungsfähigkeit« interpretiert wird, bleibt es formal, d. h. frei von Angaben über Inhalte, die verwirklicht werden sollen.

Das Erziehungsziel der Kommunisten ist die *»sozialistische Persönlichkeit«*[3]. Ihr »wichtigster Wesenszug« ist nicht »Emanzipiert-Sein«, sondern das Gegenteil davon: »tätige *Parteinahme* für die neue, sozialistische Ordnung«[4]. Sie hat gelernt, »sich durch ein Maximum an Engagement, an Parteilichkeit für die Verwirklichung des gesellschaftlich Bedeutsamen einzusetzen«. Sozialistische Persönlichkeiten sind Menschen, »denen Neutralität, Indifferenz und Gleichgültigkeit fremd sind«[5].

2. Die »emanzipierte Persönlichkeit« der Neuen Linken zeichnet sich vor allem durch »kritische Rationalität«, insbesondere durch die *Fähigkeit zur Ideologiekritik* aus.

»Zentrales Anliegen der sozialistischen Erziehung ist *die systematische Vermittlung und Aneignung der sozialistischen Ideologie«*[6]. So heißt es z. B. im Erziehungsgesetz der DDR: »Den Schülern, Lehrlingen und Studenten sind gründliche Kenntnisse des Marxismus-Leninismus zu vermitteln«[7]. Die »sozialistische Persönlichkeit« ist von der »Ideologie der Arbeiterklasse« durchdrungen. Sie zeichnet sich »durch einen festen sozialistischen Klassenstandpunkt« und durch »Leninsche Disziplin« aus[8]. Der Kommunismus vertritt eine »ideologiezentrierte« Erziehungsauffassung.

3. Für die Neue Linke dient die *Erziehung als Mittel, den Menschen von den Bindungen an die Normen und Glaubensüberzeugungen seiner Kultur zu befreien.*

Der »entscheidende Schwerpunkt« der kommunistischen Erziehung ist dagegen die *»Fixierung von grundlegenden Überzeugungen«*, die *»Normenverinnerlichung«*, die »Einstellungsbildung«[9]. Die Schüler, Lehrlinge und Studenten sollen »feste sozialistische Überzeugungen gewinnen«. Die Erziehung soll sie befähigen, »sozialistisch zu denken, zu fühlen und zu handeln«[10].

4. Die Neue Linke *bekämpft das Leistungsprinzip.* Leistungsanfor-

---

[3] Erziehungsgesetz der DDR von 1965, § 1. FROESE 1969, S. 197.
[4] HOFMANN 1969, S. 924.
[5] HOFMANN 1969, S. 925 f.
[6] HOFMANN 1969, S. 922.
[7] § 5. FROESE 1969, S. 200.
[8] HOFMANN 1969, S. 918.
[9] HOFMANN 1969, S. 918.
[10] Erziehungsgesetz der DDR, § 5. FROESE 1969, S. 200.

derungen zu stellen und durchzusetzen, hält sie für »Unterdrükkung«[11].

Im Sozialismus dagegen *gilt das Leistungsprinzip* nach der Formel: »Jeder nach seinen Fähigkeiten, jedem nach seinen Leistungen«[12]. Die Kommunisten fordern von den Schülern und den anderen Jugendlichen, daß sie bereit sind, »durch hervorragende Leistungen in der Schule und im Beruf das sozialistische Vaterland ... allseitig zu stärken«[13]. Im Erziehungsgesetz der DDR heißt es: »In allen Bildungseinrichtungen sind hohe Anforderungen an Wissen, Können und Verhalten zu stellen«[14].

5. Die Neue Linke neigt – trotz der erotisch-ästhetischen Ideale MARCUSES – in der Praxis zu einem dürren *Intellektualismus.* Sie hält in erster Linie die rational-kritischen Fähigkeiten des Menschen für förderungswürdig und läßt die emotionalen Komponenten seiner Persönlichkeit verkümmern. Es sei nur an den Kult der Häßlichkeit im persönlichen Erscheinungsbild, in Kleidung, Raumgestaltung, bevorzugter Literatur und Kunst erinnert.

Die Kommunisten dagegen weisen intellektualistische Erziehungsprogramme zurück und *berücksichtigen auch die emotionalen Bedürfnisse* des Menschen. Er soll nicht nur »wertvolle Arbeit leisten«, sondern auch befähigt werden, *»die Künste zu pflegen«*[15] und »Sinn für das Schöne zu entwickeln«[16].

6. Die Neue Linke fordert *»Erziehung ohne Autorität«*[17]. Für sie sind »Pflicht, Einfügung, Unterordnung, Rücksichtnahme, Opfer ... die sittlichen Topoi einer politischen Untertanenerziehung«[18]. Sie tritt für eine »totale Umkehr der Herrschaftsstruktur in der derzeitigen Schule« ein[19].

Die kommunistische Pädagogik dagegen *hält die Autorität für unentbehrlich und betont die Führungsrolle des Erziehers.* Sie lehnt die Auffassung ab, daß Führung nur soweit notwendig sei, wie die Selbsttätigkeit noch nicht genügend entwickelt ist[20]. Der Lehrer hat viel-

---

[11] GAMM 1970, S. 116 ff. Ähnlich die Jungsozialisten: vgl. PULTE 1975, S. 37.
[12] GEISLER und SEIDEL 1969, S. 414.
[13] ADAM 1969, S. 838.
[14] § 6. FROESE 1969, S. 200.
[15] Erziehungsgesetz der DDR, § 1. FROESE 1969, S. 198.
[16] Erziehungsgesetz der DDR, § 17. FROESE 1969, S. 212.
[17] GAMM 1970, S. 33.
[18] BEUTLER 1968, S. 1050.
[19] GAMM 1970, S. 174.
[20] HOFMANN 1969, S. 930.

mehr dem Schüler gegenüber »immer die Stellung des Führenden« einzunehmen[21]. In den 20 »Regeln für die Schüler« der Sowjetunion wird unter anderem gefordert, »sich den Anordnungen des Direktors und der Lehrer ohne Widerspruch zu fügen«. Jeder Schüler ist verpflichtet, »sich gegenüber dem Direktor und den Lehrern ehrerbietig zu erweisen«, »den Eltern gehorsam und behilflich zu sein« usw.[22]. Die Schulordnung der DDR fordert von den Schülern, »sich gegenüber den Lehrern, Erziehern und anderen erwachsenen Personen höflich und anständig zu benehmen«. »Sie haben die Forderungen des Direktors, der Lehrer, Erzieher und Betreuer zu erfüllen. Die Schüler sind verpflichtet, ... sich im Schulgebäude sowie außerhalb der Schule diszipliniert zu verhalten«[23].

7. Die Emanzipatorische Pädagogik lehrt *Mißtrauen gegen den Staat.* Sie bekämpft das Nationalbewußtsein und den Verteidigungswillen[24]. Patriotismus wird als »Faschismus« denunziert. Das Geschichtsbewußtsein wird zerstört, das Geschichtsbild verfälscht. Es wird alles getan, um zu verhindern, daß die Jugend ein Gefühl der Zugehörigkeit zum deutschen Volk, Stolz auf seine Leistungen und Verständnis für seine nationalen Interessen gewinnt.

Die Kommunisten *bejahen ihren Staat* und fordern von jedem Bürger, sich für seine Stärkung einzusetzen, die sozialistischen Gesetze zu achten und zur Verteidigung des Vaterlandes bereit zu sein. Das »sozialistische Vaterlands- und Staatsbewußtsein« ist für sie ein zentrales Ziel der Erziehung[25]. Im Erziehungsgesetz der DDR heißt es dazu: »Die Schüler, Lehrlinge und Studenten sind zur Liebe zur Deutschen Demokratischen Republik und zum Stolz auf die Errungenschaften des Sozialismus zu erziehen, um bereit zu sein, alle Kräfte der Gesellschaft zur Verfügung zu stellen, den sozialistischen Staat zu stärken und zu verteidigen«[26]. Die *»sozialistische Wehrerziehung«* wird als »ein untrennbarer Bestandteil der sozialistischen Erziehung« angesehen. Ihr Ziel ist es, »bei allen Schülern und Berufsschülern die Überzeugung zu vertiefen, daß die Verteidigung des sozialistischen Vaterlandes Ehrenpflicht jedes Jugendlichen ist. Sie hat die Aufgabe, jedem Schüler vormilitärische und technische Kenntnisse zu vermitteln

---

[21] Hofmann 1969, S. 929. Grundlegend hierzu Klingberg 1962.
[22] Grant 1966, S. 55 f. Die »Regeln für die Schüler« sind seit 1943 in Kraft und auf jedem Schülerausweis abgedruckt. Erstveröffentlichung: Sowjetskaja pedagogika, Oktober 1943.
[23] § 32. Froese 1969, S. 270.
[24] Vgl. u. a. Heinisch 1970, S. 157 ff.
[25] Vgl. Adam 1969.

und ihn durch die Entwicklung entsprechender Fähigkeiten und Fertigkeiten auf den Dienst in der Nationalen Volksarmee vorzubereiten«[27].

8. Die Neue Linke kämpft *gegen »sexuelle Tabus«* und mißt der *ungehemmten sexuellen Betätigung* zentrale Bedeutung für die Ausbildung der »emanzipierten Persönlichkeit« zu. Sie fordert, die Einübung sexueller Praktiken in das Schulprogramm aufzunehmen. Die »Bildungsplanung« soll so vorgenommen werden, daß sie zur »geschlechtlichen Selbstbefreiung« der Schüler beiträgt[28]. Die Schüler sollen »die Schule nach ihren sexuellen Bedürfnissen gestalten« können[29].

Die Kommunisten dagegen treten *für »saubere Beziehungen zwischen den Geschlechtern«* ein[30]. Sie lehnen die Überbewertung der Sexualität und die frühzeitige sexuelle Betätigung der Jugendlichen ab. Sie sehen im Anspruch auf schrankenlose Triebbefriedigung ein Zeichen der Demoralisierung der bürgerlichen Gesellschaft[31]. Sie wollen »Menschen erziehen, die sich durch Selbstbeherrschung auszeichnen« und die »bereit und fähig zur Ehe, zur Gründung und Führung einer sozialistischen Familie sind«. Als Ideal gilt »die Hinwendung zum anderen Menschen auf der Grundlage der Liebe und Zuneigung« als einem Partner, »der über den Vollzug sexueller Handlungen gestellt ist«. Hier wird angenommen, »daß sexuelle und politische Haltlosigkeit einander bedingen«. Neben der »Vermittlung sozialistischer Normen des Zusammenlebens« und »sozialistischer Partnerideale« wird auch die »Herausbildung des Abscheus gegenüber den im imperialistischen Herrschaftsbereich propagierten destruktiven Auffassungen von Sexualität und Sexualmoral« gefordert[32].

9. Die Neue Linke versucht *den erzieherischen Einfluß der Familie zu schmälern* und die Kinder von ihren Eltern zu trennen. Sie ruft sie zur Kritik, zum Widerstand, zur »Emanzipation« von den Eltern auf.

Die Kommunisten sind nach einer Periode des Mißtrauens gegen die Familie dazu übergegangen, »die erzieherischen Potenzen der Familie für die Erziehung sozialistischer Persönlichkeiten voll auszu-

---

[26] § 5. FROESE 1969, S. 200.
[27] Erlaß zur Unterstützung der sozialistischen Wehrerziehung vom 18. 3. 1963; bei FROESE 1969, S. 189. Ausführlicher hierzu HARTWIG und WIMMEL 1979.
[28] GAMM 1970, S. 78 ff. und S. 142. Ähnlich BECK 1970, S. 150.
[29] BREDDERMANN 1968, S. 154.
[30] Erziehungsgesetz der DDR, § 5. FROESE 1969, S. 200.
[31] Vgl. BACH 1973, S. 163 ff. und 240 ff.
[32] BORRMANN und SCHILLE 1973, S. 1113, 1112, 1115.

schöpfen«[33]. Sie haben eingesehen, »daß ohne äußere und innere Zustimmung, Beteiligung und Mitwirkung der Familie auch der Sozialismus nicht zu begründen bzw. zu erhalten ist«[34]. Deshalb *stützt der Staat die Autorität der Eltern*. Gehorsam gegenüber den Eltern wird als wesentliche Voraussetzung für das Lernen von Selbstdisziplin angesehen[35].

Diese Gegenüberstellung zeigt, daß die Marxistisch-leninistische Pädagogik in allen zentralen Fragen das Gegenteil dessen lehrt, was die Emanzipatorische Pädagogik sagt[36]. Die Kommunisten haben für die Pädagogik der Neuen Linken nur Verachtung übrig. Sie halten sie für das Produkt eines »kleinbürgerlichen Anarchismus« und Non-Konformismus, der das isolierte Individuum zum Maß aller Dinge macht[37]. Sie würden sie im eigenen Herrschaftsbereich niemals zulassen, weil sie wissen, daß eine Erziehung nach den individualistisch-antiautoritären Vorstellungen der Neuen Linken zur Anarchie führen würde.

In Gesellschaften, deren Mitglieder ihre Lebensordnung erhalten wollen, wird nicht zur »Emanzipation«, sondern zur Bindung an die geltende Wertordnung erzogen. Das gilt sinngemäß ebenso für alle weltanschaulichen Gruppen, die sich innerhalb einer offenen, pluralistischen Gesellschaft behaupten wollen. Darum ist es auch für Kommunisten in einem nicht-sozialistischen Staat ausgeschlossen, daß sie ihre eigenen Anhänger und deren Nachwuchs im Sinne der Emanzipatorischen Pädagogik erziehen. Sie sind gerade auf jene Bereitschaften zur Autoritätsanerkennung, zur Selbstbeherrschung, zur Unterordnung, zur Pflichterfüllung angewiesen, welche von der Neuen Linken als Merkmale der »Untertanenmentalität« verleumdet werden.

Die Emanzipatorische Erziehung ist nicht zur Erhaltung, sondern nur zur Zersetzung einer Gesellschaft geeignet. Sie fördert ihre moralische Selbstauflösung. Sie zerstört weltanschauliche und gefühlsmäßige Voraussetzungen des sozialen Zusammenhalts, die keine Gesellschaft entbehren kann. Daß relativ viele Menschen ohne revolutionäre Absichten für sie eintreten, ist ein Symptom für die Krise der individualistischen Demokratie, für den Zusammenbruch der Sicherheit in der moralischen Orientierung unter den Angriffen der angeblich progressiven, tatsächlich aber anarchistischen Kritiker.

---

33 Mannschatz 1971, S. 5. Vgl. auch Liegle 1970; Busch 1972.
34 Mieskes 1971, Bd. 2, S. 317. Für die DDR vgl. Hanke 1974, S. 72 ff.
35 Vgl. Bronfenbrenner 1973, S. 25 ff. 36 Zu weiteren Unterschieden vgl. Retter 1971. 37 Vgl. Sielski 1972 und 1977; Becker 1972, S. 177.

Die Emanzipatorische Pädagogik kann nur im Zusammenhang mit den politischen Plänen ihrer Urheber verstanden werden. *Sie ist ein Mittel im Kampf um die Macht.* Sie ist das Werkzeug einer weltanschaulich-politischen Minderheit, mit dessen Hilfe die Mehrheit moralisch entwaffnet werden soll. Selbstverständlich ist eine Gesellschaft, die zur »emanzipierten Persönlichkeit« erzieht, schwächer als eine, die zur Anerkennung ihrer Normen, Institutionen und Autoritäten erzieht. Es ist kaum zu bezweifeln, daß Kinder und Jugendliche, die eine autoritätsfeindliche Erziehung im Geist der Neuen Linken erhalten, schlechter für die persönliche Lebensbewältigung wie für die politische Selbstbehauptung ausgerüstet werden als die Jugend der kommunistischen Staaten. Insofern ist den Kommunisten die Emanzipatorische Pädagogik als Beitrag zur Schwächung der freiheitlich-demokratischen Staaten sicher willkommen. Sie können ernten, wo sie nicht gesät haben. Es gibt auch viele Beweise aus westdeutschen Hochschulen, Schulen und Betrieben, daß kommunistische Gruppen die utopisch-anarchistische Heilslehre von der »emanzipatorischen Erziehung« für ihre Aktionen zur Vorbereitung der Machtübernahme nützen. Aber sie verwenden damit nur einen Sprengstoff, den ihnen jene Intellektuellen geliefert haben, die im linksliberalen Bürgertum den Ton angeben.

Sozialistische Pädagogik und Kommunistische Pädagogik

Viel näher als die »Emanzipatorische Pädagogik« steht den Kommunisten die »Sozialistische Pädagogik« des linksradikal-klassenkämpferischen Flügels der Neuen Linken. Sie deckt sich in vielen Einzelheiten mit der Pädagogik des Marxismus-Leninismus. Die Einwände der Kommunisten richten sich hier vor allem gegen den »Unglauben an die revolutionäre Kraft der Arbeiterklasse und die führende Rolle der marxistisch-leninistischen Partei«. Sie fürchten, daß die »antiautoritäre« oder »proletarische« Erziehung der Linksradikalen »als sozialistische Erziehung diffamiert und zum Bürgerschreck gemacht wird«. »Linksradikale Abweichungen haben letztlich immer rechtsopportunistische Auffassungen begünstigt, sozialreformistische Strömungen genährt und viele Menschen durch ihr Abenteuerertum abgestoßen«[38].

[38] Sielski 1972, S. 1054 f.

Das klingt reserviert, aber die Kommunisten wissen genau, welche Zubringerdienste ihnen von diesen Lehrern, Erziehern und Pädagogikstudenten, die »noch ultralinken Phrasen unterliegen«, geleistet werden. Sie wollen ihnen helfen, »den Weg an die Seite der Arbeiterklasse und ihrer marxistisch-leninistischen Partei zu finden«[39]. Wieviele aus der Neuen Linken ihn schon gefunden haben und nur zur Tarnung noch als Sozialisten ohne Bindung an die Kommunistische Partei auftreten, ist schwer zu sagen.

---

[39] SIELSKI 1972, S. 1048.

9. Ausblick

> Die ganze Geschichte beweist, daß der, der tapfer kämpft, Sieger oder Besiegter sein kann; wer hingegen den Kampf flieht, wird mit Sicherheit besiegt. So bewahrheitet sich stets das Sprichwort, daß derjenige, der sich zum Lamm macht, den Wolf findet, der ihn frißt.
>
> VILFREDO PARETO[1]

Klärung der Fronten

Die Neue Linke hat sich über ihre Ziele, ihre Vorgangsweise und ihre Verbündeten klar ausgesprochen. Sie will aus der offenen oder pluralistischen Gesellschaft eine geschlossene oder weltanschaulich einheitliche Gesellschaft machen. Sie will den freiheitlich-demokratischen Rechtsstaat durch einen sozialistischen Gesinnungsstaat ersetzen.

Dabei rechnet sie nicht mit raschen Erfolgen, sondern stellt sich auf einen langen Kampf ein. Sie will die Übernahme der politischen Macht durch eine »Revolution im menschlichen Bewußtsein« vorbereiten. Sie ist überzeugt, »daß unter den Bedingungen eines stabilen, sich auf eine ›launenhafte Mehrheit‹ gründenden Regimes *im Anfang die Kulturrevolution* sein muß: ein radikaler Bruch im menschlichen Bewußtsein, in den Prioritätswerten, im Lebensstil der Menschen«[2]. Es wird versucht, die Menschen »erzieherisch« auf »die Ablösung des alten ökonomischen und politischen Systems« und »auf neue gesellschaftliche Lebensformen vorzubereiten«. »Das ›Umwerfen von Bewußtsein‹ und der Institutionen, in denen es sich verfestigt«, dürfe »nicht auf den Tag nach der Revolution verschoben werden«[3]. Der erste strategische Grundsatz lautet also: durch Kulturrevolution zur Gesellschaftsrevolution!

Der zweite strategische Grundsatz bedeutet ebenfalls eine Abkehr von der älteren linken Strategie, die lehrte, entweder das gesamte Gesellschaftssystem schlagartig zu verändern oder auf einen revolu-

---

[1] PARETO 1916, S. 255.
[2] MARKOVIC 1971, S. 33 (Hervorhebung von mir).
[3] BRÜCKNER 1973, S. 23 ff.

tionären Augenblick zu warten, in dem dies möglich sein wird. Demgegenüber hält sich die Neue Linke an folgende Ansicht: »Eine Reihe von kontinuierlichen Veränderungen in allen gesellschaftlichen Mikrozellen kann in ihrer Totalität eine diskontinuierliche Veränderung des globalen Systems herbeiführen«[4].

Als Beispiel für solche »autonomen Selbstverwaltungszellen«, aus denen sich die neue sozialistische Gesellschaft herausbilden könnte, werden die Universitäten genannt. Ähnlich wie an den Hochschulen wird auch in allen anderen Bereichen der Gesellschaft versucht, ein dichtes Netz von »systemkritischen Basisgruppen« zu errichten und »bewährte Basisaktivisten« in Parteien und Verbände einzuschleusen, damit sie sich dort als Mitglieder »den Wahlen zu den repräsentativen Organen stellen«[5]. Hier wie überall wird die Doppelstrategie verfolgt, daß »man gleichzeitig in den bestehenden Institutionen mitarbeitet *und* sie bekämpft«[6]. Erst wenn die »partizipatorische Basisdemokratie«, d. h. das Rätesystem genügend ausgebaut ist, soll der Sturm auf die Zentren der Wirtschaft und der Politik beginnen, sei es als »gewaltfreier Aufstand«[7], sei es durch »befreiende Gewalt«[8]. Es wird »ein historisch neuer Typ von ›Revolution‹ (im Sinne der Veränderung von Machtverhältnissen)« vorzubereiten versucht, der aus »einer geeigneten ... Kombination parlamentarischer mit außerparlamentarischen Kampfformen« besteht[9].

Ebensowenig Zweifel wie über die Strategie wird über die Verbündeten gelassen. Es gehören dazu »das sozialistische Lager« und die Marxisten und Kommunisten aller Schattierungen. »Die Chance einer konsistenten sozialistischen Politik« soll erhöht werden durch »eine Art von ›Bündnis‹ und wechselseitige Befruchtung zwischen den Ultralinken und vielen heute noch traditionell organisierten Kommunisten«[10].

Offener kann man der pluralistischen Gesellschaft den Kampf kaum ansagen. Dieser Kampf ist schon lange im Gang, aber erst jetzt werden die Fronten auch jenen klar, die sich zunächst durch den Nebel liberaler Schlagworte haben täuschen lassen, den die Neue Linke zur Tarnung benutzt. Wie dieser Kampf ausgehen wird, ist unge-

---

[4] Markovic 1971, S. 34. [5] Ebert 1971, S. 142 ff.

[6] Bussiek 1970, S. 13. Zur Doppelstrategie der Jungsozialisten in der SPD vgl. die Beschlüsse des ordentlichen Bundeskongresses in München 1974 bei Pulte 1975, S. 42 ff. [7] Ebert 1971, S. 135 und S. 147.

[8] Brückner 1973, S. 33 ff.

[9] Brückner 1973, S. 33.

[10] Brückner 1973, S. 31; vgl. auch Gorz 1968, S. 90 ff.

wiß. Das hängt in erster Linie von der Moral der Angegriffenen und von ihrem politischen Selbstbehauptungswillen ab. Es wird um das »Bewußtsein« der Menschen gekämpft, das heißt: um ihre Weltanschauung, ihre Wertorientierung, ihre Moral. Es geht um die Ideen, an die sie glauben, um die Bilder von der Zukunft, auf die sie hoffen, um die Kultur, die sie lieben. Die Erziehung ist das wichtigste Mittel in diesem ideologischen Kampf – und zwar auf allen Seiten.

Die wehrhafte Demokratie

Das Aufkommen der Neuen Linken und die weitverbreitete Empfänglichkeit für ihre Ideen sind Zeichen der Krise der individualistischen Demokratie. Ihre Anziehungskraft ist nur daraus erklärlich, daß die bestehenden gesellschaftlich-kulturellen Verhältnisse tatsächlich von vielen Menschen als unbefriedigend erlebt werden. Das Durcheinander in allen Sinn-, Wert- und Zielfragen, die Vereinsamung, der ungezügelte Egoismus und die moralische Unterforderung gehören zu den Schattenseiten der liberalen Wohlstandsgesellschaft. Sie veranlassen mehr und mehr Menschen zur Suche nach einer Lehre, die Abhilfe verspricht. Auf die Lösung von den alten Bindungen folgt die Suche nach neuen, auf die Entwurzelung das Bedürfnis nach »Einwurzelung«[11]. Es wachsen die Sehnsucht nach Sinngebung des eigenen Lebens durch einen Glauben, das Verlangen nach mitmenschlicher Verbundenheit in einer Gemeinschaft Gleichgesinnter und der Wille zum Einsatz für Aufgaben, die über den Eigennutz hinausgehen.

Gewiß gibt es ganz andere Möglichkeiten, diese Bedürfnisse zu stillen, als sich der Neuen Linken anzuschließen. Sie sind jedoch in den letzten zwanzig Jahren offenbar weniger überzeugend vertreten worden. Sie sind bei der Fahrt über das Meer der Aufklärung, der Kritik und des Zweifels außer Sicht gekommen. Nun zeigt sich für viele, die der geistigen Unsicherheit überdrüssig sind, im Utopischen Sozialismus eine Küste, und da liegt es nahe, zu sagen: »Wie sie auch sei, an ihr muß gelandet werden, und der schlechteste Nothafen ist besser, als wieder in die hoffnungslose skeptische Unendlichkeit zurückzutaumeln. Halten wir nur erst das Land fest; wir werden

---

[11] Vgl. Weil 1956; zur Verwurzelung ferner Röpke 1966, S. 37–49.

später schon die guten Häfen finden und den Nachkommenden die Anfahrt erleichtern«[12].

Wenn diese Deutung zutrifft, dann genügt es nicht, über die Irrtümer der Neuen Linken aufzuklären und im übrigen die Zustände, wie sie jetzt sind, erhalten zu wollen. Es waren ja gerade diese Zustände, die das Aufkommen der Neuen Linken begünstigt haben. Die antiautoritäre Bewegung hat das geistige Vakuum, in das sie eingebrochen ist, nicht selbst geschaffen, sondern nur aufgedeckt und politisch genützt. Dieses Vakuum ist das Ergebnis einer liberalen Politik, welche die moralische Integration der Gesellschaft vernachlässigt hat. Man lebte nach dem Motto »Jeder für sich, Gott für uns alle!« und war blind für die Gefahr einer »pluralistischen Zersetzung des Staates«[13]. Die antiautoritären, individualistischen und anarchistischen Ideen des linksliberal-gesellschaftsutopischen Flügels der Neuen Linken entstammen dem geistigen Klima und entsprechen dem moralischen Niveau der »individualistischen Demokratie«.

Aus diesen Zusammenhängen kann man folgendes erkennen: Die Gefahren, welche die freiheitlich-demokratischen Gesellschaften von innen und von außen bedrohen, werden sicher nicht dadurch abgewehrt werden können, daß man unter den Schlagworten »Emanzipation« und »Demokratisierung« den permissiven Kurs der »Maximierung von Freiheits- und Gleichheitsansprüchen«[13a] fortsetzt, statt die Pflichten gegenüber der Gemeinschaft stärker zu betonen und jene sinngebenden Ideale und Institutionen zu schützen, die sozialen Zusammenhalt gewährleisten, ohne die Freiheit der Person mehr als notwendig einzuschränken. Wenn man die Selbstauflösung des freiheitlichen Rechtsstaats und seinen Ersatz durch einen totalitären Staat vermeiden will, dann scheint es nur einen Weg zu geben: die Abkehr von der permissiven »Gefälligkeitsdemokratie«[13b] und von der ihr zugrunde liegenden Weltanschauung des übersteigerten Individualismus. Das bedeutet, daß sich die gesellschaftlichen Führungsgruppen in den für den Fortbestand unserer Gesellschaft grundlegenden moralischen Fragen nicht länger gleichgültig verhalten, sondern jenen Normen zur allgemeinen Anerkennung verhelfen sollten, die Gemeinsinn und Einordnungsbereitschaft fördern. Es geht um den »dritten Weg« zwischen individualistisch-liberaler und totalitärer Gesellschaftsordnung, um *»die wehrhafte Demokratie«*, wie

---

[12] Nietzsche 1873, S. 93.
[13] Vgl. hierzu Rüstow 1957, S. 179 ff.
[13a] Ortlieb 1974, S. 195.
[13b] Vgl. Ortlieb 1974, S. 191 ff.

sie KARL MANNHEIM beschrieben hat[14]. Eine freiheitliche Demokratie, deren Bürger nicht wagen, die moralischen Voraussetzungen für den Fortbestand der Freiheit zu sichern, hat auf die Dauer wenig Chancen, die Angriffe des totalitären Sozialismus zu überleben.

Hinweise für die Auseinandersetzung

Es ist im Rahmen dieses Buches nicht möglich, eine »Praktische Pädagogik für die wehrhafte Demokratie« als Alternative zur »Pädagogik der Neuen Linken« darzustellen[15]. Ich muß mich darauf beschränken, einige Hinweise für die Auseinandersetzung zu geben.

1. Die Pädagogik der Neuen Linken ist Bestandteil der Strategie zur geistigen Vorbereitung eines totalitären sozialistischen Gesinnungsstaates. Man muß sie in diesem *politischen* Zusammenhang sehen und sie politisch ernst nehmen. Es handelt sich nicht bloß um eine pädagogische Modeströmung, sondern um das Programm für eine Kulturrevolution als Voraussetzung einer Gesellschaftsrevolution.

2. Wer die Pädagogik der Neuen Linken für gefährlich hält, wird in erster Linie die Weltanschauung bekämpfen müssen, aus der sie entstanden ist: den Utopischen Sozialismus, d. h. den Glauben an eine »herrschaftsfreie Gesellschaft« von gleichen Menschen.

Dazu muß man zunächst sich selbst Klarheit verschaffen. Es gibt hervorragende Schriftsteller, die einem dabei helfen können. Ich erinnere an die Konservativen ARNOLD GEHLEN, HELMUT SCHELSKY, ARMIN MOHLER, WILLIAM S. SCHLAMM, CASPAR VON SCHRENCK-NOTZING, FRIEDRICH TENBRUCK, WILHELM HENNIS, HANS MAIER, ROBERT SPAEMANN, THOMAS MOLNAR, BERTRAND DE JOUVENEL, GERD-KLAUS KALTENBRUNNER, CHRISTA MEVES, ERICH E. GEISSLER, an konservative Liberale wie ALEXANDER RÜSTOW, WILHELM RÖPKE, FRIEDRICH AUGUST HAYEK, EDITH EUCKEN-ERDSIEK, EMIL KÜNG, KARL RAIMUND POPPER, RAYMOND ARON, HELMUT SCHOECK, ROBERT WAELDER, ERNST TOPITSCH, KARL STEINBUCH, THEODOR WILHELM, an Sozialdemokraten wie KARL MANNHEIM, HEINZ-DIETRICH ORTLIEB, HANS ALBERT, RICHARD LÖWENTHAL, HERMANN LÜBBE, THOMAS NIPPERDEY, HERBERT BATH oder KURT SONTHEIMER[16].

---

[14] Vgl. MANNHEIM 1951, S. 13 ff.; 1950 bzw. 1970.
[15] Vgl. hierzu BREZINKA 1966, S. 146 ff.; MANNHEIM 1970, S. 135 ff.
[16] Vgl. ihre Schriften im Literaturverzeichnis.

3. Die Pädagogik der Neuen Linken ist eine neue politische Abart der weltanschaulichen Pädagogik. Man muß sie als solche kennzeichnen und behandeln. Sofern ihre Sätze als Erziehungswissenschaft ausgegeben werden, ist dieser Anspruch zurückzuweisen. In wissenschaftstheoretischer Hinsicht steht sie auf der gleichen Stufe wie die Konservative, die Liberale, die Sozialistische, die Nationalsozialistische oder die Marxistisch-Leninistische Pädagogik[17].

Daraus folgt, daß sie an wissenschaftlichen Hochschulen zwar Gegenstand kritischer Analyse sein sollte, aber auf keinen Fall als theoretische Grundlage und zentraler Inhalt erziehungswissenschaftlicher Ausbildungsgänge zugelassen werden dürfte. Das ist dank ihrer Tarnung unter dem ideologisierten Wissenschaftsbegriff der »Kritischen Theorie« nicht leicht durchzusetzen. Es gehört jedoch zu den Aufgaben der Selbstkontrolle der Wissenschaftler wie zur Aufsichtspflicht der Hochschulbehörden, zu verhindern, daß unter den irreführenden Namen »Kritische Erziehungswissenschaft« oder »Kritische Pädagogik« politische Heilslehren verkündet und Anleitungen zum »antikapitalistischen«, »konfliktorientierten«, »subversiven« oder »strategischen Lernen« im Rahmen »der Strategie antikapitalistischer Strukturreformen«[18] gegeben werden.

4. Die Anhänger der Neuen Linken haben, sofern sie nicht nachweisbar gegen die Verfassung handeln, in unserer pluralistischen Gesellschaft das gleiche Recht, für ihre Weltanschauung zu werben, wie andere politische und weltanschauliche Gruppen. Sie können selbstverständlich in ihren eigenen Familien und in allen privaten Erziehungseinrichtungen, deren Träger sie sind, ihre Kinder und Jugendlichen im Sinne der Emanzipatorischen oder der Sozialistischen Pädagogik erziehen.

Ganz anders verhält es sich jedoch mit den *öffentlichen* Erziehungseinrichtungen. Es darf nicht zugelassen werden, daß dort die politischen Wertvorstellungen *einer* gesellschaftlichen Gruppe zuungunsten aller anderen Weltanschauungsgemeinschaften eine Vorherrschaft ausüben. Die öffentlichen Schulen haben überall in der Welt dem moralischen Zusammenhalt der Gesellschaft zu dienen und nicht seiner Auflösung durch das Schüren von Konflikten. Eine pluralistische Gesellschaft ist ganz besonders darauf angewiesen, daß ihre Lehrer die kulturelle Überlieferung vermitteln, die der Nation gemeinsam ist, dagegen in umstrittenen weltanschaulich-politischen Fra-

[17] Vgl. Brezinka 1978, S. 73 ff.; Rössner 1974.
[18] Vgl. Rolff 1974, S. 83 ff.

gen Zurückhaltung üben. Das war jahrzehntelang das Argument gegen christliche Bekenntnisschulen als Staatsanstalten. Es gilt heute genauso gegenüber dem Versuch der Neuen Linken, die staatlichen Schulen in linksliberale oder sozialistische Bekenntnisschulen umzuwandeln[19].

Solange der Sozialismus nicht verfassungsgesetzlich zur offiziellen Weltanschauung unseres Staates erklärt wird, solange also die Bundesrepublik Deutschland ein freiheitlicher Rechtsstaat und kein sozialistischer Gesinnungsstaat ist, darf der Sozialismus nicht zur ideologischen Grundlage des öffentlichen Schulwesens gemacht werden. Die Neue Linke kann sich im freien Wettbewerb um die Zustimmung der mündigen Bürger zu ihren politischen Zielen bemühen, aber der Schleichweg zum Bewußtsein unmündiger Kinder und Jugendlicher durch die staatlichen Schulen muß ihr versperrt werden. Falls sich Politiker durch die Maskierung sozialistischer Heilslehren als »wissenschaftliche Pädagogik« übertölpeln lassen sollten, muß das Elternrecht in Anspruch genommen werden (Grundgesetz, Artikel 6).

5. Mit rechtlichen Mitteln allein ist die Verteidigung nicht zu leisten. Eine Kulturrevolution ist eine radikale weltanschauliche Veränderung, die sich im Bewußtsein der Menschen vollzieht. Kann sie sich durchsetzen, dann wird auch die Rechtsordnung im Sinne der Sieger geändert. Die Entscheidung fällt also tatsächlich in der Seele des Einzelnen, insbesondere natürlich in jenen, die zu den meinungsbildenden Eliten gehören.

Es kommt darauf an, gerade das zu verhindern, was die Neue Linke anstrebt: das Abreißen der Tradition. Das geht auf keine einfachere Weise als dadurch, daß man die kulturelle Überlieferung nicht bloß im Munde führt, sondern aus ihr lebt und ihr im eigenen Wirkungskreis zur Anerkennung verhilft. Man muß den »emanzipatorischen« Aberglauben bekämpfen, daß die Wissenschaften Lebensorientierung gewähren können, daß Moral durch Ideologiekritik ersetzbar ist, daß es nur auf intellektuelle Fähigkeiten und nicht mehr auf emotionale Bindungen an ausgezeichnete Kulturgüter und bewährte Muster der Lebensdeutung ankomme.

Man muß im Widerspruch zum utopischen Fortschrittsglauben aus der Erkenntnis handeln, daß das »Festhalten« des »ungeheuren Schatzes von Wissen und Weisheit . . ., der in den Traditionen jeder alten Kultur wie in den Lehren der großen Weltreligionen enthalten

---

[19] Vgl. hierzu auch Cube 1974.

ist«, »nicht nur ebenso wichtig, sondern sehr viel wichtiger ist als das Hinzuerwerben«[20]. Man wird der Überbetonung der nach außen gerichteten, auf »Gesellschaftsänderung« abzielenden Aktivitäten den Vorrang des *inneren* Lebens entgegensetzen müssen und die Aufgabe, *sich selbst* zum Besseren zu ändern. Die natürliche Sehnsucht der Menschen nach innerem Frieden, nach harmonischen Beziehungen zu ihren Nächsten, nach Glück im eigenen Lebenskreis, nach Freude in der Gegenwart wird einer Erziehung zur Hochschätzung der Kultur des inneren Lebens immer entgegenkommen.

6. Wer sich zum Widerstand gegen die Kulturrevolution entschlossen hat, wird sich mit Gleichgesinnten verbünden müssen. Ohne die politische Kraft von Selbsthilfeorganisationen der Eltern, der Lehrer, der Wissenschaftler und anderer Gruppen ist die sozialistische Unterwanderung des Erziehungswesens schwerlich aufzuhalten.

Es braucht aber noch mehr als bloße Zweckorganisationen. Es kommt darauf an, daß die pluralistische Gesellschaft wirklich pluralistisch bleibt und nicht in einer »permissiven« linksliberalen Einheitsgesellschaft untergeht. Die »wehrhafte Demokratie« lebt davon, daß es neben der Übereinstimmung aller Bürger in den grundlegenden Wertungen eine Vielzahl von Gruppen mit verschiedenen Wertüberzeugungen gibt, die an ihre Mitglieder höhere moralische Ansprüche stellen.

Man hat sich im Westen während der letzten Jahrzehnte einreden lassen, Weltanschauungen seien überholt und man könne sich künftig an den Wissenschaften orientieren. Tatsächlich aber ist dem Abbau der Weltanschauungen eine Epoche der Re-Ideologisierung gefolgt. Die Ausdehnung des »sozialistischen Weltsystems« wird weitgehend mit ideologischen Mitteln betrieben. Wer dem Sozialismus keine überzeugendere Weltanschauung entgegenzusetzen hat, macht sich wehrlos. Eine permissive Einheitsgesellschaft ohne starke religiös oder weltanschaulich gebundene Untergruppen mit moralisch anspruchsvollen Subkulturen dürfte früher oder später unterworfen werden. »Emanzipierte Persönlichkeiten«, die sich für nichts anderes einzusetzen bereit sind als für ihre privaten »Interessen« und für ihre »Bedürfnisbefriedigung«, werden kaum die moralische Kraft zum Widerstand gegen eine Bewegung aufbringen, die der marxistisch-leninistischen Parole folgt: »Wo *wir* nicht sind, da ist der Klassengegner«.

---

[20] LORENZ 1973, S. 69 f.

7. Die Neue Linke verdankt ihre Erfolge weniger der eigenen Stärke als den moralischen Schwächen der Angegriffenen: vor allem ihrer Furcht vor Auseinandersetzungen, Konflikten und »Eskalation« sowie ihrem Mangel an Zusammenhalt. Eine erfolgreiche Gegenwehr setzt voraus, daß man der Neuen Linken nicht aus dem Wege geht, sondern ihre Herausforderung annimmt. Dabei gilt es hart in der Sache, aber klug und umgänglich in der Form zu sein. Nicht nur aus taktischen, sondern auch aus sachlichen Gründen wäre es verfehlt, ihren Standpunkt in Bausch und Bogen zu verwerfen. Man sollte vielmehr differenzieren und die relative Berechtigung ihrer Situationsdeutungen, ihres Unbehagens und ihrer Forderungen anerkennen.

Viele Anhänger der Pädagogik der Neuen Linken, insbesondere der Emanzipatorischen Pädagogik, sind sich über deren politischen Hintergrund und die praktischen Konsequenzen nicht klar. Sie sind guten Willens und vertrauen der Versicherung, daß der Einsatz für diese Ideen tatsächlich zu vermehrter Freiheit für den Einzelmenschen und zu einer gerechteren Gesellschaftsordnung führen wird. Hier gilt es auf eine Weise aufzuklären, die im Gegner von heute den möglichen Verbündeten von morgen sieht.

8. Es ist notwendig, die »Unterscheidung der Geister« zu üben. Nicht jeder Kritiker ist ein Revolutionär; nicht jede Auflehnung gegen Autoritätsträger ist ein Übel; nicht jede gewohnte Praxis ist gut; nicht jede Einrichtung erfüllt ihren Zweck. Man muß sich vor den falschen Verbündeten hüten, für die die Einwände gegen die Neue Linke nur ein willkommener Vorwand sind, um jede Kritik, sei sie noch so berechtigt, zu entmutigen, um vom eigenen Mißbrauch der Macht abzulenken, um jede Auflehnung gegen Unfähigkeit im Amt zu ersticken.

Es ist nicht nur aussichtslos, sondern auch moralisch ohne jedes Verdienst, Lebensformen erhalten zu wollen, aus denen das Leben längst entwichen ist. Es ist ungerecht und gefährlich, Menschen, die Mißstände aufdecken und um Reformen bemüht sind, als Gesellschaftsfeinde zu verdächtigen. Jede Gesellschaft und jede Einrichtung braucht neben den bewahrenden Kräften auch kritische Stimmen. Eltern, die ihre kritischen Kinder, Lehrer, die ihre kritischen Schüler, Politiker, die ihre kritischen Mitbürger nicht ernst nehmen, sondern das Gespräch mit ihnen abreißen lassen, treiben sie in die Resignation oder in den politischen Radikalismus.

9. Die Kritik an der Pädagogik der Neuen Linken sollte auf kei-

nen Fall dazu führen, daß man unterschiedslos alles für verteidigungswürdig ausgibt, was die Neue Linke angreift. Es sind nicht bloß eingebildete oder unvermeidbare Leiden, gegen die sie sich empört. Unsere Kinder und Jugendlichen haben unter den Mängeln der Schule und anderer Erziehungseinrichtungen schon zu leiden gehabt, als es noch keine Neue Linke gab. Wir haben keinen Grund, mit den Lebensverhältnissen und mit der Erziehungspraxis, wie sie sind, zufrieden zu sein, sondern wir müssen vieles daran verbessern. Das kann aber nicht durch einen radikalen Bruch mit allem Bestehenden geschehen, sondern nur durch geduldige Arbeit *an konkreten Einzelproblemen* – im Geist der Freiheit, der *selbst*kritischen Vernunft und der Toleranz, wie er einer freiheitlich-demokratischen Gesellschaft entspricht, die auch in Zukunft frei bleiben will.

Literaturverzeichnis

ADAM, HORST: Ideologisch-theoretische Probleme bei der Herausbildung des sozialistischen Vaterlandsbewußtseins. In: Pädagogik, 24. Jg. (1969), S. 830–841.

ADORNO, THEODOR W.: Negative Dialektik. Frankfurt 1966 (Suhrkamp).

– Drei Studien zu Hegel. Frankfurt 1969 (Suhrkamp).

– Einleitung. In: Der Positivismusstreit in der deutschen Soziologie. Neuwied 1969a (Luchterhand), S. 7–79.

– Minima Moralia. Reflexionen aus dem beschädigten Leben. Frankfurt 1969b (Suhrkamp).

– Erziehung zur Mündigkeit. Frankfurt 1970 (Suhrkamp).

ADORNO, THEODOR W. / FRENKEL-BRUNSWIK, ELSE / LEVINSON, DANIEL J. / SANFORD, R. NEVITT: The Authoritarian Personality. New York 1950 (Harper); gekürzte deutsche Fassung: Der autoritäre Charakter. Studien über Autorität und Vorurteil. Amsterdam 1968/69 (De Munter).

ADORNO, THEODOR W. und HORKHEIMER, MAX: Familie. In: Soziologische Exkurse. Frankfurt [4]·1968 (Europäische Verlagsanstalt).

AGNOLI, JOHANNES und BRÜCKNER, PETER: Die Transformation der Demokratie. Frankfurt 1968 (Europäische Verlagsanstalt).

AHLBERG, RENÉ: Akademische Lehrmeinungen und Studentenunruhen in der Bundesrepublik. Linker Irrationalismus in politologischen und soziologischen Theorien.·Freiburg 1970 (Rombach).

– Ursachen der Revolte. Analyse des studentischen Protestes. Stuttgart 1972 (Kohlhammer).

AHLHEIM, ROSE / HÜLSEMANN, WILFRIED / KAPCZYNSKI, HELMUT / KAPPELER, MANFRED / LIEBEL, MANFRED / MARZAHN, CHRISTIAN / WERKENTIN, FALCO: Gefesselte Jugend. Fürsorgeerziehung im Kapitalismus. Frankfurt 1971 (Suhrkamp).

ALBERT, HANS: Plädoyer für kritischen Rationalismus. München 1971 (Piper).

– Politische Theologie im Gewande der Wissenschaft. Zur Kritik der neuen deutschen Ideologie. In: Konstruktion und Kritik. Hamburg 1972 (Hoffmann und Campe), S. 375–389.

ALLPORT, GORDON W.: Werden der Persönlichkeit. Bern 1958 (Huber).

ALT, ROBERT (Hrg.): Erziehungsprogramme der Französischen Revolution. Mirabeau, Condorcet, Lepeletier. Berlin 1949 (Volk und Wissen).

ALTVATER, ELMAR: Krise und Kritik. Zum Verhältnis von ökonomischer Entwicklung und Bildungs- und Wissenschaftspolitik. In: LEIBFRIED, STEPHAN (Hrg.): Wider die Untertanenfabrik. Handbuch zur Demokratisierung der Hochschule. Köln 1967 (Pahl-Rugenstein), S. 52–66.

ALTVATER, ELMAR und HUISKEN, FREERK (Hrg.): Materialien zur Politischen Ökonomie des Ausbildungssektors. Erlangen [4]·1973 (Politladen).

AMENDT, GÜNTER (Hrg.): Kinderkreuzzug oder Beginnt die Revolution in den Schulen? Reinbek 1968 (Rowohlt).

– Sexfront. Frankfurt 1970 (März).

ANDERSEN, BO DAN / HANSEN, SØREN / JENSEN, JESPER: Das kleine rote Schülerbuch. Frankfurt [4]· 1970 (Neue Kritik).

ANDICS, HELLMUT: Der große Terror. Von den Anfängen der russischen Revolution bis zum Tode Stalins. Wien 1967 (Molden).

ANWEILER, OSKAR: Die Sowjetpädagogik in der Welt von heute. Heidelberg 1968 (Quelle und Meyer).

ANZINGER, WOLFGANG: Sexualerziehung. In: RAUCH und ANZINGER 1973, S. 325–329.

ARBEITSGRUPPE LEHRERKONFLIKTE, GÖTTINGEN: Disziplinierung von Lehrern. Materialien, Analysen, Hinweise (Reihe Roter Pauker, Heft 3). Offenbach ³·1973 (Verlag 2000).

ARON, RAYMOND: Opium für Intellektuelle oder Die Sucht nach Weltanschauung. Köln 1957 (Kiepenheuer).

ARONFREED, JUSTIN: Conduct and Conscience. The Socialization of Internalized Control over Behavior. New York 1968 (Academic Press).

AUERNHEIMER, GEORG: Erzieher – Erziehung – Erziehungsmittel – Erziehungstheorie. In: WULF 1974, S. 187–192.

AUERNHEIMER, GEORG und DOEHLEMANN, MARTIN: Mitbestimmung in der Schule. München 1971 (Juventa).

AUSS (AKTIONSZENTRUM UNABHÄNGIGER und SOZIALISTISCHER SCHÜLER) – BUNDESVORSTAND: Thesen zur Sexualkampagne. In: betrifft: erziehung, 2. Jg. (1969), Heft 11, S. 31–33.

AUTORENKOLLEKTIV am PSYCHOLOGISCHEN INSTITUT der FREIEN UNIVERSITÄT BERLIN: Sozialistische Projektarbeit im Berliner Schülerladen Rote Freiheit. Frankfurt 1971 (Fischer).

AXMACHER, DIRK: Erwachsenenbildung im Kapitalismus. Zur politischen Ökonomie des Ausbildungssektors in der BRD. Frankfurt 1974 (Fischer).

BACH, KURT RICHARD: Geschlechtserziehung in der sozialistischen Oberschule. Berlin 1973 (VEB Deutscher Verlag der Wissenschaften).

BAER, ULRICH: Zur Qualifikation von Lehrern für eine antikapitalistische Berufspraxis. In: ROLFF 1974, S. 256–276.

BÄRWALD, HELMUT: Trojanische Kavallerie. Anmerkungen zum psychologisch-politischen Krieg gegen die Freiheit. München 1976 (Schild).

BAETHGE, MARTIN: Ausbildung und Herrschaft. Unternehmerinteressen in der Bildungspolitik. Frankfurt 1970 (Europäische Verlagsanstalt).

– Abschied von Reformillusionen. Einige politisch-ökonomische Aspekte zum Ende der Bildungsreform in der BRD. In: betrifft: erziehung, 5. Jg. (1972), Heft 11, S. 19–28.

BARABAS, FRIEDRICH / BLANKE, THOMAS / SACHSSE, CHRISTOPH / STASCHEIT, ULRICH (Hrg.): Jahrbuch der Sozialarbeit 1976. Projekte, Konflikte, Recht. Reinbek 1975 (Rowohlt).

– Jahrbuch der Sozialarbeit 1978. Analysen, Berichte, Materialien. Reinbek 1977 (Rowohlt).

BARTH, KUNO: Die Revolutionierung der Schüler. Hintergründe, Ziele, Abwehr. Mannheim 1969 (Selbstverlag 68 Mannheim, Postfach 202).

BARTSCH, GÜNTER: Anarchismus in Deutschland. Bd. 1–3, Hannover 1972/73 (Fackelträger).

BATH, HERBERT: Emanzipation als Erziehungsziel? Überlegungen zum Gebrauch und zur Herkunft eines Begriffes. Bad Heilbrunn 1974 (Klinkhardt).

– Die 30 Thesen des Berliner Landesschulrats Herbert Bath. In: Die höhere Schule, Jg. 1980, Heft 4, S. 162–165.

BAUERMANN, ROLF und RÖTSCHER, JOCHEN: Zur Ideologie der »Neuen Linken«. In: Deutsche Zeitschrift für Philosophie, 18. Jg. (1970), S. 282–304.

BAUMGARTNER, ALEX und KALB, PETER E: Spracherziehung. In: betrifft: erziehung, 6. Jg. (1973), Heft 10, S. 15–16.

BECK, JOHANNES und SCHMIDT, LOTHAR (Hrg.): Schulreform oder Der sogenannte Fortschritt. Frankfurt 1970 (Fischer).

BECK, JOHANNES / CLEMENZ, MANFRED / HEINISCH, FRANZ / JOUHY, ERNEST / MARKERT, WERNER / MÜLLER, HERMANN / PRESSEL, ALFRED: Erziehung in der Klassengesellschaft. Einführung in die Soziologie der Erziehung. München 1970 (List).

Beck, Johannes / Drechsel, Wiltrud / Gottschalch, Wilfried / Gundlach, Wolfgang / Preuss, Otmar / Richter, Dieter: Ansichten pädagogischer Berufspraxis. Eine Bremer Einführung in das Lehrerstudium. Frankfurt 1973 (Europäische Verlagsanstalt).

Beck, Johannes: Über den Charakter schulischer Lernarbeit. In: Beck / Drechsel u. a. 1973, S. 84–122.

– Lernen in der Klassenschule. Untersuchungen für die Praxis. Reinbek 1974 (Rowohlt).

Beck, Johannes und Boehncke, Heiner (Hrg.): Jahrbuch für Lehrer 1979. Reinbek 1978 (Rowohlt).

– Jahrbuch für Lehrer 4. Reinbek 1979 (Rowohlt).

Becker, Egon: Sozialistische Erziehung. In: Christoph Wulf (Hrg.): Wörterbuch der Erziehung. München 1974 (Piper), S. 546–551.

Becker, Egon u. a.: Projektarbeit als Lernprozeß. Frankfurt 1974 (Suhrkamp).

Becker, Egon und Jungblut, Gerd: Strategien der Bildungsproduktion. Frankfurt 1972 (Suhrkamp).

Becker, Egon und Wagner, Bernd: Ökonomie der Bildung. Frankfurt 1977 (Campus).

Becker, Horst: Die marxistisch-leninistische Pädagogik – eine streitbare Waffe in der ideologischen Klassenauseinandersetzung mit dem Antikommunismus. In: Pädagogik, 27. Jg. (1972), S. 172–184.

Becker, Wesley C: Consequences of Different Kinds of Parental Discipline. In: Hoffmann, M. L. und L. W. (Hrg.): Review of Child Development Research. Vol. 1, New York 1964 (Russell Sage), S. 169–208.

Behavior and Heredity. In: American Psychologist, 27. Jg. (1972), S. 660–661. Deutsche Übersetzung: Verhalten und Vererbung. In: Psychologie und Praxis, Jg. 1973, S. 41–44.

Beise, Karl Walter / Hübner, Monika / Werder, Lutz von: Die Revolte gegen die technokratische Schulreform. In: Erziehung und Klassenkampf, Nr. 2 (1971), S. 6–37.

Benner, Dietrich: Hauptströmungen der Erziehungswissenschaft. Eine Systematik traditioneller und moderner Theorien. München 1973 (List).

Berg, Christa: Ivan Illich – Entschulung von Gesellschaft und Erziehung. In: Pädagogische Rundschau, 27. Jg. (1973), S. 436–454.

Berger, Peter L. und Neuhaus, Richard John: Protestbewegung und Revolution oder Die Verantwortung der Radikalen. Radikalismus in Amerika. Frankfurt 1971 (Fischer).

Bergmann, Uwe / Dutschke, Rudi / Lefèvre, Wolfgang / Rabehl, Bernd: Rebellion der Studenten oder Die neue Opposition. Reinbek 1968 (Rowohlt).

Berndt, Elin-Birgit u. a.: Erziehung der Erzieher: Das Bremer Reformmodell. Ein Lehrstück zur Bildungspolitik. Reinbek 1972 (Rowohlt).

Berndt, Heide: Kommune und Familie. In: Kursbuch 17 (1969), S. 129–146.

Bettelheim, Bruno: Aufstand gegen die Masse. Die Chance des Individuums in der modernen Gesellschaft. München 2·1965 (Szczesny).

Beutler, Kurt: Die konservative Pädagogik und ihr Verhältnis zur Politik. In: Blätter für deutsche und internationale Politik, 11. Jg. (1966), S. 405–413.

– Demokratisierung und Politisierung der Schule? In: Blätter für deutsche und internationale Politik, 13. Jg. (1968), S. 1045–1053.

– Was heißt »antiautoritäre Erziehung«? In: Westermanns Pädagogische Beiträge, 22. Jg. (1970), S. 325–336. Nachdruck in: Classen 1973, S. 7–18.

Bilstein, Helmut / Binder, Sepp / Elsner, Manfred / Klose, Hans-

ULRICH / WOLKENHAAR, INGO: Organisierter Kommunismus in der Bundesrepublik Deutschland. Opladen [4]1977 (Leske).

BLANKERTZ, HERWIG: Pädagogische Theorie und empirische Forschung. In: Neue Folge der Ergänzungshefte zur Vierteljahrsschrift für wissenschaftliche Pädagogik, Heft 5, Bochum 1966 (Kamp), S. 65–78.

– Bildungstheorie und Ökonomie. In: REBEL, KARL HEINZ (Hrg.): Texte zur Schulreform. Weinheim 1966a (Beltz), S. 61–86.

– Pädagogik unter wissenschaftstheoretischer Kritik. In: OPPOLZER, SIEGFRIED (Hrg.): Erziehungswissenschaft 1971 zwischen Herkunft und Zukunft der Gesellschaft. Wuppertal 1971 (Henn), S. 20–33.

– Die Integration von studienbezogenen und berufsqualifizierenden Bildungsgängen. Zum Kollegstufenversuch in Nordrhein-Westfalen und seinen Konsequenzen für die Berufsbildung. In: Zeitschrift für Pädagogik, 17. Jg. (1971a), S. 809–821.

– Kollegstufenversuch in Nordrhein-Westfalen – das Ende der gymnasialen Oberstufe und der Berufsschulen. In: Die Deutsche Berufs- und Fachschule, 68. Jg. (1972), S. 1–20.

– Kritische Erziehungswissenschaft. In: KLAUS SCHALLER (Hrg.): Erziehungswissenschaft der Gegenwart. Bochum 1979 (Kamp), S. 28–45.

BLOCH, ERNST: Parteilichkeit in Wissenschaft und Welt. In: Pädagogica. Frankfurt 1971 (Suhrkamp), S. 78–95.

BOCHENSKI, JOSEPH M.: Marxismus-Leninismus. Wissenschaft oder Glaube. München 1973 (Olzog).

– Was ist Autorität? Einführung in die Logik der Autorität. Freiburg 1974 (Herder).

BÖCKENFÖRDE, ERNST WOLFGANG: Die verfassungstheoretische Unterscheidung von Staat und Gesellschaft als Bedingung der individuellen Freiheit. Opladen 1973 (Westdeutscher Verlag).

BÖHNISCH, LOTHAR (Hrg.): Jugendarbeit in der Diskussion. Pädagogische und politische Perspektiven. München 1973 (Piper).

BÖNNER, KARL HEINZ: Sexualität. In: BUSSIEK, HENDRIK (Hrg.): Veränderung der Gesellschaft. Sechs konkrete Utopien. Frankfurt 1970 (Fischer), S. 82–93.

– Nichtautoritäre Erziehung. Düsseldorf [2]1972 (Droste).

BOIS-REYMOND, MANUELA DU: Strategien kompensatorischer Erziehung. Das Beispiel der USA. Frankfurt 1971 (Suhrkamp).

BOOKHAGEN, CHRISTEL / HEMMER, EIKE / RASPE, JAN / SCHULTZ, EBERHARD (Kommune 2): Kindererziehung in der Kommune. In: Kursbuch 17 (1969), S. 147–187. Gekürzter Nachdruck in: ENGELMAYER 1973, S. 165–176.

BORRMANN, ROLF und SCHILLE, HANS-JOACHIM: Sexualerziehung in der sozialistischen Schule. In: Pädagogik, 28. Jg. (1973), S. 1111–1121.

BOTT, GERHARD (Hrg.): Erziehung zum Ungehorsam. Kinderläden berichten aus der Praxis der antiautoritären Erziehung. Frankfurt 1970 (März).

BOURDIEU, PIERRE und PASSERON, JEAN-CLAUDE: Die Illusion der Chancengleichheit. Untersuchungen zur Soziologie des Bildungswesens am Beispiel Frankreichs. Stuttgart 1971 (Klett).

BOURGES, HERVÉ (Hrg.): Jacques Sauvageot, Alain Geismar, Daniel Cohn-Bendit. Aufstand in Paris oder Ist in Frankreich eine Revolution möglich? Reinbek 1968 (Rowohlt).

BRANDT, PETER: Über die Bedeutung einer sozialistischen Schülerorganisation – Für eine revolutionäre Organisation der Jugend. In: AMENDT, GÜNTER (Hrg.): Kinderkreuzzug oder Beginnt die Revolution in den Schulen? Reinbek 1968 (Rowohlt), S. 90–126.

BREDDERMANN, HANJO: Über Sexualaufklärung in der Schule: In: AMENDT 1968, S. 127–154.

Breiteneicher, Hille Jan / Mauff, Rolf / Triebe, Manfred (Hrg.): Kinderläden. Revolution der Erziehung oder Erziehung zur Revolution? Reinbek 1971 (Rowohlt).

Breitenstein, Desiderius: Die sozialistische Erziehungsbewegung. Ihre geistigen Grundlagen und ihr Verhältnis zum Marxismus. Freiburg 1930 (Herder).

Brezinka, Wolfgang: Der Erzieher und seine Aufgaben. Stuttgart 1966 (Klett).

– Erziehungsziele, Erziehungsmittel, Erziehungserfolg. Beiträge zu einem System der Erziehungswissenschaft. München 1976 (Reinhardt).

– Vererbung, Chancengleichheit, Schulorganisation. In: Lehren und Lernen, 2. Jg. (1976), Heft 4, S. 1–7; auch in: Criticon, 6. Jg. (1976), Nr. 33, S. 20–23. (hier zitiert als 1976a)

– Grundbegriffe der Erziehungswissenschaft. München [3] 1977 (Reinhardt).

– Grenzen der Erziehung. In: Schicksal? Grenzen der Machbarkeit. München 1977 (Deutscher Taschenbuch Verlag), S. 104–140. (hier zitiert als 1977a)

– Metatheorie der Erziehung. Eine Einführung in die Grundlagen der Erziehungswissenschaft, der Philosophie der Erziehung und der Praktischen Pädagogik. München [4] 1978 (Reinhardt).

– »Konfliktpädagogik«. Zur Analyse und Kritik eines neuen pädagogischen Schlagworts. In: Zeitschrift für Pädagogik, 25. Jg. (1979), S. 953–967.

Briese, Volker / Büchner, Peter / Hage, Peter: Grenzen kapitalistischer Bildungspolitik. Analysen von Reformstrategien für den Ausbildungssektor. Frankfurt 1973 (Athenäum).

Bronfenbrenner, Urie: Erziehungssysteme. Kinder in den USA und der Sowjetunion. München 1973 (Deutscher Taschenbuch Verlag).

– Wie wirksam ist die kompensatorische Erziehung? Stuttgart 1974 (Klett).

Brosch, Peter: Fürsorgeerziehung. Heimterror und Gegenwehr. Frankfurt 1971 (Fischer).

Brückner, Peter: Die Transformation des demokratischen Bewußtseins. In: Agnoli, Johannes und Brückner, Peter: Die Transformation der Demokratie. Frankfurt 1968 (Europäische Verlagsanstalt), S. 89–194.

– Zur Sozialpsychologie des Kapitalismus. Frankfurt 1972 (Europäische Verlagsanstalt).

– Freiheit, Gleichheit, Sicherheit. Von den Widersprüchen des Wohlstands. Frankfurt 1973 (Fischer).

Brüggemann, Wolfgang (Hrg.): Bildung oder Indoktrination? Richtlinien für den Politischen Unterricht in NRW. Vollständiger Text und kritische Beiträge. Recklinghausen 1974 (Kommunal-Verlag).

Bubner, Rüdiger: Theorie und Praxis – eine nachhegelsche Abstraktion. Frankfurt 1971 (Klostermann).

– Was ist kritische Theorie? in: Ulich, Dieter (Hrg.): Theorie und Methode der Erziehungswissenschaft. Weinheim 1972 (Beltz), S. 395–430.

Bühlow, Gesine / Hopf, Wulf / Nagel, Klaus / Preuss-Lausitz, Ulf: Gesamtschule zwischen Schulversuch und Strukturreform. Berichte über die Gesamtschulentwicklung in der Bundesrepublik und Westberlin. Analyse und Diskussion ausgewählter Aspekte. Weinheim 1972 (Beltz).

Büssow, Jürgen: Zur Frage nach dem Standort gewerkschaftlicher Jugendarbeit. In: Böhnisch, Lothar (Hrg.): Jugendarbeit in der Diskussion. München 1973 (Piper), S. 171–183.

Bundesinnenministerium: Jahresbericht 1973 des Bundesamtes für Verfassungsschutz. Bonn 1974.

BUNDESMINISTER DES INNERN: Verfassungsschutzbericht 1978. Bonn 1979.
BUNKE, KURT (Hrg.): Lehrerarbeitslosigkeit. Köln 1979 (Pahl-Rugenstein).
BURCKHARDT, JACOB: Weltgeschichtliche Betrachtungen. Historisch-kritische Gesamtausgabe. Herausg. von RUDOLF STADELMANN, o. O., o. J. (Neske).
BURGER, ANGELIKA und HUBER, MONIKA: Berufsausbildung in der BRD. In: BÖHNISCH, LOTHAR (Hrg.): Jugendarbeit in der Diskussion. München 1973 (Piper), S. 152–170.
BUSCH, FRIEDRICH W.: Familienerziehung in der sozialistischen Pädagogik der DDR. Düsseldorf 1972 (Schwann).
BUSSIEK, HENDRIK (Hrg.): Veränderung der Gesellschaft. Sechs konkrete Utopien. Frankfurt 1970 (Fischer).
– Wege zur veränderten Gesellschaft. Politische Strategien. Frankfurt 1971 (Fischer).
BUTTERHOF, HANS-WOLF und THORN-PRIKKER, JAN: Aspekte und Probleme der »Negativen Bildungstheorie« Heinz Joachim Heydorns. In: Zeitschrift für Pädagogik, 21. Jg. (1975), S. 695–708.

CAUTE, DAVID: Die Linke in Europa. München 1966 (Kindler).
CLAESSON, BENT H.: Sexualinformation für Jugendliche. Frankfurt [4.]1973 (Neue Kritik).
CLASSEN, JOHANNES: Bibliographie zur antiautoritären Erziehung. Heidelberg 1971 (Quelle und Meyer).
CLASSEN, JOHANNES (Hrg.): Antiautoritäre Erziehung in der wissenschaftlichen Diskussion. Heidelberg 1973 (Quelle und Meyer).
CLAUSSEN, BERNHARD: Emanzipation – Normengefüge – Erziehung. In: Zeitschrift für Pädagogik, 19. Jg. (1973), S. 123–133.
COHEN, MITCHELL und HALE, DENNIS (Hrg.): The New Student Left. An Anthology. Boston 1966 (Beacon Press).
COHN, JONAS: Befreien und Binden. Zeitfragen der Erziehung überzeitlich betrachtet. Leipzig 1926 (Quelle und Meyer).
COHN-BENDIT, GABRIEL und DANIEL: Linksradikalismus – Gewaltkur gegen die Alterskrankheit des Kommunismus. Reinbek 1968 (Rowohlt).
COLEMAN, JAMES S. u. a.: Equality of Educational Opportunity. Washington 1966 (U. S. Government Printing Office).
COMBE, ARNO: Kritik der Lehrerrolle. Gesellschaftliche Voraussetzungen und soziale Folgen des Lehrerbewußtseins. München 1971 (List).
– Lehrer und Gesellschaft. In: RAUCH und ANZINGER 1973, S. 210–213.
– Gesamtschule. In: RAUCH und ANZINGER 1973a, S. 139–142.
– Zur Arbeitssituation des Lehrers. Staatliche Bildungspolitik und Schulpraxis. München 1975 (List).
CUBE, FELIX VON: Schule zwischen Gott und Marx. Konfessionelle Lernziele in einer pluralistischen Gesellschaft. In: Aus Politik und Zeitgeschichte. Beilage zur Wochenzeitung Das Parlament. Nr. 25/1974, S. 3–25.

DAHMER, ILSE: Erziehungswissenschaft als kritische Theorie und ihre Funktion in der Lehrerbildung. In: didactica, 3. Jg. (1969), S. 16–32 und 4. Jg. (1970), S. 157–165.
DAHRENDORF, RALF: Gesellschaft und Freiheit. Zur soziologischen Analyse der Gegenwart. München 1961 (Piper).
– Bildung ist Bürgerrecht. Plädoyer für eine aktive Bildungspolitik. Hamburg 1965 (Nannen).
– Gesellschaft und Demokratie in Deutschland. München 1968 (Piper).

DAMM, DIETHELM: Politische Jugendarbeit. Grundlagen, Methoden, Projekte. München 1975 (Juventa).

DAUENHAUER, ERICH: Kritik am berufspädagogischen Wissenschaftsansatz des Max-Planck-Instituts für Bildungsforschung. In: Vierteljahrsschrift für wissenschaftliche Pädagogik, 52. Jg. (1976), S. 33–43.

DEISSLER, HANS HERBERT: Verschulter Kindergarten? Wege und Irrwege der heutigen Vorschulpädagogik. Freiburg 1973 (Herder).

DEPPE, FRANK: Das Bewußtsein der Arbeiter. Studien zur politischen Soziologie des Arbeiterbewußtseins. Köln 1971 (Pahl-Rugenstein).

DEPPE-WOLFINGER, HELGA: Gewerkschaftliche Jugendbildung und politisches Bewußtsein. In: DEPPE 1971, S. 301–359.

DEUTSCHE JUNGDEMOKRATEN: Leverkusener Beschlüsse. o. O., o. J. (1971).

– Klassenkampf oder demokratisierte Schulverfassung? In: Deutsche Jungdemokraten informieren. Mainz o. J., S. 32–35.

– Manifest zur Frauenemanzipation. In: Info II/1972 (Bundesvorstand der DJD), S. 1–16.

DEUTSCHER BILDUNGSRAT: Empfehlungen der Bildungskommission: Zur Verbesserung der Lehrlingsausbildung. Stuttgart 1969 (Klett).

– Strukturplan für das Bildungswesen. Stuttgart 2·1970 (Klett).

DEUTZ, MONICA / KOLENBERGER, LOTHAR / SCHROEDER, KLAUS / SCHWARZ, HANS-ALBRECHT: Alternativ oder konservativ? Zur jüngeren Geschichte der Alternativbewegung. In: Ästhetik und Kommunikation, 10. Jg. (1979), Heft 36, S. 29–42.

DEVITIS, JOSEPH L.: Marcuse on Education: Social Critique and Social Control. In: Educational Theory, Vol. 24 (1974), S. 259–268.

DEWEY, JOHN: Demokratie und Erziehung. Eine Einleitung in die philosophische Pädagogik (1916). Braunschweig 2·1949 (Westermann).

– Reconstruction in philosophy (1920). New York 1950 (Mentor).

– Erfahrung und Erziehung (1938). In: CORRELL, WERNER (Hrg.): Reform des Erziehungsdenkens. Weinheim 2·1966 (Beltz), S. 27–99.

– Education Today. New York 1940 (Putnam).

DIETRICH, THEO (Hrg.): Die pädagogische Bewegung »Vom Kinde aus«. Bad Heilbrunn 1963 (Klinkhardt).

DÖRING, KLAUS WOLF und KUPFFER, HEINRICH: Der sozialistische Beitrag zur Pädagogik. In: Die eindimensionale Schule. Weinheim 1972 (Beltz), S. 71–107.

DOLLINGER, HANS (Hrg.): Revolution gegen den Staat? Die außerparlamentarische Opposition – die neue Linke. München 1968 (Scherz).

DRAPER, HAL: Berkeley: The New Student Revolt. New York 1965 (Grove Press).

DRECHSEL, WILTRUD ULRIKE: Erziehung und Schule in der Französischen Revolution. Frankfurt 1969 (Diesterweg).

EBERLE, WALTER und SCHLAFFKE, WINFRIED: Gesellschaftskritik von A – Z. Vorwürfe, Antworten, Literaturhinweise. Freiburg 1973 (Herder).

EBERT, THEODOR: Basisgruppen im revolutionären Prozeß. In: BUSSIEK 1971, S. 121–151.

EISERMANN, WALTER: Genese und Dialektik der antiautoritären Schulerziehung. In: FLÜGGE, JOHANNES (Hrg.): Pädagogischer Fortschritt? Bad Heilbrunn 1972 (Klinkhardt), S. 135–165. Nachdruck in: CLASSEN 1973, S. 129–154.

EISERT, WALTER: Agitatorische Bewußtseinsverengung. Reduktion als strategische Methode des Marxismus. In: Stimmen der Zeit, Bd. 189 (1972), S. 409–418.

ENGELMAYER, OTTO: Grundlagenkritik antiautoritärer Erziehungskonzepte. In: Pädagogische Rundschau, 25. Jg. (1971), S. 331–347; Nachdruck in: CLASSEN 1973, S. 110–126.
ENGELMAYER, OTTO (Hrg.): Die Antiautoritätsdiskussion in der Pädagogik. Quellentexte, Kommentare, Analysen. Neuburgweier 1973 (Schindele).
ENGELS, FRIEDRICH: Grundsätze des Kommunismus (1847). In: MARX, KARL und ENGELS, FRIEDRICH: Werke, Bd. 4. Berlin 1972 (Dietz), S. 361–380.
ERLER, GERNOT und KERNIG, CLAUS D.: Kulturrevolution. In: Sowjetsystem und Demokratische Gesellschaft. Eine vergleichende Enzyklopädie. Bd. 3, Freiburg 1969 (Herder), Sp. 1158–1183.
ERLINGHAGEN, KARL: Autorität und Antiautorität. Erziehung zwischen Bindung und Emanzipation. Heidelberg 1973 (Quelle und Meyer).
EUCKEN-ERDSIEK, EDITH: Die Macht der Minderheit. Eine Auseinandersetzung mit dem neuen Anarchismus. Freiburg 1970 (Herder).
– Unsere Gesellschaftsordnung und die radikale Linke. Stuttgart 1971 (Seewald).
EVERS, CARL-HEINZ: Rede bei den Berliner Grundschultagen 1973. In: betrifft: erziehung, 6. Jg. (1973), Heft 7, S. 53–54.
EYSENCK, HANS JÜRGEN: Vererbung, Intelligenz und Erziehung. Zur Kritik der pädagogischen Milieutheorie. Stuttgart 1975 (Seewald).
– Die Ungleichheit der Menschen. München 1975 a (List).

FEIDEL-MERTZ, HILDEGARD: Zur Ideologie der Arbeiterbildung. Frankfurt ²·1972 (Europäische Verlagsanstalt).
FEIL, JOHANNES (Hrg.): Wohngruppe, Kommune, Großfamilie. Gegenmodelle zur Kleinfamilie. Reinbek 1972 (Rowohlt).
FEND, HELMUT: Sozialisierung und Erziehung. Weinheim ²·1970 (Beltz).
– Konformität und Selbstbestimmung. Weinheim 1971 (Beltz).
FERREE, GEORGE: The Development and Substance of John Dewey's Religious Thought. In: Educational Theory, Vol. 10 (1960), S. 50–56.
FEUERSTEIN, THOMAS: Emanzipation und Rationalität einer kritischen Erziehungswissenschaft. Methodologische Grundlagen im Anschluß an Habermas. München 1963 (Kösel).
FISCHER, ARTHUR (Hrg.): Die Entfremdung des Menschen in der heilen Gesellschaft. Materialien zur Adaption und Denunziation eines Begriffs. München 1970 (Juventa).
FISCHER, KURT GERHARD: Emanzipation als Lernziel der Schule von morgen. In: Überlegungen zur Didaktik des Politischen Unterrichts. Göttingen 1972 (Vandenhoeck und Ruprecht), S. 80–91.
– Politische Bildung. Stuttgart ³ 1978 (Metzler).
FLECHTHEIM, OSSIP F.: Die parteipolitische Linke in der BRD in der Krise. In: Vorgänge, 18. Jg. (1979), Heft 2, S. 63–76.
FLITNER, WILHELM: Das Selbstverständnis der Erziehungswissenschaft in der Gegenwart. Heidelberg ²·1958 (Quelle und Meyer).
FLITNER, WILHELM und KUDRITZKI, GERHARD (Hrg.): Die deutsche Reformpädagogik. 2 Bände, Düsseldorf 1961/62 (Küpper).
FORSTHOFF, ERNST: Der Staat der Industriegesellschaft. München 1971 (Beck).
FOURIER, CHARLES: Die harmonische Erziehung. Berlin 1958 (Volk und Wissen).
– Theorie der vier Bewegungen und der allgemeinen Bestimmungen (1808). Herausg. von THEODOR W. ADORNO. Frankfurt 1966 (Europäische Verlagsanstalt).

FREIRE, PAOLO: Pädagogik der Unterdrückten. Bildung als Praxis der Freiheit. Reinbek 1973 (Rowohlt).
– Paolo Freire – ein revolutionärer Pädagoge. Ein Interview mit Paolo Freire von José Sànchez Otero. In: Demokratische Erziehung, 4. Jg. (1978), S. 641–645.
FREUD, ANNA: Wege und Irrwege in der Kinderentwicklung. Stuttgart [2]·1971 (Klett).
FREUD, SIGMUND: Drei Abhandlungen zur Sexualtheorie (1905). In: Gesammelte Werke, Bd. 5. Frankfurt [3]·1961 (Fischer), S. 27–145.
– Das Unbehagen in der Kultur (1930). Frankfurt 1953 (Fischer).
– Die Zukunft einer Illusion (1927). Frankfurt 1967 (Fischer).
FREYBERG, DORIS und THOMAS VON: Zur Kritik der Sexualerziehung. Frankfurt 1971 (Suhrkamp).
FREYDORF, KARL (Hrg.): Neuer Roter Katechismus. München 1968 (Rogner und Bernhard).
FRIEDEBURG, LUDWIG VON: Demokratische Strukturen für die Schule. In: BECK 1970, S. 259–262.
FRIEDL, ALFRED: Demokratisierung der Schule – eine Utopie? Frankfurt 1971 (dipa).
FRISCHEISEN-KÖHLER, MAX: Bildung und Weltanschauung. Eine Einführung in die pädagogischen Theorien. Charlottenburg 1921 (Mundus).
FRISTER, ERICH und JOCHIMSEN, LUC (Hrg.): Wie links dürfen Lehrer sein. Unsere Gesellschaft vor einer Grundsatzentscheidung. Reinbek 1972 (Rowohlt).
FROESE, LEONHARD (Hrg.): Bildungspolitik und Bildungsreform. Amtliche Texte und Dokumente zur Bildungspolitik im Deutschland der Besatzungszonen, der Bundesrepublik Deutschland und der Deutschen Demokratischen Republik. München 1969 (Goldmann).
FROMM, ERICH: Theoretische Entwürfe über Autorität und Familie: Sozialpsychologischer Teil. In: HORKHEIMER, MAX (Hrg.): Studien über Autorität und Familie. Paris 1936 (Alcàn), S. 77–135.
FÜRSTENAU, PETER: Zur Psychoanalyse der Schule als Institution. In: FÜRSTENAU u. a.: Zur Theorie der Schule. Weinheim 1969 (Beltz), S. 9–25.

GAMM, HANS-JOCHEN: Kritische Schule. Eine Streitschrift für die Emanzipation von Lehrern und Schülern. München 1970 (List).
– Parteilichkeit als Bildungsprinzip. Zur Diskussion um die kategoriale Neubegründung der Erziehungswissenschaft. In: Blätter für deutsche und internationale Politik. 16. Jg. (1971), S. 1161–1169.
– Das Elend der spätbürgerlichen Pädagogik. Studien über den politischen Erkenntnisstand einer Sozialwissenschaft. München 1972 (List).
– Was heißt Friedenserziehung in der spätbürgerlichen Gesellschaft? In: VOETS, STEPHAN (Hrg.): Sozialistische Erziehung. Hamburg 1972a (Hoffmann und Campe), S. 211–214.
– Anthropologie. In: RAUCH und ANZINGER 1973, S. 22–25.
– Emanzipation: Schlüsselproblem der Erziehung. In: Die deutsche Schule, 65. Jg. (1973a), S. 675–683.
– Einführung in das Studium der Erziehungswissenschaft. Reinbek 1978 (Rowohlt).
– Allgemeine Pädagogik. Die Grundlagen von Erziehung und Bildung in der bürgerlichen Gesellschaft. Reinbek 1979 (Rowohlt).
GAMM, HANS-JOCHEN und KOCH, FRIEDRICH (Hrg.): Bilanz der Sexualpädagogik. Frankfurt 1977 (Campus).
GANSEL, NORBERT (Hrg.): Überwindet den Kapitalismus oder Was wollen die Jungsozialisten? Reinbek 1971 (Rowohlt).

GAUDIG, HUGO: Die Schule im Dienste der werdenden Persönlichkeit. 2 Bände, Leipzig 1917 (Quelle und Meyer).
GEHLEN, ARNOLD: Die Seele im technischen Zeitalter. Sozialpsychologische Probleme in der industriellen Gesellschaft. Hamburg 1957 (Rowohlt).
– Moral und Hypermoral. Eine pluralistische Ethik. Frankfurt ²·1970 (Athenäum).
– Einblicke. Frankfurt 1975 (Klostermann).
GEISLER, ULRICH: Entideologisierung – eine unhaltbare Parole der bürgerlichen Philosophie gegen den Marxismus-Leninismus. In: Pädagogik (Ost-Berlin), 24. Jg. (1969), S. 10–20.
GEISLER, ULRICH und SEIDEL, HELMUT: Die romantische Kapitalismuskritik und der utopische Sozialismusbegriff H. Marcuses. In: Deutsche Zeitschrift für Philosophie, 17. Jg. (1969), S. 409–421.
GEISSLER, ERICH E.: Allgemeinbildung in einer freien Gesellschaft. Düsseldorf 1977 (dphv-Verlag).
– Erziehung und Verantwortung. Köln 1978 (Fördergemeinschaft für Schulen in freier Trägerschaft).
– Emanzipation oder Aufklärung. In: MICHAEL ZÖLLER (Hrsg.): Aufklärung heute. Bedingungen unserer Freiheit. Zürich 1980 (Interfrom). S. 78–98.
GEORGE, SIEGFRIED und HILLIGEN, WOLFGANG: Sehen, beurteilen, handeln. Lese- und Arbeitsbuch zur Sozialkunde und Gesellschaftslehre. 5./6. Schuljahr. Frankfurt ³·1973 (Hirschgraben).
GERHARDT, VOLKER: Bildung. In: BUSSIEK 1970, S. 65–81.
GIESE, HANS und SCHMIDT, GUNTER: Studentensexualität. Verhalten und Einstellung. Hamburg 1968 (Rowohlt).
GIESECKE, HERMANN: Die Jugendarbeit. München 1971 (Juventa).
– Jugendarbeit und Emanzipation. In: Deutsche Jugend, 11. Jg. (1971a), S. 216–230.
– Bildungsreform und Emanzipation. Ideologiekritische Skizzen. München 1973 (Juventa).
GINTIS, HERBERT: Zu einer politischen Ökonomie der Erziehung. Eine radikale Kritik an Ivan Illich »Entschulung der Gesellschaft«. In: betrifft: erziehung, 6. Jg. (1973), Heft 9, S. 54–65.
GÖTTINGER KOLLEKTIV: Lehrerausbildung durch Projektstudium. Reinbek 1973 (Rowohlt).
GÖTZ, BERND: Erfahrung und Erziehung. Prinzipien der pragmatistischen Erziehungstheorie. Freiburg 1973 (Herder).
GOODMAN, PAUL: Growing Up Absurd. Problems of Youth in the Organized System. New York 1960 (Random House). Deutsche Ausgabe: Aufwachsen im Widerspruch. Über die Entfremdung der Jugend in der verwalteten Welt. Darmstadt o. J. (Verlag Darmstädter Blätter).
– Compulsory Miseducation and The Community of Scholars. New York 1964 (Vintage).
GORZ, ANDRÉ: Zur Strategie der Arbeiterbewegung im Neokapitalismus. Frankfurt 1967 (Europäische Verlagsanstalt).
– Der schwierige Sozialismus. Frankfurt 1968 (Europäische Verlagsanstalt).
– Die Aktualität der Revolution. Frankfurt 1970 (Europäische Verlagsanstalt).
– Technologie, Techniker und Klassenkampf. In: GORZ (Hrg.): Schule und Fabrik. Berlin 1972 (Merve), S. 14–58.
GOTTSCHALCH, WILFRIED: Parlamentarismus und Rätedemokratie. Berlin 1968 (Wagenbach).
– Soziales Lernen und politische Bildung. Frankfurt 1969 (Europäische Verlagsanstalt).

– Zur Soziologie der politischen Bildung. Frankfurt 1970 (Europäische Verlagsanstalt).

GOTTSCHALCH, WILFRIED / NEUMANN-SCHÖNWETTER, MARINA / SOUKUP, GUNTHER: Sozialisationsforschung. Materialien, Probleme, Kritik. Frankfurt 1971 (Fischer).

GOTTSCHALCH, WILFRIED: Bedingungen und Chancen politischer Sozialisation. Frankfurt 1972 (Fischer).

GRANT, NIGEL: Schule und Erziehung in der Sowjetunion. Bern 1966 (Verlag des Schweizerischen Ost-Instituts).

GREIFFENHAGEN, MARTIN (Hrg.): Emanzipation. Hamburg 1973 (Hoffmann und Campe).

GÜNTHER-THOMA, KARIN / HENZE, REGINA / SCHÖNEGGE, LINETTE: Kinderplanet oder Das Elend der Kinder in der Großstadt. Reinbek 1972 (Rowohlt).

HABERMAS, JÜRGEN: Protestbewegung und Hochschulreform. Frankfurt 1969 (Suhrkamp).

– Erkenntnis und Interesse. In: Technik und Wissenschaft als »Ideologie«. Frankfurt [4]1970 (Suhrkamp), S. 146–168.

– Theorie und Praxis. Sozialphilosophische Studien. Frankfurt [4]1971 (Suhrkamp).

– Legitimationsprobleme im Spätkapitalismus (1973). Frankfurt [4]1977 (Suhrkamp).

– (Hrg.): Stichworte zur »Geistigen Situation der Zeit«. Frankfurt 1979 (Suhrkamp).

HAENSCH, DIETRICH: Repressive Familienpolitik. Sexualunterdrückung als Mittel der Politik. Reinbek 1969 (Rowohlt).

HÄNSEL, DAGMAR: Die Widersprüchlichkeit der Lehrerrolle. In: ROLFF 1974, S. 226–255.

HÄNSEL, DAGMAR und ORTMANN, HEDWIG: Kompensatorische Vorschulerziehung und sozialer Aufstieg. In: Zeitschrift für Pädagogik, 17. Jg. (1971), S. 431–452.

HÄSE, VOLKER und MÜLLER, PETER: Die Jungsozialisten in der SPD. In: DITTBERNER, JÜRGEN und EBBINGHAUSEN, ROLF (Hrg.): Parteiensystem in der Legitimationskrise. Studien und Materialien zur Soziologie der Parteien in der Bundesrepublik Deutschland. Opladen 1973 (Westdeutscher Verlag), S. 277–306.

HALBFAS, HUBERTUS: Gegen die Erziehung zum Gehorsam. In: Vorgänge. Zeitschrift für Gesellschaftspolitik. Jg. 1973, Heft 3, S. 54–60.

HANKE, IRMA: Die Sozialstruktur. In: RAUSCH, HEINZ und STAMMEN, THEO (Hrg.): DDR. Das politische, wirtschaftliche und soziale System. München [2]1974 (Beck), S. 53–82.

HARTWICH, HANS-HERMANN: Wie mündig müssen Lehrer sein dürfen? Drei Thesen zur Erfüllung amtlicher Erziehungsaufträge. In: FRISTER und JOCHIMSEN 1972, S. 33–53.

HARTWIG, JÜRGEN und WIMMEL, ALBERT: Wehrerziehung und vormilitärische Ausbildung der Kinder und Jugendlichen in der DDR. Stuttgart 1979 (Seewald).

HAUG, HANS-JÜRGEN und MAESSEN, HUBERT: Was wollen die Schüler? Politik im Klassenzimmer. Frankfurt 1969 (Fischer).

– Was wollen die Lehrlinge? Frankfurt 1971 (Fischer).

HAYEK, FRIEDRICH AUGUST: Der Weg zur Knechtschaft. München 1976 (Deutscher Taschenbuch Verlag).

HAZARD, PAUL: Die Herrschaft der Vernunft. Das europäische Denken im 18. Jahrhundert. Hamburg 1949 (Hoffmann und Campe).

HEIMANN, HORST: Linke SPD und antirevisionistische Neue Linke. In: GANSEL, NORBERT (Hrg.): Überwindet den Kapitalismus oder Was wollen die Jungsozialisten? Reinbek 1971 (Rowohlt), S. 26–52.

HEINEMANN, KARL-HEINZ und KLUTHE, WALTER: Die Verteidigung des demokratischen Humanismus gegen den Kalten Krieg. Zur Geschichte des Schwelmer Kreises von 1952–1960. In: Demokratische Erziehung, 5. Jg. (1979), S. 315–327.

HEINISCH, FRANZ: Politische Bildung – Integration oder Emanzipation? In: BECK, JOHANNES u. a.: Erziehung in der Klassengesellschaft. München 1970 (List), S. 155–183.

HEINSOHN, GUNNAR: Vorschulerziehung in der bürgerlichen Gesellschaft. Geschichte, Funktion, aktuelle Lage. Frankfurt 1974 (Fischer).

HEITKÄMPER, PETER: Die Relevanz der Utopie in der Pädagogik. In: KANZ, HEINRICH (Hrg.): Einführung in das erziehungswissenschaftliche Grundstudium. Stuttgart 1973 (Kohlhammer), S. 30–43.

HELMS, HANS G.: Die Ideologie der anonymen Gesellschaft. Max Stirners »Einziger« und der Fortschritt des demokratischen Selbstbewußtseins vom Vormärz bis zur Bundesrepublik. Köln 1966 (Du Mont).

– Linksradikalismus unter monopolkapitalistischen Bedingungen. In: Deutsche Zeitschrift für Philosophie, 17. Jg. (1969), S. 1180–1209.

– Fetisch Revolution. Marxismus und Bundesrepublik. Neuwied 1969a (Luchterhand).

HELVETIUS, CLAUDE ADRIEN: Vom Menschen, seinen Geisteskräften und seiner Erziehung (1774). Herausg. von GUSTAV ADOLF LINDNER. Wien 1877 (Pichler).

HENGST, HEINZ: Chancengleichheit. In: RAUCH und ANZINGER 1973, S. 71–76.

– Projektstudium. In: RAUCH und ANZINGER 1973, S. 300–305.

HENNIS, WILHELM: Die deutsche Unruhe. Studien zur Hochschulpolitik. Hamburg 1969 (Wegner).

– Die mißverstandene Demokratie. Freiburg 1973 (Herder).

HENTIG, HARTMUT VON: Systemzwang und Selbstbestimmung. Über die Bedingungen der Gesamtschule in der Industriegesellschaft. Stuttgart 1968 (Klett).

– Spielraum und Ernstfall. Gesammelte Aufsätze zu einer Pädagogik der Selbstbestimmung. Stuttgart 1969 (Klett).

– Cuernavaca oder: Alternativen zur Schule? Stuttgart 1971 (Klett).

– Erbliche Umwelt – oder Begabung zwischen Wissenschaft und Politik. In: SKOWRONEK, HELMUT (Hrg.): Umwelt und Begabung. Stuttgart 1973 (Klett), S. 156–178.

– Die Reform der Schule war nicht radikal genug. In: betrifft: erziehung, 12. Jg. (1979), Heft 10, S. 38–58, Heft 11, S. 30–37.

HERBART, JOHANN FRIEDRICH: Allgemeine Pädagogik (1806). Herausg. von HÈRMAN NOHL. Weinheim 1951 (Beltz).

HERRNSTEIN, RICHARD J.: I. Q. in the Meritocracy. Boston 1973 (Little, Brown).

– Chancengleichheit – eine Utopie? Die IQ-bestimmte Klassengesellschaft. Stuttgart 1974 (Deutsche Verlags-Anstalt).

HESSE, HANS ALBRECHT: Über den Gebrauch des Begriffs »Emanzipation« in der erziehungswissenschaftlichen Literatur der Gegenwart. In: GREIFFENHAGEN 1973, S. 246–257.

HESSEN (DER HESSISCHE KULTUSMINISTER): Rahmenrichtlinien Sekundarstufe I Deutsch. Frankfurt 1972 (Diesterweg). 2. Hälfte 1974.

– Rahmenrichtlinien Sekundarstufe I Gesellschaftslehre. Frankfurt 1972 (Diesterweg). 2. Fassung 1973.

HEYDORN, HEINZ-JOACHIM: Über den Widerspruch von Bildung und Herrschaft. Frankfurt 1970 (Europäische Verlagsanstalt).

– Zu einer Neufassung des Bildungsbegriffs. Frankfurt 1972 (Suhrkamp).

HILDEBRAND, DIETRICH VON (Pseudonym PETER OTT): Die Umgestaltung in Christus. Über christliche Grundhaltung. Einsiedeln 1944 (Benziger).

HINDELS, JOSEF: Was ist heute links? Sozialistische Strategie im Spätkapitalismus. Wien 1970 (Europa).

HIRSCH, JERRY: Jensenism: The Bankruptcy of »Science« Without Scholarship. In: Educational Theory, Vol. 25 (1975), S. 3–27.

HITPASS, JOSEF: Zwischenbilanz der Bildungsreform. Bottrop 1973 (Postberg).

HOCHHEIMER, WOLFGANG: Die permanente Reproduktion der autoritären Persönlichkeit. Zur Problematik der Erziehungsmechanismen und sozialen Kontrollen in der organisierten Gesellschaft. In: HARTFIEL, GÜNTER (Hrg.): Die autoritäre Gesellschaft. Köln 1969 (Westdeutscher Verlag), S. 54–96.

HOCHKEPPEL, WILLY (Hrg.): Die Rolle der Neuen Linken in der Kulturindustrie. München 1972 (Piper).

HÖCHSTETTER, WILHELM K.: Der Tod der Schule oder die Selbstbefreiung der Belehrten. Starnberg 1975 (Raith).

HÖLZLE, ERWIN: Idee und Ideologie. Eine Zeitkritik in universalhistorischer Sicht. Bern 1969 (Francke).

HÖMIG, HERBERT: Statt Geschichtsunterricht aktuelle Gesellschaftslehre? In: Criticon, Nr. 18 (1973), S. 178–180.

HOFFMANN, DIETRICH: Ansatz und Tragweite einer »kritischen Erziehungswissenschaft«. In: KANZ, HEINRICH (Hrg.): Einführung in das erziehungswissenschaftliche Grundstudium. Stuttgart 1973 (Kohlhammer), S. 159–174.

– Kritische Erziehungswissenschaft. Stuttgart 1978 (Kohlhammer).

HOFMANN, HANS-GEORG: Ideologisch-theoretische Probleme der sozialistischen Erziehung. In: Pädagogik, 24. Jg. (1969), S. 917–931.

– Die ideologische Offensive der marxistisch-leninistischen Pädagogik gegen die Bildungspolitik und Pädagogik der BRD. In: Pädagogik, 27. Jg. (1972), S. 144–171.

HOLLSTEIN, WALTER und MEINHOLD, MARIANNE (Hrg.): Sozialarbeit unter kapitalistischen Produktionsbedingungen. Frankfurt 1973 (Fischer).

HOLZKAMP, KLAUS: Begabung – Intelligenz. In: CHRISTOPH WULF (Hrg.): Wörterbuch der Erziehung. München 1974 (Piper), S. 44–49.

HONECKER, MARGOT: Begrüßungsansprache bei der gemeinsamen Konferenz der Akademie der Pädagogischen Wissenschaften der DDR und der UdSSR am 29. 11. 1971 »Der Kampf gegen den Antikommunismus in der Schulpolitik und Pädagogik des Imperialismus – eine grundlegende Aufgabe der marxistisch-leninistischen Pädagogik«. In: Pädagogik, 27. Jg. (1972), S. 117–121.

HORKHEIMER, MAX (Hrg.): Studien über Autorität und Familie. Paris 1936 (Félix Alcàn). Nachdruck des Kapitels »Autorität und Familie« in: HORKHEIMER: Kritische Theorie, Bd. I. Frankfurt 1968 (Fischer), S. 277–360.

HORKHEIMER, MAX: Autorität und Familie in der Gegenwart. In: DERBOLAV, JOSEF und NICOLIN, FRIEDHELM (Hrg.): Erkenntnis und Verantwortung. Festschrift für Theodor Litt. Düsseldorf 1960 (Schwann), S. 152–167.

HORN, KLAUS: Dressur oder Erziehung. Schlagrituale und ihre gesellschaftliche Funktion. Frankfurt [4]1970 (Suhrkamp).
HUDEN, DANIEL P.: On the Impossibility of Cultural Revolution. In: Comparative Education Review, Vol. 17 (1973), S. 307–312.
HÜBNER, CHRISTOPH / LIEBEL, MANFRED / REICHELT, MONIKA: Politökonomische Bestimmung zur Lage der Arbeiterjugend im Kapitalismus und deren Bedeutung für die Entwicklung des Klassenbewußtseins. In: Erziehung und Klassenkampf, Jg. 1971, Heft 1, S. 5–30.
HUISKEN, FREERK: Anmerkungen zur Klassenlage der pädagogischen Intelligenz. In: ALTVATER, ELMAR und HUISKEN: Materialien zur Politischen Ökonomie des Ausbildungssektors. Erlangen 1971 (Politladen), S. 405–438.
– Zur Kritik bürgerlicher Didaktik und Bildungsökonomie. München 1972 (List).
HUIZINGA, JOHANN: Im Schatten von morgen. Eine Diagnose des kulturellen Leidens unserer Zeit. Bern [3] 1936 (Gotthelf).
HUYN, HANS: Europa als sowjetisches Protektorat? In: Criticon, 5. Jg. (1975), S. 51–54.
– Fünf vor zwölf. Die Welt nach Afghanistan. Wien 1980 (Molden).

ILLICH, IVAN: Schulen helfen nicht. Über das mythenbildende Ritual der Industriegesellschaft. Reinbek 1972 (Rowohlt).
– Die Entschulung der Gesellschaft. Entwurf eines demokratischen Bildungssystems. Reinbeck 1973 (Rowohlt).
IPFLING, HEINZ-JÜRGEN (Hrg.): Grundbegriffe der pädagogischen Fachsprache. München 1974 (Ehrenwirth).
IVO, HUBERT und MERKELBACH, VALENTIN: Abschied vom klassischen Schulfach. Zum Beispiel: Deutsch. Heidelberg 1972 (Quelle und Meyer).

JACOBS, PAUL und LANDAU, SAUL: Die Neue Linke in den USA. Analyse und Dokumentation. München 1969 (Hanser).
JAEGGI, URS: Kapital und Arbeit in der Bundesrepublik. Elemente einer gesamtgesellschaftlichen Analyse. Frankfurt 1973 (Fischer).
JANSOHN, HEINZ: Herbert Marcuse. Philosophische Grundlagen seiner Gesellschaftskritik. Bonn 1971 (Bouvier).
JASPERS, KARL: Die geistige Situation der Zeit (1931). Berlin 1953 (de Gruyter).
JEISMANN, KARL-ERNST und KOSTHORST, ERICH: Geschichte und Gesellschaftslehre. In: Geschichte in Wissenschaft und Unterricht, 24. Jg. (1973), S. 261–288.
JENCKS, CHRISTOPHER u. a.: Inequality. A Reassessment of the Effect of Family and Schooling in America. New York 1972 (Basic Books). Deutsche Ausgabe: Chancengleichheit. Reinbek 1973 (Rowohlt).
JENSEN, ARTHUR R.: Genetics and Education. London 1972 (Methuen).
– Educability and Group Differences. London 1973 (Methuen).
– Wie sehr können wir Intelligenzquotient und schulische Leistung steigern? In: SKOWRONEK, HELMUT (Hrg.): Umwelt und Begabung. Stuttgart 1973a (Klett), S. 63–155.
JOUHY, ERNEST: Die antagonistische Rolle des Lehrers im Prozeß der Reform. In: BECK u. a. 1970, S. 224–244.
– Zum Begriff der emanzipatorischen Erziehung. In: Gesellschaft, Staat, Erziehung. 17. Jg. (1972), S. 145–149.
– Das programmierte Ich. Motivationslernen in der Krisengesellschaft. München 1973 (List).

JOUVENEL, BERTRAND DE: Über Souveränität. Auf der Suche nach dem Gemeinwohl. Neuwied 1963 (Luchterhand).
– Jenseits der Leistungsgesellschaft. Elemente sozialer Vorschau und Planung. Freiburg ²·1972 (Rombach).
– Über die Staatsgewalt. Die Naturgeschichte ihres Wachstums. Freiburg 1972 (Rombach).
JURSA, OSKAR: Die unduldsame Linke. Graz 1972 (Stocker).

KAASE, MAX: Die politische Mobilisierung von Studenten in der BRD. In: ALLERBECK, KLAUS R. und ROSENMAYR, LEOPOLD (Hrg.): Aufstand der Jugend? Neue Aspekte der Jugendsoziologie. München 1971 (Juventa), S. 155–177.
KAINZ, FRIEDRICH: Über die Sprachverführung des Denkens. Berlin 1972 (Duncker und Humblot).
KALTENBRUNNER, GERD-KLAUS (Hrg.): Konservatismus in Europa. Freiburg 1972 (Rombach).
– (Hrg.): Rekonstruktion des Konservatismus. Freiburg ² 1973 (Rombach).
– (Hrg.): Die Herausforderung der Konservativen. Absage an Illusionen. Freiburg 1974 (Herder).
– (Hrg.): Klassenkampf und Bildungsreform. Die neue Konfessionsschule. Freiburg 1974 a (Herder).
– Der schwierige Konservatismus. Herford 1975 (Nicolai).
KAMMARI, M. D.: Die revisionistische Theorie über die »Befreiung« der Wissenschaft von der Ideologie. In: Deutsche Zeitschrift für Philosophie, 5. Jg. (1958), S. 686–707.
KANT, IMMANUEL: Beantwortung der Frage: Was ist Aufklärung? (1784). In: BAHR, EHRHARD (Hrg.): Was ist Aufklärung? Thesen und Definitionen. Stuttgart 1974 (Reclam), S. 9–17.
KENISTON, KENNETH: Neue empirische Forschungen zu den Studentenrevolten: die amerikanische Studentenbewegung. In: ALLERBECK, KLAUS R. und ROSENMAYR, LEOPOLD (Hrg.): Aufstand der Jugend? Neue Aspekte der Jugendsoziologie. München 1971 (Juventa), S. 83–107.
KENNAN, GEORGE F.: Rebellen ohne Programm. Demokratie und studentische Linke. Stuttgart 1968 (Goverts).
KENTLER, HELMUT: Sexualerziehung. Reinbek 1970 (Rowohlt).
– Die Wohngruppe als gesellschaftliche Institution. In: FEIL 1972, S. 7–19.
KERLINGER, FRED N.: The Origin of the Doctrine of Permissiveness in American Education. In: Progressive Education, Vol. 33 (1956), S. 161–165.
– The Implications of the Permissiveness Doctrine in American Education. In: Educational Theory, Vol. 10 (1960), S. 120–127.
KERSTIENS, LUDWIG: Modelle emanzipatorischer Erziehung. Bad Heilbrunn 1974 (Klinkhardt).
KEY, ELLEN: Das Jahrhundert des Kindes. Berlin ¹²·1905 (Fischer).
KIPP, MARTIN: Berufliche Bildung. Berufliches Schulwesen. In: RAUCH und ANZINGER 1973, S. 45–58.
KIRCHKNOPF, GÉZA: Vom elastischen Familienverband zur Kommune. In: Kursbuch 14 (1968), S.110–115.
KLAFKI, WOLFGANG (Hrg.): Erziehungswissenschaft (Funk-Kolleg). Bd. 2, Frankfurt 1970 (Fischer).
KLAFKI, WOLFGANG: Erziehungswissenschaft als kritische Theorie. In: Erziehungswissenschaft (Funk-Kolleg). Bd. 3, Frankfurt 1971 (Fischer), S. 262–266.

– Erziehungswissenschaft als kritisch-konstruktive Theorie: Hermeneutik – Empirie – Ideologiekritik. In: Zeitschrift für Pädagogik, 17. Jg. (1971a), S. 351–385.
– Erziehungswissenschaft und Restauration im Bildungswesen. In: Demokratische Erziehung, 4. Jg. (1978), S. 243–246.
KLAUER, KARL JOSEF: Ein Diplom für jedermann? Gleichheit der Bildungschancen – eine Forderung, die unerfüllbar ist. In: Frankfurter Allgemeine Zeitung, 10. 10. 1973 (Nr. 236), S. 14.
– Gleichheit der Bildungschancen. Eine kritische Analyse. In: Hochschulverband: Bilanz einer Reform. Bonn 1977 (Hochschulverband), S. 189–200.
KLEINBERGER, AHARON FRITZ: Reflections on Equality in Education. In: Studies in Philosophy and Education. Vol. 5 (1967), S. 293–340.
KLINGBERG, LOTHAR: Pädagogische Führung und Selbsttätigkeit in der sozialistischen Schule. Berlin 1962 (VEB Deutscher Verlag der Wissenschaften).
KLUKE, PAUL: Selbstbestimmung. Vom Weg einer Idee durch die Geschichte. Göttingen 1963 (Vandenhoeck).
KLUTHE, WALTER: Im Gedenken an Heinz-Joachim Heydorn. In: Demokratische Erziehung, 1. Jg. (1975), S. 13–14.
KNEPPER, HERBERT: Kritische Bildung. Zur Theorie einer integrierten Kollegstufe. München 1971 (Juventa).
KOCH, FRIEDRICH: Sexualpädagogik und politische Erziehung. München 1975 (List).
– Gegenaufklärung. Zur Kritik restaurativer Tendenzen in der Gegenwartspädagogik. Bensheim 1979 (päd. extra Buchverlag).
KÖHLER, GERD und REUTER, ERNST (Hrg.): Was sollen Schüler lernen? Die Kontroverse um die hessischen Rahmenrichtlinien für die Unterrichtsfächer Deutsch und Gesellschaftslehre. Dokumentation einer Tagung der Gewerkschaft Erziehung und Wissenschaft. Frankfurt 1973 (Fischer).
KÖNIG, HELMUT (Hrg.): Beiträge zur Bildungspolitik und Pädagogik der revolutionären deutschen Arbeiterbewegung in der Zeit der Novemberrevolution und der revolutionären Nachkriegskrise 1918–1923. 2 Bände (Monumenta Paedagogica, Bd. IV und V). Berlin-Ost 1968 (Volk und Wissen).
KOGON, EUGEN (Hrg.): Rahmenrichtlinien Gesellschaftslehre. Protokolle der Veranstaltungen in der Reihe Hessenforum. Frankfurt 1974 (aspekte).
– Rahmenrichtlinien Deutsch. Protokoll der Veranstaltung in der Reihe Hessenforum. Frankfurt 1974 a (aspekte).
KOLAKOWSKI, LESZEK: Der Sinn des Begriffes »Linke«. In: Der Mensch ohne Alternative. Von der Möglichkeit und Unmöglichkeit, Marxist zu sein. München 1967 (Piper), S. 125–142.
– Der revolutionäre Geist. Stuttgart [2] 1977 (Kohlhammer).
KOLLEGSTUFE NORDRHEIN-WESTFALEN. Strukturförderung im Bildungswesen des Landes Nordrhein-Westfalen. Eine Schriftenreihe des Kultusministers, Heft 17. Ratingen 1972 (Henn).
KOLNAI, AUREL: Konservatives und revolutionäres Ethos. In: GERD-KLAUS KALTENBRUNNER (Hrg.): Rekonstruktion des Konservatismus. Freiburg [2] 1973 (Rombach), S. 95–136.
KOMISAR, B. PAUL und MCCLELLAN, JAMES E.: The Logic of Slogans. In: SMITH, B. OTHANEL und ENNIS, ROBERT (Hrg.): Language and Concepts in Education. Chicago 1961 (Rand McNally), S. 195–214.
KONEFFKE, GERNOT: Integration und Subversion. Zur Funktion des Bildungswesens in der spätkapitalistischen Gesellschaft. In: NYSSEN, FRIEDHELM (Hrg.): Schulkritik als Kapitalismuskritik. Göttingen 1971 (Van-

denhoeck), S. 79–123.

KORFF, H. A.: Geist der Goethezeit. Bd. 1, Leipzig 1923 (Weber); Bd. 2, 1930.

KOROLJOW, F. F. und GMURMAN, W. J. (Hrg.): Allgemeine Grundlagen der marxistischen Pädagogik. Pullach 1973 (Dokumentation).

KRAMER, HORST: Zur Einheit von Wissenschaftlichkeit und Parteilichkeit. In: Pädagogik, 21. Jg. (1966), S. 852–860.

KRAMP, WOLFGANG: Studien zur Theorie der Schule. München 1973 (Kösel).

KRAUSHAAR, WOLFGANG (Hrg.): Autonomie oder Getto? Kontroversen über die Alternativbewegung. Frankfurt 1978 (Neue Kritik).

KRIECK, ERNST: Nationalpolitische Erziehung. Leipzig 9·1933 (Armanen).

– Wissenschaft, Weltanschauung, Hochschulreform. Leipzig 1934 (Armanen).

KRON, FRIEDRICH W. (Hrg.): Antiautoritäre Erziehung. Bad Heilbrunn 1973 (Klinkhardt).

KUCKARTZ, WILFRIED: Zum Problem der anti-autoritären Erziehung (1970). In: CLASSEN 1973, S. 33–51; KRON 1973, S. 102–125.

– Vergesellschaftung der (frühkindlichen) Erziehung? In: Die Deutsche Schule, 64. Jg. (1972), S. 74–89.

KÜHNEL, REINER und RANDZIO, JOACHIM: Schulrecht und emanzipatorische Schulpraxis. In: TYBL und WALTER 1973, S. 25–45; ebenso in RAITH 1973, S. 27–45.

KÜHNL, REINHARD: Auf dem Wege zum autoritären Staat? Zur Analyse der gegenwärtigen Offensive von rechts. In: Demokratische Erziehung, 4. Jg. (1978), S. 293–301.

KÜNG, EMIL: Wege und Irrwege in die Zukunft. Möglichkeiten und Grenzen der politischen und gesellschaftlichen Gestaltungsfreiheit. Stuttgart 1979 (Seewald).

KÜNZLI, ARNOLD: Die Neue Linke und das »Prinzip Negation«. In: Über Marx hinaus. Beiträge zur Ideologiekritik. Freiburg 1969 (Rombach), S. 190–201.

– Linker Irrationalismus. Zur kritischen Theorie der »Frankfurter Schule«. In: Aufklärung und Dialektik. Politische Philosophie von Hobbes bis Adorno. Freiburg 1971 (Rombach) S. 110–156.

KUNERT, HUBERTUS: Pädagogik. In: IPFLING 1974, S. 212–217.

KUNZE, JÜRGEN: Die Jungdemokraten zwischen Liberalismus und Sozialismus. In: DITTBERNER, JÜRGEN und EBBINGHAUSEN, ROLF (Hrg.): Parteiensystem in der Legitimationskrise. Opladen 1973 (Westdeutscher Verlag), S. 307–326.

LAHANN, BIRGIT: Das revolutionäre Klassenzimmer. Gesamtschule – zum Beispiel in Frankfurt. In: Deutsche Zeitung / Christ und Welt. 27. 4. 1973, Nr. 17, S. 3.

LANDMANN, SALCIA: Der ewige Jude. München 1974 (Piper).

– Marxismus und Sauerkirschen. Streitbare Zeitbetrachtung. Wiesbaden 1979 (Limes).

LANE, DAVID: The End of Inequality? Stratification under State Socialism. Harmondsworth (England) 1971 (Penguin).

LANGGUTH, GERD: Protestbewegung am Ende. Die Neue Linke als Vorhut der DKP. Mainz 1971 (Hase und Koehler).

LAUFS, JOACHIM: Politische Bekenntnisse als »Wissenschaft«. Eine Kritik der Begründung der nordrhein-westfälischen Richtlinien für den Politischen Unterricht. Frankfurt 1976 (Lang).

LEIBFRIED, STEPHAN (Hrg.): Wider die Untertanenfabrik. Handbuch zur

Demokratisierung der Hochschule. Köln 1967 (Pahl-Rugenstein).
LEMBERG, EUGEN: Ideologie und Gesellschaft. Eine Theorie der ideologischen Systeme, ihrer Struktur und Funktion. Stuttgart 2 1974 (Kohlhammer).
LEMPERT, WOLFGANG: Leistungsprinzip und Emanzipation. Studien zur Realität, Reform und Erforschung des beruflichen Bildungswesens. Frankfurt 1971 (Suhrkamp).
– Zum Begriff der Emanzipation. In: GREIFFENHAGEN 1973, S. 216–226.
– Berufliche Bildung als Beitrag zur gesellschaftlichen Demokratisierung. Vorstudien für eine politisch reflektierte Berufspädagogik. Frankfurt 1974 (Suhrkamp).
LEMPERT, WOLFGANG und EBEL, HEINRICH: Lehrzeitdauer, Ausbildungssystem und Ausbildungserfolg. Freiburg 1965 (Rombach).
LENIN, WLADIMIR I.: Theorie, Ökonomie, Politik. Ausgewählte Texte und Werke. Herausgegeben von IRING FETSCHER. Stuttgart 1974 (Kröner).
LEONHARD, WOLFGANG: Sowjetideologie heute. II: Die politischen Lehren. Frankfurt 1962 (Fischer).
LETT, HUBERT: Organisierung sozialistischer Lehrerinnen und Lehrer. In: RAUCH und ANZINGER 1973, S. 248–261.
LEVY, DAVID: Die Rechte – was ist das? Über Utopie, Realität und Tradition. In: CRITICON, 5. Jg. (1975), S. 9–13.
LEWYTZKYJ, BORYS: Die rote Inquisition. Die Geschichte der sowjetischen Sicherheitsdienste. Frankfurt 1967 (Societäts-Verlag).
LIEBEL, MANFRED: Aufforderung zum Abschied von der sozialintegrativen Jugendarbeit. In: Deutsche Jugend, 18. Jg. (1970), Heft 1, S. 28–34. Nachdruck in: BÖHNISCH, LOTHAR (Hrg.): Jugendarbeit in der Diskussion. München 1973 (Piper), S. 61–68.
– Überlegungen zum Praxisverständnis antikapitalistischer Jugendarbeit. In: Deutsche Jugend, 19. Jg. (1971), S. 13–26.
LIEBEL, MANFRED und WELLENDORF, FRANZ: Schülerselbstbefreiung. Voraussetzungen u. Chancen der Schülerrebellion. Frankfurt 3·1970 (Suhrkamp).
LIEGLE, LUDWIG: Familienerziehung und sozialer Wandel in der Sowjetunion. Heidelberg 1970 (Quelle und Meyer).
LINGELBACH, KARL CHRISTOPH: Erziehung und Erziehungstheorien im nationalsozialistischen Deutschland. Weinheim 1970 (Beltz).
LIPSET, SEYMOUR M.: Youth and Politics. In: MERTON, ROBERT K. und NISBET, ROBERT A. (Hrg.): Contemporary Social Problems. New York 3·1971 (Harcourt Brace), S. 743–791.
LIPSET, SEYMOUR MARTIN und WOLIN, SHELDON S. (Hrg.): The Berkeley Student Revolt. Facts and Interpretations. New York 1965 (Doubleday).
LOCHNER, RUDOLF: Deutsche Erziehungswissenschaft. Prinzipiengeschichte und Grundlegung. Meisenheim 1963 (Anton Hain).
LOCKE, JOHN: Gedanken über Erziehung (1693). Bad Heilbrunn 2·1966 (Klinkhardt).
LÖWENSTEIN, JULIUS I.: Marx contra Marxismus. Tübingen 1976 (Mohr).
LÖWENTHAL, RICHARD: Der romantische Rückfall. Wege und Irrwege einer rückwärts gewendeten Revolution. Stuttgart 2·1971 (Kohlhammer).
– Hochschule für die Demokratie. Grundlinien einer sinnvollen Hochschulreform. Köln 1971 (Markus).
– Neues Mittelalter oder anomische Kulturkrise? Zu Helmut Schelskys »Priesterherrschaft der Intellektuellen«. In: Merkur, Jg. 1975, S. 802–818.
LÖWISCH, DIETER-JÜRGEN: Erziehung und Kritische Theorie. München 1974 (Kösel).
LONG, PRISCILLA (Hrg.): The New Left. Boston 1969 (Poster Sargent).
LORENZ, KONRAD: Die acht Todsünden der zivilisierten Menschheit. Mün-

chen 1973 (Piper).
LUCE, PHILLIP ABBOTT: The New Left. New York 1966 (David McKay).
LÜBBE, HERMANN: Hochschulreform und Gegenaufklärung. Freiburg 1972 (Herder).
– Hessische Gesellschaftslehre oder die Grenzen des pädagogisch Erlaubten. In: Bildung und Erziehung in der Diskussion. Herausgegeben vom Hessischen Elternverein, Heft 2 (1974).
– Legitimitätsschwäche und Jugendbewegung. In: Merkur, 28. Jg. (1974 a), S. 1005–1014.
– Unsere stille Kulturrevolution. Zürich 1976 (Interfrom).
LÜERS, ULF / BÜTTENBENDER, GERHARD / RITTELMEYER, CHRISTIAN / MÜLLER, JOCHEN / GRÖSCH, DIETER: Selbsterfahrung und Klassenlage. Voraussetzungen und Methoden politischer Bildung. München 1971 (Juventa).
LUTZ, BURKART und WINTERHAGER, WOLFGANG DIETRICH: Zur Situation der Lehrlingsausbildung in der Bundesrepublik Deutschland. (Deutscher Bildungsrat: Gutachten und Studien der Bildungskommission, Bd. 11) Stuttgart 1970 (Klett).

MAGER, FRIEDRICH und SPINNARKE, ULRICH: Was wollen die Studenten? Frankfurt 1967 (Fischer).
MAIER, HANS: Zwischenrufe zur Bildungspolitik. Osnabrück [2.]1973 (Fromm).
– Kulturpolitik. Reden und Schriften. München 1976 (Deutscher Taschenbuch Verlag).
– Streiflichter zur Zeit. Was bringen die achtziger Jahre? Freiburg 1980 (Herder).
MAIER, HANS und ZÖLLER, MICHAEL (Hrg.): Die andere Bildungskatastrophe. Hochschulgesetze statt Hochschulreform. Köln 1970 (Markus).
MALAPARTE, CURZIO (Pseudonym für KURT SUCKERT): Der Staatsstreich. Wien 1932 (Tal).
MAN, HENDRIK DE: Vermassung und Kulturverfall. Eine Diagnose unserer Zeit. München [2.]1952 (Lehnen).
MANN, GOLO: Wenn der Deutsche progressiv sein will ... Kritische Bemerkungen zu den hessischen Rahmenrichtlinien für den Deutschunterricht. In: Süddeutsche Zeitung, 2. 6. 1973. Nachdruck in: KOGON 1974 a, S. 99–105.
MANNHEIM, KARL: Freedom, Power, and Democratic Planning. New York 1950 (Oxford University Press).
– Diagnose unserer Zeit. Zürich 1951 (Europa).
– Mensch und Gesellschaft im Zeitalter des Umbaus. Bad Homburg [2.]1967 (Gehlen).
– Freiheit und geplante Demokratie. Köln 1970 (Westdeutscher Verlag), (um das wichtige Schlußkapitel gekürzte Übersetzung von MANNHEIM 1950).
MANNSCHATZ, EBERHARD: Einführung in die sozialistische Familienerziehung. Berlin 1971 (Volk und Wissen).
MARCUSE, HERBERT: Repressive Toleranz. In: WOLFF, ROBERT PAUL / MOORE, BARRINGTON / MARCUSE, HERBERT: Kritik der reinen Toleranz. Frankfurt 1966 (Suhrkamp), S. 93–128.
– Befreiung von der Überflußgesellschaft. In: COOPER, DAVID (Hrg.): Dialektik der Befreiung. Reinbek 1969 (Rowohlt), S. 90–101.
– Versuch über die Befreiung. Frankfurt 1969a (Suhrkamp).
– Der eindimensionale Mensch. Studien zur Ideologie der fortgeschrittenen Industriegesellschaft. Neuwied 1970 (Luchterhand).
– Konterrevolution und Revolte. Frankfurt 1973 (Suhrkamp).

MARKERT, WERNER: Dialektik des bürgerlichen Bildungsbegriffes. In: BECK, JOHANNES u. a.: Erziehung in der Klassengesellschaft. München 1970 (List), S. 17–51.
– Erwachsenenbildung als Ideologie. Zur Kritik ihrer Theorien im Kapitalismus. München 1973 (List).
MARKOVIČ, MIHAILO: Die Neue Linke und die Revolution. In: BUSSIEK, HENDRIK (Hrg.): Wege zur veränderten Gesellschaft. Politische Strategien. Frankfurt 1971 (Fischer), S. 13–35.
MARTIN, ALFRED VON: Nietzsche und Burckhardt. München [4]1947 (Reinhardt).
MARX, KARL: Bildung und Erziehung. Studientexte zur Marxschen Bildungskonzeption, Herausg. von HORST E. WITTIG. Paderborn 1968 (Schöningh).
MARX, KARL und ENGELS, FRIEDRICH: Ansprache der Zentralbehörde an den Bund vom März 1850. In: Ausgewählte Schriften. Bd. 1, Berlin 1970 (Dietz), S. 98–108.
– Die deutsche Ideologie. In: Werke. Bd. 3, Berlin 1969 (Dietz).
MASUCH, MICHAEL: Politische Ökonomie der Ausbildung. Lernarbeit und Lohnarbeit im Kapitalismus. Reinbek 1972 (Rowohlt).
Materialien zur Schulbuchproduktion. Analysen – Tendenzen – Alternativen. (Reihe Roter Pauker, Heft 8) Offenbach 1973 (Verlag 2000).
MATTHIESEN, HAYO: Sieben Jahre Gesamtschule: Die Fahne weht auf halbmast. In: Die Zeit, 31. 5. 74.
MEIKLEJOHN, ALEXANDER: Zwischen Gestern und Morgen. Die Erziehung am Scheideweg. München 1951 (Oldenbourg).
MEINHOF, ULRIKE MARIE: Bambule. Fürsorge – Sorge für wen? Berlin 1971 (Wagenbach).
MENNE, ALBERT: Zur formalen Struktur der Autorität. In: Kant-Studien, 60. Jg. (1969), S. 289–297.
MERKELBACH, VALENTIN: Soll die Hochsprache abgeschafft werden? In: KÖHLER und REUTER 1973, S. 146–156.
MEVES, CHRISTA: Manipulierte Maßlosigkeit. Psychische Gefahren im technischen Leben. Freiburg [20]1978 (Herder).
– Wunschtraum und Wirklichkeit. Lernen an Irrwegen und Illusionen. Freiburg [8]1976 (Herder).
– und HEINZ-DIETRICH ORTLIEB: Macht Gleichheit glücklich? Freiburg 1978 (Herder).
MIESKES, HANS: Die Pädagogik der DDR in Theorie, Forschung und Praxis. 2 Bände, Oberursel 1971 (Finken).
MILHOFFER, PETRA: Familie und Klasse. Ein Beitrag zu den politischen Konsequenzen familialer Sozialisation. Frankfurt 1973 (Fischer).
MILLS, C. WRIGHT: Letter to the New Left (1960). Deutsche Übersetzung in: JACOBS, PAUL und LANDAU, SAUL (Hrg.): Die Neue Linke in den USA. Analyse und Dokumentation. München 1969 (Hanser), S. 115–130.
MINSSEN, FRIEDRICH: Legitimationsprobleme in der Gesellschaftslehre. Zum Streit um die hessischen »Rahmenrichtlinien«. In: Aus Politik und Zeitgeschichte. Beilage zur Wochenzeitung Das Parlament, Nr. 41 (1973).
MITSCHERLICH, ALEXANDER und KALOW, GERT (Hrg.): Hauptworte – Hauptursachen. Zwei Gespräche: Heimat/Nation. München 1971 (Piper).
MITTER, WOLFGANG (Hrg.): Pädagogik und Schule im Systemvergleich. Bildungsprobleme moderner Industriegesellschaften in Ost und West. Freiburg 1974 (Herder).
MOHLER, ARMIN: Was die Deutschen fürchten. Frankfurt 1967 (Ullstein).
– Sex und Politik. Freiburg 1972 (Rombach).
– Von rechts gesehen. Stuttgart 1974 (Seewald).

MOLLENHAUER, KLAUS: Erziehung und Emanzipation. München 1968 (Juventa).
MOLNAR, THOMAS: Kampf und Untergang der Intellektuellen. München 1966 (Beck).
– Utopia. The Perennial Heresy. New York 1967 (Sheed and Ward).
– Die Zukunft der Bildung. Düsseldorf 1971 (Schwann).
– Die Linke beim Wort genommen. Stuttgart 1972 (Klett).
MOMMSEN, THEODOR: Römisches Staatsrecht. Band III, 1. Darmstadt 1963 (Wissenschaftliche Buchgesellschaft).
MONNEROT, JULES: Soziologie des Kommunismus. Köln 1952 (Kiepenheuer).
MONTAIGNE, MICHEL DE: Die Essais (1580). Stuttgart 1969 (Reclam).
MOSLER, PETER: Was wir wollten, was wir wurden. Studentenrevolte – zehn Jahre danach. Reinbek 1977 (Rowohlt).
MÜLLER, EMIL-PETER: Juso-Sozialismus. Programm und Strategie der Jungsozialisten in der SPD. Köln 1972 (Deutscher Industrieverlag).
MÜNCH, JOACHIM: Betrieb und Berufsschule als kooperative Lernorte. Gestalt, Kritik und Reform des dualen Systems. In: DANNENMANN, CHRISTOPHER (Hrg.): Bildung und Bildungspolitik in der Bundesrepublik Deutschland. Neuwied 1973 (Luchterhand), S. 59–78.

NEEMANN, URSULA: Autorität und Verantwortung. In: Westermanns Pädagogische Beiträge, 23. Jg. (1971), S. 373–377.
NEGT, OSKAR: Soziologische Phantasie und exemplarisches Lernen. Zur Theorie der Arbeiterbildung. Frankfurt 6·1971 (Europäische Verlagsanstalt).
– Keine Demokratie ohne Sozialismus. Über den Zusammenhang von Politik, Geschichte und Moral. Frankfurt 1976 (Suhrkamp).
NEILL, ALEXANDER SUTHERLAND: Theorie und Praxis der antiautoritären Erziehung. Das Beispiel Summerhill. Reinbek 1969 (Rowohlt).
NELSON, LEONARD: System der philosophischen Ethik und Pädagogik. Göttingen 2·1949 (Öffentliches Leben).
NENNING, GÜNTHER: Rot und realistisch. Gesamtsozialistische Strategie und Sozialdemokratie. Wien 1973 (Europa).
NEUHAUS, RICHARD JOHN: Der vollkommene Revolutionär. In: BERGER, PETER L. und NEUHAUS: Protestbewegung und Revolution oder Die Verantwortung der Radikalen. Radikalismus in Amerika. Frankfurt 1971 (Fischer), S. 93–256.
NEVERMANN, KNUT: Zur Strategie systemüberwindender Reformen. In: SCHLUCHTER, WOLFGANG (Hrg.): Sozialdemokratie und Sozialismus heute. Beiträge zur Analyse und Veränderung sozialdemokratischer Politik. Köln 1968 (Pahl-Rugenstein), S. 208–227.
NIETZSCHE, FRIEDRICH: Vom Nutzen und Nachteil der Historie für das Leben (1873). Leipzig 2·1945 (Reclam).
NIPPERDEY, THOMAS: Konflikt – Einzige Wahrheit der Gesellschaft? Zur Kritik der hessischen Rahmenrichtlinien. Osnabrück 1974 (Fromm).
NITZSCHKE, VOLKER / FACKINER, KURT / WIEMER, JOACHIM: Abschied vom klassischen Schulfach. Zum Beispiel: Sozialkunde. Zum Beispiel: Geschichte. Heidelberg 1972 (Quelle und Meyer).
NOHL, HERMAN: Die Polarität in der Didaktik (1930). In: Pädagogik aus dreißig Jahren. Frankfurt 1949 (Schulte-Bulmke), S. 86–97.
– Die pädagogische Bewegung in Deutschland und ihre Theorie. Frankfurt 3·1949 (Schulte-Bulmke).
– Vom Wesen der Erziehung. In: Pädagogik aus dreißig Jahren. Frankfurt 1949a (Schulte-Bulmke), S. 279–289.

NOLTE, HELMUT: Über gesellschaftstheoretische Implikationen des Aggressionsbegriffs. In: LEPENIUS, WOLF und NOLTE, HELMUT: Kritik der Anthropologie. München 1971 (Hanser), S. 103–140.

NORDBERG, ROBERT B. und ZARET, ESTHER: Skimming Skinner – A Skeptical Sketch. In: Educational Theory, Vol. 23 (1973), S. 333–342.

NORDRHEIN-WESTFALEN, DER KULTUSMINISTER DES LANDES: Rahmenlehrpläne für den 5. und 6. Jahrgang an den Gesamtschulen in Nordrhein-Westfalen. Düsseldorf 1972 (Hagemann).

– Richtlinien für den Politischen Unterricht. Düsseldorf 1973 (Hagemann).

NYSSEN, ELKE: Curriculare Perspektiven für den Deutschunterricht. In: ROLFF 1974, S. 134–163.

NYSSEN, FRIEDHELM: Schule im Kapitalismus. Der Einfluß wirtschaftlicher Interessenverbände im Felde der Schule. Köln 1969 (Pahl-Rugenstein).

NYSSEN, FRIEDHELM (Hrg.): Schulkritik als Kapitalismuskritik. Göttingen 1971 (Vandenhoeck).

NYSSEN, FRIEDHELM: Politische Erziehung im Vorschulalter. Ein Papier aus der Kinderladen-Arbeit in Frankfurt/Main. In: betrifft: erziehung, 4. Jg. (1971a), Heft 1, S. 35–38.

– Lernmöglichkeiten im Neokapitalismus. In: ULICH, DIETER (Hrg.): Theorie und Methode der Erziehungswissenschaft. Probleme einer sozialwissenschaftlichen Pädagogik. Weinheim 1972 (Beltz) S. 325–341.

OAKESHOTT, MICHAEL: Konservative Wesensart. In: Rationalismus in der Politik. Neuwied 1966 (Luchterhand), S. 179–206.

OELSCHLÄGEL, DIETER: Emanzipation. In: RAUCH und ANZINGER 1973, S. 101–104.

OPASCHOWSKI, HORST W.: Der Jugendkult in der Bundesrepublik. Düsseldorf 1971 (Rau).

ORTEGA Y GASSET, JOSÉ: Der Aufstand der Massen (1931). Stuttgart 1952 (Deutsche Verlags-Anstalt).

ORTLIEB, HEINZ-DIETRICH: Die verantwortungslose Gesellschaft oder wie man die Demokratie verspielt. München 1971 (Goldmann).

– Glanz und Elend des deutschen Wirtschaftswunders oder von der Verderblichkeit des Wohlstands. München 1974 (Goldmann).

– Vom totalitären Staat zum totalen Egoismus. Anarchistische Schatten deutscher Vergangenheit. Zürich 1978 (Interfrom).

ORTLIEB, HEINZ-DIETRICH (Hrg.): Destruktive Zeitzünder. Asoziale Tendenzen in unserer Bildungsreform. Hamburg 1973 (Weltarchiv).

ORTMANN, HEDWIG: Arbeiterfamilie und sozialer Aufstieg. Kritik einer bildungspolitischen Leitvorstellung. München 1971 (Juventa).

ORWELL, GEORGE: 1984. Zürich [22]1974 (Diana).

OWEN, ROBERT: Pädagogische Schriften. Herausg. von KARL-HEINZ GÜNTHER. Berlin 1955 (Volk und Wissen).

PAFFRATH, F. HARTMUT: Das Ende der antiautoritären Erziehung? Eine Konfrontation mit der Schulwirklichkeit. Bad Heilbrunn 1972 (Klinkhardt).

PARETO, VILFREDO: System der allgemeinen Soziologie (1916). Herausg. von GOTTFRIED EISERMANN. Stuttgart 1962 (Enke).

PFLUG, BERND: Erwachsenenbildung. In: RAUCH und ANZINGER 1973, S. 113–115.

PICHT, GEORG: Die deutsche Bildungskatastrophe. München 1965 (Deutscher Taschenbuch Verlag).

PLATON: Der Staat. Übersetzt von OTTO APELT. Leipzig [6]1923 (Meiner).

POHLMANN, R.: Autonomie. In: RITTER, JOACHIM (Hrg.): Historisches Wörterbuch der Philosophie. Bd. 1, Basel 1971 (Schwabe), S. 702–719.

POLLAK, WOLFGANG: Ansätze zu einer Lehrbuchkritik in Österreich. In: Strategien zur Emanzipation. Wien o. J. (1973) (Jugend und Volk), S. 101–117.

POPPER, KARL RAIMUND: Die offene Gesellschaft und ihre Feinde. Bern 1958 (Francke).

– Das Elend des Historizismus. Tübingen 1965 (Mohr).

POWELL, WILLIAM: The Anarchist Cookbook. With a prefatory note on Anarchism Today by P. M. BERGMANN. New York 1971 (Lyle Stuart).

PRANGENBERG, HEINZ-JÜRGEN (Hrg.): Berufsausbildung zwischen Revolution und Reform. Materialien zur beruflichen Bildung. Herausg. von der Konrad Adenauer Stiftung. Bonn 1972 (Eichholz).

PREUSS, OTMAR: Schule als Einrichtung der Gesellschaft. In: BECK, JOHANNES u. a.: Ansichten pädagogischer Berufspraxis. Frankfurt 1973 (Europäische Verlagsanstalt), S. 42–63.

PREUSS, ULRICH K.: Das politische Mandat der Studentenschaft. Frankfurt 1969 (Suhrkamp).

– Bildung und Herrschaft. Beiträge zu einer politischen Theorie des Bildungswesens. Frankfurt 1975 (Fischer Taschenbuch).

PREUSS-LAUSITZ, ULF: Wege zur demokratischen Schule. In: Blätter für deutsche und internationale Politik, 14. Jg. (1969), S. 45–61.

– Emanzipation der Schüler – von der SMV zum Schülerkollektiv. In: NYSSEN, FRIEDHELM (Hrg.): Schulkritik als Kapitalismuskritik. Göttingen 1971 (Vandenhoeck), S. 208–233.

– Vom Schwinden der »Fähigkeit«, sich mit dem politischen System zu identifizieren. In: betrifft: erziehung, 6. Jg. (1973), Heft 2, S. 19–24, Heft 3, S. 44–48.

PULTE, PETER (Hrg.): Politische Jugendorganisationen. Programmatik, Beschlüsse, Forderungen und Thesen von Jungsozialisten, Junger Union, Jungdemokraten. Leverkusen 1975 (Heggen).

RAITH, WERNER (Hrg.): Handbuch zum Unterricht: Modelle emanzipatorischer Praxis. Hauptschule. Starnberg 1973 (Raith).

RAMM, THILO: Die großen Sozialisten als Rechts- und Sozialphilosophen. Stuttgart 1955 (Gustav Fischer).

RAMM, THILO (Hrg.): Der Frühsozialismus. Ausgewählte Quellentexte. Stuttgart 1956 (Kröner).

RAMSEGER, JÖRG: Gegenschulen. Radikale Reformschulen in der Praxis. Bad Heilbrunn 1975 (Klinkhardt).

RAND, AYN: The New Left: The Anti-Industrial Revolution. New York 1971 (New American Library).

RANNO, PETER: Zur philosophisch-weltanschaulichen Position der „Vergleichenden Verhaltensforschung“. In: Deutsche Zeitschrift der Philosophie, 18. Jg. (1970), S. 545–558.

– Vergleichende biologische Verhaltensforschung und Pädagogik. In: Pädagogik, 25. Jg. (1970), S. 248–254.

RATHENAU, WALTHER: Von kommenden Dingen (1916). In: Gesammelte Schriften, Band 3, Berlin 1918 (Fischer).

RAUCH, EBERHARD und ANZINGER, WOLFGANG (Hrg.): Wörterbuch Kritische Erziehung. Starnberg 4·1973 (Werner Raith).

RAYWID, MARY ANNE: The Politicalization of Education. In: Educational Theory, Vol. 23 (1973), S. 119–132.

REHM, WILLY: Die psychoanalytische Erziehungslehre. Anfänge und Entwicklung. München 1968 (Piper).
REICH, WILHELM: Die sexuelle Revolution. Zur charakterlichen Selbststeuerung des Menschen. Frankfurt 7·1971 (Europäische Verlagsanstalt). Erste Auflage unter dem Titel: Die Sexualität im Kulturkampf. Kopenhagen 1936 (Sexpol-Verlag).
REICHE, REIMUT: Sexualität und Klassenkampf. Zur Abwehr repressiver Entsublimierung. Frankfurt 1971 (Fischer).
REIMER, EVERETT: Schafft die Schule ab! Befreiung aus der Lernmaschine. Reinbek 1972 (Rowohlt).
RENK, MONIKA: Kulturrevolution. In: RAUCH und ANZINGER 1973, S. 202–210.
RETTER, HEIN: Utopischer Sozialismus und sozialistische Wirklichkeit. In: Die Deutsche Schule, 63. Jg. (1971), S. 309–322.
RICHERT, ERNST: Die radikale Linke von 1945 bis zur Gegenwart. Berlin 1969 (Colloquium).
RICHTER, HORST-EBERHARD: Eltern, Kind und Neurose. Psychoanalyse der kindlichen Rolle. Reinbek 1969 (Rowohlt).
– Patient Familie. Entstehung, Struktur und Therapie von Konflikten in Ehe und Familie. Reinbek 1970 (Rowohlt).
RIESMAN, DAVID / DENNEY, REUEL / GLAZER, NATHAN: Die einsame Masse. Eine Untersuchung der Wandlungen des amerikanischen Charakters. Hamburg 1958 (Rowohlt).
RITTER, GERHARD A.: Der Antiparlamentarismus und Antipluralismus der Rechts- und Linksradikalen. In: Der Überdruß an der Demokratie. Neue Linke und alte Rechte – Unterschiede und Gemeinsamkeiten. Köln 1970 (Markus), S. 43–91.
ROBBE, MARTIN: Was ist Revolution und wer sind die Revolutionäre in der Gegenwart? In: Deutsche Zeitschrift für Philosophie, 17. Jg. (1969), S. 459–471.
RÖHL, KLAUS RAINER: Fünf Finger sind keine Faust. Köln 1974 (Kiepenheuer).
RÖHRS, HERMANN (Hrg.): Die Reformpädagogik des Auslandes. Düsseldorf 1965 (Küpper).
– Die Reformpädagogik. Ursprung und Verlauf in Europa. Hannover 1980 (Schroedel).
RÖPKE, WILHELM: Die Gesellschaftskrisis der Gegenwart. Erlenbach-Zürich 1942 (Rentsch).
– Civitas Humana. Grundfragen der Gesellschafts- und Wirtschaftsreform. Erlenbach-Zürich 3·1949 (Rentsch).
– Maß und Mitte. Erlenbach-Zürich 1950 (Rentsch).
– Torheiten der Zeit. Stellungnahmen zur Gegenwart. Nürnberg 1966 (Glock und Lutz).
RÖSSNER, LUTZ: Erziehungswissenschaft und Kritische Pädagogik. Stuttgart 1974 (Kohlhammer).
– Rationalistische Pädagogik. Stuttgart 1975 (Kohlhammer).
ROHRMOSER, GÜNTER: Das Elend der kritischen Theorie. Freiburg 1970 (Rombach).
– Emanzipation und Freiheit. München 1970a (Goldmann).
– Revolution – unser Schicksal? Stuttgart 2·1974 (Seewald).
ROLFF, HANS-GÜNTER: Die Demokratie der Unmündigen? Behinderungen und Chancen einer Erziehung zur Emanzipation. In: HARTFIEL, GÜNTER (Hrg.): Die autoritäre Gesellschaft. Köln 1969 (Westdeutscher Verlag), S. 97–125.

– Bildungsplanung als rollende Reform. Eine soziologische Analyse der Zwecke, Mittel und Durchführungsformen einer reformbezogenen Planung des Bildungswesens. Frankfurt 1970 (Diesterweg).
– Sozialisation und Auslese durch die Schule. Heidelberg [5]·1972 (Quelle und Meyer).

ROLFF, HANS-GÜNTER u. a.: Strategisches Lernen in der Gesamtschule. Gesellschaftliche Perspektiven der Schulreform. Reinbek 1974 (Rowohlt).

ROSENMAYR, LEOPOLD: Familienbeziehungen und Freizeitgewohnheiten jugendlicher Arbeiter. Wien 1963 (Verlag für Geschichte und Politik).
– Hauptgebiete der Jugendsoziologie. In: KÖNIG, RENÉ (Hrg.): Handbuch der empirischen Sozialforschung. Bd. II, Stuttgart 1969 (Enke), S. 65–171.
– Über den Ideologiebegriff. In: L. ROSENMAYR und SIGURD HÖLLINGER (Hrg.): Soziologie. Forschung in Österreich. Wien 1969 (Böhlaus), S. 149 bis 167.
– Jugend. Stuttgart [2] 1976 (Enke).

ROSENMAYR, LEOPOLD / HALLER, MAX / SZINOVACZ, MAXIMILIANE: Barrieren im beruflichen Aufstieg. Studien über die junge Arbeitnehmerin im Spannungsfeld von Beruf, Haushalt und Familie. Wien 1973 (Bundesministerium für soziale Verwaltung).

ROSENOW, ELIYAHU: What is Free Education? The Educational Significance of Nietzsche's Thought. In: Educational Theory, Vol. 23 (1973), S. 354–370.

ROTE HILFE KARLSRUHE: Gegenwehr zum Schulterror. In: Jahrbuch zum Klassenkampf 1973. Sozialistische Initiativen im kapitalistischen Deutschland. Berlin 1973 (Rotbuch), S. 139–154.

ROTES KOLLEKTIV PROLETARISCHE ERZIEHUNG WESTBERLIN (Hrg.): Soll Erziehung politisch sein? Frankfurt [2]·1970 (März).

ROTH, HEINRICH, Pädagogische Anthropologie. Bd. I: Bildsamkeit und Bestimmung. Hannover 1966 (Schroedel).

ROTH, HEINRICH (Hrg.): Begabung und Lernen. Ergebnisse und Folgerungen neuer Forschungen. Stuttgart 1969 (Klett).

ROTH, WOLFGANG (Hrg.): Kommunalpolitik – für wen? Arbeitsprogramm der Jungsozialisten. Frankfurt 1971 (Fischer).

ROUSSEAU, JEAN-JACQUES: Emile oder über die Erziehung. Herausg. von JOSEF ESTERHUES. Paderborn [3]·1963 (Schöningh).
– Der Gesellschaftsvertrag (1762). Herausg. von HEINRICH WEINSTOCK. Stuttgart 1968 (Reclam).

RÜGEMER, WERNER: Wozu Erziehung und Erziehung wozu? In: Demokratische Erziehung, 4. Jg. (1978), S. 302–312.

RÜSTOW, ALEXANDER: Ortsbestimmung der Gegenwart. Bd. 3: Herrschaft oder Freiheit? Erlenbach-Zürich 1957 (Rentsch).

RUMPF, HORST: Die Misere der höheren Schule. Neuwied 1966 (Luchterhand).
– 40 Schultage. Tagebuch eines Studienrats. Braunschweig 1966 (Westermann).
– Die administrative Verstörung der Schule. Essen 1966 (Neue Deutsche Schule).
– Scheinklarheiten. Sondierungen von Schule und Unterrichtsforschung. Braunschweig 1971 (Westermann).

RYSCHKOWSKY, NIKOLAUS J.: Die linke Linke. München 1968 (Olzog).

SADOUN, KATIA / SCHMIDT, VALERIA / SCHULTZ, EBERHARD (Hrg.): Berliner Kinderläden. Antiautoritäre Erziehung und sozialistischer Kampf. Köln

1970 (Kiepenheuer).
SAMOSCHKIN, J. A. und MOTROSCHILOWA, N. W.: Ist die „kritische Theorie“ Herbert Marcuses wirklich kritisch? In: Sowjetwissenschaft. Gesellschaftswissenschaftliche Beiträge. 1969, Heft 2, S. 127–140.
SAMUELS, STUART: Der „Left Book Club“. In: LAQUEUR, WALTER und MOSSE, GEORGE L. (Hrg.): Linksintellektuelle zwischen den beiden Weltkriegen. München 1967 (Nymphenburger), S. 96–126.
SAUER, KARL: Der utopische Zug in der Pädagogik. Weinheim 1964 (Beltz).
SCHAFF, ADAM: Die funktionelle Definition der Ideologie und das Problem: »Ende des Zeitalters der Ideologie?« In: Conceptus. Zeitschrift für Philosophie, 7. Jg. (1973), Nr. 21/22, S. 65–75.
SCHALLER, KLAUS: Einführung in die kritische Erziehungswissenschaft. In: SCHÄFER, KARL-HERMANN und SCHALLER, KLAUS: Kritische Erziehungswissenschaft und kommunikative Didaktik. Heidelberg 1971 (Quelle und Meyer), S. 9–62.
– Antiautoritäre Erziehung – Sinn u. Grenzen. In: CLASSEN 1973, S. 185–199.
– Einführung in die Kritische Erziehungswissenschaft. Darmstadt 1974 (Wissenschaftliche Buchgesellschaft).
SCHEFFLER, ISRAEL: Die Sprache der Erziehung. Düsseldorf 1971 (Schwann).
SCHEIBE, WOLFGANG: Die Reformpädagogische Bewegung 1900–1932. Weinheim 1969 (Beltz).
SCHELSKY, HELMUT: Anpassung oder Widerstand? Soziologische Bedenken zur Schulreform. Heidelberg 1961 (Quelle und Meyer).
– Abschied von der Hochschulpolitik oder Die Universität im Fadenkreuz des Versagens. Bielefeld 1969 (Bertelsmann).
– Systemüberwindung, Demokratisierung und Gewaltenteilung. Grundsatzkonflikte der Bundesrepublik. München 1973 (Beck).
– Die Arbeit tun die anderen. Klassenkampf und Priesterherrschaft der Intellektuellen. Düsseldorf 1975 (Westdeutscher Verlag).
– Der selbständige und der betreute Mensch. Stuttgart 1976 (Seewald).
SCHEUCH, ERWIN K. (Hrg.): Die Wiedertäufer der Wohlstandsgesellschaft. Eine kritische Untersuchung der „Neuen Linken“ und ihrer Dogmen. Köln ²1969 (Markus).
– Zum Wiedererstehen der Erlösungsbewegungen. In: Der Überdruß an der Demokratie. Köln 1970 (Markus), S. 129–206.
– Kulturintelligenz als Machtfaktor. Intellektuelle zwischen Geist und Politik. Zürich 1974 (Interfrom).
– Gewalt als politisches Kampfmittel in heutigen Industriegesellschaften. In: Hamburger Jahrbuch für Wirtschafts- und Gesellschaftspolitik, 22. Jg. Tübingen 1977 (Mohr), S. 281–314.
SCHEUERL, HANS (Hrg.): Klassiker der Pädagogik. Band II: Von Karl Marx bis Jean Piaget. München 1979 (Beck).
SCHIESS, GERTRUD: Die Diskussion über die Autonomie der Pädagogik. Weinheim 1973 (Beltz).
SCHLAFFKE, WINFRIED und ZABECK, JÜRGEN: Berufsbildungsreform – Illusion und Wirklichkeit. Köln 1975 (Deutscher Instituts-Verlag).
SCHLAMM, WILLIAM S.: Die Grenzen des Wunders. Ein Bericht über Deutschland. Zürich 1959 (Europa).
– Die jungen Herren der alten Erde: Vom neuen Stil der Macht. Stuttgart 1966 (Seewald).
– Vom Elend der Literatur: Pornographie und Gesinnung. Stuttgart 1966 (Seewald).
– Zorn und Gelächter: Zeitgeschichte aus spitzer Feder. München 1977 (Langen Müller).

SCHLEIERMACHER, FRIEDRICH: Pädagogische Schriften. Herausg. von ERICH WENIGER. Bd. 1, Düsseldorf 1957 (Küpper).

SCHMID, JAKOB R.: Freiheitspädagogik. Schulreform und Schulrevolution in Deutschland (1936). Reinbek 1973 (Rowohlt).

SCHMIDT, HEINRICH-JOACHIM: Zur Fragwürdigkeit einiger Konzeptionen nicht-autoritärer politischer Erziehung. In: Ästhetik und Kommunikation, Heft 12 (1973), S. 53–61.

SCHMIDT, MONIKA: Der „mündige" Gesamtschüler – Ein Mündel des Kapitals? Ökonomische Bedingungen zur Realisierung von Gesamtschulen und ihre Auswirkungen auf die Berufsvorbereitung der Schüler. In: betrifft: erziehung, 5. Jg. (1972), Heft 8, S. 32–39.

– Materialien zur Arbeitsfeldanalyse des Lehrberufs. (Reihe Roter Pauker, Heft 5) Offenbach 3·1973 (Verlag 2000).

– Berufsperspektive: Lehrer. Konfliktfeld Schule. In: betrifft: erziehung, 7. Jg. (1974), Heft 2, S. 15–21.

SCHNEIDER, MICHAEL: Gegen den Linken Dogmatismus, eine »Alterskrankheit" des Kommunismus. In: Kursbuch 25 (1971), S. 73–121.

SCHNEIDER, PETER: Bericht über eine Berliner Volksschule. In: Kursbuch 24 (1971), S. 61–81.

SCHOECK, HELMUT: Vorsicht Schreibtischtäter. Politik und Presse in der Bundesrepublik. Stuttgart 1972 (Seewald).

– Die Lust am schlechten Gewissen. Freiburg 1973 (Herder).

– Der Neid und die Gesellschaft. Freiburg 3·1973a (Herder).

– Schülermanipulation. Freiburg 1976 (Herder).

– Das Recht auf Ungleichheit. München 1979 (Herbig).

SCHÖNBOHM, WULF: Linksradikale Gruppen im Lehrlingsbereich. In: Aus Politik und Zeitgeschichte. Beilage zur Wochenzeitung Das Parlament. B 51/1972.

SCHOEPS, HANS-JOACHIM: Deutschland droht die Anarchie. Mainz 1972 (Hase und Koehler).

SCHÖRKEN, ROLF (Hrg.): Curriculum „Politik". Von der Curriculumtheorie zur Unterrichtspraxis. Opladen 1974 (Leske).

SCHRENCK-NOTZING, CASPAR VON: Charakterwäsche. Die amerikanische Besatzung in Deutschland und ihre Folgen. Stuttgart 1965 (Seewald).

– Zukunftsmacher. Die neue Linke in Deutschland und ihre Herkunft. Stuttgart 1968 (Seewald).

– Demokratisierung. Konfrontation mit der Wirklichkeit. München 1972 (Langen Müller).

– Honoratiorendämmerung. Das Versagen der Mitte. Stuttgart 1973 (Seewald).

SCHRÖER, THOMAS: Jungsozialisten zur Mitbestimmung in der Wirtschaft. In: GANSEL, NORBERT (Hrg.): Überwindet den Kapitalismus oder Was wollen die Jungsozialisten. Reinbek 1971 (Rowohlt), S. 172–182.

SCHULZ, WOLFGANG: Revision der Didaktik. In: betrifft: erziehung, 5. Jg. (1972), Heft 6, S. 19–32.

– Unterrichtsplanung. München 1980. (Urban und Schwarzenberg).

SCHUMPETER, JOSEPH A.: Kapitalismus, Sozialismus und Demokratie. München 3·1972 (Francke).

SEARS, ROBERT R. / MACCOBY, ELEANORE E. / LEVIN, HARRY: Patterns of Child Rearing. Evanston, Illinois 1957 (Row, Peterson).

SEIFERT, MONIKA: Antiautoritäre Erziehung. In: FRAIBERG, S. H.: Das verstandene Kind. Hamburg 1969 (Hoffmann und Campe), S. 305–317.

SENECA: Vom wahren Leben. Ausgewählte Schriften. Herausg. von GERHARD STENZEL, o. O., o. J. (Mohn).

SEWIG, NIELS J.: Einige Bemerkungen und Materialien zur Situation der Sexualerziehung in der Bundesrepublik. In: Ästhetik und Kommunikation, 2. Jg. (1971), Heft 3, S. 5–11.

SEWIG, NIELS, J. und KULKE, CHRISTINE: Sexualerziehung ohne Sexualität? In: BECK und SCHMIDT 1970, S. 159–162.

SIELSKI, GERHARD: Auseinandersetzung mit kleinbürgerlich-revolutionistischen Erziehungsauffassungen der „Neuen Linken". In: Pädagogik, 27. Jg. (1972), S. 1048–1056.

– Kritik der „antiautoritären" Erziehung. Ein Beitrag zur Analyse kleinbürgerlich-revolutionistischer Erziehungsauffassungen. Berlin 1977 (Volk und Wissen).

SIGUSCH, VOLKMAR und SCHMIDT, GUNTER: Jugendsexualität. In: SIGUSCH, V. (Hrg.): Ergebnisse zur Sexualmedizin. Köln 1972 (Wissenschafts-Verlag), S. 113–133.

SKINNER, BURPHUS FREDERIC: Wissenschaft und menschliches Verhalten. München 1973 (Kindler).

SKOWRONEK, HELMUT (Hrg.): Umwelt und Begabung. Stuttgart 1973 (Klett).

SLATER, PHIL: Origin and Significance of the Frankfurt School. A Marxist Perspective. London 1977 (Routledge and Kegan Paul).

SOLSCHENIZYN, ALEXANDER: Der Archipel GULAG. 2 Bände, Bern 1974 (Scherz).

SOMBART, WERNER: Sozialismus und soziale Bewegung im 19. Jahrhundert (1896). Wien 1966 (Europa).

– Der proletarische Sozialismus („Marxismus"). 2 Bände, Jena [10]1924 (Gustav Fischer).

SONTHEIMER, KURT: Das Elend unserer Intellektuellen. Linke Theorie in der Bundesrepublik Deutschland. Hamburg 1976 (Hoffmann und Campe).

SOROKIN, PITRIM A.: Die Krise unserer Zeit. Ihre Entstehung und Überwindung. Frankfurt 1950 (Henrich).

SOZIALISTISCHES BÜRO (Hrg.): Für eine neue sozialistische Linke. Analysen, Strategien, Modelle. Frankfurt 1973 (Fischer).

SPAEMANN, ROBERT: Autonomie, Mündigkeit, Emanzipation. Zur Ideologisierung von Rechtsbegriffen. In: OPPOLZER, SIEGFRIED (Hrg.): Erziehungswissenschaft 1971 zwischen Herkunft und Zukunft der Gesellschaft. Wuppertal 1971 (Henn), S. 317–324.

– Die Utopie der Herrschaftsfreiheit. In: Merkur, 26. Jg. (1972), S. 735–752.

– Emanzipation – ein Bildungsziel? In: Zur Kritik der politischen Utopie. Stuttgart 1977 (Klett), S. 142–157.

SPALL, PETER VON: Übersicht deutschsprachiger Periodika der unabhängigen sozialistischen Linken. Offenbach 1973 (Verlag 2000).

SPRANGER, EDUARD: Die Verschulung Deutschlands. In: Die Erziehung, 3. Jg. (1927/28), S. 273–284.

SPREY, THEA: Kompensatorische Erziehung. In: WEHLE, GERHARD (Hrg.): Pädagogik aktuell. Lexikon pädagogischer Schlagworte und Begriffe. Bd. 1, München 1973 (Kösel), S. 106–108.

STEIGERWALD, ROBERT: Herbert Marcuses dritter Weg. Köln 1969 (Pahl-Rugenstein).

STEINBACH, E.: Emanzipation. In: Die Religion in Geschichte und Gegenwart. Bd. 2, Tübingen [3]1958 (Mohr), Sp. 450–453.

STEINBUCH, KARL: Kurskorrektur. Stuttgart 1973 (Seewald); 1974 (dtv).

– Ja zur Wirklichkeit. Stuttgart 1975 (Seewald).

Stern, Fritz: Kulturpessimismus als politische Gefahr. Eine Analyse nationaler Ideologie in Deutschland. Stuttgart 1963 (Scherz).

Stichweh, Hermann: Jungsozialisten zur Bildungspolitik. In: Gansel, Norbert (Hrg.): Überwindet den Kapitalismus oder Was wollen die Jungsozialisten? Reinbek 1971 (Rowohlt), S. 151–165.

Stirner, Max: Das unwahre Prinzip unserer Erziehung oder Der Humanismus und Realismus (1842). In: Der Einzige und sein Eigentum und andere Schriften. Herausg. von Hans G. Helms. München 1968 (Hanser), S. 7–23.

– Der Einzige und sein Eigentum (1844). Stuttgart 1972 (Reclam).

Strasser, Hermann: Abbau sozialer Ungleichheit durch vermehrte Ausbildung? Zur Soziologie von Ausbildung und sozialer Mobilität. In: IBE-Bulletin, Bildungsforschung und Entwicklungshilfe, Heft 14 (1973), S. 36–52.

Streithofen, Heinrich B.: Die Familie im Schulbuch. Walberberg 1980 (Institut für Gesellschaftswissenschaften).

Strohal, Richard: Autorität. Ihr Wesen und ihre Funktion im Leben der Gemeinschaft. Freiburg 1955 (Herder).

Stubenrauch, Herbert: Die Gesamtschule im Widerspruch des Systems. Zur Erziehungstheorie der integrierten Gesamtschule. München 1971 (Juventa).

– Arbeitsplatz Schule – Typische Situationen aus der Praxis. In: Informationsdienst des Sozialistischen Lehrerbundes im Sozialistischen Büro. Nr. 16 (1974), S. 48–70.

Stübig, Frauke: Erziehung zur Gleichheit. Konzepte der »éducation commune« in der Französischen Revolution. Ravensburg 1974 (Otto Maier).

Stütz, Gisela (Hrg.): Das Handwerk als Leitbild der deutschen Berufserziehung. Göttingen 1969 (Vandenhoeck).

Suchodolski, Bogdan: Grundlagen der marxistischen Erziehungstheorie. Warschau und Berlin 1961 (Deutscher Verlag der Wissenschaften).

Süssmuth, Hans (Hrg.): Geschichtsunterricht ohne Zukunft? Stuttgart 1972 (Klett).

Szczesny, Gerhard: Das sogenannte Gute. Vom Unvermögen der Ideologen. Reinbek 1971 (Rowohlt).

– Die Disziplinierung der Demokratie oder Die vierte Stufe der Freiheit. Reinbek 1974 (Rowohlt).

Talmon, Jacob Laib: Die Ursprünge der totalitären Demokratie. Köln 1961 (Westdeutscher Verlag).

– Politischer Messianismus. Die romantische Phase. Köln 1963 (Westdeutscher Verlag).

Tenbruck, Friedrich H.: Zur Kritik der planenden Vernunft. Freiburg 1972 (Alber).

– Fragliches in unserer gesellschaftlichen Entwicklung. In: Contact. Bildungspolitisches Forum der Wirtschaft. 13. Jg. (1973), Heft 1/2, S. 23–34.

Tocqueville, Alexis de: Der alte Staat und die Revolution. Reinbek 1969 (Rowohlt).

Topitsch, Ernst: Die Freiheit der Wissenschaft und der politische Auftrag der Universität. Neuwied 1968 (Luchterhand).

– Machtkampf und Humanität. In: Gottwerdung und Revolution. Beiträge zur Weltanschauungsanalyse und Ideologiekritik. Pullach 1973 (Dokumentation), S. 135–217.

Tybl, Rolf und Walter, Hellmuth (Hrg): Handbuch zum Unterricht: Modelle emanzipatorischer Praxis. Grundschule. Starnberg 1973 (Raith).

ULICH, DIETER (Hrg.): Theorie und Methode der Erziehungswissenschaft. Probleme einer sozialwissenschaftlichen Pädagogik. Weinheim 1972 (Beltz).
ULLSTEIN LEXIKON DER DEUTSCHEN SPRACHE. Frankfurt 1969 (Ullstein).

VISUELLE KOMMUNIKATION, ADHOC-GRUPPE FRANKFURT: Visuelle Kommunikation. Zur gesellschaftlichen Begründung eines neuen Unterrichtsfaches. In: Ästhetik und Kommunikation, 1. Jg. (1970), Heft 1, S. 16–21.
VOETS, STEPHAN (Hrg.): Sozialistische Erziehung. Texte zur Theorie und Praxis. Hamburg 1972 (Hoffmann und Campe).
VOGEL, MARTIN RUDOLF: Erziehung im Gesellschaftssystem. München 1970 (Juventa).
– Einführung in die Soziologie der Erziehung. In: BECK, JOHANNES u. a.: Erziehung in der Klassengesellschaft. München 1970a (List), S. 249–257.
VOGT, HARTMUT: Bildung für die Zukunft. Entwicklungstendenzen im deutschen Bildungswesen in West und Ost. Göttingen 1967 (Vandenhoeck).
– Bildung und Erziehung in der DDR. Stuttgart 1969 (Klett).
VOGT, JOCHEN: Für die „Kinder der schweigenden Mehrheit“. In: KÖHLER und REUTER 1973, S. 140–145.
VOIGT, BODO: Der Streit um die Rahmenrichtlinien in Hessen als Modell für die Interpretation bildungspolitischer Auseinandersetzungen. In: Ästhetik und Kommunikation, 4. Jg. (1973), Heft 13, S. 5–16.
– Thesen zum bildungspolitischen Verhalten gegenüber den Hessischen Rahmenrichtlinien Gesellschaftslehre. In: Ästhetik und Kommunikation, 5. Jg. (1974), Heft 15/16, S. 120–133.
VOLKERSEN, ROSEMARIE: Antiautoritäre Erziehung. In: RAUCH und ANZINGER 1973, S. 25–28.

WAELDER, ROBERT: Fortschritt und Revolution. Stuttgart 1970 (Klett).
WALLRAVEN, KLAUS und DIETRICH, ECKART: Politische Pädagogik. Aus dem Vokabular der Anpassung. München 2·1971 (Hanser).
WALTER, HELLMUTH: Emanzipatorische Erziehung: Versuch einer allgemeinen Begriffsklärung. In: RAITH 1973, S. 9–26.
WALTHER, HELMUT: Die verfassungsfeindliche Bewußtseinsbildung durch öffentlich-rechtliche Rundfunkanstalten. Amorbach 1973 (Studiengesellschaft für staatspolitische Öffentlichkeitsarbeit).
WATRIN, CHRISTIAN: Spätkapitalismus? In: SCHEUCH 1969, S. 40–61.
WATSON, JOHN BROADUS: Behaviorismus (1930). Köln 1968 (Kiepenheuer).
WEBER, ERICH: Autorität im Wandel. Autoritäre, antiautoritäre und emanzipatorische Erziehung. Donauwörth 1974 (Auer).
WEBER, HERMANN: Das Prinzip Links. Eine Dokumentation. Beiträge zur Diskussion des demokratischen Sozialismus in Deutschland 1847–1973. o. O. 1973 (Fackelträger).
WEHLE, GERHARD: Emanzipation. In: Pädagogik aktuell. Lexikon pädagogischer Schlagworte und Begriffe. Bd. 1, München 1973 (Kösel), S. 43–45.
WEIGT, PETER (Hrg.): Revolutions-Lexikon. Taschenbuch der außerparlamentarischen Aktion. Frankfurt 1968 (Bärmeier u. Nikel).
WEIL, SIMONE: Die Einwurzelung. München 1956 (Kösel).
WEILER, JOACHIM und FREITAG, ROLF: Ausbildung statt Ausbeutung. Der Kampf der Essener Lehrlinge. Reinbek 1971 (Rowohlt).
WEIS, EBERHARD: Liberalismus und Totalitarismus in den Erziehungsplänen des französischen Nationalkonvents 1792–1793. In: Historisches Jahrbuch, 74. Jg. (1955), S. 383–393.

WEISS, ANDREAS VON: Die Neue Linke. Kritische Analyse. Boppard 1969 (Boldt).
– Neomarxismus. Die Problemdiskussion im Nachfolgemarxismus der Jahre 1945 bis 1970. Freiburg 1970 (Alber).
WELLENDORF, FRANZ: Zur Situation des höheren Schülers in Familie und Schule. In: LIEBEL, MANFRED und WELLENDORF: Schülerselbstbefreiung. Frankfurt 3.1970 (Suhrkamp), S. 11–91.
– Schulische Sozialisation und Identität. Zur Sozialpsychologie der Schule als Institution. Weinheim 2.1974 (Beltz).
WENDT, WOLF RAINER: Pädagogik der Emanzipation. In: Sozialpädagogik, 13. Jg. (1971), S. 98–103.
WENIGER, ERICH: Die Eigenständigkeit der Erziehung in Theorie und Praxis. Weinheim 1953 (Beltz).
WERDER, LUTZ VON: Von der antiautoritären zur proletarischen Erziehung. Ein Bericht aus der Praxis. Frankfurt 1972 (Fischer).
– Sozialistische Erziehung in Deutschland. Geschichte des Klassenkampfes um den Ausbildungssektor 1848–1973. Frankfurt 1974 (Fischer).
WERDER, LUTZ VON und WOLFF, REINHART (Hrg.): Schulkampf. Dokumente und Analysen. Bd. 1, Frankfurt 1970 (März).
WETTER, GUSTAV A.: Sowjetideologie heute. I: Dialektischer und historischer Materialismus. Frankfurt 1962 (Fischer).
WEYER, HARTMUT: MSB Spartakus. Von der studentischen Protestbewegung zum Klassenkampf. Stuttgart 1973 (Seewald).
WHYTE, WILLIAM H.: Herr und Opfer der Organisation. (The Organization Man). Düsseldorf 1958 (Econ).
WILFERT, OTTO: Lästige Linke. Ein Überblick über die außerparlamentarische Opposition der Intellektuellen, Studenten und Gewerkschaften. Mainz 3.1968 (Asche).
WILHELM, THEODOR: Jenseits der Emanzipation. Pädagogische Alternativen zu einem magischen Freiheitsbegriff. Stuttgart 1975 (Metzler).
– Die Rede vom Partner. Über soziale Einstellungen der Zukunft. Zürich 1980 (Interfrom).
WILLIAMS, DUNCAN: Trousered Apes. A study in the influence of literature on contemporary society. London 1971 (Churchill Press).
WINKEL, RAINER: Das Ende der Schule oder: Alternativprogramme im Spätkapitalismus. München 1974 (List).
WINTERHAGER, WOLFGANG DIETRICH: Lehrlinge – die vergessene Majorität. Weinheim 1970 (Beltz).
WITSCHEL, GÜNTER: Die Erziehungslehre der Kritischen Theorie. Darstellung und Kritik. Bonn 1973 (Bouvier).
WOLFF, REINHART: Erziehung ohne Zwang? Über einige Grundfragen antiautoritärer sozialistischer Erziehung (1970). In: KRON 1973, S. 16–26.
– Probleme gegenwärtigen Familienlebens. Anmerkungen zum Verhältnis von Familie und bürgerlicher Gesellschaft. In: Ästhetik und Kommunikation, Heft 12 (1973), S. 47–52.
WOOD, JAMES L.: New Left Ideology: Its Dimensions and Development. (American Politics Series, Vol. 2, No. 04-022), Beverly Hills 1975 (Sage).
WUDTKE, HUBERT: Kritik der anti-autoritären Erziehung. In: DEHM, DIETER (Hrg.): Schulreport. Frankfurt 1971 (Melzer), S. 199–241.
WULF, CHRISTOPH (Hrg.): Kritische Friedenserziehung. Frankfurt 1973 (Suhrkamp).
– (Hrg.): Wörterbuch der Erziehung. München 1974 (Piper).
– Theorien und Konzepte der Erziehungswissenschaft. München 1977 (Juventa).

ZABECK, JÜRGEN: Wissenschaftsorientiertheit als bildungstheoretische Kategorie. Zum Problem der Integration von Allgemeinbildung und Berufsbildung. In: Die Deutsche Berufs- und Fachschule, 69. Jg. (1973), S. 563–577.

ZDARZIL, HERBERT: Zur emanzipatorischen Sexualpädagogik. In: Pädagogische Rundschau, 27. Jg. (1973), S. 769–782.

ZEIDLER, KURT: Die Wiederentdeckung der Grenze. Beiträge zur Formgebung der werdenden Schule. Jena 1926 (Diederichs).

ZENKE, KARL: Pädagogik – Kritische Instanz der Bildungspolitik? Zur technischen und emanzipatorischen Relevanz der Erziehungswissenschaft. München 1972 (List).

ZENTRALRAT DER SOZIALISTISCHEN KINDERLÄDEN WEST-BERLIN: Anleitung für eine revolutionäre Erziehung, Nr. 3: Erziehung und Klassenkampf (mit 140 Seiten Bibliographie). Berlin 1969 (Kinderladen Schöneberg).

ZIGLER, EDWARD und CHILD, IRVIN L.: Socialisation. In: LINDZEY, GARDNER und ARONSON, ELLIOT (Hrg.): The Handbook of Social Psychology. Second Edition. Vol. III, Reading, Mass. 1969 (Addison-Wesley), S. 450–589.

Die einschlägigen *Artikel aus den deutschsprachigen Tages- und Wochenzeitungen* werden seit 1975 im Faksimile-Druck in folgender wöchentlich erscheinender Publikation gesammelt:
»Pressespiegel Bildungspolitik«, herausgegeben vom Bund Freiheit der Wissenschaft e. V., Postfach 170128, 5300 Bonn 1.

Personenregister

Abendroth, Wolfgang 37
Adam, Horst 214, 215
Adorno, Theodor W. 36, 37, 74, 75, 95, 101, 102, 124, 137, 169
Agnoli, Johannes 45
Ahlberg, René 35, 74
Ahlheim, Rose 143
Albert, Hans 74, 224
Allerbeck, Klaus R. 241
Allport, Gordon W. 110
Alt, Robert 87
Altvater, Elmar 95, 132
Amendt, Günter 39, 175, 178, 179
Andersen, Bo Dan 175
Andics, Hellmut 21
Anweiler, Oskar 230
Anzinger, Wolfgang 100, 109, 116, 118, 146, 177
Apelt, Otto 247
Aron, Raymond 44, 115, 224
Aronfreed, Justin 169
Aronson, Elliot 254
Auernheimer, Georg 95, 99
Axmacher, Dirk 143

Babeuf, Francois N. 52
Bach, Kurt Richard 216
Baer, Ulrich 199, 200
Bärwald, Helmut 22
Baethge, Martin 95, 132, 134, 139
Bahr, Ehrhard 241
Barth, Kuno 39, 177
Bartsch, Günter 39
Bath, Herbert 151, 224
Bauermann, Rolf 61, 62, 63
Baumgartner, Alex 104
Beck, Johannes 41, 68, 69, 70, 96, 98, 137, 146, 147, 188, 189, 190, 196, 198, 216
Becker, Egon 96, 132, 200
Becker, Horst 217
Becker, Wesley C. 169
Beise, Karl Walter 199
Benner, Dietrich 76
Berg, Christa 132
Berger, Peter L. 245
Bergmann, P. M. 247
Bergmann, Uwe 35
Berndt, Elin-Birgit 41, 200
Berndt, Heide 185
Bettelheim, Bruno 30
Beutler, Kurt 126, 166, 167, 171, 214
Bilstein, Helmut 7, 64
Blankertz, Herwig 95, 146, 147, 149, 194, 195
Bloch, Ernst 74
Bochenski, Joseph M. 22, 165
Böckenförde, Ernst Wolfgang 206
Böhnisch, Lothar 230
Bönner, Karl Heinz 126, 186
Bois-Reymond, Manuela du 112
Bookhagen, Christel 126, 176
Borrmann, Rolf 216
Bott, Gerhard 185
Bourdieu, Pierre 191
Bourges, Hervé 35
Brandt, Peter 58
Breddermann, Hanjo 216
Breiteneicher, Hille Jan 173, 185
Breitenstein, Desiderius 91
Brezinka, Wolfgang 7, 53, 66, 67, 75, 88, 109, 112, 116, 146, 151, 152, 164, 199, 224, 225
Briese, Volker 132, 188, 198
Bronfenbrenner, Urie 112, 187, 217
Brosch, Peter 143
Bruder, Klaus-Jürgen 100
Brückner, Peter 46, 56, 96, 126, 127, 128, 129, 147, 155, 184, 220, 221
Brüggemann, Wolfgang 202
Bubner, Rüdiger 74
Büchner, Peter 132
Bühlow, Gesine 193
Büssow, Jürgen 143
Büttenbender, Gerhard 244
Bunke, Kurt 42, 100
Burckhardt, Jacob 35, 120
Burger, Angelika 234
Busch, Friedrich W. 217
Bussiek, Hendrik 53, 109, 115, 150, 221
Butterhof, Hans-Wolf 96

Caute, David 27
Child, Irving L. 169
Claesson, Bent H. 177
Classen, Johannes 165
Claussen, Bernhard 153
Clemenz, Manfred 231
Cohen, Mitchell 31
Cohn, Jonas 87
Coleman, James S. 112
Combe, Arno 96, 130, 137, 190
Condorcet, Marie J. A. N. C. 87
Cooper, David 244
Correll, Werner 235
Cube, Felix von 226

Dahmer, Ilse 234
Dahrendorf, Ralf 43, 118
Damm, Diethelm 143
Dannenmann, Christopher 245
Dehm, Dieter 254
Deissler, Hans Herbert 112
Denney, Reuel 248
Deppe, Frank 50
Deppe-Wolfinger, Helga 234
Derbolav, Josef 240
Deutz, Monica 5
DeVitis, Joseph L. 48
Dewey, John 79, 82, 83, 84, 85, 86, 166
Dirks, Walter 37
Dietrich, Eckart 117, 118
Dietrich, Theo 86
Dittberner, Jürgen 238
Döring, Klaus Wolf 91
Dollinger, Hans 27
Draper, Hal 31
Drechsel, Wiltrud Ulrike 88
Dutschke, Rudi 35, 50

Ebbinghausen, Rolf 238
Ebel, Heinrich 138
Eberle, Walter 46
Ebert, Theodor 188, 221
Eisermann, Gottfried 247
Eisermann, Walter 87, 170
Eisert, Walter 54
Engelmayer, Otto 165, 170
Engels, Friedrich 57, 81, 91, 127, 161, 183, 184
Ennis, Robert 242
Erler, Gernot 5
Erlinghagen, Karl 165
Esterhues, Josef 251
Eucken-Erdsiek, Edith 224
Evers, Karl-Heinz 70, 192, 193
Eysenck, Hans Jürgen 108, 113

Fackiner, Kurt 210
Feidel-Mertz, Hildegard 143
Feil, Johannes 126
Fend, Helmut 169
Ferree, George 84
Feuerstein, Thomas 76, 103
Fichte, Johann Gottlieb 79, 88, 186
Fischer, Arthur 189
Fischer, Kurt Gerhard 95, 152, 153, 154
Flechtheim, Ossip F. 5
Flitner, Wilhelm 75, 76, 86
Flügge, Johannes 235
Forsthoff, Ernst 205
Fourier, Charles 88, 89, 186
Fraiberg, S. H. 251
Freire, Paolo 70, 96
Freitag, Rolf 140, 141
Frenkel-Brunswik, Else 230
Freud, Anna 83, 170, 176
Freud, Sigmund 79, 82, 106, 114, 127, 174, 176
Freyberg, Doris u. Thomas von 180
Freydorf, Karl 39
Friedeburg, Ludwig von 187, 196, 197
Friedl, Alfred 196
Frischeisen-Köhler, Max 76
Frister, Erich 42
Froese, Leonhard 160, 213, 214, 215, 216
Fromm, Erich 122
Fürstenau, Peter 131

Gamm, Hans-Jochen 67, 68, 71, 72, 73, 76, 95, 96, 97, 98, 99, 105, 107, 110, 137, 146, 147, 148, 151, 158, 159, 160, 161, 170, 171, 176, 184, 198, 199, 214, 216
Gansel, Norbert 40, 41, 60
Gaudig, Hugo 86
Gehlen, Arnold 12, 23, 29, 151, 224
Geisler, Ulrich 61, 63, 74, 214
Geissler, Erich E. 224
George, Siegfried 210
Gerhardt, Volker 185, 186
Giese, Hans 177
Giesecke, Hermann 95, 114, 121, 143, 154, 170, 185
Gintis, Herbert 132
Glazer, Nathan 248
Gmurman, W. J. 242
Götz, Bernd 84
Gollancz, Victor 27
Gollwitzer, Helmuth 37
Goodman, Paul 95
Gorz, André 6, 40, 41, 50, 53, 58, 133, 135, 136, 182, 221
Gottschalch, Wilfried 96, 98, 109, 125, 127, 133, 137, 138, 147, 160
Grant, Nigel 215
Greiffenhagen, Martin 151, 152
Grösch, Dieter 244
Günther, Karl-Heinz 247
Günther-Thoma, Karin 143
Gundlach, Wolfgang 231

Habermas, Jürgen 5, 6, 35, 47, 68, 74, 75, 101, 103, 150, 153

Haensch, Dietrich 125, 126
Hänsel, Dagmar 194
Häse, Volker 41
Hage, Peter 132
Halbfas, Hubertus 37, 38
Hale, Dennis 31
Haller, Max 249
Hanke, Irma 217
Hansen, Søren 230
Hartfiel, Günter 239, 248
Hartwich, Hans-Hermann 200
Hartwig, Jürgen 216
Haug, Hans-Jürgen 39, 54, 130, 140, 141, 142, 143, 147, 174, 177
Hayek, Friedrich August 54, 224
Hazard, Paul 147, 165
Hegel, Georg Friedrich Wilhelm 79
Heimann, Horst 39
Heinemann, Karl-Heinz 99
Heinisch, Franz 114, 215
Heinsohn, Gunnar 143
Heitkämper, Peter 75
Helms, Hans G. 61, 62, 81
Helvetius, Claude Adrien 78, 101
Hemmer, Eike 232
Hengst, Heinz 194, 200
Hennis, Wilhelm 35, 55, 224
Hentig, Hartmut von 95, 107, 109, 112, 114, 115, 116, 118, 119, 131, 132, 147, 150, 153, 157
Henze, Regina 238
Herbart, Johann Friedrich 77
Herrnstein, Richard J. 113
Hesse, Hans Albrecht 239
Heydorn, Heinz-Joachim 96, 99, 107, 114, 119, 136, 137, 147, 189, 190, 191, 195, 197, 198
Hildebrand, Dietrich von 155
Hilligen, Wolfgang 210
Hindels, Josef 30
Hirsch, Jerry 113
Hitpass, Josef 191
Hobbes, Thomas 23
Hochheimer, Wolfgang 115, 121, 125, 126, 128
Hochkeppel, Willy 26, 40
Höchstetter, Wilhelm K. 131
Hölzle, Erwin 22
Hömig, Herbert 203
Hoffmann, Dietrich 68, 76, 213
Hoffmann, M. L. und L. W. 231
Hofmann, Hans-Georg 160, 163, 214
Hollstein, Walter 143
Holzkamp, Klaus 109
Honecker, Margot 21
Hopf, Wulf 233
Horkheimer, Max 36, 37, 74, 122, 123, 124, 125, 127, 129, 187
Horn, Klaus 128
Huber, Monika 234
Huden, Daniel P. 5
Hübner, Christoph 140, 142
Hübner, Monika 231
Hülsemann, Wilfried 230
Huisken, Freerk 96, 132, 137
Huizinga, Johan 45
Huyn, Hans 21

Illich, Ivan 70, 131, 132
Ivo, Hubert 41, 210

Jacobs, Paul 27, 31, 32, 33, 34
Jaeggi, Urs 46, 125
Jansohn, Heinz 45
Jaspers, Karl 45
Jeismann, Karl-Ernst 203
Jencks, Christopher 112, 191
Jensen, Arthur R. 108, 113
Jensen, Jesper 230
Jochimsen, Luc 236
Jouhy, Ernest 95, 137
Jouvenel, Bertrand de 224
Jungblut, Gerd 132

Kaase, Max 35
Kahl, Reinhard 147
Kainz, Friedrich 54, 105
Kalb, Peter E. 97, 104
Kalow, Gert 56
Kaltenbrunner, Gerd-Klaus 7, 224
Kammari, M. D. 74
Kant, Immanuel 16
Kanz, Heinrich 238
Kapczynski, Helmut 230
Kappeler, Manfred 230
Keniston, Kenneth 31
Kennan, George F. 31, 34, 35
Kentler, Helmut 95, 175, 176, 180
Kerlinger, Fred N. 83, 85, 169
Kernig, Claus D. 5
Kerstiens, Ludwig 151
Key, Ellen 79, 81, 82, 166
Kipp, Martin 141, 142
Kirchknopf, Géza 126, 185
Klafki, Wolfgang 6, 68, 76, 95, 114, 147, 153, 154
Klauer, Karl Josef 112
Kleinberger, Aharon Fritz 112

Klingberg, Lothar 215
Kluke, Paul 157
Kluthe, Walter 96, 99
Knepper, Herbert 195
Koch, Friedrich 95
Köhler, Gerd 202
König, Helmut 91
König, René 249
Kogon, Eugen 37
Kolakowski, Leszek 27, 28
Kolnai, Aurel 7
Komisar, B. Paul 77
Koneffke, Gernot 96, 132, 133, 134, 136, 148
Korff, H. A. 156
Koroljow, F. F. 242
Kosthorst, Erich 203
Kramer, Horst 74
Kramp, Wolfgang 201
Kraushaar, Wolfgang 5
Krieck, Ernst 74
Kron, Friedrich W. 165
Kuckartz, Wilfried 170, 187
Kudritzki, Gerhard 86
Kühnel, Reiner 188
Kühnl, Reinhard 6
Küng, Emil 224
Künzli, Arnold 30, 74
Kulke, Christine 178
Kunert, Hubertus 73
Kunze, Jürgen 42
Kupffer, Heinrich 91

Lahann, Birgit 192
Landau, Saul 27, 31, 32, 33, 34
Landmann, Salcia 47, 115
Lane, David 58
Langguth, Gerd 39, 64, 65
Laqueur, Walter 249
Laufs, Joachim 202
Lefèvre, Wolfgang 35
Leibfried, Stephan 35
Lemberg, Eugen 22, 24
Lempert, Wolfgang 95, 113, 138, 150, 154, 155, 157, 195
Lenin, Wladimir I. 21, 34, 127
Leonhard, Wolfgang 22
Lepeletier, Michel 87
Lepenius, Wolf 246
Lett, Hubert 199
Levin, Harry 169
Levinson, Daniel J. 230
Levy, David 7
Lewytzkyj, Borys 21
Liebel, Manfred 39, 59, 96, 130, 140, 142, 143, 147, 159, 173
Liegle, Ludwig 217
Lindner, Gustav Adolf 238
Lindzey, Gardner 254
Lingelbach, Karl Christoph 74, 99
Lipset, Seymour M. 31
Lochner, Rudolf 75
Locke, John 110
Löwenstein, Julius I. 27
Löwenthal, Richard 35, 46, 162, 224
Long, Priscilla 26, 31
Lorenz, Konrad 113, 227
Luce, Philipp Abbott 26
Lübbe, Hermann 35, 202, 203, 204, 224
Lüers, Ulf 143
Lutz, Burkart 138
Luxemburg, Rosa 34, 127

Maccoby, Eleanore 169
Maessen, Hubert 39, 54, 130, 140, 141, 142, 143, 147, 175, 177
Mager, Friedrich 35
Maier, Hans 35, 224
Malaparte, Curzio 40
Man, Hendrik de 45
Mann, Golo 209, 224
Mannheim, Karl 14, 15, 24, 223, 224
Mannschatz, Eberhard 217
Marcuse, Herbert 45, 46, 47, 48, 49, 50, 51, 52, 55, 56, 60, 61, 74, 116, 158, 214
Markert, Werner 107, 143, 147
Markowić, Mihailo 6, 30, 220, 221
Martin, Alfred von 79
Marx, Karl 6, 28, 34, 57, 75, 79, 81, 90, 91, 101, 127, 153, 161
Marzahn, Christian 230
Masuch, Michael 132
Matthiesen, Hayo 192
Mauff, Rolf 233
McClellan, James E. 77
Meiklejohn, Alexander 84
Meinhof, Ulrike Marie 143
Meinhold, Marianne 143
Menne, Albert 165, 166
Merkelbach, Valentin 41, 208, 210
Merton, Robert K. 243
Meves, Christa 224
Mieskes, Hans 217
Milhoffer, Petra 126
Mills, C. Wright 27, 28, 33, 34, 40
Minssen, Friedrich 202
Mitscherlich, Alexander 56
Mitter, Wolfgang 245

Mohler, Armin 25, 29, 180, 224
Mollenhauer, Klaus 73, 95, 114, 117, 118, 119, 146, 147, 154
Molnar, Thomas 26, 30, 36, 44, 84, 85, 224
Mommsen, Theodor 152
Monnerot, Jules 46
Montaigne, Michel de 201, 212
Moore, Barrington 244
Morelly 78
Mosler, Peter 35
Mosse, George L. 249
Motroschilowa, N. W. 62
Müller, Emil-Peter 40, 41
Müller, Hermann 231
Müller, Jochen 244
Münch, Joachim 138

Nagel, Klaus 233
Neemann, Ursula 170
Negt, Oskar 96, 98, 143, 155
Neill, Alexander Sutherland 166, 174, 175
Nelson, Leonard 156, 157
Nenning, Günther 6, 28
Neuhaus, Richard John 31, 32, 33, 56
Neumann-Schönwetter, Marina 237
Nevermann, Knut 42, 116
Nicolin, Friedhelm 240
Niemöller, Martin 37
Nietzsche, Friedrich 16, 46, 49, 79, 82, 114, 211, 223
Nipperdey, Thomas 202, 203, 224
Nisbet, Robert A. 243
Nitzschke, Volker 41, 210
Nohl, Herman 75, 87
Nolte, Helmut 113
Nordberg, Robert B. 110
Nyssen, Elke 210
Nyssen, Friedhelm 72, 73, 96, 132, 171, 173, 174

Oakeshott, Michael 7
Oelschlägel, Dieter 151
Opaschowski, Horst W. 38
Oppolzer, Siegfried 232, 251
Ortega y Gasset, José 45
Ortlieb, Heinz-Dietrich 24, 25, 210, 224
Ortmann, Hedwig 112, 135, 194
Orwell, George 56
Owen, Robert 88, 89, 90, 186

Paffrath, F. Hartmut 165
Pareto, Vilfredo 115, 220
Passeron, Jean-Claude 191
Pestalozzi, Johann Heinrich 162
Pflug, Bernd 143
Picht, Georg 43
Platon 11, 49, 186
Pohlmann, R. 148
Pollak, Wolfgang 137
Popper, Karl Raimund 224
Powell, William 247
Prangenberg, Heinz-Jürgen 138
Pressel, Alfred 231
Preuss, Otmar 135
Preuss, Ulrich K. 96, 188
Preuss-Lausitz, Ulf 59, 96, 177, 196
Pulte, Peter 41, 42, 214, 221

Rabehl, Bernd 35
Raith, Werner 97, 100, 210
Ramm, Thilo 78, 88, 89, 90
Ramseger, Jörg 132
Rand, Ayn 29, 34
Randzio, Joachim 188
Ranno, Peter 113
Raspe, Jan 232
Rathenau, Walther 45
Rauch, Eberhard 100, 109, 116, 118, 146
Raywid, Mary Anne 69, 72
Rebel, Karl Heinz 232
Rehm, Willy 83
Reich, Wilhelm 122, 174
Reiche, Reimut 179, 180, 183, 184
Reichelt, Monika 140, 142
Reimer, Everett 131
Renk, Monika 248
Retter, Hein 217
Reuter, Ernst 202
Richert, Ernst 39
Richter, Dieter 231
Richter, Horst-Eberhard 129
Riesman, David 12, 13, 30, 127
Rittelmeyer, Christian 244
Ritter, Gerhard A. 248
Ritter, Joachim 46
Robbe, Martin 62, 64
Robespierre, Maximilien de 52
Röhl, Klaus Rainer 39, 42
Röhrs, Hermann 86
Röpke, Wilhelm 222, 224
Rössner, Lutz 76, 105, 153, 225
Rötscher, Jochen 61, 62, 63
Rohrmoser, Günter 46, 74
Rolff, Hans-Günter 70, 96, 109, 112, 118, 192, 193, 197, 198, 225
Rosenmayr, Leopold 22, 129

Rosenow, Eliyahu 79
Roth, Heinrich 108
Roth, Wolfgang 60
Rousseau, Jean-Jacques 52, 78, 79, 81, 87, 89, 92, 106, 166
Rüstow, Alexander 223, 224
Rumpf, Horst 131
Ryschkowsky, Nikolaus J. 39

Sadoun, Katia 173, 175, 177, 185
Saint Just, Antoine 52
Saint-Simon, Claude-H. 88
Samoschkin, J. A. 62
Samuels, Stuart 27
Sanford, R. Nevitt 230
Sauer, Karl 75
Schäfer, Karl-Hermann 250
Schaff, Adam 22
Schaller, Klaus 43, 68, 76, 95, 99, 104, 167
Scheffler, Israel 77
Scheibe, Wolfgang 86
Schelsky, Helmut 18, 35, 56, 59, 64, 224
Scherer, Hanfried 98
Scheuch, Erwin 26, 29, 46
Scheuerl, Hans 6
Schiess, Gertrud 74
Schille, Hans-Joachim 216
Schlaffke, Winfried 46, 139, 194
Schlamm, William S. 224
Schleiermacher, Friedrich 148
Schluchter, Wolfgang 246
Schmid, Jakob R. 86, 87
Schmidt, Gunter 177
Schmidt, Heinrich-Joachim 173
Schmidt, Lothar 231
Schmidt, Monika 133, 137, 199
Schmidt, Valeria 249
Schneider, Michael 50
Schneider, Peter 133, 137
Schoeck, Helmut 41, 55, 224
Schönbohm, Wulf 64
Schonegge, Linette 238
Schörken, Rolf 202
Schrenck-Notzing, Caspar von 24, 25, 36, 37, 39, 40, 42, 55, 224
Schröer, Thomas 58
Schultz, Eberhard 232, 249
Schulz, Wolfgang 68, 69, 95
Schumpeter, Joseph 12, 16, 18, 20, 24
Sears, Robert R. 169
Seidel, Helmut 61, 63, 214
Seifert, Monika 166, 184, 185
Seneca 145, 156
Sewig, Niels J. 177, 178
Sielski, Gerhard 217, 218, 219
Sigusch, Volkmar 177
Skinner, Burphus Frederic 110
Skowronek, Helmut 108
Slater, Phil 74
Smith, B. Othanel 242
Solschenizyn, Alexander 21
Sombart, Werner 90, 91, 106, 108, 119, 151, 183
Sontheimer, Kurt 224
Sorokin, Pitirim A. 45
Soukup, Gunther 237
Spaemann, Robert 148, 152, 224
Spall, Peter von 100
Speichert, Horst 97
Spinnarke, Ulrich 35
Spranger, Eduard 112
Sprey, Thea 112
Stadelmann, Rudolf 233
Steigerwald, Robert 61
Steinbach, E. 152
Steinbuch, Karl 224
Stenzel, Gerhard 251
Stern, Fritz 46
Stichweh, Hermann 114, 143, 146, 185, 188, 197
Stirner, Max 79, 80, 81, 154
Strasser, Hermann 112
Streithofen, Heinrich B. 210
Strohal, Richard 165
Stubenrauch, Herbert 96, 97, 133, 136, 137, 193
Stübig, Frauke 87
Stütz, Gisela 138
Suchodolski, Bogdan 90, 91
Süssmuth, Hans 203
Szczesny, Gerhard 39, 55, 59
Szinovacz, Maximiliane 249

Talmon, Jacob Laib 52, 57, 79, 87, 88, 89, 92
Tenbruck, Friedrich H. 43, 44, 224
Thorn-Prikker, Jan 96
Tocqueville, Alexis de 23, 66, 78
Topitsch, Ernst 56, 57, 73, 224
Triebe, Manfred 233
Tybl, Rolf 100, 210

Ulich, Dieter 76

Voets, Stephan 69
Vogel, Martin Rudolf 96, 148
Vogt, Hartmut 138

Vogt, Jochen 209
Voigt, Bodo 202
Voigt, Karsten 40
Volkersen, Rosemarie 171, 173, 174
Vorgrimler, Herbert 100

Waelder, Robert 57, 224
Wallraven, Klaus 117, 118
Walter, Hellmuth 68, 100, 151, 210
Walther, Helmut 41
Watrin, Christian 44
Watson, John Broadus 110
Weber, Erich 165
Weber, Hermann 27
Wehle, Gerhard 105
Weigt, Peter 42, 55, 56
Weil, Simone 222
Weiler, Joachim 140, 141
Weinrich, Hannes 99
Weinstock, Heinrich 251
Weis, Eberhard 87
Weiss, Andreas von 26, 39
Wellendorf, Franz 39, 59, 130, 131, 147, 173
Wendt, Wolf Rainer 121
Weniger, Erich 75
Werder, Lutz von 91, 96, 146, 147, 163, 173, 185, 187
Werkentin, Falco 230
Wetter, Gustav A. 22
Weyer, Hartmut 64
Whyte, William H. 13
Wiemer, Joachim 246
Wilfert, Otto 39
Wilhelm, Theodor 224
Williams, Duncan 19
Wimmel, Albert 216
Winkel, Rainer 132
Winterhager, Wolfgang Dietrich 138
Witschel, Günter 95
Wittig, Horst E. 244
Wolff, Reinhart 91, 126, 171
Wolff, Robert Paul 244
Wolin, Sheldon 31
Wood, James L. 27
Wudtke, Hubert 254
Wulf, Christoph 100, 118

Zabeck, Jürgen 139, 194
Zaret, Esther 110
Zdarzil, Herbert 180
Zeidler, Kurt 86
Zenke, Karl 73
Zigler, Edward 169
Zinnecker, Jürgen 97
Zöller, Michael 35

Sachregister

Abhängigkeit 154, 165
Aggressionspädagogik 118
Aggressionspotential 118, 157
Aggressivität 124, 128, 169, 175, 192
Agitation 119, 199
Allgemeinbildung 133, 134, 195
Altersgruppe 169
Anarchismus 30, 39, 44, 61, 62, 154, 167, 206, 217
Angst 170
Anlage 108, 109, 110, 161
anti-autoritär 51
Arbeiter, jugendliche 139 ff.
Arbeiterschaft 28, 50, 62, 146
Arbeitsteilung 45, 46, 136, 161, 162
Aufklärung 16 ff., 36, 52, 78 ff., 92, 106, 108, 110, 117, 148, 155, 156, 160, 187, 200, 201
Aufstieg, sozialer 133, 135
Aufstiegschancen 133, 136
Ausbeutung 47, 54, 139, 140, 141, 195
Ausbildungsstreik 188
Auslese 134 ff., 192
Außerparlamentar. Opposition 42
Autonomie 44, 93, 114, 139, 141, 183, 197
Autoritärer Charakter 36, 122 ff.
Autorität 36, 37, 45, 61, 68, 79, 94, 123 ff., 158, 165 ff., 181, 202, 205, 214, 217
Autoritätsanerkennung 165, 169, 205, 217

Basisgruppe 188, 221
Bedürfnis 13, 49, 83, 116, 126, 150, 154 ff., 204
Bedürfnis, falsches 49, 52, 71, 155
Befreiung 49, 50, 68, 70, 79, 81, 91, 93, 94, 130, 154, 213. Siehe auch: Emanzipation
Befreiung, sexuelle 176, 178
begaben 110, 146
Begabung 110, 111, 123, 135, 190, 194
Begriff 53
Behaviorismus 110
Bekenntnisschule 225, 226
Benachteiligung 130
Berater 186
Berufsausbildung 112, 138 ff., 182, 183
Berufsbildungswesen 99, 138 ff.
Berufsschule 140 ff., 194 ff.
Berufsschullehrer 141
Berufswechsel 162
Betrieb 138 ff., 182, 189, 218
Betriebsberufsschule 142
Bewältigung der Vergangenheit 37
Bewußtsein, falsches 29, 51, 62, 70, 71, 116, 129
Bewußtsein, sozialistisches 198
Bewußtseinsänderung 5, 33, 48, 54, 109, 119, 121, 129, 173, 182, 183, 197, 200
Bewußtseinsverengung 53 ff.
Bildsamkeit 108
Bildung 149, 152, 160 ff.
Bildungsarbeiter, sozialistischer 99
Bildungsforschung 103, 113
Bildungsgesellschaft 111, 129
Bildungskatastrophe 43, 131
Bildungsprivileg 130
Bildungsreform 103
Bündnispolitik 221, 227, 228
Bürger 55
bürgerlich 55
bürgerliche Lebensform 71
Bund demokratischer Wissenschaftler 42

Chancengleichheit 85, 111, 112, 186, 190 ff., 194, 203, 207
Christlich-Demokratische Union 43

Demokratie 36, 45, 55, 84, 143, 223
Demokratie, individualistische 12, 212, 217, 222, 223
Demokratie, liberale 31, 52
Demokratie, partizipatorische 34, 221
Demokratie, totalitäre 52, 87, 92
Demokratie, wehrhafte 222 ff.
Demokratisierung 41, 44, 51, 55, 146, 150, 183, 187, 196 ff., 223
Denkverbot 174
Deutsche Demokratische Republik 99, 213 ff.
Deutsche Friedens-Union 99

Deutsche Kommunistische Partei 64
Deutscher Bildungsrat 212
Deutschunterricht 206 ff.
Didaktik, Kritische 68
Differenzierung der Schullaufbahnen 133, 134, 191
Doppelstrategie 181, 221
Dressur 81, 140
Drittelparität 58

Educand 67, 68, 70, 167 ff.
Egoismus 15, 16, 155, 186
Ehe 125 ff., 177 ff., 183, 216
Einheitsschule 133 ff., 189, 191
Elite 14, 101, 116, 130, 226
Eltern 166, 169, 182 ff., 210, 216, 227
Eltern, Kritik an den 88, 89, 125 ff., 216
Elternrecht 71, 184, 226
Emanzipation 50, 51, 65, 68, 73, 105, 114, 121, 127, 138, 147, 151 ff., 158, 204, 208, 217, 223. Siehe auch: Befreiung.
Emotionalität 214, 226. Siehe auch: Gefühlsbindung.
Erbfaktoren 108, 109, 110, 113
Ernst Reuter-Schule 192
Erwachsenenbildung 143
Erzieher 85, 90, 91, 121, 167 ff., 181, 185 ff., 214
Erziehung 48, 49, 51, 66, 84, 119, 164 ff., 222
Erziehung als Mittel zum Heil der Gesellschaft 87 ff.
Erziehung, anti-autoritäre 79, 81, 128, 165 ff., 218
Erziehung, antikapitalistische 171, 173
Erziehung, autoritäre 125, 137, 165, 167
Erziehung, befreiende 70
Erziehung, emanzipatorische 69, 79, 105, 117, 146, 151, 189, 217, 218
Erziehung, freiheitliche 172
Erziehung, herrschaftsfreie 165
Erziehung, kommunistische 69
Erziehung, lebenslange 88
Erziehung, Macht der 78, 90, 109 ff.
Erziehung, politische 50, 87, 173, 174
Erziehung, Politisierung der 67 ff.
Erziehung, proletarische 146, 173, 177, 218
Erziehung, repressionsfreie 165 ff., 171
Erziehung, sozialistische 69, 146, 172 ff., 181, 213 ff., 218
Erziehung, unterdrückende 70
Erziehung zum Klassenkampf 173, 174
Erziehungsbedürftigkeit 116
Erziehungsdiktatur 48, 181
Erziehungseinrichtungen 70, 120 ff., 164, 182 ff.
Erziehungs-Experte 200, 201
Erziehungsheim 143
Erziehungssituation 120 ff.
Erziehungsstaat 111
Erziehungsstil, educanden-zentrierter 85, 166 ff.
Erziehungsstil, partnerschaftlicher 169
Erziehungsstil, permissiver 82, 83, 166 ff., 171, 172
Erziehungswissenschaft 66, 72, 73, 76, 103, 186, 199, 201, 224
Erziehungswissenschaft, bürgerliche 100
Erziehungswissenschaft, Kritische 43, 68, 103, 225
Erziehungsziel 68, 69, 140, 145 ff., 164, 165, 195, 201, 202, 212 ff.
Establishment 55
Experte, pädagogischer 104

Familie 122 ff., 183 ff., 216, 217
Familie, Kampf gegen die 89, 129, 177 ff., 182 ff.
Familienkampf 186
Faschismus 134, 141, 215
Förderung der Schüler 192
Fortschritt 149
Fortschrittsglaube 36, 43, 226
Französische Revolution 52, 79, 87
Freiheit 36, 47, 48, 52, 61, 93, 94, 131, 154, 156, 168, 204, 212
Freiraum 183, 187 ff., 197
Fremdbestimmtheit 16, 54, 130, 132, 154, 168, 171
Friedenserziehung, progressive (bzw. kritische) 105, 118
Frühehe 178
Frustration 83
Führung 214, 215

Gefälligkeitsdemokratie 24
Gefühlsbindung 159, 160. Siehe auch: Emotionalität.
Gegen-Autorität 172
Gegen-Erziehung 50 f., 171, 182, 185
Gegen-Gesellschaft 33, 48, 89, 146, 149, 153, 159, 171, 188, 190, 197
Gegen-Gewalt 81
Gegen-Ideal 148, 157, 162
Gegen-Institution 172
Gegen-Konzept 59
Gegen-Kultur 153
Gegen-Macht 157, 198
Gegen-Organisation 32
Gegen-Praxis 153
Gegen-Schule 153
Gegen-Universität 153
Gehorsam 37, 38, 157, 166, 169, 205, 206, 217
Gemeinschaftsschule, Hamburger 86
Genußfähigkeit 147
Gesamtschule, integrierte 99, 111 f., 132, 133 ff., 183, 188 ff.
Geschichtsbewußtsein 215
Geschichtsunterricht 203
Gesellschaft, autoritäre 50, 174
Gesellschaft, emanzipierte 93, 127, 191
Gesellschaft, kapitalistische 44, 159
Gesellschaft, sozialistische 47, 48, 49, 65, 129, 145, 159, 163
Gesellschaftskritik 17 ff., 68, 75, 120 ff., 148 ff., 158, 203 ff., 207
Gesellschaftslehre 203
Gesellschaftsplanung 110
Gesinnungsstaat 37, 40, 220, 224, 226
Gewaltanwendung 118, 221
Gewerkschaft Erziehung und Wissenschaft 42, 99
Gewissen 80, 155, 169, 210
Gleichheit 58, 78, 84, 92, 108, 111, 134, 135, 141, 151, 182, 190, 204
Gleichheit der Bildungschancen 111
Gleichheit, materiale 134
Glück 14, 44, 47, 48, 147, 157, 176
Glücksanspruch 47, 147, 157, 204, 205
go in 55
Gottesglaube 37, 38
Großfamilie 126
Grundausbildung 138, 142
Gruppenehe 126
Güte der menschlichen Natur 106 ff.
Gymnasium 130, 133, 191, 194 ff.

Handlung, erzieherische 164 ff.
Handwerk 138, 139
Heilsvermittler 115 ff.
Herrschaft 53, 54, 60, 61, 204, 205
Herrschaftsabbau 44, 47
Herrschaftsfreiheit 44, 48, 224
Hierarchie 135, 136, 140, 142, 196
Hochschulautonomie 197
Hochschule 58, 77, 183, 197, 218, 221, 225
Hochschulgesetze 35
Hochsprache 206, 207
Humanistische Union 39, 42
Humanität 48, 147, 156

Ideal 59, 152, 156, 157, 201, 223
Identität 31 f., 147
Ideologie 22, 54, 227
Ideologie, sozialistische 213
Ideologiekritik 149, 150, 158, 202, 207, 213
Ideologischer Kampf 21, 41
Individualismus 79 ff., 92, 124, 155, 217
Industrie 138, 142, 198
Institution 114, 158, 177, 184, 198, 220, 223
Intellektualisierung 136
Intellektuelle 14, 18 ff., 26, 28 ff., 39, 46, 50, 62, 65, 218
Intelligenzsteigerung 113
Interaktion 167
Interesse 69, 72, 84, 85, 116, 155, 166, 204, 208, 227
Intoleranz 51

Jakobiner 79, 87
Jugend 136, 167, 209
Jugendarbeit 143
Jugendhilferecht 183
Jugendkult 38
Jugendlicher 70, 71
Jugendlicher, berufstätiger 138 ff.
Jungdemokraten 42, 196

Jungsozialisten 27, 40, 41, 143, 146, 185, 188

Kampagne für Demokratie und Abrüstung 42
Kampf, politischer 69, 72, 90, 91, 138, 171, 173, 178, 220 ff.
Kampfbereitschaft, politische 158
Kapitalismus 44, 127, 129, 143, 146, 160, 161, 182
Kind 51, 54, 68, 71, 81, 123 ff., 166 ff., 184 ff., 201
Kindergarten 143, 182, 185
Kinderladen 170
Kinderrecht 184
Kindesmißhandlung 128, 184
Kirche 43, 182, 183, 198
Klassenbewußtsein 71, 127, 142, 160, 174
Klassengesellschaft 44, 107, 132 ff.
Klassenkampf 69, 71, 90, 142, 143, 159, 160, 171, 172 ff., 198, 203
Klassik 155, 156, 160
Kollegstufe 183, 194 ff.
Kollektiverziehung 88, 89
Kollektivismus 79, 92
Kommune 126, 127, 176, 179, 185
Kommunikation 101, 103, 104, 167, 176, 205, 209
Kommunikation, herrschaftsfreie 183
Kommunismus 21 ff., 60 ff., 73, 74, 79, 221
Kommunistische Partei 28, 34, 62, 63, 74, 91, 173, 218, 219
kompensatorische Erziehung 111
Konflikt 59 f., 117 ff., 171, 172, 202, 203, 207, 225
Konfliktpotential 122
Konformismus 169
Konservatismus 6
Konservative 51
Konsumzwang 45, 180
Kreativität 150
Kritik 18, 114, 195, 228
Kritik, solidarische 100
Kritikfähigkeit 147 ff., 153
kritisch 16, 54
Kritische Theorie 36, 63, 74 ff., 195, 201, 225
Kulturkritik 44 ff., 74, 75, 89
Kulturpessimismus 46
Kulturrevolution 5, 33, 50, 51, 66, 72, 151, 170, 183, 209, 212, 220, 224, 226, 227
Lehrbuch 137, 141
Lehrer 59, 77, 84, 131, 132, 137, 189 ff., 196 ff., 227
Lehrer, kritischer 199
Lehrer, sozialistischer 198 ff.
Lehrerbildung 41, 77, 198 ff.
Lehrinhalt 164, 192, 195, 201 ff.
Lehrling 54, 138 ff.
Lehrplan 137, 198, 201 ff.
Lehrplan, emanzipatorischer 202
Lehrwerkstatt 138, 139, 143
Leistungsdruck 131, 190, 192
Leistungsgesellschaft 45, 137, 146, 187, 188
Leistungskontrolle 192
Leistungsprinzip 213 f.
Lernen 110, 111, 112
Lernen, antikapitalistisches 198, 225
Lernen, emanzipatorisches 138
Lernen, konfliktorientiertes 198, 225
Lernen, politisches 204
Lernen, strategisches 198, 225
Lerntheorien 111
Liberaler Studentenbund Deutschlands 42
Liberalismus 14, 32, 81, 92, 106, 204, 223
Liebe 177 ff., 216
Linke 27
Linke, heimatlose 37, 39
Links-Liberalismus 36, 39, 179
Links-Radikalismus 180, 218
Literatur 19, 208 ff.
Lustprinzip 83

Machbarkeit der Persönlichkeit 107 ff.
Macht 23, 36, 53, 61, 69, 90, 173, 218
Machtmißbrauch 54, 228
Manipulation 45, 113, 206
manumissio 152
Marxismus 106, 153, 182
Marxismus-Leninismus 21 f., 34, 61, 62, 63, 74, 76, 160, 212 ff.
Marxistischer Studentenbund Spartakus 64
Massenmedien 35, 38, 45, 127
Masturbation 175
Masturbationsfreiheit 176
meliorism 84
Menschenbild 106 ff.
Menschenrechte 92

Menschlichkeit 147, 156, 176
Messianismus, politischer 52
Milieu 107, 108, 109, 113
Mißstände 120 ff., 143
Mitbestimmung 44, 58, 59, 141, 183, 203
Modell 27, 43
Modernitätsrückstand 43
Moral 155, 156, 157, 166, 176, 222, 223, 226
Moral als Waffe 56 ff.
Moralismus 44, 57 ff.
Motivation 85
Mündigkeit 17, 44, 93, 114, 117, 139, 147 ff., 168, 176
Mutter 123 ff., 185, 186

Nationalbewußtsein 215
Nationalsozialismus 73, 74, 79, 225
Nebenwirkung 193, 194
Negation. Siehe: Verneinung.
Negativismus 151
Neo-Marxismus 44, 76
Neue Gesellschaft 87, 88, 89, 210, 221
Neue Linke, Angehörige der 39 ff.
Neue Linke, Ideologie der 34, 44 ff.
Neue Linke, Kennzeichen der 26 ff.
Neue Linke, Sprache der 53 ff., 101 ff.
Neue Linke, Taktik der 53 ff., 101. Siehe auch: Taktik.
Neue Linke und Kommunismus 60 ff.
Neuer Mensch 81, 87, 90, 91, 112, 126, 173
Neuhumanismus 160
Neusprach 56
Nihilismus 20, 46, 47, 168
Norm 145, 151, 152, 155, 158, 167, 168, 202, 204, 207, 210, 213
Normenverinnerlichung 213

Objektivität 73, 76
Orgasmus-Erfahrung 178, 179

Pädagogik 66, 77, 103, 199, 226
Pädagogik, Emanzipatorische 68, 79, 93 ff., 130, 153 ff., 202 ff., 212 ff., 225, 228
Pädagogik, fachspezifisches Kauderwelsch der 102 ff.
Pädagogik, geisteswissenschaftliche 75, 76
Pädagogik, individualistisch-anarchistische 79 ff.
Pädagogik, Kommunikative 68, 103
Pädagogik, Kommunistische 212 ff., 218
Pädagogik, konfessionelle 224
Pädagogik, Kritische 68, 119, 225
Pädagogik, linksradikal-totalitäre 87 ff.
Pädagogik, Marxistisch-leninistische 160 ff., 212 ff., 225
Pädagogik, Materialistische 68
Pädagogik, Politische 5, 72 ff., 201
Pädagogik, Politisierung der 72 ff.
Pädagogik, Praktische 66, 67, 72, 76, 148, 224
Pädagogik, Sozialistische 68, 79, 94 ff., 130, 158 ff., 171 ff., 218, 225
Pädagogik vom Kinde aus 81
Pädagogik, weltanschauliche 72
Pädagogische Hochschule 76 f., 199
Parlamentarismus 141
Partei 198, 221
Parteilichkeit 74, 160, 213
Parteinahme 73, 203, 207, 213
Patriotismus 215
Perfektibilität 108
Perfektionismus 92
permissiv 83, 166
permissiveness 83
Persönlichkeit 107 ff., 145
Persönlichkeit, allseitig gebildete 135, 147, 160 ff.
Persönlichkeit, emanzipierte 151 ff., 171, 175, 212 ff., 218, 227
Persönlichkeit, sozialistische 145, 160, 213
Pessimismus 16, 20
Pluralismus 223, 225, 227
Politik 52
Politische Bildung 203
Politischer Unterricht 203 ff.
progressistisch 36
progressive education-Bewegung 85
Projektstudium 199 ff.
Proletariat 50, 133 ff. Siehe auch: Arbeiterschaft.
Propaganda 119, 173

Protest 136, 172
Protestbewegung (USA) 30 ff.
Protestbewegung, studentische 35, 64, 175, 179
Prüfung 140, 141
Prügelstrafe 128
Psychoanalyse 82 f., 166, 170, 176
Psychotherapie 83

Radikaldemokratismus 34, 39
Rätedemokratie 55, 61
Rahmenrichtlinien, hessische 202 ff.
Rationalismus 15 ff., 81, 92, 114, 124, 167
Rationalität 47, 48, 114, 115, 117, 136, 147 ff., 213
Realitätsprinzip 83
Recht 152
Reform 51
Reform, nichtreformistische 40
Reform, revolutionäre 40
Reform, systemüberwindende 40, 41, 42, 60, 68, 72, 119, 157, 188
Reformbewegung, pädagog. 86
Reformismus 43, 84
Religion 174, 226
Repression. Siehe: Unterdrückung.
Revolution 33, 40, 50, 62, 91, 112, 126, 127, 138, 143, 189, 191, 200, 220, 221
Revolution, konservative 46
Revolution, sozialistische 61, 62, 63, 69
Revolutionäre Praxis 90, 91
Revolutionspädagogik 193

Schlagwort 42, 77, 79, 153, 165, 173
Schüler 54, 58, 59, 62, 70, 71, 86, 129 ff., 189 ff., 196, 198, 215
Schülerbewegung, antiautoritäre 39, 59, 64, 180
Schülerladen 170
Schülermitbestimmung 192, 196
Schulautonomie 196 ff.
Schulbesuchspflichtverlängerung 133, 136, 185, 189
Schulbücher 137
Schule 54, 58, 59, 67, 69, 70, 71, 82, 86, 112, 129 ff., 187 ff.
Schule, berufsbildende 130
Schulkampf 91, 200
Schulkritik 82, 131 ff.
Schulleitung, kollegiale 196 ff.
Schulreform 112, 131, 133 ff.
Schulverwaltung 137, 196 ff.
Schwelmer Kreis 99
Sekundarschule 133, 134, 188 ff.
Sekundarstufe I 188 ff.
Sekundarstufe II 194 ff.
Selbstbestimmung 16, 48, 93, 114, 118, 121, 147, 203, 204, 210
Selbstbestimmungsfähigkeit 114 f., 147, 153 ff., 168 ff., 172, 213
Selbstbild 19
Selbstgenuß 80
Selbsthaß, nationaler 37
Selbsthilfeorganisation 227
Selbstkritik 150
Selbstreflexion 155
Selbstverwaltung 196 ff., 221
Selbstverwirklichung 19, 44, 75, 82, 88, 107, 114, 115, 119, 130, 147
Sensibilisierung 193
Sexualerziehung 174 ff., 216
Sexualerziehung, repressive 175 ff., 180
Sexualität 125 ff., 174 ff., 216
Sexualökonomie 125
Sinn 46, 47, 64, 182, 222
sit in 55
Solidarität 147, 159 ff., 180, 208
Sowjetunion 28, 63, 215
Sozialarbeit 143
Sozialarbeiter 98
Sozialdemokratie 28
Sozialdemokratische Partei Deutschlands 41 f.
Sozialdemokratischer Hochschulbund 42
Soziale Kontrolle 49
Sozialisation 126, 166
Sozialisationstheorien 111
Sozialismus 50, 60, 69, 94, 106, 183, 226, 227
Sozialismus, Erziehung zum 146, 147
Sozialismus, Utopischer 26, 63, 79, 88 ff., 203, 222, 224
Sozialistische Deutsche Arbeiterjugend 64
Sozialistischer Bund 42
Sozialistischer Lehrerbund 98, 100
Sozialistisches Büro 42, 98
Sozialwissenschaft, kritische 75
Spezialisierung 134, 162
Sprache 206 ff.
Sprache d. linken Pädagogik 101 ff.
Spracherziehung 104
Staat 23 f., 61, 80, 92, 162, 183, 197, 198, 205, 215

Strafe 166, 169
Strategie der Neuen Linken 5, 33, 40 f., 94 f., 121 f., 136, 142, 143, 145 f., 150, 170 ff., 176, 193, 194, 198, 201, 220 ff.
Strukturkritik 28
Strukturreform, antikapitalistische 5, 40, 41, 193, 198, 225
Studenten 26, 31 ff., 62
Studentenbewegung, antiautoritäre 39, 59, 64, 170, 180
Studentenrevolte (USA) 31 ff.
Studentenunruhen (BRD) 35
Stufenausbildung 142
Subjektivismus 167
Subversion 132, 134, 146
Systemüberwindung 5, 11, 32, 40, 58, 68, 121, 122, 142, 191, 194
Systemzwang 132, 157

Taktik d. Neuen Linken 33, 53 ff.
Tarnung 51
teach in 55
Technokrat 56
Technologie der Erziehung 164 ff.
Theorie 53, 73
Toleranz 51
Totalitarismus 51, 52, 73, 116
Tradition 36, 37, 204, 226
Traditionsfeindschaft 38, 92, 158, 204
Triebbefriedigung 44, 83, 169
Triebeinschränkung 83, 166, 175
Trieberziehung, repressive 121

Überbietung, moralische 56 ff., 94, 121, 157, 161, 193
Umdefinition 54 ff., 73, 108, 156
Umerziehung 36, 37, 41, 50, 51
umfunktionieren 56
Umwelt 109, 110, 113
Umweltlehre 113
Unmündigkeit 16, 17
Unterdrückung 45, 54, 60, 70, 128, 130, 138, 165, 214
Unterdrückung, sexuelle 125, 180
Unternehmer 139 ff.
Unterprivilegierte 73
Unterricht 59, 85, 130 ff., 196, 200, 202 ff.
Unterricht, antikapitalistischer 100
Unterrichtsziel 203 ff.
Untertan 140, 175, 214, 217
Unterwanderung 200
Unterwanderung, ideologische 55, 105, 148, 227
Utilitarismus 15, 16
Utopie 26, 27, 36, 47 ff., 57 f., 111, 115, 131, 149, 161, 186, 190, 204
Utopismus 43

Vakuum, geistiges 223
Vater 123
Vaterland 214, 215
Veränderung 60, 69, 118, 146, 189, 193, 203, 204, 205, 221
Verdrängung 82, 83
Vergleichende Verhaltensforschung 113
Verneinung 48, 136, 137, 153, 165
Vernünftigkeit 16, 117, 118, 147 ff.
Vernunft 149, 150
Versager 135, 189, 191
Versagung 83, 166
Verschulung 30, 112, 129 ff.
Verstaatlichung der Erziehung 182 ff.
Verteidigungswille 215
verunsichern 56
Vervollkommnungsfähigkeit 78, 108
Volksschule 132
Vorschulerziehung 99, 111, 185 ff.

Wehrerziehung, sozialistische 215
Weigerung 49, 158
Weltanschauung 73, 74, 168, 199, 222, 225 ff.
Wertbegriff 48
Wert-Orientierung 145, 222
Wertungsunsicherheit 181
Werturteilsfreiheit 72, 73, 201
Widerspruch 59, 78, 79, 107, 193
Widerspruchspotential 193
Wissenschaft 72 ff., 226, 227
Wissenschaft, bürgerliche 55, 73
Wissenschaft, kritische 73, 89, 201
Wissenschaftsgläubigkeit 114, 115
Wissenschaftstheorie 73 ff., 225

Zensur 51, 113
Zersetzung 22, 51
Ziel, gesellschaftspolitisches 145 ff., 182, 187
Zwang 52, 92, 157, 183, 204
Zwang, gesellschaftlicher 204
Zweck-Mittel-Beziehung 164 ff.